小企业管理

（第3版）

吴晓巍　主编

国家开放大学出版社·北京

图书在版编目（CIP）数据

小企业管理／吴晓巍主编．—3版．—北京：国家开放大学出版社，2018.1（2021.11重印）

ISBN 978-7-304-07461-6

Ⅰ.①小… Ⅱ.①吴… Ⅲ.①中小企业—企业管理—开放教育—教材 Ⅳ.①F276.3

中国版本图书馆CIP数据核字（2017）第322930号

版权所有，翻印必究。

小企业管理（第3版）
XIAOQIYE GUANLI
吴晓巍 主编

出版·发行：国家开放大学出版社	
电话：营销中心 010-68180820	总编室 010-68182524
网址：http://www.crtvup.com.cn	
地址：北京市海淀区西四环中路45号	邮编：100039
经销：新华书店北京发行所	
策划编辑：刘桂伟	版式设计：赵 洋
责任编辑：王 可	责任校对：宋亦芳
责任印制：武 鹏 陈 路	
印刷：三河市华成印务有限公司	印数：61001~68000
版本：2018年1月第3版	2021年11月第8次印刷
开本：787mm×1092mm 1/16	插页：12页　印张：20　字数：433千字

书号：ISBN 978-7-304-07461-6
定价：43.00元

（如有缺页或倒装，本社负责退换）
意见及建议：OUCP_KFJY@ouchn.edu.cn

前言　PREFACE

我国改革开放以来，随着对非公有制经济地位、作用认识的不断深化，各级政府都在采取强有力的措施，鼓励和引导多种所有制经济健康快速发展，大量小企业如雨后春笋般地涌现出来，成为支撑我国经济快速增长不可忽视的力量。

管理是人类社会的永恒主题，小企业也不例外，只有进行科学的管理，才能最终实现企业的目标。经过市场经济几百年的发展，以及第二次世界大战后各国经济的重建和衰荣，应该说，小企业已经得到各国政府、理论界、经济界的普遍关注。小企业管理也越来越受到人们的重视。在西方发达国家如美国都把小企业管理作为大学各种管理专业的主干课程。小企业管理是一门广泛吸收多学科知识的、应用性和实践性很强的科学，由于其是围绕小企业来进行探讨和研究，故又有很强的针对性，在工商管理专业的教学中占有重要地位。加强该学科的研究和应用，对于提高对小企业的认识，理解小企业的特点和运营规律及方法，提高小企业管理水平，降低小企业创业风险和经营风险，并最终提高小企业的成功率，具有十分重要的意义。

《小企业管理》是为国家开放大学工商管理专业编写的教材，自 2004 年 1 月第 1 版出版以来，承蒙众多读者的厚爱，已在全国多所高校企业管理专业和其他相关专业中使用，并得到诸多积极反馈。经过几次修订后，本书已经连续印刷多次，销售量比较理想。虽然本书市场反映良好，但是经过多年的使用，出现许多需要完善的地方，编写组成员根据国家开放大学经济管理教学部和国家开放大学出版社的意见以及使用本书的同仁提供的反馈建议，再结合自身使用本教材的经验、学生们的评价以及目前小企业管理的实际情况，尤其是在当今"大众创业、万众创新"的背景条件下，经过反复多次研讨、酝酿，对本书进行了合理修订，力求新版的《小企业管理》能够更好地适应新形势下小企业管理的要求，满足广大读者学习的需求，满足广大教师的教学需要。

本书经过师生十几年的使用和市场的验证，最初设计的框架结构、内容体系是科学的，其合理性和可操作性也得到了师生和社会的认可，所以，本次修订我们在前两版的特色、框架基础上，只是对书中局部内容作了调整，试图对相关案例、小企业管理资讯、教学资料等内容的时效性进行更新。主要修订以下几个方面：一是对前两版中有关体例、内容等方面存在的差错进行订正，力求做到概念准确、表述正确。二是对有关章节的导入案例、引用数据等进行更新，比如所引用案例大多精选自《人民日报》《经济日报》《科技日报》及中国中小企业信息网等权威媒体，具有典型性、示范性。力求达到资料翻新、个案全新、思考创新，以激发读者学习兴趣，拓展其思维空间。三是对有关章节的内容进行了适当调整、充实，力求突出以能力为本位，突出实战技能的培养，力求做到教学便易、自学容易。

《小企业管理》前两版由东北财经大学吴晓巍教授担任主编并对全书进行了总体框架安排。国家开放大学杨孝堂、刘爱君对本书的编写提出了具体指导意见。本书第一章由吴晓巍和王晓莉编写；第二章、第四章、第五章由陈文婷编写；第十章、第十二章由王晓莉编写；第三章、第六章、第七章、第八章、第九章、第十一章由吴晓巍编写；全书最后由吴晓巍统稿。参加本次修订工作的是吴晓巍、王晓莉、陈文婷、刘爱君四位老师。

本书编写过程中参阅了大量国内外有关著作和文献资料，在此一并表示感谢。在本教材编写大纲、一体化方案研讨审定和文字教材书稿审定过程中，除编写组全体成员付出了辛勤的劳动外，课程组的其他成员也贡献了自己的智慧和力量。同时本课程的教材建设工作，还得到了国家开放大学经济管理教学部领导，东北财经大学夏春玉教授，东北财经大学工商管理学院领导、同仁的关心和指导，在此深表谢意。另外，尚从永参加了第三章、李珍参加了第六章、傅丽丽参加了第七章、王超参加了第八章、孙辉参加了第九章、李静参加了第十一章的初稿编写，他们为本书的编写付出了辛勤的劳动，谨此表示特别的感谢！

我们期盼本书能为小企业管理的研究和实践提供理论借鉴和方法参考。当然，小企业管理理论的探讨和实践在中国还任重道远，由于有关小企业的发展状况及现实方面的问题较多，加之时间仓促和编者水平所限，书中难免存在不妥之处，恳请广大读者予以指正，我们将不胜感激。如果各位读者有对本书内容的改进建议，可直接发送电子邮件至 wuxwei@dufe.edu.cn。

吴晓巍

2017 年 10 月

目录 CONTENTS

第一章 小企业管理概述 ... 1
- 第一节 小企业的价值 ... 3
- 第二节 小企业的含义、基本特征与界定标准 ... 9
- 第三节 小企业发展的新机遇 ... 14
- 第四节 小企业管理的界定 ... 22

第二章 小企业创业者与创业资源 ... 28
- 第一节 小企业的创业者 ... 30
- 第二节 小企业的创业团队 ... 34
- 第三节 小企业的创业资源 ... 41

第三章 小企业创业机会与设计 ... 48
- 第一节 小企业的创业环境 ... 50
- 第二节 小企业的创业机会 ... 57
- 第三节 小企业的创业计划 ... 61
- 第四节 创业计划的编写 ... 72

第四章 小企业融资 ... 77
- 第一节 确定资产需求 ... 78
- 第二节 融资策略 ... 83
- 第三节 权益融资 ... 87
- 第四节 负债融资 ... 93
- 第五节 权益融资与负债融资比较分析 ... 98

第五章 小企业组织模式 ... 105
- 第一节 创建新企业 ... 106

第二节	衍生创业	113
第三节	特许经营模式	116
第四节	家族企业	122

第六章　小企业竞争战略　131

第一节	低成本战略	132
第二节	差异化战略	136
第三节	集中化战略	141
第四节	创新战略	146

第七章　小企业运营管理　153

第一节	小企业运营管理概述	154
第二节	小企业运营系统设计	158
第三节	小企业运营系统的运行和控制	164

第八章　小企业市场营销　178

第一节	小企业市场营销概述	180
第二节	小企业市场细分与目标市场定位	182
第三节	消费者购买行为和产品策略	186
第四节	小企业的定价与信用策略	192
第五节	分销渠道决策与促销策略	198

第九章　小企业财务管理　207

第一节	小企业财务管理制度	208
第二节	小企业财务报表分析	211
第三节	小企业财务风险控制	228

第十章　小企业人力资源管理　235

第一节	小企业人力资源管理概述	237
第二节	小企业人员选聘	241
第三节	小企业人员培训	246
第四节	小企业人员配置	249
第五节	小企业人员激励	253

第十一章　小企业发展与退出　262

| 第一节 | 小企业发展周期 | 263 |

第二节　小企业发展风险与规避…………………………………………269
　　第三节　小企业的退出……………………………………………………274

第十二章　小企业伦理与社会责任……………………………………285
　　第一节　小企业的社会责任………………………………………………286
　　第二节　小企业的诚信管理………………………………………………292
　　第三节　小企业的法律环境………………………………………………296
　　第四节　小企业依法纳税…………………………………………………300

参考文献……………………………………………………………………309

第一章　小企业管理概述

学习目标

学完本章内容以后，你应该能够掌握：
1. 小企业的经济价值；
2. 小企业经营的个人价值；
3. 小企业的含义、基本特征和界定标准；
4. 小企业实施电子商务的价值及基本途径；
5. 小企业国际化经营的机遇；
6. 小企业管理的内容及特点。

引导案例

蒸蒸日上的山东高庄馒头店

初冬的哈尔滨寒气逼人，上午11时左右，道里区经纬十二道街的山东高庄馒头店门外早已排起了长队。居民李阿姨说："我在山东高庄馒头店买了5年多的馒头了。这里的馒头筋道实诚，还有面味。豆包皮薄馅大，可好吃了。"

这家口碑颇佳的山东高庄馒头店是哈尔滨第一家具有单一馒头生产许可证的生产企业，负责人叫张秀丽，是一位来自山东郓城县的农民工创业人。从最初推着三轮车在早市供顾客免费品尝，到如今的顾客盈门，讲信用、保质量是张秀丽14年来不变的坚持。

1994年，17岁的张秀丽跟随奶奶从山东农村老家来到哈尔滨学美发。1998年，她用省吃俭用攒下的钱开了一家美发店。然而，第一次创业并没有成功。"我从山东来，就应该带来点儿家乡的特色。"2001年，张秀丽盘下了一个面食摊儿，开起了山东高庄馒头店，开始了第二次创业。她专门从山东请来蒸馒头能手，可是蒸出来的馒头就是没有老家高庄馒头的味道。为了找出原因，张秀丽每天早上都推着三轮车到友谊路早市上，免费给路人品尝馒头，大部分路人都反映她家的馒头太酸了。原来是山东和哈尔滨的水质不同，山东的水本身就含有碱，而哈尔滨的水呈酸性，需要加碱才能中和酸味。

随着馒头越做越好，张秀丽的知名度也越来越高。"我敢拍胸脯说，我的馒头个个都是三两（1两=0.05千克）半，面粉都是直接从厂家运来的特等品，一点儿食品添加剂都没有。"要蒸出好馒头，张秀丽有自己的一套经验。

"山东高庄馒头"越叫越响，张秀丽成了经纬街一带远近闻名的"大明星"，周围邻里没有不知道她的，张秀丽的亲切、热情、开朗也颇受邻里的喜爱。考虑到自己的大部分顾客都是退休的老年人，张秀丽决定送货上门。2010年，张秀丽专门在食品袋上印上了自己的电话，哪位老人想吃馒头了，她就骑车送货到家，有时甚至还要坐好几站的公交车去送货。有一次过年的时候，有一位80多岁的姓程的大爷给张秀丽打电话订馒头，程大爷住在尚志大街东端，坐公交车有五六站那么远。张秀丽没有任何迟疑，想抓紧赶在午饭前把馒头送到。但是，她在程大爷家楼下等了很久，都没见有人来取馒头，冻得张秀丽直跺脚。过了一会儿，张秀丽看到一个坐轮椅的老大爷从门洞出来，带着一脸的歉意。原来因为过年，程大爷家的保姆回家了，儿女不在身边，程大爷一个人乘坐电梯不方便。后来，张秀丽每周都会过来给程大爷送几个馒头，有时候还帮大爷理理发。"做馒头要有良心，做人也是如此。"张秀丽说。

随着馒头生产的规模越来越大，2010年，在道里区工会的帮助下，张秀丽顺利获得了贷款，现在她已经拥有了一家300多平方米的加工厂。张秀丽的加工厂里都是下岗职工和残疾人，厂里免费给他们提供吃住。"我只希望尽我所能，帮助一些人。"张秀丽说。

除了接收下岗职工和残疾人在加工厂里上班外，张秀丽还向残疾人传授她的创业经验。井街早市上腿部有残疾的王湘滨、协角街早市的残疾人夫妇赵东发和张秀芝，都是在张秀丽的帮助下开起了馒头摊儿。张秀丽每天早上给他们的摊位送货，帮他们一屉一屉地摆好，并且给他们的价格就是本钱价，中间没有任何差价。如今，井街早市和协角街早市的馒头摊儿生意也非常红火。提起这位老板娘，加工厂里的工人们都赞不绝口。60岁的孔阿姨说："我在这儿都干10年了，我们从来没红过脸。她就跟我姑娘似的，给我买水果、买衣服。上周我感冒，她还给我买药。"从安达到张秀丽的加工厂打工的小王某天凌晨两点突发阑尾炎，张秀丽和丈夫带着小王直奔医院，付了1万多元的手术费，悉心照顾小王，直到他痊愈出院。工人孔大叔的爱人检查出胃里有疙瘩，张秀丽二话没说，给孔大叔拿了5 000元，让他赶快带爱人回去看病。"我这里的工人大部分都四五十岁，这个年纪的人身体比较脆弱。都是从农村出来打工的，我希望他们都好好的、健健康康的！我们一起快乐地给大家蒸馒头！"

从2001年创业之初，每天1袋面粉都用不了，到每天用40袋面粉都供不应求，在这热气腾腾的馒头背后，张秀丽用的是良心，是诚信，是务实肯干，也是品质的坚持。从一名普通打工者到加工厂的负责人，站得稳，走得实，张秀丽的创业梦一步一步地照进了美好的现实。

（资料来源：中国中小企业信息网，http://www.sme.gov.cn/cms/news/100000/0000000063/2016/1/12/nybwdawvfirdzcjdtgg1452222633968.shtml。）

中小企业，尤其是小企业，可以说是一个世界性的永久课题，越来越多的国家已经认识到它在国民经济发展中的重大作用，而且它的作用已经在经济发展的实践中得到了充分的证实。

本章从小企业的存在与发展对经济、社会及个人的价值入手，分析了小企业的含义、基本特征和界定标准，并且对当前形势下小企业经营管理面临的电子商务与国际化这两大机遇进行了详细分析，最后介绍了小企业管理的内容、特点与小企业现代化管理的要求。

第一节　小企业的价值

20世纪80年代以来，企业的联合、并购风起云涌，跨国公司、企业集团在世界范围内得到发展。但巨型企业的管理复杂性、工业化生产的局限性以及垄断市场的经济性等问题，使得人们对"大就是好"的经营哲学产生了怀疑。小企业分布面广、数量巨大，以其灵活性和创造性彰显出独特的优势，小企业的经济活动和人民群众的切身利益息息相关，已成为社会经济分工体系中不可缺少的一部分。实际上，任何国家，在任何平衡有序的经济模式中，小企业都是重要的组成部分。在当今世界各国或地区的经济活动中，小企业已经成为就业机会的最大源泉、技术和市场创新的重要力量，尤其在地方和区域层面上，小企业为经济发展提供了多样性、灵活性和变革能力。

一、小企业经营的经济价值

（一）国民经济的重要组成部分

小企业量多面广，是国民经济的重要组成部分，在社会经济发展中发挥着重要作用。从小企业占企业总数的比例来看，在一向被认为是"大企业的国家"的美国，有关数据表明，其小企业占据了本国企业总数的95%以上。虽然每年都有大批小企业倒闭，但每年新增加的小企业比倒闭的小企业要多得多，其在"爆炸式发展"。在法国、意大利、日本等主要工业国家，小企业数都占本国企业总数的96%以上。在英国，小企业的营业额占企业总营业额的65%以上，尤其是在非制造业部门，小企业的绝对贡献更大。在德国，小企业创造的产值占全国国民生产总值的2/3，占全国整个资本投入的40%。

截至2015年年末，我国工商登记中小企业超过2 000万家，个体工商户超过5 400万户，中小企业的利税贡献稳步提高。以工业为例，截至2015年年末，全国规模以上中小工业企业（从2011年起，规模以上工业企业起点标准由原来的年主营业务收入500万元提高到年主营业务收入2 000万元）有36.5万家，占规模以上工业企业数量的97.4%；贡献税收2.5万亿元，占规模以上工业企业税收总额的49.2%；完成利润4.1万亿元，占规模以上工业企业利润总额的64.5%。中小企业提供了80%以上的城镇就业岗位，成为就业的主渠道[①]。小企业由于其自身特点，在扩大就业、活跃城乡经济、满足人们的多样

[①] 工业和信息化部. 工业和信息化部关于印发促进中小企业发展规划（2016—2020年）的通知. 2016-07-05. http://www.miit.gov.cn/n1146290/n4388791/c5081157/content.html.

化和个性化需求、促进科技创新、优化产业结构、改善人民生活和增加财政收入等方面有着独特的功能，在国民经济发展中处于举足轻重的地位，发挥着不可替代的促进作用。

（二）促进市场竞争和市场经济的基本力量

市场经济发展的关键是如何增强市场的活力，即有更多的企业参与竞争，通过竞争促进技术进步和市场经济的健康发展。小企业不仅在数量上占绝对多数，成为构成市场微观经济主体的重要组成部分，而且从它们的性质和特点来看，小企业生存和产生的基础是市场，服务对象也是市场，因而它们是市场经济公开、公正、公平这一基本原则最积极的维护者。正因为弱小、竞争力差，因而才使其更容易受到强大的外来势力和不公平竞争的损害，它们所要求的市场竞争无论在公正性方面，还是在透明度方面，都会比大企业更加强烈和迫切。

市场经济的繁荣来自公平竞争。现代经济发展，一方面存在集中化的趋势，如存在跨地区、跨行业的跨国公司和企业集团；另一方面保持着不断分散化的制衡过程，主要表现为分布在几乎所有竞争性行业和领域中的大量小企业的不断涌现。这两种力量、两种趋势以及市场经济中的双重结构，不论其具体组合和表现如何，都毫不例外地长期客观存在，构成了推动整个经济繁荣发展的基本力量。

（三）保持经济增长及稳定的重要来源

由于小企业量大面广，分布在国民经济的各个领域，因此，它们日益成为经济增长的主要因素。在许多国家或地区，小企业的发展已经成为经济稳定增长的关键。美国中小企业代表了99%的雇主；雇佣了52%的工人；雇佣了61%的领取失业救济的工人；雇佣了38%的高技术行业的工人；提供了所有的新工作岗位；提供了51%的私营企业产值；代表了96%的出口商；获得了联邦政府合同额的35%。[1]

国家工商行政管理总局2014年3月28日发布《全国小型微型企业发展报告》，报告显示目前我国小微企业数量庞大，已成为国民经济的重要支柱。据统计，我国中小企业创造的最终产品和服务价值相当于国内生产总值总量的60%，纳税额占国家税收总额的50%，完成了65%的发明专利和80%以上的新产品开发。按照新标准和第二次全国经济普查数据，加上有证照的个体工商户，微型企业从业人员占第二次全国经济普查全部法人企业从业人员的38.7%。目前中国70%的城镇居民和80%以上的农民工都在小型微型企业就业。在全国零售网点和服务行业中，小企业更是主力军。我国出口的许多大宗商品，如服装、玩具、工艺品等劳动密集型产品，也基本上是由中小企业生产的。[2]

许多地区从实践中已经体会到，"无小不活""无小不稳""无小不快"和"无小不

---

[1] 美中国际合作交流促进会. 中美中小企业合作——美国中小企业概况. 2014-12-01. http://www.usachina.org/case/jz0704.htm.

[2] 国家工商行政管理总局. 全国小型微型企业发展情况报告（摘要）. 2014-03-31. http://www.gov.cn/xinwen/2014-03/31/content_2650031.htm.

富"。此外，小企业由于数量巨大和经营分散，以及具有较强的适应能力，能够极大地缓冲国民经济的大幅度波动，从而有效地减缓经济增长的失衡状态，进而避免或减轻经济危机带来的冲击。

二、小企业经营的社会价值

（一）增加就业的主要渠道

小企业能够广泛吸纳待业人员，有效地缓解社会矛盾，几乎被所有的发达国家所重视。创造就业机会被认为是小企业最重要的经济作用，乃至政治作用之一。小企业量大面广，主要存在和发展于劳动密集型产业中，而且企业投资少，经营方式灵活，对劳动力的技术要求低，所以它是失业人员重新就业和新增劳动力就业的主要渠道，对社会发展起到了稳压器的作用。

根据美国麻省理工学院戴维·伯奇的研究，在每10个新工作岗位中，有8个是由雇员不足100人的小企业创造的。据美国小企业管理局统计，小企业对就业的贡献还表现在小企业数量的净增加上。国家工商行政管理总局最新发布报告称，在中国7.67亿人次的就业人口中，小微企业解决的就业人数已达到1.5亿人次，而且新增就业和再就业人口的70%以上集中在小微企业。

在当前及今后一段时期，我国面临的就业和再就业压力将越来越大。有学者估计，即使全年国内生产总值增长8%，每年也只能安排650万人就业，还有相当大一批人无法就业。就业问题解决不好，必将导致严峻的经济问题和社会问题。因此，要想较好地解决就业问题，减轻城镇贫困和社会保障压力，保持社会稳定，大力发展中小企业是唯一的出路。

（二）培育企业家的摇篮

显示国家经济实力的是大企业、大集团，而创造市场活力的是小企业。与大企业相比，小企业在资金、技术、人才、信息等方面明显处于弱势，往往很难经受住市场的冲击。因此，一方面，数量众多、市场份额分散的小企业为了生存，必须充分挖掘自身的潜力，避免在激烈的市场竞争中被淘汰；另一方面，小企业经营者在生产经营活动中往往具有身兼数职的特点，它们既是企业经营活动的决策者、指挥者，又是经营管理者，同时还是产品研制、开发、生产的参与者。这种集多种职能于一身的角色，使他们能够饱受市场竞争的锻炼，并能在激烈的市场竞争中不断积累经验，总结教训，在企业得以发展、壮大的同时，自己也能一步步成长。

（三）引发技术创新的动力

技术创新是企业发展的灵魂，是国民经济发展的不竭动力。小企业经营机制灵活，对新兴市场反应敏锐，技术更新、产品调整便捷，是技术创新的重要源泉，而且其创新的效率更高，把科学技术转化为现实的生产力所耗费的时间和所经历的环节也大为缩短。因此，小企业在创造新技术和开发新产品方面发挥着重要作用。

小企业的技术创新不仅在数量上占有相当大的份额，在创新的水平和影响上也不亚于大企业。在20世纪的主要发明中，有60%以上是由独立发明人和中小企业创造的，其中包括复印技术、自动换挡、动力转向、空调、拉链、合成纤维等。如今一些著名的高科技公司，如微软公司、康柏公司、苹果公司等，都是由一些名不见经传的小企业发展而来的。小企业机制灵活、组织限制较少，个人的主动性和创造力相对更容易得到发挥，小企业往往能对市场需求迅速做出反应。

在我国，虽然技术创新的整体水平还不高，但同样有相当数量的技术创新成果是由小企业完成的，它们所占的份额也在不断上升，而且有些小企业的创新水平很高，影响力很大。例如，春兰集团和用友集团，开始都是小企业，它们是依靠持续、出色的技术创新而快速发展为现在的大企业的。企业之所以能够得以生存、发展、壮大，其强大的生命力就来源于很强的技术创新能力。

三、小企业经营的个人价值

小企业经营具有较高的风险，但也有较高的回报。对于所有者和经营者而言，小企业经营不仅能够满足生存的需要，而且能够成为财富积累的源泉，更重要的是，能够实现更高层次的人生追求。随着商业经济的高速发展和知识经济的来临，越来越多的人投入通过创业成为小企业经营者的浪潮中，自主创业也因此成为热门话题。一般来说，在经营小企业获得的回报中，普遍被提到的回报有收入、个人成长和灵活性，有时被提到的回报有财富积累、实现创新，很少被提到的回报有认可、敬佩、权力、家庭等，具体如图1-1所示。

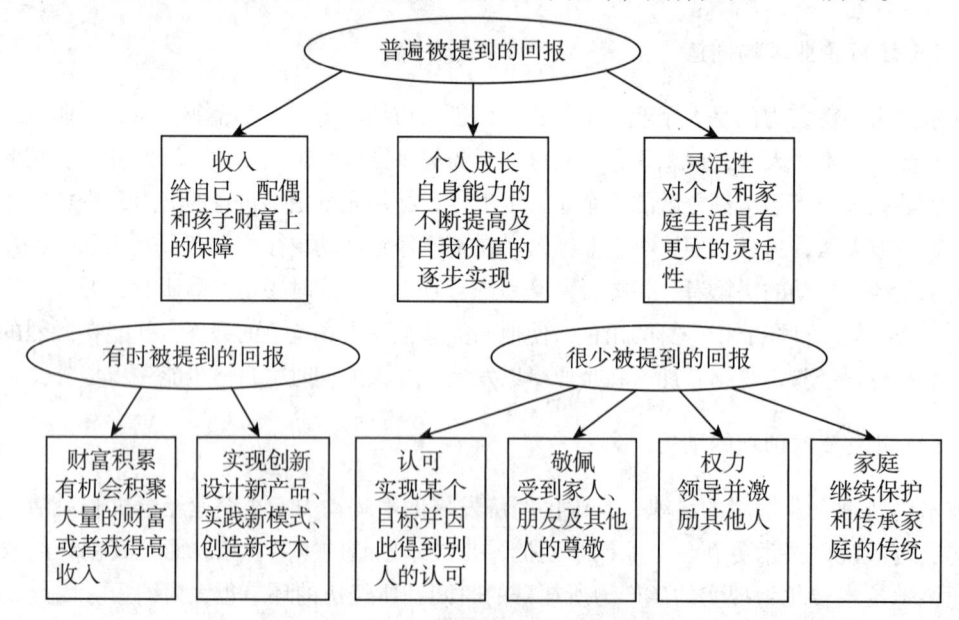

图1-1 经营小企业获得的回报

通过分析，独立地经营小企业对于个人人生价值实现的意义表现在以下几方面。

（一）收入回报

创业的主要目的是获得利润。收入减去所有支出就是利润，利润属于企业所有者。自主创业可以控制自己的收入。通常，经营者如果对企业付出更多的精力，就会获得更多的收入，这一点与给他人打工不同。在美国，75%以上的中高收入人群是企业家。

（二）自我满足感

对于一些人来讲，独立地经营小企业就是为了实现自我满足感。自我满足感是指能够做自己想做的事情。小企业在经营方式上的灵活性能够最大限度地满足经营者个人兴趣的偏好，也就意味着他可以每天做自己喜欢的工作。比如，喜欢摄影的人可以经营自己的照相馆，每当顾客对其服务表示很满意的时候，就会产生强烈的自我满足感。

（三）工作安全感

工作安全感是指能够确保持续获得就业机会及收入。自主创业的人不会下岗，也不会在达到一定年龄时被强制退休。创业是就业的另一种模式，所不同的是创业者不是被动地等待他人给自己"饭碗"（就业机会），而是主动地为自己或他人创造"饭碗"。通过创办企业，人们可以获得其他就业方式所欠缺的工作安全感。

（四）灵活性

自主创业的另一个好处在于可以获得独立，不受别人控制，能够自由发挥自己的知识、技能和才干。自主创业者创办的企业类型和企业规模依赖于他们的能力大小。自主创业给予个人的是一种成为老板和领导者的工作，而不是作为雇员和追随者的工作。

（五）社会地位

从某种程度上说，所有的人都在追求社会地位。自主创业的人通过成功经营和参加社会活动，能够吸引公众的注意，获得一定的社会地位，这使他们享受到其他人无法得到的快乐和自豪。同时，自主创业的人也可以通过帮助周围人群获得满足感，为市场提供优质产品、服务，并为他人创造就业机会，使家庭或家族事业得以传承，为国民经济发展和社会福利的改善贡献力量。

案例1—1

美国大学生在中国创业成为哈佛案例

2011年7月起，33岁的美国人马修·布鲁诺和他的拥有900多名中国员工的优创（青岛）数据技术有限公司成为哈佛商学院的又一个经典商业案例。他的创业经历将被雄心勃勃的世界商业精英们所观摩、评价并借鉴。关于入选理由，哈佛商学院的教授这样答复："这里的教学方式总是在课堂上提供真实公司的最真实的案例，令我们非常感兴趣的是，你居然在如此短的时间内，在中国建立了业绩斐然的公司，我们计划将此案例用于中国教程项目。"这并不是马修获得的初次褒奖。最早的业内荣誉来自国际外包专家协会。2011年5月，马修所创建的优创（青岛）数据技术有限公司被该协会评为全球外包行业百强企业之一。在此之前，该公司获得的荣誉还有"中国服务外包成长型百强企业""美国发展最快私营企业前500名"等。

走完这一创业之旅，马修只用了8年时间。8年前，马修的身份还是青岛一所大学的外籍英语老师。1999年，马修毕业于美国康奈尔大学并获得商业管理学士学位，同年进入美国卓越规划集团（Distinguished Programs Group，DPG）做分析员。3年后，怀揣周游世界梦想的马修禁不住在青岛工作的大学同学的"诱惑"，辞去工作来到青岛。沙滩、海鲜、啤酒节，以及浪漫邂逅的、后来成为太太的中国女友，这些构成了马修当时在青岛的全部生活。直至2003年，马修回国后发现自己实在难以割舍对青岛的热爱以及对女友的思念，他回忆："当时非常希望能回到青岛，这可以说是我在青岛创业的最大动机。"

马修的人生转折也正是发生在2003年，从这一年起，他正式开始了异域的创业之旅。

一个偶然的机遇，马修在美国遇到了其在DPG工作时的总经理。当时，DPG需要将公司一个项目中的1万张保单录入系统，难题是每一张保单获利很少，处理数据工作的成本却非常高。马修意识到青岛有大量会英语的人才，可否把这一工作转移到青岛？最初这个想法被这位经理当成一个笑话，直到马修做了一个劳动力和租赁成本分析并向这位经理描述时，这位经理才终于意识到这件事的可行性。这成为马修同年创建的公司的第一笔业务。他幸运地迈入的领域在当时的中国可谓新兴行业——服务外包。和许多创业者一样，马修经历了公司初创时的艰辛和挫折。刚开始，公司只有马修和另一名员工，办公室位于青岛的一间小公寓里。马修回忆，当时面临的最大挑战是遇到很多技术上的难题，加之成立初期，不可能有很多的资金投入。"我们需要逐个解决难题并得出结论。如果没有公司最初的员工——现在他们大部分还在公司，而且已经成为公司的高级管理者，我可能什么也做不了。在公司最初的日子，我与他们建立的信任成为公司文化，并为以后的成功奠定了基础。"令马修感到欣慰的是，他有"一个强有力的团队"。专注性和团队精神无疑为公司的快速发展注入了生机。2005年起，公司进入快速发展阶段，每年新增员工100名，甚至有时会增加200名，员工一向被马修视作最宝贵的财富。

熬过了创业期的马修并不讳言，快速发展再一次让自己直面挑战："我们的业务蒸蒸日上，但是我们都很年轻，缺少经验。我们想让公司在快速发展的同时，保持自己的企业文化和价值，使之成为一个独特的工作场所。"在青岛当地，马修的"独特的工作场所"正日益获得毕业生的青睐。

并非所有的创业者都如马修一样幸运。在他看来，自己创业成功与大学时身处的创业氛围和所受的创业教育密不可分。在大学期间，马修曾学习过一门名叫"创业"的课程。这门课程教学生如何开始自己的事业。通过这门课程，马修学习了如何通过发展业务计划、吸收资金、制作预算以及开展其他活动来拓展自己的业务。马修回忆，学生们必须组成小组一起商量创业想法，然后将这些想法和商业计划展示给来自风险资金公司的校友们。当时马修的商业计划是开发一个为家庭服务的旅游网站，最终他所在的小组成为赢得最佳商务计划奖的小组之一。

"这些经验在我建立公司时极大地帮助了我，给予我信心并使我确信自己也可以去做。"马修说。就中美大学生创业的比较，马修坦言："我相信热情、渴望和能力都是同样的，但在中国，创业理念没有被很好地植入教育系统中。目前中国的大学很少为学生创业去发展校友网络并提供相关课程，但是我相信这种状况将来会慢慢改善的。"

回顾创业之路，马修说："如果让我重新选择，我还会选择创业，我想这是我曾做过的最好的决定之一。"如今，该公司客户已达110多家，涵盖了美国大、中、小型的保险批发商、代理商、经纪商，遍布东西海岸。

（资料来源：刑婷，美国大学生在中国创业成为哈佛案例，中国青年报，2011－07－11。）

第二节　小企业的含义、基本特征与界定标准

对小企业的定义和界定标准，因国家而异，也因划分目的、时期和行业的不同而有所区别。迄今为止，世界各国对小企业没有统一的定义，通常是根据各国的经济发展水平和特定的国情来界定的，同时随着经济发展和社会变化而变化。

一、小企业的含义及基本特征

（一）小企业的含义

怎样来界定小企业呢？谈起小企业，人们往往在现实生活中接触得最多。像社区里的理发店、快餐店、洗衣店、便民商店等，这些与我们日常生活最贴近的，实际上都是最典型、最普通的小企业。为了更好地促进中小企业，尤其是小企业的发展，世界各国都根据本国的经济发展实际情况，对小企业的范围和特征做出了明确的规定，并相应地确定了小企业的含义。总的来说，小企业是大中企业的对称，世界各国经济的发展阶段和发展水平不同，因而各国对小企业的定义并不是完全统一的。一个企业，在一个国家被视为小企业，在另外一个国家就可能被视为中型企业，各国都是根据本国的实际情况来加以确定的。在不同的经济发展时期，对小企业的界定也是有所变动的。

美国于1953年在其《小企业法》中规定，凡是独立所有和经营，并在其经营的事业领域不占支配地位的企业，均属于小企业；并结合从业人员和销售额相应规定了在具体行业的规模标准。英国于20世纪70年代由博尔顿委员会提出小企业具备三个特点：一般占有较小

的市场份额，对市场上的价值、数量影响力较小；没有定型的管理机构；不受母公司的控制，有决策自由。具体分类时，再结合企业雇员人数的多少和年营业额的大小来进行。美国和英国是在定性的基础上，结合定量标准来定义小企业，有些国家则直接单独采用定量标准（如从业人员或资本金规模）来定义小企业。例如，日本把固定职工数量在20人（以经营商业或服务业为主的是5人）以下的零售业企业称为小企业，意大利把雇员数量为20~49人的企业视为小企业。

从中华人民共和国成立至今，我国经济体制总体经过了计划经济和市场经济两大时期，在这期间又经历了不同的发展阶段，我国在每一阶段都根据经济发展的客观需要和管理的要求，分别对大、中、小企业规模的界定进行了变动和调整。2002年6月29日召开的第九届全国人民代表大会常务委员会第二十八次会议通过了《中华人民共和国中小企业促进法》，2017年9月1日，第十二届全国人民代表大会常务委员会第二十九次会议表决通过了新修订的《中华人民共和国中小企业促进法》，自2018年1月1日起施行，该法指出："本法所称中小企业，是指在中华人民共和国境内依法设立的，人员规模、经营规模相对较小的企业，包括中型企业、小型企业和微型企业。中型企业、小型企业和微型企业划分标准由国务院负责中小企业促进工作综合管理的部门会同国务院有关部门，根据企业从业人员、营业收入、资产总额等指标，结合行业特点制定，报国务院批准。"最新的《中小企业划型标准规定》是由工业和信息化部、国家统计局、国家发展和改革委员会、财政部在2011年6月研究制定的，将在本节"我国的小企业界定标准"中详细介绍。

（二）小企业的基本特征

中小企业，尤其是小企业，无论在资产规模上，还是在用工人数上，或者在销售额上，都与大中企业有很大不同，这类企业本身在管理结构和组织形式等方面也是千差万别的。但从小企业的整体来看，与大中企业相比，小企业有一些基本特征，其主要表现在以下三方面。

1. 数量众多，分布面广

小企业是现代经济的重要组成部分，是社会经济发展的重要基础。近年来，随着我国社会主义市场经济的不断深入发展，中小企业得到了快速发展。截至2015年年末，我国工商登记中小企业超过2 000万家，其中绝大部分是小企业。

小企业的经营范围很广，除了航天、金融保险等技术、资本密集度极高和国家专控的特殊行业外，几乎所有的竞争性行业和领域都有小企业的经营活动。它们广泛地分布于第一产业、第二产业和第三产业的各个行业，尤其是集中在一般加工制造业、农业、采掘业、建筑业、运输业、批发和零售贸易业、餐饮和其他社会服务业等。与此同时，小企业从一般加工制造、批发零售等传统行业，加快向高新技术产业、现代服务业等领域扩展，资本密集型、技术密集型产品和服务所占的比重持续增加，产品质量不断提高，品牌数量不断增多。

2. 体制灵活，组织精干

小企业大都采取个人独资或合伙式组织形式，所以在生产决策、市场营销和人力资源管理等方面，没有大中企业那样繁杂的程序和漫长的决策过程。同时，小企业没有庞大的组织结构，管理层次少，管理人员也相对较少，使之更容易进入市场，适应性强，经营手段灵活多变。它们可根据实际情况，在较短的时间内及时做出反应和决策，经营灵活，应变能力强，无须较大的资金投入和技术力量就可以开业经营，投入生产，并可较快地调整其产品结构，改变生产经营方向，甚至转行，从而较快地适应市场的新需要。

3. "家族"色彩浓

目前，在小企业中占主导地位的是民营企业，而民营企业大部分为家族企业，大多数企业投资者、所有者与经营者、管理者有一定的"亲缘"关系，父子、兄弟、姐妹、亲戚、朋友、同学等成员担任着企业关键部门的职位。企业所有者或经理人的素质和能力对企业影响很大，其经营、管理和决策更多的是依赖所有者或经理人个人。可以说，所有者或经理人素质的高低、能力的大小在很大程度上决定了企业的兴衰与成败。

二、小企业的界定标准

国内外许多学者都认为，在确定企业规模的标准上，应当使用的一个重要原则就是相对性原则，即一个企业的规模大小只有在与其他企业的规模相比较时，才可能确定其真实含义。所谓相对性，就是从企业所处的地域、行业和时间上来进行观察。

首先，从地域上看，不同的国家（或地区）由于其经济发展规模大小不同，对小企业规模的界定标准是不同的。一般来说，从业人数、实收资本额和经营额等是各国（或地区）界定企业规模普遍选用的指标。一个国家的中型企业在另一个国家就可能被视为小企业，其主要原因在于各国的国情不同。小企业标准的界定更便于政府在政策措施上给予小企业特殊照顾，指导它们改善经营，并对接受指导的小企业给予无保低息贷款等优惠政策。

其次，从行业上看，小企业的实际规模在不同的行业，其差异也是较大的。无论采用从业人数、实收资本额作为标准，还是以经营额作为标准，小企业的实际规模总是与行业差别密切相关。因此，中小企业或小企业的规模标准也就基本能反映出企业所在行业的特点。

最后，从时间上看，中小企业或者小企业的概念（标准）也会随着经济的发展及社会变化而不断变动。虽然确定一个企业的规模一般都是用诸如从业人数、销售收入、营业额、资产数额等一些较为客观的数据指标来划分，但用这些数据所确定的企业规模标准会随着时间的变化而不断变化。

显然，随着经济发展及社会变化，企业从业人员数和资产总额不断扩大，因而从政府的角度出发，为更积极、有效地扶持中小企业发展，就要根据各个时期中小企业的发展情况，相应地调整中小企业的界定标准。

三、我国的小企业界定标准

2011年6月，为贯彻落实《中华人民共和国中小企业促进法》和《国务院关于进一步促进中小企业发展的若干意见》，工业和信息化部、国家统计局、国家发展和改革委员会、财政部研究制定了《中小企业划型标准规定》。新版标准是相关部门结合我国中小企业的发展实际和特点制定的，是我国历史上的第8次修订，也是涉及面最广、行业面最宽、划型较全的一次修订。根据新规定，中小企业划分为中型、小型、微型三种类型，具体标准根据企业从业人员人数、营业收入、资产总额等指标，结合行业特点制定。①

（一）农、林、牧、渔业

营业收入20 000万元以下的为中小微型企业。其中，营业收入500万元及以上的为中型企业，营业收入50万元及以上的为小型企业，营业收入50万元以下的为微型企业。

（二）工业

从业人员1 000人以下或营业收入40 000万元以下的为中小微型企业。其中，从业人员300人及以上，且营业收入2 000万元及以上的为中型企业；从业人员20人及以上，且营业收入300万元及以上的为小型企业；从业人员20人以下或营业收入300万元以下的为微型企业。

（三）建筑业

营业收入80 000万元以下或资产总额80 000万元以下的为中小微型企业。其中，营业收入6 000万元及以上，且资产总额5 000万元及以上的为中型企业；营业收入300万元及以上，且资产总额300万元及以上的为小型企业；营业收入300万元以下或资产总额300万元以下的为微型企业。

（四）批发业

从业人员200人以下或营业收入40 000万元以下的为中小微型企业。其中，从业人员20人及以上，且营业收入5 000万元及以上的为中型企业；从业人员5人及以上，且营业收入1 000万元及以上的为小型企业；从业人员5人以下或营业收入1 000万元以下的为微型企业。

（五）零售业

从业人员300人以下或营业收入20 000万元以下的为中小微型企业。其中，从业人员50

---

① 中华人民共和国中央人民政府．关于印发中小企业划型标准规定的通知．2011 – 07 – 04. http://www.gov.cn/zwgk/2011–07/04/content_1898747.htm.

人及以上，且营业收入 500 万元及以上的为中型企业；从业人员 10 人及以上，且营业收入 100 万元及以上的为小型企业；从业人员 10 人以下或营业收入 100 万元以下的为微型企业。

（六）交通运输业

从业人员 1 000 人以下或营业收入 30 000 万元以下的为中小微型企业。其中，从业人员 300 人及以上，且营业收入 3 000 万元及以上的为中型企业；从业人员 20 人及以上，且营业收入 200 万元及以上的为小型企业；从业人员 20 人以下或营业收入 200 万元以下的为微型企业。

（七）仓储业

从业人员 200 人以下或营业收入 30 000 万元以下的为中小微型企业。其中，从业人员 100 人及以上，且营业收入 1 000 万元及以上的为中型企业；从业人员 20 人及以上，且营业收入 100 万元及以上的为小型企业；从业人员 20 人以下或营业收入 100 万元以下的为微型企业。

（八）邮政业

从业人员 1 000 人以下或营业收入 30 000 万元以下的为中小微型企业。其中，从业人员 300 人及以上，且营业收入 2 000 万元及以上的为中型企业；从业人员 20 人及以上，且营业收入 100 万元及以上的为小型企业；从业人员 20 人以下或营业收入 100 万元以下的为微型企业。

（九）住宿业

从业人员 300 人以下或营业收入 10 000 万元以下的为中小微型企业。其中，从业人员 100 人及以上，且营业收入 2 000 万元及以上的为中型企业；从业人员 10 人及以上，且营业收入 100 万元及以上的为小型企业；从业人员 10 人以下或营业收入 100 万元以下的为微型企业。

（十）餐饮业

从业人员 300 人以下或营业收入 10 000 万元以下的为中小微型企业。其中，从业人员 100 人及以上，且营业收入 2 000 万元及以上的为中型企业；从业人员 10 人及以上，且营业收入 100 万元及以上的为小型企业；从业人员 10 人以下或营业收入 100 万元以下的为微型企业。

（十一）信息传输业

从业人员 2 000 人以下或营业收入 100 000 万元以下的为中小微型企业。其中，从业人员 100 人及以上，且营业收入 1 000 万元及以上的为中型企业；从业人员 10 人及以上，且营业收入 100 万元及以上的为小型企业；从业人员 10 人以下或营业收入 100 万元以下的为微型企业。

（十二）软件和信息技术服务业

从业人员 300 人以下或营业收入 10 000 万元以下的为中小微型企业。其中，从业人员 100 人及以上，且营业收入 1 000 万元及以上的为中型企业；从业人员 10 人及以上，且营业收入 50 万元及以上的为小型企业；从业人员 10 人以下或营业收入 50 万元以下的为微型企业。

（十三）房地产开发经营

营业收入 200 000 万元以下或资产总额 10 000 万元以下的为中小微型企业。其中，营业收入 1 000 万元及以上，且资产总额 5 000 万元及以上的为中型企业；营业收入 100 万元及以上，且资产总额 2 000 万元及以上的为小型企业；营业收入 100 万元以下或资产总额 2 000 万元以下的为微型企业。

（十四）物业管理

从业人员 1 000 人以下或营业收入 5 000 万元以下的为中小微型企业。其中，从业人员 300 人及以上，且营业收入 1 000 万元及以上的为中型企业；从业人员 100 人及以上，且营业收入 500 万元及以上的为小型企业；从业人员 100 人以下或营业收入 500 万元以下的为微型企业。

（十五）租赁和商务服务业

从业人员 300 人以下或资产总额 120 000 万元以下的为中小微型企业。其中，从业人员 100 人及以上，且资产总额 8 000 万元及以上的为中型企业；从业人员 10 人及以上，且资产总额 100 万元及以上的为小型企业；从业人员 10 人以下或资产总额 100 万元以下的为微型企业。

（十六）其他未列明行业

从业人员 300 人以下的为中小微型企业。其中，从业人员 100 人及以上的为中型企业；从业人员 10 人及以上的为小型企业；从业人员 10 人以下的为微型企业。

第三节　小企业发展的新机遇

自 20 世纪 90 年代以来，信息技术与网络技术的快速发展和广泛传播，在深度和广度上把社会分工、市场需求以及企业组织发展推到了一个新的历史阶段。思科公司的首席执行官钱伯斯曾说:"现在已不是'大鱼吃小鱼',而是'快鱼吃慢鱼'。"随着科技创新的发展,产品生命周期越来越短,速度已经成为制约企业发展与提高企业竞争力的至关重要的因素。"灵活性"取代"稳定性"、以"快"制"大"是现代企业发展的一个显著特征。在灵活性方面具备先天优势的小企业也迎来了快速发展的新机遇。创业者及小企业经营者应主动适应当下的经济模式、产业模式及商业模式的变化,从而获得市场机遇。下面将重点介绍小企业面临的两大机遇——电子商务机遇与国际化经营机遇。

一、电子商务机遇

(一)电子商务及其对小企业发展的影响

电子商务是通过电子信息技术、互联网络技术和现代通信技术,使得交易涉及的各方当事人借助电子方式联系,而无须依靠纸面文件完成单据的传输,实现了整个交易过程的电子化。简单地说,电子商务就是利用计算机网络进行的商务活动。电子商务是一种现代商业方法,它改变了作为生产建设和商品流通的直接承担者为社会提供产品和服务的主要组织形式,形成了新的企业经营环境。在该环境下,市场愈加动态多变,客户需求复杂、苛刻,潜在的合作伙伴和竞争对手也大大增加。作为一种新型商务活动模式,电子商务在帮助小企业拓展新市场、降低生产经营成本、提高生产经营效率等方面发挥了重要的作用。电子商务能够帮助小企业充分发挥小、灵、快的优势,完成从工业时代的"以产定销"向信息时代的大规模定制、柔性化生产、个性化营销的升级。

对小企业而言,电子商务的应用价值主要体现在以下几方面。

1. 为小企业提供新的市场机会

通过电子商务网络,小企业可以发布自己的产品信息,宣传与企业有关的形象资料,并推出满足客户需求的信息网页。通过上网,小企业可以及时了解顾客的消费状况和竞争对手的情况,寻找新的商业合作伙伴和商业机会,开辟新的发展空间。小企业可以通过电子商务网络,把自己的产品向世界各地的潜在客户进行宣传,从而无限地扩大市场,为自身提供新的市场机会。

2. 促使小企业提高经济效益

电子商务网络可将市场需求与销售、采购、生产制造、保险、运输、银行结算、货运、报关等贸易环节有机结合起来,自动完成整个商业贸易过程。小企业采用电子商务,可以改变传统的商务模式,这样便节省了市场开拓的人力和物力,其管理费用和业务开支也将大大降低。电子商务使小企业随时掌握市场行情和顾客需求,降低业务处理差错,缩短业务运转时间,降低库存成本,加快资金流动,从而提高企业的经济效益。

3. 帮助小企业应对突发事件

相对于传统商务活动而言,电子商务有一个重要特点,就是企业与客户、供应商以及合作伙伴进行电子商务活动不受时间、空间的限制,也没有人员的直接接触,完全的电子商务活动甚至能够做到商务活动的全过程都通过互联网来完成。因此，小企业应用电子商务能够实现对生产、交易及服务过程的即时反应，从而更好地应对突发事件。

4. 促使小企业更好地适应市场变化

现代计算机网络使企业更贴近市场的需求，有助于提高企业生产的敏捷性和适应性，使高质量、低成本的产品与及时供货和周到的服务相结合。电子商务还改变了企业竞争态势，使实力较差的中小企业也能在大范围内发挥其灵活、机动的竞争优势。一个小企业虽然势小力微，但通过电子商务，可以直观地把自己的商品介绍给千千万万的客户，其影响力和营销力会大大提高。同时，通过电子商务，小企业也更容易适应市场的变化。

5. 有利于小企业开拓国际市场

企业通过互联网与国际市场的对话，可以使企业的资本、产品和贸易国际化，从而开拓国际市场。企业在互联网上发布信息，较容易为企业的发展带来国际机遇。网络的虚拟化特征可以使小企业突然"变大"和突然"变小"。互联网作为一种信息技术，可以从信息管理的各方面把一个小企业变大，使企业在瞬息万变的商场上不再受到经济规模的制约，使企业可以方便地进行信息的交流、管理与利用。

6. 有利于促进小企业的组织变革

电子商务和计算机网络改变了信息传递方式，使企业的组织扁平化，企业的管理幅度变大，原来起上传下达重要作用的中层组织减少，高层决策者可以与基层执行者直接联系，可以根据实际情况及时进行决策。这种变化使企业管理的效率得到了很大提高。

（二）小企业发展电子商务的基本途径

一般中小企业对电子商务的应用，按三个阶段发展。一是初级应用：企业加入互联网，上网宣传。二是次级应用：建立企业内部网，提高企业内部信息的传递速度。三是高级应用：全面通过电子数据交换系统与业务伙伴的沟通，随时向买家提供最新生产情况，通过网络进行商业交易。

根据这种进程规律，小企业发展电子商务可采用以下途径。

1. 成为互联网的用户

对于小企业来说，实现电子商务的第一步是尽快成为互联网的用户，这样就可以从网络上获得有用的技术信息和市场信息。另外，一些用户端技术的发展也为小企业对外交流带来利益。因此，要尽可能地利用互联网提供的用户端功能，为企业销售和信息交流提供服务。

2. 建立企业网站

首先，企业应注册一个与企业产品或名称相关的、容易记忆的、简单生动的域名，同时在域名注册前一定要进行商标检索，避免卷入商标纠纷。然后，根据企业电子商务所要达成的目标和所要实现的基本功能，进行企业电子商务的框架规划。按照网站的整体规划设计网页，将产品上传并发布在网络上，经常对网站进行更新和维护，即时发布企业最新产品、新闻等信息。

3. 加盟中小企业网站及综合性网站

对小企业来说，不一定要独立建立资金消耗过大的平台，可采取联合组建的办法。它要求小企业学会有效地整合资源，这是增强小企业核心竞争力的必然措施。因此，小企业可以借助已经具有规模的商务网站提供的网上商城实现电子商务，也就是小企业借他人成熟的电子商务平台为已所用。目前，互联网上成立了相当数量的、为中小企业提供各类服务的中小企业网站和综合性网站。这些网站成为小企业发展电子商务的良好平台。它们为小企业提供了大量的市场机会，同时也给小企业提供了一个对外展示的窗口。

4. 开展商务应用，组织市场推广，宣传推广企业网站

小企业建立企业网站只是开展电子商务的开始阶段，如何利用各种形式宣传推广企业的网站、提高网站的知名度和访问率是小企业开展电子商务后续阶段必须解决的问题。因为只有高访问率才会给企业带来商业机会。

5. 改善商务运作步骤，加速企业信息化建设

对于小企业来说，不是说有了网站，可以在网上进行商品销售，就算建成了电子商务，还必须加强企业内部的信息化建设。电子商务是实现整个贸易活动的电子化，是把电子工具应用于企业的生产、销售、客户服务乃至整个供应链的全过程，发达的电子商务离不开完善、高效的企业内部网络，只有当企业内部网络与外部网络都很发达时，电子商务的低成本、高效率才能完全体现出来。

（三）小企业电子商务的应用情况

目前，电子商务在小企业的营销、采购、支付、储运等环节得到了广泛应用，电子商务服务商在这些环节的收入也是相当丰厚的。电子商务的发展还带动了物流、信息等相关产业的发展，促进了支付、信用体系的建立，对优化我国第一产业、第二产业、第三产业结构发挥了重要作用。根据艾瑞咨询的统计数据，2014年，我国中小企业B2B（business-to-business，企业对企业）电子商务市场营收规模为234.5亿元，增长率为32.0%。艾瑞咨询预测，未来我国中小企业B2B电子商务市场营收增速仍保持在20%以上，预计2018年的营收规模将接近540亿元[①]。

小企业在应用电子商务过程中主要有以下特点。

1. 集中在采购和销售环节

电子商务在中小企业生产经营的多个环节得到了广泛应用，其中应用最多的是采购和销售环节。据中国电子商务研究中心（100EC.CN）监测数据显示，截止到2014年12月，国内使用第三方电子商务平台的中小企业用户规模（包括同一企业在不同平台上注册但不包括在同一平台上重复注册）已经突破2050万。未来几年，中小企业电子商务作为地方政府转方式、调结构、稳增长的重大举措将有进一步发展。

---

① 艾瑞网. 2017－10－31. http://news.iresearch.cn/zt/246308.shtml.

2. 各环节应用水平差异较大

在采购和营销等环节中,能熟练使用电子商务进行采购的中小企业占全部中小企业的15%,能熟练使用电子商务实施营销推广的中小企业占全部中小企业的13%。在物流等其他环节中,能熟练使用电子商务的中小企业不足10%。这说明中小企业在各环节的电子商务应用水平差异较大,同时均有很大的提升空间。

3. 各环节应用均高速增长

在营销环节中,使用电子商务的中小企业数量年均增速达到15.2%;在采购环节中,使用电子商务的中小企业数量年均增速达到14%;在物流仓储环节中,使用电子商务的中小企业数量年均增速达到10%。使用电子商务的企业在小订单利润率、产品多样化程度、产品创新能力等方面,比不使用电子商务的中小企业高9%~15%。

金融危机、互联网技术的发展和中小企业对电子商务的认知的提升为中小企业电子商务的发展提供了良好的机遇,但同样也面临扶持政策缺乏、诚信体系不完善、电子商务人才匮乏、物流及认证等支撑体系不能满足电子商务需求等阻碍因素。中小企业的电子商务应用范围逐渐扩大,应用水平不断增加,使用效果逐渐显现,这将推动中小企业电子商务自身的发展。因为电子商务在中小企业中应用的广度和深度不断拓展与加深,所以中小企业也需要提高自身对电子商务的认知,结合自身特点,充分发挥电子商务在各环节中的作用。[①]

案例 1-2

天津菜农驾全程电子商务走向世界

民国地方志载:津郊盛产青萝卜、味入水果然,以沙窝产最良。实际上,"沙窝萝卜"已有300多年的栽培历史,在津门可谓久负盛名。2007年,小沙窝村民成立了曙光"沙窝萝卜"专业合作社,开始走上了将家乡特产投向大市场的产业化道路。然而,此路并不平坦。合作社社长李树光谈道:"'沙窝萝卜'在走向大市场的过程中,初期迅速赢得了京津冀人民群众的欢迎,这也直接推动了我们第一次发展壮大的进程,使我们成为天津农民合作社示范社。不过,发展瓶颈也很快出现了。虽然我们已经连续三年参加全国农交会,连续举办三届中国'沙窝萝卜'文化旅游节,但我们的品牌和销量始终没有迈出更大的步伐,这也成为沙窝村村民的一块心病。"

在经过一个阶段的咨询和考察后,合作社将问题的核心落在了经营模式上。李社长认为:"合作社过多地将精力放在了产品的创新改良上,但一直走在陈旧的经营老路上。无论市场营销还是企业管理,我们都落后于现代企业。在信息技术高速发展的今天,如何借此快速转变经营模式,已经成为国内企业的大势所趋,我们也应该紧抓时代脉搏,走上一条科技化、科学化更高的发展道路。"

---

① 阿里巴巴中国网络技术有限公司. 2009 中国中小企业电子商务发展报告. 中国中小企业, 2010 (2): 35-37.

"沙窝萝卜"原来主要通过媒体、报纸、搜索引擎和"沙窝萝卜"文化旅游节进行市场营销，效果也只是零零散散，没有形成规模。在企业管理方面，已有的310户社员及1 000多名员工更是让管理运营难上加难。在经过对同类企业的考察后，合作社选择了一家全程电子商务服务商，开始向电子商务经营模式转型。如今，全程电子商务服务体系贯穿了企业市场营销和内部财物管理的所有环节。企业拥有了自己的双模网站，可在手机和电子计算机两端同步展示，在访客浏览"沙窝萝卜"网站时，可及时发现潜在客户，并展开各种方式的线上沟通。全程电子商务同时提供的适合中小企业的网上进销存、网上记账、现金管理、网上订货平台等功能将生产、库存、进出账务等经营环节全盘电子化，规避了传统管理软件之间的跨平台、信息孤岛等问题，极大地提高了各部门、各工种之间的协作效率，降低了以往的大笔额外支出。

在全程电子商务的应用之下，"沙窝萝卜"的市场销量节节攀升，连团购大军也加入了客户的阵营中，其品牌影响力更是走出了国门，享誉亚洲。

(资料来源：改编自 eNet 硅谷动力，http://www.enet.com.cn/sme/。)

二、国际化经营机遇

(一) 小企业国际化经营的机遇分析

1. 知识经济为小企业的国际化发展提供了新的动力

在工业经济时代，大企业依靠规模优势，在国际联系、市场开拓、技术转移等方面拥有中小企业无法具备的优越性。然而，在知识经济时代，企业规模、员工数量和其他传统意义上的要素已不再是企业成败的关键因素，知识和智力才是企业未来创造收益的实际推动力。这样，小企业将有机会放眼国际市场，和大企业一同站在国际竞争的起跑线上。因此，知识经济必将为小企业的发展提供新的动力，使之成为一国经济增长的重要支持力量。

2. 信息技术为小企业的国际化创造了可能

在信息技术革命以前，国际经济合作的交易成本很高，交易时间很长，并且商务活动的信息获取受到了极大的限制，这样就极大地减少了小企业参与国际合作的机会。航空运输、电话、传真技术的发展则大大改变了这种情况，特别是在国际互联网技术出现以后，国际经济合作的距离感得到了根本的改变。很多国际经济合作信息可以通过网络进行，电子商务网将全球大大小小的企业联系起来，小企业可以与国际大企业享受同样的国际经济合作机会，参与国际合作。

3. 各国经济相互依存，为小企业提供了广阔的国际合作领域

首先，大型跨国公司在全球范围内利用不同国家和地区的有利条件组织生产，将原来由一家企业负责生产的产品划分成多个生产环节，然后分包给发展中国家的小企业，或者通过自己投资设厂的方式，在生产条件有利的国家进行生产。这种由跨国公司带动的全球生产大联合为小企业的国际化创造了很多机会。其次，国际要素市场的发展极大地拓展了小企业国

际化的领域。传统的国际经济合作主要是企业之间的生产合作，也就是各国小企业在产品的生产与流通中进行合作，但是，随着国际要素市场的发展，小企业国际化的领域也得到了很大的拓展，资本国际化使小企业不仅能够利用国外的直接投资，而且可以到国外的资本市场上进行直接融资，或通过跨国经营的银行进行间接融资。同时，小企业的国际技术合作也得到了加强。各国小企业通过技术合作，共同研究开发新技术产品，或从国外引进先进技术，或引进科技人才进行研究开发，提高企业的技术水平，推动生产与技术开发的国际专业化协作。

4. 区域经济一体化推动小企业国际化的进一步发展

与经济全球化相伴随的一个全球性经济现象就是世界经济的区域一体化。自20世纪50年代以来，区域层次的多边经济合作取得了重大进展。以欧洲联盟为中心，欧洲不仅实现了生产要素的自由流动，而且在货币合作、政治一体化等方面取得了重大进展。在亚太地区，亚太经济合作组织正致力于推进地区的贸易与投资自由化以及经济技术合作。除此之外，世界上还有许多区域性经济组织。

5. 国际分工的不断深化为小企业国际化提供了市场空间

市场缝隙理论指出，"有限的商品和无限的市场需求之间永远存在盲点"。小企业生产围绕着"寻找市场缝隙"而展开，利用自己资金投入少、企业规模小、灵活性强的特点精心服务于市场的某个细小部分，通过专门化经营来参与市场分工，实现某一缝隙的有效供给。另外，随着社会经济的发展和居民收入的提高，消费结构正朝着多样化、个性化的方向发展。大企业由于追求批量生产、品种比较单一、缺少特色，不符合现代消费结构的变化趋势。小企业则适宜于多品种小批量的生产，而且可以采取"灵活的生产体系"来适应消费结构的这种变化，更好地满足了消费者的多样化需求。

（二）小企业实施国际化经营战略的路径选择

目前大企业的国际化经营主要以建立跨国公司的方式进行，小企业不能采用该方式的原因主要是受到了自身条件的限制。小企业完全可以运用与自身条件相适应的一系列方法，灵活多样地从事国际化经营。

1. 出口战略

进入国外市场最简单的方法是出口产品。间接出口（indirect exporting）是出口产品初期常用的方法，是企业将生产出来的产品卖给国内的中间商或委托国内的代理机构，由其负责经营出口业务。各种贸易公司都属于这种出口代理商。直接出口（direct exporting）是企业把产品直接销售给国外的客户或最终用户。这需要企业增加投资，承担更大的风险，当然潜在的收益也会大些。许多公司在海外建厂生产之前，将直接出口作为一种"测水深浅"的方法。一个企业的直接出口可采用以下几种方法：

（1）国内的出口部或事业部发展为一个独立的利润中心。

（2）海外销售分支机构或子公司负责该企业的产品分销，负责进行仓储和各种巡回活动。这种销售分支机构常常还是展览中心和销售服务中心。

（3）企业派遣国内的销售代表到国外寻找业务。

（4）外国的经销商或代理商被授予在某个国家的全部或有限的独家经营权。

2. 许可合同交易战略

许可合同交易是进入国际市场的一种简单形式。许可合同交易，又称为许可贸易或特许权让渡，是指企业（许可方）与国外另一家企业（被许可方）签订许可协议，授权对方使用属于本企业的专利权、版权、商标权以及产品或工艺方面的专有技术等从事生产或销售，然后向对方收取许可费用。在具体实施方面，可以选择出售管理合同、合同制造以及特许经营等模式。

3. 直接投资战略

进入外国市场的最高阶段是在国外投资设立装配或制造厂，这意味着企业在国外市场上单独控制着一个企业的生产和销售。其做法主要有两种：一是在市场上收购一个现成的企业；二是在当地投资，建立一个新企业。

案例1-3

"东艺"的跨国经营之路

温州东艺鞋业有限公司（以下简称"东艺"）的前身是成立于1986年6月的温州东风工艺皮鞋厂。当年"东艺"的注册资本只有4.6万元，10来个职工，日生产皮鞋20多双，产品无名无牌，仅是一个小小的作坊式的企业。2006年，"东艺"已经发展为一个年销售额达3亿元的制鞋大企业，产品畅销俄罗斯、日本、韩国以及东欧各国，少量出口美国、西欧国家等，并远销中非、南非，成为浙江制鞋行业的最大企业之一、全国制鞋业的出口大户和创汇大户。"东艺"的发展目标是做鞋业巨匠，创世界名牌。

一个民营小企业是如何开展国际营销的？其跨国经营策略何在？第一，有效地发挥比较优势是"东艺"成功进行国际营销的重要基石，表现为劳动力优势、产业链优势、规模化优势、产业专业化优势。第二，灵活机动的市场策略是"东艺"成功进行国际营销的重要方法。"东艺"开展国际营销的模式是以外销为主、内销为辅，创业初期就积极抓住改革开放和国际市场营销机遇，在国际市场上立足，再拓展国内市场。这可谓我国民营小企业开展国际营销的一种创新。

（资料来源：林汉川，邱红，中小企业战略管理，北京，对外经济贸易大学出版社，2006。）

第四节　小企业管理的界定

小企业管理是指小企业的管理者根据小企业自身的特点，运用一定的职能手段来协调组织成员的活动，使其与管理者一起高效率地实现小企业发展目标的活动过程。与大企业相比，小企业管理的内容与方法既体现出企业管理的一般规律，又带有鲜明的小企业的特点与要求。

一、小企业管理的内容

根据不同的标准，对小企业的管理内容可以进行不同的划分。第一种是按照管理的职能进行划分，这种分类方法是最传统的，也是应用最普遍的；第二种是按照小企业管理的专业性质进行划分，这种分类方法比较符合我国小企业管理的实际情况；第三种是按照小企业现代化经营或最新经营管理的要求进行划分，这种分类方法是我国广大小企业应该努力的方向。下面就前两种划分方法下小企业的管理内容展开论述。

（一）按照管理的职能进行划分

正如马克思指出的那样，"一个单独的提琴手是自己指挥自己，一个乐队就需要一个乐队指挥"[①]。管理就是企业这个"乐队"为了实现既定的目标，由企业的管理者所组织完成的一系列职能性活动。

20世纪初，法国工业家亨利·法约尔提出，所有的管理者都在履行5种管理职能，即计划、组织、指挥、协调和控制，只是不同层次的管理者的侧重点不同。到20世纪50年代，加利福尼亚大学洛杉矶分校的哈罗德·孔茨和西里尔·奥唐奈两位教授把上述5种职能发展为计划、组织、人事、领导和控制，并把其作为自己教科书的框架。时至今日，最普及的管理学教科书仍按照管理职能来组织其内容。

按照管理的职能划分，小企业的管理内容主要包括以下几项。

1. 决策

小企业根据自己的根本任务，调研、分析并预测内外部环境的状况与变化，确定决策的目标、方向和内容，拟订实现目标的两个或者两个以上可以相互替代的可行方案，根据一定的标准，对可行方案进行分析和评价，从中选择一个最满意的行动方案。

2. 计划

计划是小企业为执行决策确定的目标和方案所进行的具体规划、安排和组织实施等一系列管理活动。具体来说，计划包括编制计划、执行计划、检查和分析计划的执行情况、拟定

---

① 马克思，恩格斯. 马克思恩格斯全集：第23卷. 北京：人民出版社，1972：367.

改进措施四方面的内容。根据计划所涉及的期限,小企业编制的计划可以分为短期计划、中期计划和长期计划,其中,期限在1年以内的为短期计划,期限为2～5年的为中期计划,期限在5年以上的为长期计划。

3. 组织

组织是为了实现企业经营目标,把构成企业生产经营活动的基本要素、生产经营活动的各个环节,以有秩序、有成效的方式组合起来的工作。小企业管理的组织活动是指小企业根据计划并结合自己的生产活动类型,建立各种管理体制和规章制度,对企业全体人员指定职位、明确职责、协调工作、交流信息,使小企业所拥有的一切资源都能得到最充分的利用。

4. 领导

每一个企业都是由人组成的,小企业也不例外。为了达到计划目标,小企业家或小企业的管理者就必须指挥和协调企业的员工,这就是领导。小企业的领导包括两方面的内容:第一,通过下达命令、指示等形式,使小企业员工的个人意志服从于一个权威的统一意志,把各方面的工作有机地组织起来,完成小企业的计划目标;第二,在生产经营活动过程中,按照计划的要求统一调节小企业各部门、单位、工种、工序之间的活动,使各项工作配合得当,以实现计划的预定目标。

5. 控制

为了保证计划的顺利执行,小企业必须监控各部门、单位、工种和工序的绩效,比较计划与其实际执行情况,发现偏差,找出原因,并采取恰当的纠正措施,使小企业回到正确的轨道上。

(二) 按照小企业管理的专业性质进行划分

按照小企业管理的专业性质划分,小企业管理主要有以下内容。

1. 小企业竞争优势的获得与保持

小企业竞争优势的获得与保持包括小企业外部环境分析、建立竞争优势的战略选择、市场细分战略及其相关战略、利基市场营销以及竞争优势的保持等。

2. 小企业的经营战略

小企业的经营战略包括小企业经营者的分析、小企业的经营基础、经营战略、行业类型与经营方向等。

3. 小企业的财务报表分析

小企业的财务报表分析包括资产负债表、利润表、现金流量表以及基于上述报表的财务比率分析和企业获利能力的预测等。

4. 小企业的筹资管理

小企业的筹资管理包括预计新办企业所需资产和筹资需求、负债筹资和权益筹资、小企业筹资的三个主要渠道(银行贷款、供应商和政府)、筹资中应该注意的事项等。

5. 小企业的市场营销管理

小企业的市场营销管理包括营销策划、市场调查、产品策略、定价策略、促销策略、销售策略等。

6. 小企业的电子商务与网络营销

小企业的电子商务与网络营销包括客户关系管理与信用策略、客户满意度对客户忠诚的影响、消费者行为的主要特点、信用管理等。

7. 小企业的人力资源管理

小企业的人力资源管理包括人才的开发与引进、人才的选聘与培训、人才的使用与激励、与人力资源管理相关的问题等。

8. 小企业的创新管理

小企业的创新管理包括组织创新、经营创新、技术创新、文化创新等。

二、小企业管理的特点

小企业的管理与大企业的管理有着显著的区别。

在管理制度的范畴里，小企业也对企业政策进行了定义。然而，小企业业主为本企业内的关系结构打上了深深的个人主义烙印，其对于企业中社会秩序的影响远远大于对员工和生产结构的影响。小企业也需要进行公司治理，以建立企业中相互理解的潜在氛围，避免利益集团之间的冲突。虽然有关公司治理的讨论至今只在大企业中较为普遍，但是它对小企业同样具有特别重要的意义。由于小企业有其自身的特点，因此，需要寻找能够满足小企业要求的公司治理方法，以提高企业的盈利能力，使其能在当今激烈的竞争环境中得以生存。小企业的企业文化特点在于社会关系和员工之间的彼此信任，领导关系也受到企业经营者和其基本态度的影响。

在小企业中，战略规划一般是笼统的、凭直觉的、企业经营者的个人想法。由于时间、财力和人力资源匮乏，企业经营者在具体运作方面分身乏术，再加上小企业的社会特性，这类企业通常不会进行正式的战略规划。不过，随着企业环境变化的日益加剧、创新压力的日益增长、问题的日趋复杂以及资本密集程度的加剧，小企业也开始和大企业一样制定战略规划。提高产品质量或者提供附加服务的差异化经营和聚焦重点战略是小企业适用的战略方针。

小企业的灵活性和直接的组织结构在运营管理上是一种优势。然而，面向效率的管理方式在小企业还没有得到广泛采纳，目前仍停留在面向成本和面向危机的管理方式上。[①]

[①] 波弗尔. 中小企业管理. 北京：北京出版社，2009：78-79.

三、小企业现代化管理的要求

（一）管理理念现代化

21世纪的小企业所有者和管理者应该牢固地树立市场观念、服务观念、战略观念、竞争观念、创新观念和经济效益观念，既要抓好产品和服务的质量，又要重视市场信息和市场的变化，时刻牢记全心全意为顾客服务的宗旨，加强企业管理，苦练内功，不断提高企业的经济效益。

（二）经理人员职业化

美国管理专家认为，做好企业生产，三分靠技术，七分靠管理。欧美等发达国家的经验充分证明了职业经理人对企业生存与发展所起的作用。据统计，在日本每年破产的企业中，有90%是管理不善造成的。因此，实施职业经理人制度或经理人员职业化，对于广大小企业的生存与发展，具有极其重要的意义。

（三）管理组织高效化

小企业的主要经营目标之一就是利润最大化（效益最大化），这就要求小企业日常管理的活动都要用尽量少的投入，争取获得尽可能多的产出，保证产品质量好、产量高、成本低，获取最大的经济效益。为了实现这一目标，小企业就应该本着经营方式的灵活性与管理的统一性相结合、集权与分权相结合的原则，建立适合自己实际情况的管理体制，合理地组织生产，构建企业组织结构，克服官僚主义，简化管理层次，尽可能进行面对面的、及时的、有效的管理。

（四）管理方法科学化

小企业的管理方法要科学，不能凭企业家或某个人的灵机一动就做出一项决策，应该尽量使小企业的管理工作标准化、系统化、准确化、文明化和最优化，真正切合实际，符合企业的外部环境和发展的需要。为了做到这一点，在实际管理工作中，应该从定性与定量两方面考虑解决问题的方案：定性解决问题就是通过把握客观经济规律的方向来解决问题；定量解决问题就是要运用统计与计量分析的方法解决问题。

（五）管理方式民主化

小企业在日常管理中，要切实注意发挥员工的积极性与创造性，员工只有真正地感到自己的利益与企业的利益是紧密相关的，并把个人利益与企业利益当作一个整体的时候，才能够充分发挥他们的聪明才智，这是广大小企业取之不竭的动力源泉，可以为企业带来极大的效益。这一点的真正实现就是要靠民主化管理，这也是广大小企业家和经营管理者难以做到的一点。

本章小结

1. 和大企业相比，小企业的基本特征是：数量众多，分布面广；体制灵活，组织精干；管理水平相对较低；产出规模小，竞争力较弱；"家族"色彩浓。小企业由于其自身特点，在扩大就业、活跃城乡经济、满足人们的多样化和个性化需求、促进科技创新、优化产业结构、改善人民生活和增加财政收入等方面有着独特的功能，在国民经济发展中处于举足轻重的地位，发挥着不可替代的促进作用。

2. 小企业是指劳动力、劳动手段或劳动对象在企业中集中程度较低，或者生产和交易数量规模较小的企业。为了更好地促进中小企业，尤其是小企业的发展，世界各国都根据本国的经济发展实际情况，对小企业的范围和特征做出了明确的规定，并相应地确定了小企业的概念。只是由于各国实际所采用的分类标准不尽相同，因而所界定的概念有所差异。中型企业、小企业和微型企业划分标准由国务院负责中小企业促进工作综合管理的部门会同国务院有关部门，根据企业从业人员、营业收入、资产总额等指标，结合行业特点制定，报国务院批准。

3. 在经济全球化和一体化的浪潮下，我国小企业在国际市场和国内市场上都面临前所未有的巨大挑战，同时也面临无尽的机遇。电子商务和国际化经营是最重要的两大机遇，小企业创业者和经营者必须了解其发展现状并掌握相关方法，以把握机遇，实现更好、更快的发展。

4. 小企业管理是指小企业的管理者根据小企业自身的特点，运用一定的职能手段来协调组织成员的活动，使其与管理者一起高效率地实现小企业发展目标的活动过程。与大企业相比，小企业管理的内容与方法既体现出企业管理的一般规律，又带有鲜明的小企业的特点与要求。实现管理现代化也是小企业当下面临的重要问题之一。

思考与练习

一、名词解释

小企业　电子商务　国际化　小企业管理

二、不定项选择题

1. 下列选项中，不可用作小企业界定标准的是（　　）。
   A. 资产总额　　　　　　　　　　B. 从业人员人数
   C. 生产产品的类型　　　　　　　D. 营业收入
2. 根据产业分工理论，下列选项中，适合小企业发展的行业有（　　）。
   A. 服务性产业　　　　　　　　　B. 手工制品业
   C. 大型机械制造业　　　　　　　D. 原料来源分散的行业

3. 下列选项中，属于创新活动的是（　　）。
   A. 生产新产品　　　　　　　　B. 使用新技术
   C. 开辟新市场　　　　　　　　D. 采用新的组织形式
4. "有限的商品和无限的市场需求之间永远存在盲点"是（　　）的主要观点。
   A. 产业分工理论　　　　　　　B. 规模经济理论
   C. 市场缝隙理论　　　　　　　D. 不完全市场理论

三、思考题

1. 和大企业相比，小企业有哪些独特之处？
2. 说明创办和经营小企业对个人的回报。
3. 结合小企业的特征，分析其在国民经济中的作用和地位。
4. 结合我国小企业的现状，分析其在国际化背景下面临的机遇与挑战。
5. 小企业应如何实施电子商务？
6. 相对于大企业，小企业管理有哪些特点？

第二章　小企业创业者与创业资源

学习目标

学完本章内容以后，你应该能够掌握：
1. 创业者的创业动机；
2. 创业者应具备的素质；
3. 创业团队的模式和组建；
4. 影响创业团队组建的关键因素；
5. 小企业的创业资源的概念及其形成机制。

引导案例

柳传志：一个跨越时代的创业者

联想集团（以下简称联想）创始人柳传志经常强调一句话："联想就是我的命。"无论退休还是复出，他始终都是联想创造强有力的后盾，使其在这个时代保留"元气"。作为"84派"少数跨越两个创业时代、迄今仍活跃于商界的一位传奇创业者，没有人比柳传志更懂得如何创造有时代特色的成功企业。

一、"蒙着打"的创业者

1984年，美国的苹果公司推出了划时代的计算机，而在大洋彼岸的中国，一场力度空前的市场化改革拉开大幕，一群后来被称为"商界领袖"的人正蠢蠢欲动，当时已至不惑之年的柳传志就是其中之一。

在那个对民营经济态度不明朗的年代，柳传志辞去了已经工作13年的中国科学院计算技术研究所的工作，在一间平房内，成立了北京电脑新技术发展公司，这便是日后的联想。柳传志曾这样形容创业初期："什么都不懂，完全不知道应该怎么做。"在"蒙着打"的过程中，柳传志和同事卖过电子手表、旱冰鞋，直到后来发明了联想汉卡，这艘未来的巨舰才开始了正确的航线。

只有合格的投资人，没有合格的创业者。回归最初，所有的商界领袖都曾是四处寻找方向的创业者，不同的是时代背景。当柳传志的经验变成商界宝典时，一个全新的商业时代已来临，政治格局、政商环境、行业技术、商业模式，甚至竞争对手每天都在发生变化，但创业的关键不是变化本身，而是变化与创业者的联系。

二、再造商业模式

时代变化不仅考验当下的"创二代"，也考验还未完全退场的"创一代"，包括柳传志和他的联想。从创建之初至今，联想一直都在中国计算机市场中处于支配性的地位。在联想的发展史上，人们印象最深的两件事是：2004年，联想集团以"蛇吞象"的气魄并购IBM的PC（personal computer，个人计算机）业务；2009年，年近古稀的柳传志为联想复出，6年后推动了联想控股整体上市。

收购IBM的个人计算机业务后，联想虽成为全球第三大个人计算机制造商，但17.5亿美元的交易数字超过了联想年销售额的4倍，且IBM的个人计算机业务在前一年巨亏2.5亿美元。随着个人计算机市场的逐年饱和，2008年年末，联想在"内忧外患"中陷入亏损。如何稳住人心，并抓紧市场的脉搏？柳传志选择次年复出，重新出任联想集团董事局主席。虽然最后的结果我们都知道了，但当时对于柳传志和联想来说，赢了，仍是中国企业的楷模；输了，便是令人惋惜的反面教材。

柳传志曾坦言："转型很难，最好的企业不仅能够跟随时代潮流前进，而且能带动潮流，联想不被时代甩出去，还有机会做一把。"那么，什么是时代潮流？颠覆！一种扎扎实实再造商业模式的行为。众多创业者把"以柳传志为师，以联想为镜"作为座右铭，但市场环境瞬息万变，联想曾经的成功并没有普适性，用柳传志的话说，"真正的创业者不是对照菜谱做菜的人，而是写出菜谱的人"。

三、内部的局外人

改革开放以来，中国能够让国际社会承认和认可的企业屈指可数，联想无疑是其中之一。然而，在全球个人计算机行业衰退的大背景下，联想于2015年净亏损8.4亿元，股价触底四年内最低。互联网的车轮滚滚向前，曾经的英雄是否也能成为未来的英雄？处于科技大拐点，一切都很难预测。

柳传志坦言，联想正处于战略转型的关键时期，但他"并不紧张"。在联想控股的业务布局之中，联想虽是一个重要支柱，但联想控股在2000年前后有了VC（venture capital，风险投资）、PE（private equity，私募股权投资）和天使投资领域的布局，2010年又制定了新的战略规划，形成了"战略投资+财务投资"双轮驱动，符合战略投资聚焦领域和投资标准的财务投资项目均可转化成战略投资，投入联想系内更多的组合资源。

"退出画面看画"才能看到全局、看到大局。联想在这个时代的拐点处，能否再次扭转乾坤？最需要的就是一个能看到大局的人。柳传志作为联想多年"内部的局外人"，仍在担任这个重要的角色。

（资料来源：中国证券网，http://news.cnstock.com/news,zxk-201611-3949785.htm。）

创业是一项开拓性的事业。创业者要想取得成功，在客观上，需要了解宏观环境、行业环境以及企业所具有的资源和能力等因素，并能够从中找出创业的突破口；在主观上，要具备一定的能力，即在思想、学识、身体素质等方面达到相应的要求。现代创业活动已经不是一种纯粹追求个人英雄表现的行为，相反，成功的企业大都有效地发挥了团队运作。对于任何一个有发展后劲的创业企业而言，无论创业者、创业经理人，还是创业企业家，他们的个人才能总是有限的，都需要别人经验和能力的补充。许多调查结果显示，团队创业的成功概率要远远高于个人独自创业。一般而言，在创业模型里，创业的主体包括创业者和创业团队两个部分。

第一节　小企业的创业者

成功的创业，既需要创业者有积极的创业精神和创业动机，又需要创业者具备一些基本素质。既有意愿又有能力是创业者成功创业的前提。

一、创业者的创业动机

创业者的创业动机是其开展创业行为的基本出发点。创业者总是追求恰当的机会，进入新的市场并提供新的产品，这些行为都具有很强的动机。创业动机可以使创业者抓住影响创业行为的激励因素，也可以影响创业者的努力程度，以及愿意付出多少努力进行创业。一般的规则是，从事一种行为的动机越强烈，其绩效结果越好。当采取的行为是可行的、必需的时，个人就会有很强的动机来执行这个行为。

创业者的动机可能是由环境被动驱动的，如许多人迫于生存的压力，谋求自我雇用这项活动，另一些人则是由于受到市场中某个新机会的驱动才开展创业。前者称为生存型创业者，后者则称为机会型创业者。

二、创业者应具备的素质

无论哪种类型的创业者，都要具备一些基本素质。美国学者威廉·布里奇斯将创业者的素质要求归纳为四点，即欲望、能力、气质和资本。在这里，欲望是指创业者渴求成就与物质财富的愿景；能力是指创业者认识问题和解决问题的实践能力；气质是创业者相对稳定的个性特征，是高级神经活动在行动上的外在表现；资本是指创业者特有的性格、经历、专长和专业。从实践方面来看，从亨利·福特、约翰·戴维森·洛克菲勒到松下幸之助、比尔·盖茨、李嘉诚，尽管这些成功的创业者有着不同的文化背景、家庭条件、学历水平和创业方向及经历，但在创业过程中，个体的非认知性因素都起到了举足轻重的作用，如善抓机遇、努力不懈、意志坚定、敢于冒险、胆识兼备和艰苦奋斗等具有强烈个性化色彩的精神、品质，在这些创业成功者的身上体现出惊人的一致。我国学者顾桥将创业者的基本特征区分为以下九类：[①]

（1）激情洋溢。每一位创业者实际上都具有亢奋的、几乎是暴躁的和紧迫感强烈的天性，拥有令人难以置信的精力。在创业者本能的追求卓越的欲望中，强烈和持续的成功欲望往往使创业者富有进取心和创业的激情。

（2）乐观自信。创业者总是不"三思而后行"，而是奉行"先行而后思"。他们会认为风险背后可能是千载难逢的机会。这种行动主义背后的精神根源是强烈的乐观自信。美国《华尔街杂志》中一篇有关企业家的文章得出结论：成功的企业家都具有能感染他人的强烈自信。对失败的担心往往使其他类型的人们感到气馁，但创造者和创新者对自己的想法充满信心，对失败的担心绝不可能吓倒他们。创业者是充满自信的乐观主义者，具有令人敬畏的自尊。他们从容不迫地对待所有的灾祸和不幸，不让盛衰沉浮损害自己的眼力或改变自己的目的。

（3）喜迎挑战。创业者喜欢迎接挑战，喜欢承担风险，但并不是盲目地冒险。他们乐于接受挑战，并从克服困难中获得无穷乐趣。在面对挑战时必然面对失败，优秀的创业者与众不同的是，他们能够在这种关键时刻遇挫不退。

（4）遇挫弥坚。只有专心致志和坚持不懈的人，才能克服在创业的道路上所遇到的危机和障碍。爱迪生指出，创造力依据的是99%的努力和1%的灵感。他认为，一连串的失败乃是不断尝试错误的探索性实验，是成功创新所必需的。经历一次又一次的失败而绝不放弃是成功创业者的主要行为特征。许多创业者甚至把错误看作自己最大的财富。

（5）简明务实。目标明确与否是成功的创业者与失败的创业者之间的差别所在。创业者似乎都不能容忍复杂的事物，都具有使复杂变得简单的强大力量。创业者都能从混乱和复杂的形势中找出简单明了的解决办法。这种能力对一切有抱负的创业者来说都是至关重要的。创业者通常都很急切地想见到事物的成果，因此会给别人带来许多的压力。

（6）富于洞察力与变通性。成功的创业者富于直觉，对环境有敏锐的感受力，可以觉察别人未注意的情况和细节。他们能够从杂乱无章的事物中整理出一套逻辑的构架。有时候他们做决策时会全凭直觉。他们往往能有别出心裁的见解、与众不同的方法，勇于弃旧图新，推陈出新，别开生面。他们的变通力强，思想流畅，善于举一反三，能想出许多点子，提出异想天开的问题，取得非凡的成就。

（7）客观理性的人际关系态度。成功的创业者为了事业往往是"冷酷无情""不顾情面"的，做事大公无私。

（8）独特的业务专长能力。业务专长有多方面的含义，如有人具有某种特殊技能，有人有很强的学习能力，有人有非常丰富的想象力，有人有十分优秀的外语能力，有人有良好

---

① 顾桥. 中小企业创业资源的理论研究. 北京：中国地质大学出版社，2004.

的沟通能力，等等。总而言之，创业者应该在某方面能够达到相当高度，这方面能够证明一个人的聪颖程度，同时也是一个创业者在创业之初立世和立业的根基。

（9）与他人团结协作的能力。信息时代的社会分工越来越细，某项工程或者某个项目通常需要若干个人通力协作才能完成。因此，创业者必须发挥个人的主人翁意识，与其他人密切配合。与他人团结协作不仅表现一个人的品质，而且是取得高质、高效成果的前提和保证。

案例 2-1

兼职创业——小生意也能做成大事业

初见丁楠，是在"下班后创业俱乐部"位于恒通路的"俱乐部之家"。她一身简单的橙色T恤搭配亮丽的海蓝色下装，素净的脸庞未施脂粉。这是一个每年运营上千万元资金的女强人，她笑称自己是"草根居家创业"的女子。从默默无闻的小店店主到淘宝年度十大网商，从下班后的保健品代理到美国上市公司的特级经销商，作为国内最早一批接触兼职网店的创业者，丁楠从未停下自己成长的脚步。创业之于她，也早已经成为一种自然、积极的生活状态。

一、"以身试药"兼职起家

2000年，大学毕业的丁楠进入一家地产公司的市场部就职。由于公司地处徐汇区，家住闸北区的丁楠不得不为工作每天奔波近4小时，但收入只够维持基本生活。"那时候，我常常在思考，有什么兼职离家比较近，能够较自由地掌握工作时间，同时也可以增加自己的收入？"几番了解和比较后，丁楠决定开一家门槛较低、自己也有余力经营的网店。初步明确创业方向后，她开始为自己的网店寻找合适的商品。说来也巧，由于丁楠从小身体较为虚弱，尝试过用很多中西药进行调理，平日对营养方面关注得也比较多，而朋友恰恰向她推荐了一家美国的保健品牌。丁楠亲身体验了一段时间后觉得效果不错，产生了通过网店推广这个保健品牌的念头。她说："为了更好地完成自己从消费者到代理经销商的角色转换，我花了几个月的时间在网络上对这家美国保健品公司的口碑和资质进行了调研，专程前往该品牌位于上海的发货处及位于苏州工业园区的工厂进行实地考察。几经思考，2001年年底，于国际买家较多的易趣网开了自己的第一家网店。"

开店初期，丁楠手头并没有太多储蓄，她第一次向母亲开口借了5 000元用于进货。在小店开张后的1年多时间里，并非科班出身的丁楠每天都坚持利用睡前的两小时时间通过网络寻找具有一定规模的"样板店"偷师学艺，并发掘潜在的意向买家。到了周末，丁楠也是一有空就跑线下渠道，从店标、图片、文案以及客源等各个方面调整和完善自己的"小事业"。此外，由于在正职中积累了一定的市场经验，丁楠也深谙营销的重要性。在最初的大半年时间里，她将小店盈利的部分收益持续地投入橱窗广告位的宣传之中，并由此进一步打开了销售渠道。

在把自己的小店打造得初具规模后，已然将整个营养品网络销售流程烂熟于心的丁楠发现自己渐渐有了更多的"空闲"。于是"不安现状"的她又通过创业论坛、B2B电子商务网站以及线下考察的方式扩充自己的兼职经营范围，与朋友陆续在易趣网、淘宝网上开设了另外4家分别主营MP3、家居用品、化妆品以及服装饰品的小店，每月的营业额也从最初的数千元增长到5万元以上。

二、不卖产品卖服务

虽说网店销售入门容易，但同质化的竞争十分激烈。说起自己在经营理念上的独到之处，丁楠说，她自始至终坚持的就是用心服务。为了提高自己的专业水平，丁楠在发展事业的同时更不忘参加各种保健品类的培训课程。"在兼职创业的这几年间，我的店铺好评率始终保持在100%。事实上，我出售的并非单纯的营养产品，更多的是在贩售贴心的服务、健康的生活方式。健康不是光吃营养品那么简单，它还需要我们保持适当的运动、充足的睡眠、愉快的心情以及均衡的膳食。我们的服务并不是在顾客付款收货后就宣告结束，恰恰相反，这是持续服务的开端。每次交易时，我们都会记录客人的健康数据，并持续为他提供个性化的健康建议。此外，客服人员还会在每晚11点提醒QQ群中的客户尽早休息，保证睡眠。在线下服务方面，我们也会不定期地组织顾客参加马拉松、铁人三项等健康活动。"

时间是最好的证明。经过几年持续不断的细致服务，丁楠不仅让老顾客成为自己的忠实粉丝，许多老顾客的好朋友也在口口相传之下，成为丁楠客户群里的"生力军"。这些用心打磨出的好口碑、好业绩也帮助丁楠逐步从一个普通的代理成长为该公司上海少数几个年营业额上千万元的特级经销商之一。

三、与事业一起成长

回首自己兼职创业的多年打拼经历，丁楠说，除了经济利益外，自己最大的收获就在于个人能力的增长。她说："我大学毕业没多久就开始创业，起初的确没有遇到什么难以逾越的困难。但由于不是商科专业出身，对正规公司的经营情况也不是特别了解。当手中网店的规模越来越大、人员越来越多时，我在运营管理上难免会遇到各种各样的难题。正是这些困难不断促使着我去学习财务、税务、管理以及法律等相关方面的知识，与自己的事业一起成长。"

当谈起自己的事业研习的具体过程时，丁楠说，除了钻研专业理论，她的自我提升还得益于与其他兼职创业者的分享交流。"通过与这些战友们线上线下的各种交流，我发现创业不是那么孤单，也不是那么艰难。我所遇到的难题基本上能在与同行的交流中找到有效的解决方案。"

2010年，丁楠与几位同样是利用业余时间创业的朋友一起筹备了"下班后创业俱乐部"，此后，又收购了一家"C-STORE"超市作为俱乐部会员免费体验的创业基地。"我们做这些事的初衷就是为那些想开始或已经开始白手起家、兼职创业的伙伴们提供一个下班后的交流平台，帮助他们以及我们自己在拓展人脉的同时学习更多的创业技能，与事业一起更快地成长。"丁楠说。

四、创业是一种生活状态

2001—2012年，从投入5 000元兼职小店到年营业额达上千万元的特级经销商，10多年不曾间断的学习创业已经成为丁楠熟悉的生活状态。"在我看来，创业、学习、生活早已融合在一起。我每月都有一份日程表，但我很难说清我什么时候在创业、什么时候在生活。因为生活中与朋友们喝茶闲聊可能就是提升自我、益于创业的开拓学习，而源自创业的那份热诚也早已融入我的日常生活。对我而言，创业已经成为我积极生活的一种状态。"她说。

作为"下班后创业俱乐部"资深的兼职创始人，丁楠坚信下班后的兼职创业是每个"想有所成长、想有所作为、想了解新事物的人"都可以去尝试的。丁楠说："每个人都可以从自己的兴趣和熟悉的行业着手开始他的首次兼职创业，因为经验和爱好能使人遇到困难时坚持得更久。'同样的行业做5年就是专家'，坚持，然后学习和成长。不论是否成功盈利，你都能从中获益。"

（资料来源：张瑾，兼职创业5 000元开网店，小生意也能做成大事业，理财周刊，2012-09-03。）

第二节 小企业的创业团队

选人和用人是企业成败存亡的首要因素，也是企业人事管理的基本内容，这在企业界和一般人的心目中都是不言而喻的。因为充裕的资金和先进的技术设备都是由人去管理和使用的。如果用人不当，资金和设备就不会发挥应有的作用和效益，还有可能起到负面的作用。"人"的因素在小企业中的地位比其在大企业中的地位更为重要，因为小企业的特征之一就是人与人之间的密切联系，而其事业的发展也正是建立在人与人的密切配合基础之上的。

很多小企业在制订创业计划和开始商业运营时并没有意识到管理团队的重要性。往往就是由于这一疏忽，很多小企业陷入困境，痛定思痛的时候才发现组建一个强有力的管理团队何其重要。一方面，管理团队可以提供满足企业发展的多样化人才资源；另一方面，管理团队可以使小企业摆脱对于某一灵魂人物的过分依赖，使得企业不致因为一个人的退出而崩溃。因此，相对于成熟的大企业，小企业，尤其是处于创业期的小企业更需要一个团结一致、忠诚于所从事的事业、能抵抗外部各种侵袭的团队。著名的创业学者蒂蒙斯认为，创业是一个高度动态的过程，其中商机、资源、创业团队是创业过程最重要的驱动因素，由此构建了著名的蒂蒙斯三要素模型。他强调适合和平衡的概念，在创业过程中，创业领导人及其团队的任务就是反复探求更大的商机和资源的合理运用，使整个三脚架保持平衡，如图2-1所示。

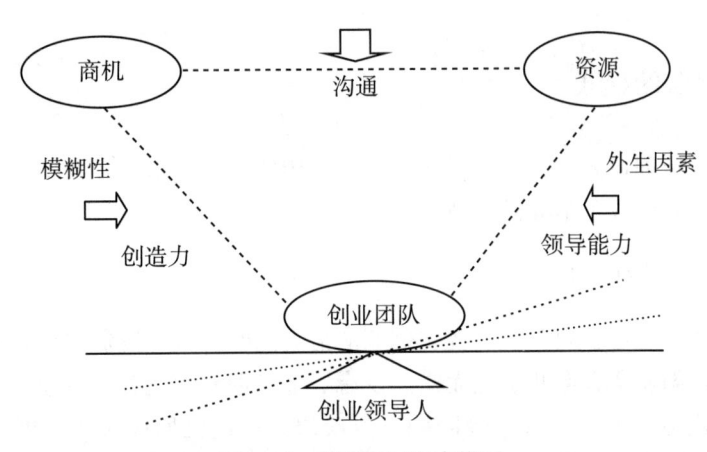

图 2-1 蒂蒙斯三要素模型

(资料来源：蒂蒙斯，创业学：21世纪的创业，5版，纽约，麦格劳—希尔出版集团，1999。)

一、创业团队的内涵

创业者除了要具备上述素质外，还要有组建创业团队，发挥团队成员优势的能力。许多小企业创业者在创业时，为了克服资源不足和分散的问题，往往都是以团队的方式来创业。因此，创业团队成为比单独的创业者更多存在的小企业创业主体。时至今日，人们对创业团队的界定还没有统一，主要观点见表 2-1。虽然人们对创业团队的界定不同，但在这一点上的认识是相同的，即团队创业是相对于传统的单个创业者独自创业类型而言的一种新的合作创业类型。我们认为，创业团队是创业者为捕捉机会，在自身利益的驱动下，所进行的一种共同创业行为。

表 2-1 创业团队的内涵

代表人物	创业团队的内涵
卡姆等	两个或两个以上的个体联合起来创建一个他们有着共同财务兴趣的企业
艾森哈特等	一群在企业创立阶段，占据全职管理职位的人
卡姆	两个或两个以上的人正式创建一个他们共有所有权的企业
库伯等	创业团队不仅仅是一个群体，因为其涉及一个对新创企业的共同承诺
科恩等	创业团队首先是一个群体，群体成员共同承担相互依赖的任务和这些任务的结果，并且这个群体被他们自己以及其他人视为一个社会单位
钱德勒	把在企业开办前两年加入的创业者也看作创业团队的重要组成
德鲁克	一个企业家（创业者）必须具有创业精神（企业家精神），否则即使他开办了一个新企业，也不能称作企业家

二、创业团队的模式

纵观现有的各种创业团队，资金技术、伙伴在团队创建过程中发挥了重要的作用，又因各自有所侧重，从而形成了不同的创业团队模式。①

（一）资金主导型的创业团队

许多创业者认为，资金问题是困扰其创业的最大问题。风险投资家捂紧钱袋、银行惜贷如金的现实情形让创业者有点儿手足无措。没有资金，创业者空有一腔抱负、一身本领，陷于"英雄无用武之地"的境地。资金问题一旦解决，他们就如虎添翼，可以展翅高飞。资金主导型的创业团队要克服两种误区：一是仅仅有资金就想创业，这样的出发点是狭隘的，只有将资金与较好的创业项目和机会相结合才能取得成功；二是没有资金也想创业，这样势必会因为项目或企业得不到资金支持而走向失败。

（二）技术主导型的创业团队

技术主导型创业是一些创业者凭借技术创业，他们可能掌握了世界上最尖端的东西，但是他们往往在市场营销、经营管理等方面考虑不周，如对技术及其产品的实用性、技术转化为产品的成本和周期等考虑不周。只有克服了这些问题，技术主导型的创业团队才能走得更远。

（三）资本、技术联合型的创业团队

"资本+技术"的团队模式是一种最完美的组合，能让资本和技术的作用发挥得淋漓尽致。一个成功的企业，其资本运作和技术运作一定同样成功，两者不可偏颇。一个企业有充足的资本，却缺乏较好的项目或是技术，就毫无发展前途，早晚会在激烈的竞争中被淘汰。当然，有较好的技术，但缺乏充足的资本，企业的发展同样会受到阻碍。

（四）平等型的创业团队

平等型的创业团队的成员在各方面的积累都比较均衡，没有明显的差距，他们能够在企业发展过程中找到自身的价值，并充满自信，各个成员主要是以自身的管理能力或技术背景为依托加入团队。需要注意的是，这种团队模式如果缺乏非常好的合作基础和亲密关系，将会形成各种派别，最后分崩离析。

三、创业团队组建

创业团队组建是创业团队发展过程的第一阶段，也是创业企业发展的初始阶段。创业团

---

① 陈晓红，吴云迪. 创业与中小企业管理. 北京：清华大学出版社，2009：113-114.

组建通常有两种起源模式：一种是"领袖创业者"模式；另一种是"群体"模式。前者指某个人首先有了一种创业设想或者仅仅有想开创新企业的冲动，接着他把这种想法或设想告诉其他几个有某种关系的人，如朋友、亲属、同事等，并吸收他们作为创业团队的成员，创业团队因此而形成。后者指创业团队形成于少数几个人共同的设想、友谊、经历或其他某种关系基础之上，目的是寻找和捕捉某种商业机会。但是，这种传统创业团队的组建本身就潜藏着很多隐患，会最终影响企业的绩效。因此，很有必要对创业团队的组建机制进行深入探讨。

（一）创业团队组建的关键因素

历史和现实都告诉人们——是人，也就是核心创业团队决定一个企业的成败。那么，一支良好的核心创业团队应该关注哪几个因素呢？

1. 团队异质性

团队异质性包括团队成员人口特征异质性及功能的异质性。前者主要研究创业者在年龄、教育、先前的工作经历，以及是否有具有创业精神的父母等人口特征方面的差异。后者主要研究创业成员是否在管理、营销、财务、生产运作及工程技术等功能方面存在差异。

2. 团队完整性

团队完整性是指团队成员在职能上的多样性（功能异质性），以及在每一种职能上，成员的专业水平如何。如果一个团队在管理、营销、生产运作、工程技术及财务等经营功能上是完备的，并且在每一种职能上的专业水平很高，那它就是一个完整的团队。

3. 团队友谊

首先，建立在友谊基础上的团队有利于快速实现团队完整性。其次，友谊导致创业团队成员更多地依赖心理契约。最后，更高水平的友谊带来了团队成员的更多初始投资。总之，团队友谊加强了团队中的心理契约。团队成员考虑到违背心理契约的高成本——朋友的离去、社会交往的需要不能得到满足等，他们会选择遵守心理契约的规范，甚至有意识地去加强这种契约，以寻找更多的满足。遵守心理契约带来的满足会进一步促进团队友谊的加强。所以，可以预见，友谊深厚的团队中将会有更少的情感分歧，这也有利于解决团队运作过程中的一系列冲突。然而，友谊作为一种强关系，也可能会导致团队的过度一致性，一致性是影响团队创新能力的一个主要因素。[①]

（二）创业团队组建的步骤

大多数创业团队都是由亲戚、朋友或同事等具有某种关系的人很随意地组建起来的，这已经被理论与实践证明是会带来一系列隐患的、无效率的一种方式。从某种角度讲，一个有效率的团队应是异质性的、完整性的，以及有先前创业经验或共同工作经验的。因此，认真地考虑创业团队的组建将有助于改善团队效果。卡姆等认为，"领袖创业者"模式和"群

---

① 杜运周. 基于心理契约视角的创业团队组建机制分析. 现代企业，2006（7）：61-62.

体"模式的创业团队组建都涉及一系列的决策步骤：

第一步，经营概念及实施需求决策；

第二步，资源供给决策；

第三步，对潜在伙伴来源决策；

第四步，对选择新成员的标准决策；

第五步，吸收新成员加入决策；

第六步，团队维护方法决策。

四、改善团队组建效果的注意事项

（一）明确创业团队组建的原则

从纯粹管理学的角度讲，衡量一个创业团队组建的优劣，最直接的标准只有一个，即它对创业企业最终绩效的影响状况。一个有效的创业团队本身在实现组织目标的过程中应该是高效率的，同时创业团队组建最终将是有利于企业绩效的。创业团队组建必须遵循以下两个原则。

1. 效率原则

效率是指以尽可能少的投入获得尽可能多的产出，即"正确地做事"，通常用产出投入比来衡量。该原则在创业团队组建中的应用有两层含义：首先，创业团队组建本身要有效率；其次，创业团队组建要兼顾潜在的效率目标。创业团队组建肩负着吸收优秀团队成员的任务，而后者对新创企业启动和运营过程中的一系列活动起主要作用，即创业团队组建对新创企业的影响是深远的。因此，在创业团队组建过程中，还需考虑团队组建对新企业运营的潜在效率影响。

2. 效果原则

效果是指"做正确的事"，即所从事的工作和活动有助于组织达到目标。它关注的是结果，并保证组织向着正确的目标迈进。创业团队组建必须坚持这一原则，因为创业团队组建的根本目的是实现共同的创业目标。这种目标在企业正式运营之后便体现为组织目标和使命。

创业团队组建的两个原则保证了团队在同一方向上高效率地工作，也能够减少创业团队运营中的一系列问题。因此，它们是创业团队组建时应该遵循的主要原则。

（二）矫正团队组建过程中的"近视眼"

创业团队的组建通常是很随意的，他们要么就是家庭成员的简单组合，要么就是朋友、同事、先前下属或其他有某种关系的人的组合，即在团队组建过程中存在典型的"近视眼"症状。这种组建方式在短期内为创业带来了方便，也节约了资源。例如，新创企业不必花太多时间和精力去专门搜寻合作伙伴，只需要在现有人际网络里就可寻到。同时，新创企业也不需要投入资源制定创业伙伴甄选标准并实施。在短期内，这为新创企业节约了成本。然而,这种组建方式忽略了一个很重要的问题,即企业的成长和长远利益。因为它通常不会考虑成员在功能或人口特征上的互补,以及团队完整性等影响团队运营和企业绩效的一系列因素。而这些因素对新创企业发挥着深远的正面影响,在某些情况下,甚至决定了创业的成功与否。因此,创业团队如要改善创业绩效,必须做到以下几点:

(1)以战略眼光搜寻创业团队伙伴。企业要想长期生存和发展,必须从战略高度看待企业投入,以获取战略性资源和能力,形成企业战略竞争优势。根据基于资源的能力观,企业要获得有别于竞争对手的竞争优势,必须依赖自身拥有的独特资源和能力,基于资源形成企业能力,进而形成企业竞争优势。人力资源是现代企业最重要的资源,基于人力资源产生的企业知识、技能是企业最难被模仿、替代和最有价值的战略竞争优势来源。因此,创业者应从战略高度搜寻那些未来企业发展所需的人进入创业团队,而不是仅仅基于成本控制的角度局限于现有网络寻找成本更低的人。只有这样,才能组建企业发展所需的、完整的创业团队。

(2)加强心理契约在创业团队组建过程中的作用。对于新创企业来讲,资金是其稀缺资源之一。正因为如此,在组建创业团队的过程中,创业者总是尽量从身边的人、熟悉的网络中寻找企业伙伴,以节省成本。但同时,由于彼此往往是初次合作,考虑到创业风险,创业者并不愿拿出自身能力范围内的所有资金。因此,在创业团队中加强心理契约,既可增加投入资本,又可使创业者有更多的资源寻找潜在合作者,从而促使完整创业团队的形成。

案例 2-2

创业合伙人　　梦想很重要

在许多人眼里,"梦想"是一个虚无的词。但事实上,对"海归"创业(海外留学回国创业的人员)合伙人来说,梦想很重要。调研"海归"创业,有志同道合的合伙人是创业成功的基础。"海归"寻找合伙人的途径不一,但许多"海归"创业团队都表示,共同的目标和梦想是建立团队的重要一环,是创业的原动力,甚至在很大程度上成为支撑整个创业团队的重要力量。

一、梦想,创业的原动力

毕业于美国伊利诺伊大学的昊玮已经回国3年,她和两名"海归"朋友创建了一个叫"初心时尚"的原创服装设计平台。他们给每个用户设计属于自己的服装品牌,帮助用户在平台上自己设计衣服。2015年,昊玮的团队还处于创业初期。

说起创业初衷,昊玮表示,他们想基于国人原创做些事情。"在国外读书的时候,我们分别做了飒拉和路易威登两个品牌的案例分析,发现国人对品牌的热衷已经颠覆了全球购买奢侈品收入水平的广义标准,也就是说,很多人没钱也要追品牌。这听上去很可悲。我认为自我品质远比品牌重要,一个人靠品牌价值提升自我价值,那么自我价值何在?"

昊玮的另外两个校友文文和阿威也注意到了同样的问题，于是3个人达成共识。"我们希望可以改变国人的这种时尚观念，让大家意识到其实'自我''原创'远比品牌重要。"昊玮说。值得注意的是，2015年，他们3个人都有全职工作。"我们3个人都有月入5位数的工作，但是心里还有梦想，这是支撑着我们继续做下去的原动力。我们都是利用下班后的时间工作，已经有几个月没有休息了。"昊玮说，他们3个人都不希望当"啃老族"，也不希望自己的家人给自己做天使投资，所以就选择了一边工作，一边创业。他们打算等以后"初心时尚"上线再辞职专职创业。

二、梦想，可以更大一点

"哪上班"的创始人韩冰毕业于美国华盛顿大学经济学专业。2014年，他成为福布斯评比的"2014年度30位30岁以下优秀创业者"之一。韩冰很早就有了创业梦，他从16岁开始创业，后赴美国留学，留学期间也做了几个创业项目，但因为课程压力，没有成功。

回国后，韩冰在一家投资公司实习，他看到很多创业企业缺的不是钱，而是人。后来，通过试用国内其他的招聘网站，韩冰发现，很多招聘网站的设计体验、招聘流程等已经不适用现在这个时代了，于是萌发了做招聘网站的念头。韩冰认为，目前是"互联网+"时代，整个行业对互联网人才的需求非常大。"对我们来说，单点突破是最重要的，所以我们首先选择了一个垂直范围，做互联网垂直高端人才招聘平台。我们的目标群体是程序员、工程师、设计师、产品经理等。"

韩冰的创业团队是由包括他在内的3名"海归"组成的。"最早的合伙人是我的大学同学，我决定做项目时给他写了一封电子邮件，他当时在国外工作，但从他听到这个消息到决定回国，我们只用了两封电子邮件进行沟通，没有打过一个电话，这件事就定了。"

说起创业，韩冰说有点儿像电影《中国合伙人》里的场景。"早期的创业，开始于北京所租房子的客厅里，一步一步走到今天。我们的梦想是做创业家，整个过程很曲折，也遇到过许多困难，但我们都挺过来了。"韩冰说，虽然是现实版的"中国合伙人"，但幸运的是，他们没有发生电影里那样的矛盾。

据了解，截至2015年，使用"哪上班"找工作的人的数量达到40万人，网站驻扎的企业有3万家，其中包括阿里巴巴、百度等大企业。这个由"海归"团队建立起来的创业项目，不仅为"海归"人才求职提供了平台，也为"海归"创业公司提供了寻找人才的机会。韩冰认为，对于创业者而言，梦想可以更大一点。他未来的梦想除把公司上市以外，还想通过技术创造与门槛突破，在某个领域改变人们的生活方式，如人工智能、生物智能等。

三、梦想，并非虚无的力量

梦想看似虚无，但对"海归"创业团队来说，是最重要的力量。

北京地区创业沙拉活动的组织人之一周明说，他在创业沙拉活动中见过很多创业人员，包括很多"海归"创业人员，在创业的道路上为了梦想拼命工作，有很多年轻人甚至为了专心创业不谈恋爱。

"上次在沙拉活动中有一位台湾人,家里条件不错,但毕业后专门跑来大陆创业。加入创业团队后,一直在北京推广他们的项目。为了寻找靠谱的技术人员加盟,只要北京有创业活动,他都会参加。"周明说,这种创业的激情正是梦想带给他们的。

一见创始人范晓燕说,他们为400多个创业团队拍摄过创业视频,最终总结发现:对于一个初创公司来说,怎么做比做什么重要、为什么做比怎么做更重要。一个创始人的梦想决定了他可以走多远。"我们之前采访过很多个团队,有些团队做的事情是一样的,但是到最后你会发现,并不是头脑最聪明的那个团队或者概念、模式最好的那个团队发展得最好,而是那个有坚定决心和信念的团队更容易成功。"范晓燕说,许多团队到最后比拼的就是对梦想的坚持和信念。

在范晓燕看来,创业早期,最能打动投资人的是人,而不是项目。"我们曾经采访过响马帮的一个创始人,他们是做上门洗车服务的。有一年冬天,在整个资金链快要断掉的时候,团队的5个创始人都到一线去洗车。后来,他们只用了半个小时就拿到了天使投资。投资人就是被他们的这种信念和坚持打动了。"同时,范晓燕还表示,成功的企业始于一个伟大的信念,创业的初衷决定了未来成长的高度。所以,梦想的力量不能小视。

(资料来源:王亚萍,创业合伙人 梦想很重要,人民日报海外版,2015-06-05。)

第三节　小企业的创业资源

资源与创业者的关系就如同颜料和画笔与艺术家的关系。获取不到创业所需的资源,创业机会对创业者而言就毫无意义。机会识别的实质是创业者判断是否能够获取足够的资源来支持可能的创业活动。

一、创业资源的概念

常言道,"巧妇难为无米之炊"。同样,没有资源,创业者也只能望(商)机兴叹。创业资源是指在创业活动中替企业创造价值的特定的资产,包括有形与无形的资产。人们可以通过对不同资源的整合和利用,使其发挥最大的效益。创业资源是小企业从成功创建到发展所不可缺少的基础,小企业对创业资源的整合贯穿于生产经营的始终。

创业的前半部分是企业家能否判断和选择足够的资源来支持可能的企业活动,创业的后半部分恰是企业家对创业资源系统进行的理性整合。小企业的成长过程本身会不断消耗和影响创业资源,同时也生成新的创业资源。一方面,这些资源会被创业企业自身用来投入新的创业过程中;另一方面,这些资源也可能通过外溢互补的方式为外部所用。即使这些小企业失败了,创业资源可能依然存在,继续成为整体创业资源的一部分。所以,小企业的成长从更长远的时空范围来看,实际上就是"创业资源—利用原有的资源和创造新的创业资源—

新的创业资源"的一种循环。

二、创业资源的类型

创业时期的资源可以按照重要程度,分为以下三类:组织资源、人力资源和物质资源。由于企业是新创立的,组织资源无疑是三类资源中较为薄弱的部分;人力资源是创业时期中最为关键的因素,创业者及其团队的洞察力、知识、能力、经验及社会关系影响整个创业过程的开始与成功;同时,在企业新创时期,专门的知识技能往往掌握在创业者等少数人手中,因而此时的技术资源事实上和人力资源紧密结合,并且这两种资源可能成为企业竞争优势的重要来源。在物质资源中,创业时期的资源最初主要为财务资源和少量的厂房、设备等。创业学者巴尼认为,细分后的创业资源经过重新归纳,主要为以下几种:

(1) 人力和技术资源,包括创业者及其团队的能力、经验、社会关系及其掌握的关键技术等。

(2) 财务资源,即以货币形式存在的资源。

(3) 其他生产经营性资源,即在企业新创过程中所需的厂房、设施、原材料等,如图2-2所示。

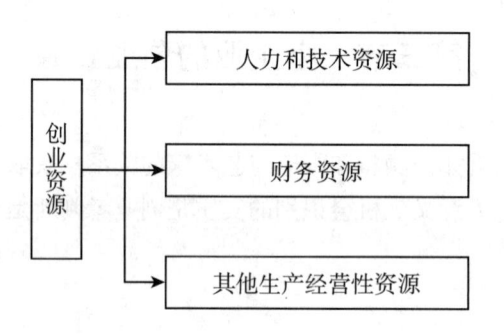

图2-2 巴尼的创业资源细分概念模型图

三、创业资源的形成机制

资源是企业发展的脊梁,对创业企业而言,其作用更是不可或缺。但不可否认,创业企业对创业资源的运用经验相对较少,创业资源的引入、消耗、交换、调配等活动都会给企业带来切身影响。因此,为提高创业企业的核心竞争力,做好创业资源整合尤为重要。

(一) 试错—纠正—学习机制

小企业的创业过程既是一个对市场不断探索的过程,也是一个对企业内部的各种资源调整、整合的过程,同时还是一个不断学习的过程。在创业过程中,首要的是创业者能否及时发现经营和管理中的错误,判断错误的性质,领悟正确的内容。在此基础上,创业者还要能够及时、有效和经济地纠正错误,这往往是决定创业能否成功的关键,也是决定创业企业发展的速度、高度和稳定性的关键。从一定意义上说,创业过程是一个试错求真的过程,创业团队凭借过去的经验和学习能力可以减少失误,从而提高创业成功的可能性。但是,创业者面临的创业环境和市场是不断变化的,创业者不可能完全借鉴他人的经验,重复自己过去走过的道路。也就是说,创业者在市场研究、产品开发、投资决策以及日常经营管理上并没有成熟的方法和模式可以借鉴,每个过程和阶段都需要进行抉择与判断,这样错误就在所难免了。但错误并不可怕,相反,错误为创业者提供了积累经验和学习的机会,这样的一个学习过程往往是有益的。从一定意义上讲,创业者试错是被动的,但纠正和学习应是主动的。如果不能从错误中吸取教训,总结经验,那么创业只能是原地踏步,甚至失败。

（二）溢出机制

某些成功企业一定会富集各种资源,这些资源中的某些部分可能会出现富余,对于这些富余的资源,企业会自然地出于谋利的目的而产生寻租行为。这些寻租行为在一个市场化的环境下会以各种正式的、公开的形式实现其市场价值,而在一个非市场化的环境中,往往以一种隐秘的、非正式的方式进行。这种形式的溢出在掌握部分知识、技术、信息和权力的部门和人员中较为普遍,如科研人员和高校教师提供技术咨询和培训,出售自己的技术专利;政府公职人员提供政府政策信息和咨询。创业资源的溢出还表现为先期创业者的成功创业具有激励和启示作用。例如,温州的创业模式在全国具有广泛的影响,也是小企业发展的典范,但在温州小企业发展过程中伴随出现的创业精神和浓郁的创业文化同样影响着人们的创业动机与创业行为。温州人在创业过程中的创业探索、创业经验以及创业文化成为我国全社会的创业知识和经验,促进了我国优良创业文化的形成。创业团队的分化和重新组合是创业过程中的一种普遍现象,但无论分还是合,个体创业经验的相互交流和学习无疑都加速了创业资源的溢出。

（三）带动机制

带动机制是指已有的企业必然会派生出各种生产资料和生活资料的需求,导致提供这些供给的产业领域产生了诸多机会,为小企业提供了创业资源。例如,浙江义乌小商品市场是国内外著名的小商品市场,这里商贾云集,在小商品市场良好发展的同时,也带动了依托小商品市场发展的小商品生产、加工、设计、材料、包装、运输、物流、金融、信托、餐饮酒店以及信息网络服务的发展。这些创业资源往往体现为那些有需求的企业通过对定点原料或零配件、人才、信息等生产要素的提供方进行各种资金、信息、服务、人才以及技术的扶持和援助行为。这样一来,小企业的创业就获得了极其宝贵的创业资源,即使那些已有的企业不能提供援助和扶持,只要它们不拒绝采用当地企业提供的合格的原料、零配件、信息或者专业人才，那么那些提供此类生产要素的小企业就拥有了市场优势，而市场优势本身就是一种至关重要的创业资源。

（四）分享机制

一些创业资源富集的地区为了提供那些已有组织的活动所需的各种资源，往往会设立各种机构。这些机构的设立往往具有专业化特点，而且为了谋求较好的市场地位，必然会有一种扩张的欲望，这就会使这些机构的供给能力逐渐大于市场原有的需求能力。在这种情况下，只要每次供给的边际收入能够大于边际成本，这种供给的动力就存在，即使边际收入小于平均成本，这些机构也将十分愿意提供相应的供给，因为这样能够分担一部分固定生产成本。这也就意味着这些小企业将可能获取优质的、低于市场平均价值的供给，这种分享机制客观上为小企业创业提供了创业资源。实际上，像在硅谷创办小型IT（information technology，信息技术）企业时，就能享受到这种分享优势。在那里，那些专门的设计组织、生产组织、原材料供给组织和人才培养机构将能提供专业、高效的服务，使小型创业企业免去了诸多的前期的固定资产开支，而只需付出极小的和机动的创业初期的变动成本。

（五）示范机制

成功的大中企业的经验能够产生很好的示范作用。这种示范一来指明了区域经济的发展方向，二来在所选用的技术类型、采取的战略方向、市场营销、生产组织和人才培养等方面提供了一个直观、形象的样本。一些小企业在设立企业之初和以后的经营过程中，能够通过一个已有的标尺衡量自己的实力，同时也可以通过对已经成功的企业的某些战略和战术的模仿以及定点超越而实现风险较小的发展。实际上，我国区域创业的现实也证明了这一点。那些有成功大企业存在的区域往往也会有一些配套的中小企业形成，而且这些中小企业在企业经营和运作的各方面与原有的大企业有很大的相似性和联系性。例如，重庆市原来在摩托车行业只有嘉陵和建设两个企业，但是随着这两个企业的成功，逐渐发展到40多家摩托车整车企业和100多家零配件企业，这就是典型的示范机制的作用。

（六）共生机制

各种形式、各种规模、各种体制、各种特色的企业形成了一个合理分工、紧密协作、高效可持续发展的经济体。在这种体制中，资源实现了良好的配置，总体关系被理顺，企业内部的效率实现了极大化。由于市场的高效运作以及企业之间协作关系的加强，这些企业之间的交易费用逐渐实现了极小化，从而使整体的创业资源得到极大优化，最终可以促进专业化、高效化的小企业能够持续萌生并且发展、壮大，整体过程能够实现较高的成功率。

(七) 磁场机制

好的创业环境和创业企业不仅从外部吸引资源,而且更容易产生资源的聚集,形成磁场。例如,我国上海浦东区的开发,就吸引了众多人才和企业聚集上海。更重要的是,每一个磁场中的分子都会被磁化,不论有形的东西还是无形的东西,这些都是中小企业创业资源形成的最佳和最高形式。[①]

四、创业资源的配置原则

创业资源配置,简单地说,就是创业资源在不同使用方式之间的分配和布置。这个分配既包括空间上的分配,即创业资源在不同产品、不同行业、不同产业、不同地区之间的分配,又包括时间上的分配,即创业资源在不同时期的配置等。时间、空间、用途和数量是创业资源配置的四要素。为了实现创业资源配置的目标,创业者应遵循以下一般原则。

(一) 绩效性原则

绩效性原则是创业资源配置的内在要求,资源合理配置要达到的主要目标就是使有限的资源尽可能创造较多的价值,或者为了创造一定的价值,尽可能多地节省资源的投入。

(二) 社会效益原则

一种资源配置符合经济效益原则,并不能代表资源合理配置的全部内容。合理的资源配置,还应考虑资源的投入所形成的产出如何更好地与社会需求相适应。在创业资源配置的过程中,必须充分考虑资源配置的结果给社会经济发展所带来的深远影响,绝不能只考虑一时的利益,放弃国家、区域的长远利益和整体利益。社会、经济运行各要素之间的相互依存也决定了一种资源的配置离不开其他资源所产生的良性环境。只有各种资源相互支撑和功能互补,才能使整个社会资源综合配置的效用达到最优化。

(三) 长期发展原则

这是小企业创业发展进行资源配置必须考虑的原则。长期发展原则强调在促进创业经济增长的同时,应特别关注各种创业经济活动的合理性,保持创业资源的持续供给和合理利用。

[①] 顾桥. 中小企业创业资源的理论研究. 北京:中国地质大学出版社,2004:74-77.

五、创业资源的配置策略

创业资源的企业配置是依据创业发展的要求，合理组织创业资源，控制创业资源需求与供给的平衡。

（一）创业过程的资源需求特征

1. 以人力资源需求为主、以其他资源为辅的主题特征

以现代管理理论为基础的内部控制理论认为，企业的有效运行必须实现人、财、物的有机结合。从本质上讲，人力资源的投入是最关键的。这是因为，一方面，各种资源的投入关键要靠人力资源去执行；另一方面，从管理的职能要素考虑，企业管理的最终目的体现在人的行为上。所以，整个创业过程的资源投入是以人力资源投入为核心的。

2. 创业的不同阶段具有对不同资源需求的动态性特征

在创业的不同阶段，资源的投入需求呈现出一种动态的变化特征。在创业构思决策期，除创业者和创业团队之外，创业组织关注的更主要的资源是技术资源和信息资源。在创业准备期，人力资源投入是核心，进行详尽的市场调查和完备的商业计划书的编写是对人力资源投入的必然要求。在创业启动期，金融资源的投入上升到第一要素，因为在此阶段需要大量的资金投入。一旦资金流不畅，将会导致新创企业的夭折。在创业经营期，管理资源处于主导地位，因为此时的主要任务是降低成本，提高效益。

3. 创业过程中资源需求的整合性特征

在创业过程中，资源的投入不是孤立的、单个的，而是一个整合的总体，反映出资源需求的整合性特征。

（二）小企业创业资源的组织

小企业创业资源的组织分为内部组织和外部组织两种形式。内部组织主要是对自有资源的利用、开发，外部组织包括购买、策略联盟等。购买是指企业通过市场交易获得创业和发展所需的各类资源。购买可以使企业快速获得所需的资源，但成本较高，并且资源不易于整合和管理。策略联盟则是一种能够加快小企业创业和发展的一种非常有效的资源组织形式。因为建立策略联盟可以帮助企业节省资源并分散风险，协助企业得到市场力量、更快速地切进新市场与获得技术、创造未来投资的选择。但是，策略联盟也会产生一些不良的问题：联盟关系会导致高交易成本、联盟会使经理人员觉得发展企业所需要的重要能力不是那么急迫、联盟因为与其他企业分享利润导致收入降低。所以，策略联盟有利也有弊。

本章小结

1. 创业者的创业动机来自个人主观，也可能由外界环境所迫。无论哪种类型的创业者，都要具备一些基本素质。

2. 小企业创业团队的形成与组建包括创业团队的内涵与创业团队的模式，创业团队组建的关键因素以及创业团队组建的步骤。很多小企业在制订创业计划和开始商业运营的时候，并没有意识到管理团队的重要性，导致小企业陷入困境。

3. 蒂蒙斯的分析模型在概念上对应于中国的一个经典说法，即"天时（商机）、地利（资源）、人和（创业领导人和创业团队）"的兼备和适应平衡。蒂蒙斯指出，创业是以机遇为导向的，为创业领导人和创业团队所驱动，需要运用资源最小化且富有创造力的策略，依靠商机、资源、创业领导人和创业团队三要素之间的和谐与平衡，因而是一个综合的有机整体。一旦三要素失去平衡，创业活动就会受到影响。

思考与练习

一、名词解释

创业者　　创业团队　　创业资源　　创业资源配置

二、不定项选择题

1. 创业团队组建的第一步是（　　）。
   A. 资源供给决策　　　　　　　　B. 对潜在伙伴来源决策
   C. 经营概念及实施需求决策　　　D. 对选择新成员的标准决策
2. 创业团队有（　　）等模式。
   A. 资金主导型的创业团队　　　　B. 技术主导型的创业团队
   C. 资本、技术联合型的创业团队　D. 平等型的创业团队
3. 创业资源配置需要遵循（　　）原则。
   A. 绩效性　　　　　　　　　　　B. 顾全大局
   C. 社会效益　　　　　　　　　　D. 长期发展

三、思考题

1. 创业者需要具备哪些素质？
2. 如何组建创业团队？
3. 小企业的创业资源分为哪几类？
4. 小企业创业资源的形成机制有哪些？

第三章　小企业创业机会与设计

学习目标

学完本章内容以后，你应该能够掌握：
1. 小企业的创业环境；
2. 小企业创业机会的识别；
3. 创业计划的含义与作用；
4. 创业计划的基本内容；
5. 创业计划编写的要求与步骤。

引导案例

中关村走来"三剑客"：创客　痛客　极客

北京中关村，在这个中国最具活力的创新创业"江湖"上，活跃着新"三剑客"——极具想象力和创造力的"创客"、极具洞察力和执行力的"痛客"、极具毅力和颠覆性的"极客"。新"三剑客"的共性在于：有丰富的创意，善于把奇思妙想变成现实；有敏锐的洞察力，善于发现问题、解决问题；对技术有一定的痴迷，不断追求技术创新的高度。他们引领和驱动着"中国创造"的步伐，为科技创新和产业变革源源不断地贡献智慧与力量。

一、创客：做你想不到的

中关村的创客故事，俯拾即是。

汽车出现在这个世界上已经100多年了，您可曾想过会出现两个轮子的汽车？中关村创客祝凌云已将这样的梦想变成现实。他研发的凌云电动车就是一款两轮汽车。白色的流线型外观，宽度只有正常车辆的一半；两个轮子，驾驶方式和体验与四轮车一样，不用考虑平衡问题；瘦小的车身，意味着占用更少的路面、更小的停车空间、更低的耗能……祝凌云说，这车是由程序员制造、用算法驱动的，是具备纯正互联网"血统"的电动车。从设计开始，就引入自动驾驶、云计算、大数据等前沿技术，通过实现车载电池"可插拔、模块化"，摆脱充电桩的束缚。

糖尿病是长期困扰人类的疾病之一。最常见的糖尿病治疗方法是使用药物降低血糖，但药物使用不当会产生低血糖和副作用。那么，是否可以通过阻断机体本身的血糖合成来降低糖尿病人的血糖水平？中关村海归创客严海博士带领团队已成功开发出全球第一例针对胰高血糖素受体的拮抗性（阻断性）单克隆抗体药物。这是全新的治疗理念。胰高血糖素受体抗体药物就像生化武器，注射一次会大规模地削弱胰高血糖素一方的实力。在美国完成的临床1期试验表明，在正常人群中，注射一次该抗体可以在15～28天保持降低空腹血糖的效果。该药物一旦开发成功，将对Ⅰ型和Ⅱ型糖尿病治疗产生革命性的影响。

通过创新创业，将奇思妙想从无到有、从小到大逐渐变为现实，这是人的创造性社会实践过程。这就是中关村的创客和创客精神。

二、痛客：你的需求我满足

"我们的创业就是寻找社会的痛点。"这是中关村创业者、天使汇首席执行官兰宁羽的口头禅。中医讲"通则不痛，痛则不通"。中关村就有这样一群人，就像中医治病一样，以解决痛点之痛为己任，用科技的"药方""药材"，提供解决"病痛"的通道和途径。这群人被称为痛客。

什么是痛点？痛点是指当前尚未被满足而又被广泛渴望的需求，其本质是未被满足的刚性需求。前些年，不少人对"打车难"有切身感受。在拥堵路段、上下班高峰时段、重要节假日或是遇上恶劣天气，打出租车难上加难。针对这个社会痛点，滴滴打车软件于2012年横空出世。程维带领的痛客团队经过4年努力，让人们体验到了网络约车的便利。

在信息技术日新月异的时代，让计算机看懂、听懂世界，并像人类一样思考，为人类生活带来更大的改变，已成为全世界的渴望。百度深度学习实验室主任余凯带领一群痛客创立了地平线机器人技术研发有限公司，把内置人工智能技术的芯片推向市场，并应用到智能空调、智能冰箱等实际产品之中。

一批又一批中关村的痛客拥有一双双善于发现痛点的"火眼金睛"，满足各种各样的真实需求，促进社会进步。

三、极客：精益求精达极致

在中关村还有这样的一群人：专业上的行家里手，并以行业内技术巅峰为追求的目标；极具工匠精神，总是把事情做到极致。这群人对所从事的事业有着超乎寻常的热爱，并为自己设立了近乎苛刻的标准。为了达到这一标准，这些人全身心投入其中，但求精益求精、尽善尽美。这群人被称为极客，也被称为"技术牛人"，或者"技术狂人"。

小米以最好的配置做手机，价格只卖1 999元。每个人喜欢小米手机的原因都不一样，但核心都指向一点：这是一款质优价廉的"中国制造"，它改写了手机"红海"里既有的商业逻辑。这正是北京小米科技有限责任公司（以下简称小米）董事长雷军的追求——伟大的公司造出好的、颠覆性的产品，"好产品自己会说话"。也正是用"为发烧而生"的极客精神做产品，小米手机销量在2015年超过7 000万台，居全国第一位。

小米在互联网智能电视、智能家居产品等领域也颠覆了传统市场。其旗下生态链企业已达55家，许多产品一经推出，就在短时间内迅速成为影响整个中国消费电子市场的明星产品。

健康长寿是人们自古以来的梦想。有没有一项技术，让我们提前预知疾病风险，从而有效进行预防？中关村华康基因研究院的极客们正在逼近这个梦想。他们多年来专注于基因检测和治疗，经过艰苦的技术研发与改良，拥有了有自主知识产权、达到世界领先水平的致病基因检测技术。中关村华康基因研究院院长魏伟说，现在我们如果有了您的一滴血，就能对您的心血管病、肿瘤等恶性疾病进行基因检测，预知将来疾病的发病风险，检出率为100%，检验敏感度远远高于目前国际市场领先的各类基因芯片检测产品。他们已经成功研制出针对包括癫痫、智障、心血管病等28大类4 500多种单基因遗传病的致病基因检测产品，国内合作医院超过200家。

极致是一种坚持、一种较真、一种态度。付出到极致，积累到极致，就会由量的积累形成质的飞跃。中关村的极客们正以务求极致的工匠精神，挺立在全国乃至世界技术革命和产业变革之巅，铸就高精尖的"利剑"，迸发出中国创造、中国品牌的绚烂异彩。

（资料来源：赵淑兰，中关村走来"三剑客"，经济日报，2016-04-11。）

要加入创业大军，首先要对自己所要"创造的未来"进行设计。"凡事预则立，不预则废"。很多初创企业尤其是初创小企业往往忽略了创业设计这一关键性问题。本章首先介绍小企业的创业环境和创业机会的识别，其次对小企业的创业计划的相关问题，包括创业计划的含义和作用、创业计划的基本内容、创业计划的格式，进行详细分析，最后从创业计划的编写者、创业计划编制的要求和创业计划编制的步骤来介绍创业计划的编制。

第一节　小企业的创业环境

创业环境是指围绕企业的创业和发展而变化，并足以影响或制约企业发展的一切外部条件的总称。创业环境对新创企业的作用主要体现在以下两点：创业环境能够指导创业者的创业；创业者对环境熟悉能够帮助他们规避创业风险，从而提高创业成活率。

一、宏观环境分析

（一）法律与政策环境

在促进小企业成长的外部环境中，法律与政策环境是最基本的方面。在市场经济中，政府的角色不是上场组织作战，而是制定法律政策和游戏规则，以确保经济活动运行。

法律的健全、合理、稳定是小企业健康成长的重要条件。在国外，政府制定的小企业政策大多以法律的形式加以规定，通过法律保护小企业利益，规范小企业的行为。如美国有《中小企业法》，日本有《中小企业基本法》《中小企业现代化促进法》《中小企业信用担保法》等多部关于小企业的法律。我国有《中华人民共和国中小企业促进法》《中华人民共和国反垄断法》等，这些法律的制定和完善将有助于保护小企业和个人的财产权利，维护市场公平竞争的秩序，为市场上的每一个竞争主体提供良好、平等的法律环境。

除了有关产业、金融、财政、税收、外贸、外资等方面的经济政策外，我国在创业政策方面也出台了一系列措施。例如，国家开通中小企业板、设立创新基金、出台《创业投资企业管理暂行办法》等；地方上也相继制定了一些政策，如从2006年起上海市每年投入1亿元用于大学生科技创业基金，重庆市对部分大学毕业生创业提供优惠贷款等。这些政策对企业和创业者在税收和投资等方面均给予了一些优惠。但在政策实施过程中还有许多困难，如政府更关注的是科技型中小企业的发展，相关优惠政策大多集中于此；许多优惠政策在具体实施中审批程序繁多、手续复杂，这仍需要进一步改善。[①]

（二）经济环境

经济环境主要包括国家和地方的经济发展水平和发展速度、国民经济结构、社会经济发展战略和计划、人们的生活消费结构和消费水平、市场供求状况以及社会基础设施建设等。

随着我国市场经济体制的逐步完善，经济发展水平在不断提高，人们的消费水平和消费结构以及消费观念也在转变。由此带来了各种新兴的行业，从代理销售到购买特许经营权、从做企业策划卖点子到组建专业服务公司、从手工业到高科技等，这一切都为有志于开创自己的一番事业的创业者们提供了一个广阔的施展才能的空间。

随着现代经济的发展，社会分工越来越细，专业化程度越来越高，各企业间的相互联系越来越紧密，分工协作关系日益加深，小企业创业的机会也随之增多。社会的进步、生产力水平的提高，使得市场需求变化加快，这就要求企业跟随市场行情及时调整产品结构，以保持市场供求关系的平衡。小企业经营灵活、转产快，这一特点也是小企业创业的一个优势。

（三）社会文化环境

社会文化环境是指对小企业的经营与发展具有影响的社会文化、风俗习惯、道德规范、文化教育、公众的价值观念、人口结构及人均收入水平等。因此，在企业的成长过程中，社会文化环境始终影响着小企业的发展。

---

① 郑风田，傅晋华. 创业型经济的兴起与我国创业政策面临的挑战. 经济理论与经济管理，2007（6）：25.

崇尚科学价值观念的社会文化将会直接影响人们对失败、冒险、宽容的看法，并形成对知识和技术的追求胜过对金钱的追求等观念，有利于全社会培养起一种崇尚创新、追求知识和技术的氛围；"官本位"和"学而优则仕"的社会价值导向，使有为的青年往往把进政府部门工作和成为具体单位领导作为人生的首要追求，而使锚定职业技术生涯、专注于技术创新的人员相对不足。

（四）技术环境

小企业的特点决定了它的健康成长离不开高校、科研机构、研发投入、技术的转移与扩散等技术环境。一方面，由于高校、科研机构、研发投入等研究开发环境直接影响技术创新活动的数量、频率和水平，因此，良好的研发环境可以为小企业的成长提供技术上的支持与帮助；另一方面，在信息经济时代，科技成果转化为生产能力的速度和效率大大提高了，这使得创业者可以尽快地将发明创造的成果变为商品，进入市场。因此，技术研发环境、技术转移与扩散环境是衡量中小企业技术环境的重要指标。

目前，新经济以信息和通信技术革命为基础，以互联网为依托，构成了新的最活跃的生产力，形成了以知识为基础的经济形态。它对旧有的生产方式、产业结构、经营模式、经济周期、管理体制和思维方式产生了广泛、深刻的影响。电子商务的产生和发展从根本上改变了市场。它不仅取代了传统的中介功能，而且创造了新产品和新市场，在企业与企业、企业与消费者之间建立更加密切的新型关系。同时，它也为小企业进入国际市场创造了条件。

二、行业环境分析

除了宏观环境的影响之外，企业家更多地面临来自本行业的直接影响。美国哈佛大学著名战略学家迈克尔·波特在《竞争优势》中指出，一个行业中的竞争远不限于在原有竞争对手之间进行，而是存在五种基本的竞争力量，如图3-1所示。

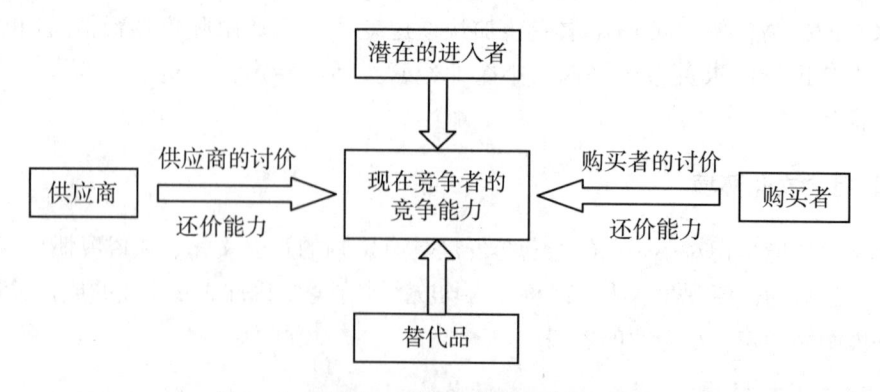

图3-1 迈克尔·波特五种竞争力分析模型

(一) 潜在的进入者

潜在的进入者的威胁程度取决于进入壁垒，包括难以获得必要的原材料、对专有技术的控制，以及较难开拓分销渠道等。高壁垒抑制了新竞争者的进入，从而使市场减少竞争、行业中的企业得到保护，最终获得更高的利润。进入的威胁也受到了诸如竞争性产品的独特性、转移产品以及政府政策等因素的影响。

(二) 替代品

替代品是指那些与本产业产品具有同一功能的其他产品。在质量相等的情况下，替代品的价格一般比较低，它投入市场后，会使本产业的产品价格只能处在较低水平，这就限制了本产业的收益。替代品的价格越有吸引力，价格限制的作用就越大，对本产业构成的威胁也就越大。

(三) 现在竞争者的竞争能力

现在竞争者的竞争能力由以下竞争因素决定：竞争对手的数量与规模、产品服务的市场需求、退出壁垒等。退出壁垒使竞争者即使在已经不能盈利时，仍泥足深陷无法自拔。如果行业中充斥着大量相同规模的企业，而此时对该行业的产品或服务的需求比较稳定或者处于下降趋势，并且退出壁垒阻止该行业竞争者退出该行业，则此时竞争就是激烈的。竞争对抗程度与利润及机遇的关系有时候很容易看出来。举例来说，园林业四分五裂，由大量小公司构成。因此，没有一家单独的公司可以占主导地位，竞争对抗程度通常都很激烈，这就使这个行业中的利润非常薄。

(四) 供应商

供应商主要通过提高投入要素价格与降低单位价值质量的能力，来影响行业中现有企业的盈利能力与产品竞争力。供应商力量的强弱主要取决于他们所提供给买主的是什么投入要素，当供应商所提供的投入要素价值构成了买主产品总成本的较大比例、对买主产品生产过程非常重要或者严重影响买主产品的质量时，供应商对于买主的潜在讨价还价能力就大大增强。

(五) 购买者

购买者主要通过压价与要求提供较高的产品或服务质量的能力，来影响行业中现有企业的盈利能力。影响购买者讨价还价能力的主要因素包括购买者集中度、购买者从供应商处购买产品占其成本的比重、购买者选择后向一体化产品的可能性、产品差异化程度和转换成本的大小、购买者对信息的掌握程度等。

三、内部环境分析

企业内部环境分析的目的在于掌握企业历史和目前的状况，明确企业所具有的优势和劣势。它有助于企业制定有针对性的战略，有效地利用自身资源，发挥企业的优势，同时避免企业的劣势，或采取积极的态度改进企业劣势，扬长避短，更有助于企业百战不殆。

（一）企业资源分析

常言道，人贵有自知之明。人最大的弱点是不能清醒而尖锐地看待自己。这同样也适用于企业。企业只有通过对内部资源进行分析，根据企业在资源上表现出的优势和劣势，发现企业在资源使用上需要进行的变革，才有可能在日益激烈的竞争环境中脱颖而出。

企业拥有各种资源，是资源的特殊集合体，包括有形资源、无形资源和人力资源等，它们能否产生竞争优势取决于各种资源能否形成一种综合能力。那些与竞争对手相比具有资源的独特性和优越性，并能够与外部环境匹配得当的企业会更有竞争优势。企业资源中满足价值性、稀缺性、不可模仿和替代性标准的企业资源被称为关键资源，只有基于这些关键资源建立的竞争优势才是持久的竞争优势。

（二）企业核心能力分析

核心能力是指居于核心地位并能产生竞争优势的要素作用力。但核心能力并不是企业内部人、财、物的简单相加，而是能够使企业在市场中保持和获得竞争优势的源泉。从短期来看，企业的产品质量、性能和服务质量决定了企业的竞争能力；从长期来看，以企业资源为基础的核心能力则是企业保持竞争力的决定性源泉。因此，如何将自身的资源、知识和潜在能力这些重要因素加以协调和结合是形成企业核心能力的关键。

对企业核心竞争力的分析应包括对企业内部关键技能和互补性知识的分析。企业应该了解这些核心技术和知识的价值性、独特性、难以模仿性和不可替代性如何，它们是否在企业内部已经得到了充分发挥，保持、发展这些核心技术和专长的现时做法、方案和未来计划是什么。

（三）企业内部环境分析方法

1. 价值链法

价值链法是由美国哈佛商学院教授迈克尔·波特提出来的。他认为，一个企业的价值链和它所从事的单个活动的方式，反映了其历史、战略、推行战略的途径以及这些活动本身的经济效益。事实上，价值链就是一个由产品设计、生产、营销、服务以及对经营起辅助作用的各种活动的集合，如图3-2所示。

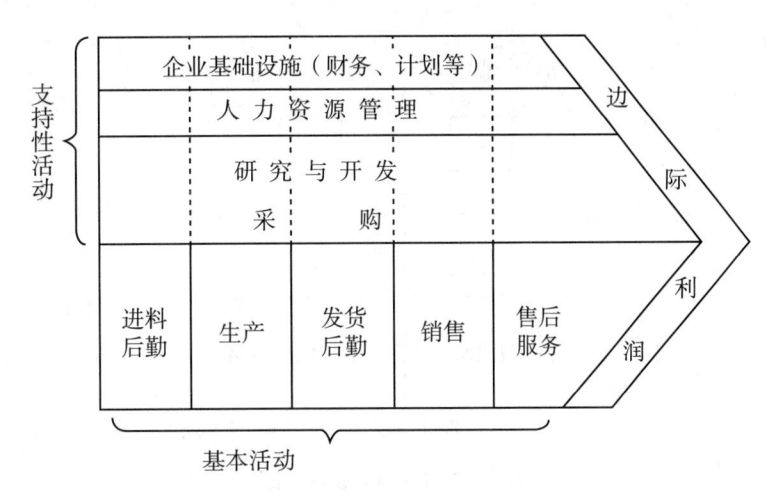

图3-2 企业价值链

价值链概念的提出基于如下逻辑联系：企业资源/能力—价值活动—竞争优势。价值链分析的重点在于价值活动分析。企业的价值活动可以分为基本活动和辅助活动两大类。基本活动是在物质形态上制造产品、销售和发送到客户手中以及在售后服务中所包含的种种活动。它是指那些与企业产品或服务直接相关的活动，包括内部运营、生产活动、外部运营、市场营销和售后服务。辅助活动则是给基本活动的执行提供输入或资源的活动，包括企业基础设施、人力资源管理、技术开发和采购等。企业辅助活动中的每一项都可与具体的基本活动联系起来并支持整个价值链。价值链分析的核心是将企业的所有资源/能力、价值活动与企业的战略目标紧密连接起来，以价值增值为目的，形成一个简明、清晰的结构。

2. SWOT 分析法

SWOT 分析法是一种企业内部分析方法，即根据企业自身的既定内在条件进行分析，找出企业的优势、劣势及核心竞争力之所在。因此，SWOT 分析法又称为态势分析法，其中，S 代表 strength（优势），W 代表 weakness（劣势），O 代表 opportunity（机会），T 代表 threat（威胁）。从整体上看，SWOT 可以分为两个部分：第一部分为 SW，主要是用来分析企业内部的优势和劣势等条件；第二部分为 OT，主要用来分析企业外部的机会和威胁等条件。SWOT 战略选择如图 3-3 所示。SWOT 分析法的本质就在于，要确认企业所面临的机会与威胁，分析企业的优势和劣势，并据此确定企业的战略定位，最大限度地利用内部优势和外部机会，使企业的劣势和威胁降至最低限度。

SWOT 分析法的基本步骤如下：

（1）分析企业的内部优势和劣势。它们既可以是相对企业目标而言的，也可以是相对竞争对手而言的。

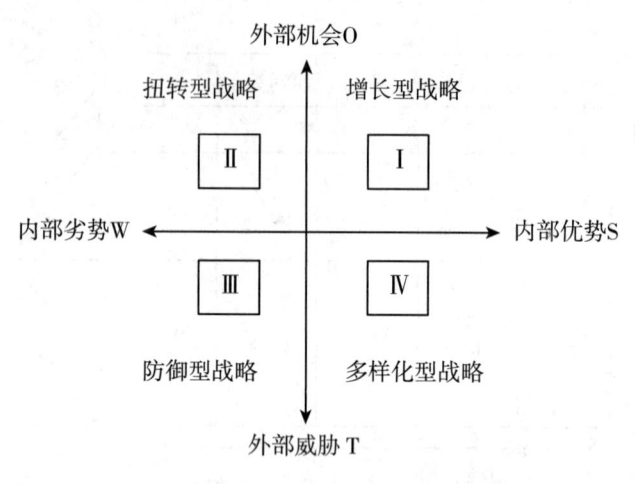

```
                        外部机会O
        扭转型战略         增长型战略
            ┌───┐         ┌───┐
            │ Ⅱ │         │ Ⅰ │
            └───┘         └───┘
内部劣势W ←──────────────────────→ 内部优势S
            ┌───┐         ┌───┐
            │ Ⅲ │         │ Ⅳ │
            └───┘         └───┘
        防御型战略         多样化型战略
                        外部威胁T
```

图3-3 SWOT战略选择

（2）分析企业面临的外部机会和威胁。它们可能来自与竞争无关的外环境因素的变化，也可能来自竞争对手力量与影响因素的变化，或两者兼有，但关键性的外部机会与威胁应予以确认。

（3）将外部机会和威胁与企业内部优势和劣势进行匹配，形成可行的战略。

案例3-1

中国企业创业环境

GEM（global entrepreneurship monitor）即全球创业观察，是由英国伦敦商学院和美国百森商学院共同发起成立的研究项目，主要研究全球创业的活动态势和变化，发掘国家创业活动的驱动力，创业与经济增长之间的作用机制，及评估国家创业政策。我国在2002年第一次参加GEM项目。2016年，清华大学的高建教授和程源教授在《全球创业观察中国报告2015/2016》中指出：

第一，中国创业活动在二十国集团中处于比较活跃的状态。中国早期创业活动指数为12.84%，比大多数创新驱动国家，如美国（11.88%），英国（6.93%），德国（4.70%）和日本（3.83%）更活跃，机会型创业者的比重不断提高。

第二，中国创业活动主要集中在客户服务业，高附加值产业创业比例较低。

第三，二十国集团中创新驱动经济体的创业企业更容易成长为成熟企业。中国早期创业（不超过42个月的企业）比率为12.84%，而已有企业（运营超过42个月的企业）比率为3.12%。

第四，中国创业生态环境总体表现良好。创业生态环境在市场开放程度和政府政策方面表现较为突出，但商务环境和教育培训等方面亟须改善。

第五，中国创业活动的创新能力和国际导向有待提高，创业带动就业能力较好。

第六，二十国集团创业调查数据显示，创业数量和质量负相关，创业活动活跃的国家，其产品和市场创新能力相对较差。中国创业既要重视数量，更要重视质量。我国创业企业中应用新技术的比例近年来有所提高，在效率驱动型经济体中处于前列，但技术创业的比例仍然较低，明显低于创新驱动型经济体。

第七，中国创业者资金来源于自有资金（比例为91.3%），主要渠道是家庭、银行和朋友，银行贷款、风险投资、政府项目和众筹也是创业资金的来源，但比例仍然低于大多数创新驱动型经济体。

（案例来源：清华大学经济管理学院，http://www.sem.tsinghua.edu.cn/news/xyywcn/5449.html。）

第二节　小企业的创业机会

蒂蒙斯指出，创业是以机遇为导向的，为创业领导人和创业团队所驱动，需要运用资源最小化且富有创造力的策略，依靠商机、资源、创业领导人和创业团队三要素之间的和谐与平衡，因而是一个综合的有机整体。一旦三要素失去平衡，创业活动就会受到影响。

一、创业机会的识别

确定创业机会首先需要对创业机会进行识别，因为现实中好的机会并不是突然出现的，同时还需要从许多商业机会中挑选出合适的机会进行重点分析，因此机会识别是创业过程的起点，也是创业过程中的一个重要阶段。作为创业者，难能可贵的地方就在于，他能发现其他人所看不到的机会，并迅速采取行动来把握创业机会，实现创业机会的价值。在很长一段时间里，人们认为一般人群不可能看到创业机会，发现机会并成为创业者，识别创业机会难以模仿，更不可学习。但是，随着学术研究的深入，人们逐渐总结出一些识别创业机会的规律和技巧。正如物理学教授不可能指望每个人都成为爱因斯坦一样，掌握有关识别创业机会的知识，虽然不能保证每个人都能发现创业机会，但确实能给人们的行动提供思路和指导。

成功的机会识别是多种因素综合的结果。首先，人们需要有创业的愿望。没有创业的意愿，人们面对再好的创业机会也会视而不见。其次，人们要具备识别机会的能力。"机会只垂青有准备的头脑"，没有这种能力，人们是很难在瞬息万变的市场中捕捉机会的。最后，创业环境应让机会可以识别。市场机会再有吸引力，如果环境不允许，也不能成为机会，更谈不上识别了。

案例 3-2

创业者的市场警觉性与机会发现

20 世纪 90 年代初，创业者李秋成到北京出差，看到各种各样的科技企业如雨后春笋般地出现。他看准了这个以科学技术作为第一生产力的社会发展趋势，开始了自己的创业之路。在创业之初，公司仅有 7 名员工，以经营某品牌计算机为主。由于初次涉及该行业，再加上 IT 行业在当时的长春还不被认可，市场很难打开。但是李秋成与员工每天奔走于相关用户，进行业务推销。大约半年后，销售市场得到了很好的发展，公司的产品与服务得到了广大用户的认同，公司也有了一定的知名度，业务一直持续、平稳发展。

20 世纪 90 年代末，长春的科技企业已经达到了较大的规模，企业的利润在逐渐下降。李秋成将企业的经营方向转向更加专业化的网络工程专业项目，为吉林省内首个大型网络工程进行施工与服务。因此，他的公司始终走在吉林省 IT 行业的前端。随着业务的进一步发展，吉林省内的科技企业在网络工程方面的竞争也逐渐激烈，因此，李秋成预感在网络工程方面不会保持高的利润率，所以在销售与网络工程达到最鼎盛的时期，他转向利润率更高的软件行业。

2003 年，他的公司与北京某大型科技公司签订代理合同，成为吉林省唯一的代理商，这使得公司的业务扩展到全省一些政府部门及各地市区县。在 2007 年 8 月的一次政府大型招标中，他的公司与其代理的北京某公司在众多颇具实力的投标公司中以优质的产品和诚信的服务脱颖而出，成为中标者。此后，他的公司为全省专业用户提供产品开发、技术咨询、专业培训、产品实施、技术支持等全方位的服务，得到用户的好评。2009 年，他的公司已拥有员工 30 多人，平均年龄为 25 岁，本科学历者占企业员工总数的 98%，公司坚持"激情、创新、诚信、服务"的八字方针，脚踏实地，努力拼搏，以专业化的 IT 服务不断为客户创造价值。

（资料来源：陈晓红，吴云迪，创业与中小企业管理，北京，清华大学出版社，2009。）

二、影响创业机会识别的因素

（一）创业愿望

创业愿望是创业的原动力，推动创业者去发现和识别市场机会。研究结果表明，多数创业者希望通过创业实现自己的理想和抱负，如改变现状、成就一番事业等。只有有创业愿望的人才会主动发现和识别市场机会。

（二）先前经验

在特定产业中的先前经验有助于创业者识别商业机会，这被称为"走廊原理"。它是指创业者一旦创建企业，他就开始了一段旅程，在这段旅程中，通向创业机会的"走廊"将变得清晰可见。这个原理提供的见解是，某个人一旦投身于某个产业创业，这个人将比那些从产业外观察的人，更容易看到产业内的新机会。

（三）认知因素

机会识别可能是一项先天技能或一种认知过程。有些人认为，创业者有"第六感"，"第六感"使他们能看到别人错过的机会。多数创业者以这种观点看待自己，认为他们比别人更"警觉"。"警觉"在很大程度上是一种技能；拥有某个领域更多知识的人倾向于比其他人对该领域内的机会更"警觉"。

（四）社会关系网络

社会关系网络能带来承载创业机会的有价值的信息，个人社会关系网络的深度和广度影响着机会识别。研究已经发现，社会关系网络是个体识别创业机会的主要来源，与强关系相比，弱关系更有助于个体识别创业机会。

（五）创造性

创造性是产生新奇或有用创意的过程。从某种程度上讲，机会识别是一个创造过程，是不断反复地进行创造性思维的过程。在听到更多趣闻的基础上，人们会很容易看到创造性包含在许多产品、服务和业务的形成过程中。对个人来说，创造过程可分为五个阶段，分别是准备、孵化、洞察、评价和阐述。

（六）创业环境

在机会识别阶段，创业环境决定一个有吸引力的市场机会能否成为真正的创业机会。良好的创业教育环境可提高创业者的创业能力，以更好地捕捉创业机会。同时，创业环境影响创业者的动机，进而影响创业机会。

三、创业机会的评估

尽管发现了创业机会，但这并不意味着要创业，更不意味着成功就在眼前。这是因为，创业活动是创业者与创业机会的结合，而且并非所有的创业机会都有足够大的价值潜力来填补为把握机会所付出的成本，也并非所有机会都适合每个人。在成功地进行机会识别之后，便进入机会的评价阶段。对创业者来说，关键在于如何能够从众多机会中找出有价值的创业机会，并采取快速行动来把握机会。

（一）蒂蒙斯的创业机会评价框架

蒂蒙斯的创业机会评价框架涉及行业和市场、经济因素、收获条件、竞争优势、管理团队、致命缺陷问题、个人标准、理想与现实的战略差异8方面53项指标，见表3–1。

表 3-1 蒂蒙斯的创业机会评价框架

一级指标	二级指标
行业和市场	1. 市场容易识别，可以带来持续收入。 2. 顾客可以接受产品或服务，愿意为此付费。 3. 产品的附加价值高。 4. 产品对市场的影响力高。 5. 将要开发的产品生命长久。 6. 项目所在行业是新兴行业，竞争不充分、集中度低。 7. 市场规模大，销售潜力 1 千万元至 10 亿元。 8. 市场成长率为 30%~50%，甚至更高。 9. 现有厂商的生产能力几乎完全饱和。 10. 在五年内能占据市场的领导地位，达到 20% 以上。 11. 拥有低成本的供货商，具有成本优势
经济因素	1. 达到盈亏平衡点所需要的时间在 1.5~2 年以下。 2. 盈亏平衡点不会逐渐提高。 3. 投资回报率在 25% 以上。 4. 项目对资金的要求不是很大，能够获得融资。 5. 销售额的年增长率高于 15%。 6. 有良好的现金流量，能占到销售额的 20%~30% 以上。 7. 能获得持久的毛利，毛利率要达到 40% 以上。 8. 能获得持久的税后利润，税后利润率要超过 10%。 9. 资产集中程度低。 10. 运营资金不多，需求量是逐渐增加的。 11. 研究开发工作对资金的要求不高
收获条件	1. 项目带来附加价值的具有较高的战略意义。 2. 存在现有的或可预料的退出方式。 3. 资本市场环境有利，可以实现资本的流动
竞争优势	1. 固定成本和可变成本低。 2. 对成本、价格和销售的控制较高。 3. 已经获得或可以获得对专利所有权的保护。 4. 竞争对手尚未觉醒，竞争较弱。 5. 拥有专利或具有某种独占性。 6. 拥有发展良好的网络关系，容易获得合同。 7. 拥有杰出的关键人员和管理团队
管理团队	1. 创业者团队是一个优秀管理者的组合。 2. 行业和技术经验达到了本行业内的最高水平。 3. 管理团队的正直廉洁程度能达到最高水准。 4. 管理团队知道自己缺乏哪方面的知识

续表

一级指标	二级指标
致命缺陷问题	不存在任何致命缺陷
个人标准	1. 个人目标与创业活动相符合。 2. 创业家可以做到在有限的风险下实现成功。 3. 创业家能接受薪水减少等损失。 4. 创业家渴望进行创业这种生活方式，而不只是为了赚大钱。 5. 创业家可以承受适当的风险。 6. 创业家在压力下状态依然良好
理想与现实的战略差异	1. 理想与现实情况相吻合。 2. 管理团队已经是最好的。 3. 在客户服务管理方面有很好的服务理念。 4. 所创办的事业顺应时代潮流。 5. 所采取的技术具有突破性，不存在许多替代品或竞争对手。 6. 具备灵活的适应能力，能快速地进行取舍。 7. 始终在寻找新的机会。 8. 定价与市场领先者几乎持平。 9. 能够获得销售渠道，或已经拥有现成的网络。 10. 能够允许失败

（二）定性评价创业机会的步骤

托马斯·W. 齐曼拉和罗曼·M. 斯卡伯勒提出了评价创业机会的五大步骤。

第一步：判断新产品或服务将如何使购买者创造价值，判断新产品或服务使用的潜在障碍，如何克服这些障碍，根据对产品和市场认可度的分析，得出人们对新产品的潜在需求，早期使用者的行为特征，产品达到创造收益的预期时间。

第二步：分析产品在目标市场投放的技术风险、财务风险、竞争风险，并进行机会窗分析。

第三步：在产品的制造过程中是否能保证足够的生产批量和可接受的产品质量。

第四步：估算新产品项目的初始投资额，使用何种融资渠道。

第五步：在更大的范围内考虑风险的程度，以及如何控制和管理那些风险。

第三节　小企业的创业计划

创业计划是创业者为企业创建和发展所拟订的第一份详细的书面计划。本节首先要明确创业计划的含义和作用，在此基础上，再详细地列出并解释创业计划的基本内容和创业计划的格式。

一、创业计划的含义和作用

（一）创业计划的含义

创业计划是创业者为了实现未来增长战略所编制的详细计划，主要用于游说投资方和风险投资商，向他们阐述企业发展战略，展示企业实现战略和为投资带来收益的能力，以取得投资方或风险投资商的支持。从某种意义上讲，这种"计划"落实于文字，呈现在书面上更像个项目可行性报告，而实际上，两者既有区别，又有相同之处。

项目可行性报告主要侧重于项目本身技术方面的分析，同时也针对项目实施所带来的经济效益进行评估，但项目可行性报告一般并不涉及项目实施中的管理因素、人的因素和对投资人在利益方面的回报以及回报的方式等内容。创业计划不仅要在技术方面和产业化的模式方面进行详细的说明，同时更要在管理团队、经营战略、投资者回报的方式和投资者如何参与未来项目的经营监管等方面进行详细的说明。创业计划对项目的论证比项目可行性报告更加全方位、多视角。

（二）创业计划的作用

编写创业计划是定义一个新企业的蓝图、战略、资源和人的需求的最好方式之一。风险投资家尤金·克莱尔说，如果你想踏踏实实地做一份工作，那么就写一份创业计划，它能迫使你进行系统的思考。创业计划应具备两方面的作用：一是供企业内部人员使用；二是供企业外部使用者参考。

图 3-4 给那些可能对创业计划感兴趣的人提供了一个总体思路。

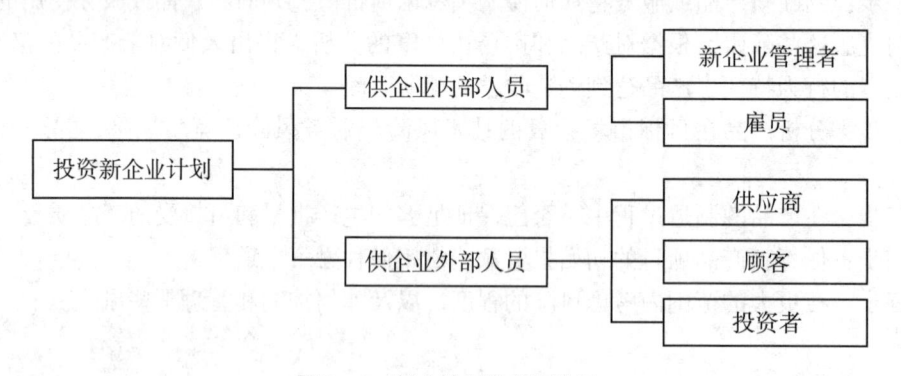

图 3-4 创业计划的主要作用

（资料来源：蒂蒙斯，资源需求与商业计划，北京，华夏出版社，2002。）

1. 供内部人员使用

（1）在市场分析过程中，创业者可以更清楚地确定本企业的目标市场，同时更好地给企业产品在市场中定位，还可以更准确地评估企业以及所面临竞争对手各自的长处和缺陷。

(2) 通过评估本企业的生产运作，创业者可以更全面地了解本企业整个生产流程上的各个环节、整个生产程序、生产过程中劳动力分配情况、生产进度等。

(3) 通过分析本企业的财务状况，创业者可以清楚地了解本企业的现金流动、收支平衡、资产负债等，并且可以找到有效地控制财务的好方法。

(4) 在编制企业的长期计划时，创业者可以更加明确本企业远期、中期和近期各个阶段的目标，确定本企业在各个不同阶段的具体目标、实施计划以及实现这些目标应该采取的手段。

(5) 在制订撤出计划时，创业者可以充分了解未来社会的发展趋势和人们的消费动态，并且做到应变有方。在未来市场发生变化时，创业者可以调整企业的生产方向，从而确保企业健康发展。

2. 供外部使用者参考

(1) 创业计划可以成为向潜在顾客、供应商和投资者进行推销的有效工具。例如，与供应商开展信用贸易通常是新企业财务计划的重要组成部分。准备充分的创业计划可以帮助企业获得供应商的信任，从而得到优厚的信贷条件。

(2) 投资者和债权人通过创业计划增强对新企业所提供的产品或服务的类型、市场性质以及企业家和管理团队的素质的了解。如果没有对创业计划的评价，风险投资者是不会决定向企业投资的，而且创业计划对新企业与银行建立良好关系也是非常有帮助的。

(三) 创业计划的局限性

虽然前面介绍了许多创业计划对于小企业成功的重要作用，但创业计划并不是商业活动本身，存在诸多的不确定性。创业计划的开发可能会形成有利于小企业的机会，但仅有一项计划并不意味着企业会自动获得成功。除非存在根本性的商机，再加上掌握商机所必需的资料和团队，否则世界上最好的创业计划也不能有所作为。

二、创业计划的基本内容

创业计划是创业者为了实现未来增长战略所编制的详细计划，包括企业事项的方方面面。下面是一份完整的创业计划应涵盖的内容及通常的顺序。它是由莱昂纳德·斯莫伦开发出来的，经过20多年的观察以及与创业者共同工作，加上几百个计划的编制和评估，最终形成了这张表格。

(一) 摘要

摘要是在创业计划的其他部分都完成之后编制的，它是整个计划的浓缩，是精华中的精华。对于创业计划的阅读者来说，这也许是其唯一看的部分，因此，它应当有强烈的吸引力和说服力，让读者继续阅读下去。

1. 描述企业理念和企业特征

为你所在的或将要进入的企业描述理念。要确保描述的理念向人们传达这样一个信息：你的产品或服务将从根本上改变顾客现在做某些事的方式。

2. 商机和战略

概述存在什么样的商机，为什么对此商机有兴趣以及计划开发此商机的进入战略。该信息的表述可以是概括关键事实、条件、竞争者的弱点、行业趋势及其他可以指明商机的证据和逻辑推理。

3. 目标市场和预测

识别并简要解释行业和市场、主要顾客群、产品或服务定位，以及计划如何接触到这些顾客群并向他们提供服务。

4. 竞争优势

指明企业享有的重要竞争优势或创新产品、服务和战略以及供货周期方面的优势，竞争者的缺点和薄弱环节，其他的行业条件。

5. 经济性、盈利性和收获能力

概述企业的盈利能力，表明达到盈亏平衡点和现金流为正的可能时间，关键财务预测，预期投资回报等，尽可能用关键数字分析企业毛利及营业和现金转换周期。

6. 团队

概述创业者及其他团队成员的知识、经验、技能和已获成就，特别是在承担盈亏责任和人员管理等方面取得的成就。这部分应当包括的主要信息还有部门大小、从事的项目等。

7. 报价

简要指明业主权益数额或所需的债务数额，准备给提供资金者多少公司股份，资金的主要用途是什么，目标投资者、贷款人或战略伙伴将如何达到他期望的回报率。

（二）行业、公司及其产品或服务

该部分主要考虑与市场信息相适合的背景因素，包括行业、公司和公司理念、产品或服务及进入战略和成长战略。

1. 行业

分析新创企业所处行业的现状、前景、结构，预判市场大小、成长趋势、竞争情况；把握对新开发产品或服务、新顾客、新进入者等产生影响的经济政策和经济趋势。

2. 公司和公司理念

介绍公司理念及成立日期、正在开展的业务或打算进行的业务、谁将是公司的主要顾客、他们的需求是什么、何种产品或服务可以满足其需求、如何开发这种需求。

3. 产品或服务

简介产品或服务并说明其独特性，阐述它让顾客买这种产品或服务的原因，这是投资商最关心的问题之一。在介绍中，应当对产品或服务进行详细的说明，附上产品原型、照片等，描述的语言应精准易懂，让非专业人员也能明白。

4. 进入战略和成长战略

概述企业未来五年发展计划及其速度，并介绍开发新业务的计划；阐述如何从商机、增加价值或其他竞争优势方面得出进入战略和成长战略。

（三）市场调研和分析

鉴于市场分析的重要性和计划的其他部分对该信息的极大依赖性，建议该部分在其他部分之前先进行编制，从而为其他部分的编制奠定基础。

1. 顾客

概述产品或服务的顾客是谁或将是谁、属于哪一个细分市场、主要在哪里、是否认可公司的产品或服务、如何购买、为何购买、购买产品关注的焦点是什么（如价格、服务等）、为何改变购买决策。

2. 市场大小和趋势

说明所选定的细分市场在今后五年的发展趋势和公司将占领的市场份额，并阐述未来至少三年内较为合适的市场增长率以及影响市场增长率的主要因素，如行业趋势、经济形势、人口结构、政府政策等。

3. 竞争和竞争优势

描述市场中主要的竞争者及其优劣势，阐述如何找到有利于企业产品的市场空当、产品或服务的替代状况、本企业进入市场竞争者会有何反应、这些反应对企业影响如何，说明本企业取胜的因素和独特性。

4. 估计市场份额和销售额

概述企业产品或服务在现有竞争格局下如何销售，是怎样为顾客创造价值的，都有哪些主要顾客承诺或已经购买，原因是什么，并预判未来几年谁将成为购买者，为什么；依据产品的优势、市场容量、顾客、竞争者及过去销售趋势，预测未来三年每年的市场份额、销售量和销售额的增长趋势，同时预估主要竞争者优劣关系的变化情况。

5. 持续的市场评估

说明将如何继续评估目标市场，以便评估顾客需求和服务，指导产品的改进和新产品计划，为生产设施的扩展制订计划，指导产品或服务定价。

（四）商业的经济性

经济和财务特点包括所生成利润的表面数值和盈利的持久性，这些特点应当让商机看起来更有吸引力。

1. 毛利和营业利润

描述在打算进入的细分市场上销售的每种产品或服务的毛利与营业利润的大小及其毛利分析的结果。

2. 利润潜力和持续期

说明企业税前及税后利润流的大小和预期的持续期，同时对持续期的长短说明理由，如技术领先、能创造进入壁垒等，并提供佐证。

3. 固定成本、变动成本和半固定成本

概述所提供产品或服务的固定成本、变动成本和半固定成本，以及构成这些成本的基础购买量和销售量，显示相关的行业基准。

4. 达到盈亏平衡的月数

充分考虑企业战略、营销计划和拟定融资量，以说明达到盈亏平衡时的销售量的可能时间，并注明盈亏平衡会随着公司成长和能力的增强而变化。

5. 现金流达到正值的月数

预估企业现金流何时可为正值，何时、何种原因下可能用完，并注明现金流会随着企业的成长和能力的增强而变化。

（五）营销计划

营销计划描述的是将如何达到销售预期的状况。它包括对销售和服务政策的拟定，定价、分销、促销和广告战略，以及销售预期，应当讲明的是做什么、如何做、何时做、谁来做。

1. 营销战略

通盘考虑价值链和企业所探索的细分市场上的分销渠道，描绘企业的特定营销理念和战略；指出产品或服务最初是否会被引入国际市场、全国或地区市场，原因是什么，并尽可能说明今后的销售延伸计划；把握行业内现金周转的季节性趋势并消除其对销售的影响等。

2. 定价

明晰定价战略和定价原则，比较分析主要竞争对手的定价策略，制定可以让顾客接受、能增加市场份额又能创造利润的价格，这些利润可以弥补所有的支出而有利可图；依据产品为顾客带来的独特价值、可靠的质量、满意的服务等来调整定价战略，以拉大与竞争产品或替代品的差距，若价格比它们高或低，则都需说明还能获利的原因；描述为早付款及大量购买所给予的优惠。

3. 销售策略

说明销售产品或服务的方法，为销售队伍制订初期和长期计划，并分析比较竞争对手给予零售商、分销商、批发商和销售人员的利润及折扣等以做到有的放矢；说明销售的类型，如直销、分销、代理销售、电话销售等，预计其可能完成的销量，可以获得的回报，并对每一类销售认真分析尤其是对人员状况的分析；列出销售日程表及销售预算。

4. 服务和保证原则

描述企业在产品服务和保证上的要求对顾客购买决策的影响，并将其与主要竞争对手的实践相比较；说明服务和保证的条件，是返厂给服务还是"哪里卖，哪里给服务"，服务是否收费，若收费，可否盈利，还是只能盈亏平衡。

5. 广告和促销

描述企业将采用何种方法来吸引准顾客对产品或服务的注意，对设备制造商和工业产品制造商来说，需说明参加贸易展、在贸易杂志上做广告、准备宣传促销等计划；对消费品来说，需说明扩展市场而采取的各种广告和促销手段，并为经销商提供必要的帮助等；列出广告和促销日程表及大概成本并加以解释。

6. 分销

描述所采用的分销方式和渠道，指出运输成本占销售价格的比例并注明现存的隐患或须处理的特别问题。

（六）设计和开发计划

在产品或服务进入市场以前，应当详细考虑相关设计和开发工作的本质和程度，并合理估计所需花费的时间和金钱。

1. 开发状态和任务

描述产品或服务的开发所需的能力或专长，每个产品或服务的开发现状，最终用户的体验结果，并解释让产品和服务销路好还须做的事情。

2. 困难和风险

预计产品或服务开发中可能遇到的主要问题及其可能对开发成本、市场引入时间等造成的影响，并提出预防措施。

3. 产品改进和新产品

为使产品或服务保持竞争力，需对其改进并开发新产品以满足同类顾客群对新产品或服务的需求，同时把握参与其中的顾客体验结果。

4. 成本

介绍劳动力、原材料、咨询费用等成本，并说明低估预算会对预期现金流产生的影响。

5. 所有权问题

说明已有或正在寻找的各种专利、商标、版权等，列出让创业者拥有专有权的各种协议，并指出各种未解决的问题对创业者所有权等的影响。

（七）制造和运营计划

制造和运营计划应当包括这样一些因素，如工厂定位，必需的设施类型，空间要求、资本设备要求和劳动力要求。就制造型企业来说，制造和运营计划应该包括的因素有库存控制、购买、生产控制以及哪些产品零部件将被购买和哪些工作将由企业自己的劳动力完成。

1. 运营周期

说明企业基本运营周期的时间间隔并解释如何处理季节性的生产任务，以避免严重混乱。

2. 地理定位

说明企业计划的地理位置及其选址所考虑的因素，如劳动力的可供性、与顾客的接近度、运输的便利程度、国家法律等。

3. 设施和改善

说明新建企业所需的设施，如何获取，租赁还是买；何时获取，并分析设施是否合适；解释今后三年的设备需求以及如何改善、扩展工厂空间、设施等以适应未来的预期销售能力和些许计划要求。

4. 战略和计划

说明产品生产的制造过程、有关组建分包的决策；分析谁可能成为潜在的分包商和供应商并拟对他们的信息进行调查；写明质量控制、生产控制、库存控制的方法，并解释公司将采用的使服务问题和某些顾客的不满意度降到最低的质量控制和检测过程；列出一份生产计划，写明在各个销售的运营层次上的成本或数量信息，并说明在各个销售层次所需的库存。

5. 法规和法律问题

说明新建企业所需的各种许可证、健康证、环境审批等，并阐明企业与其他法规法律的相容性以及应承担的法律责任，指出即将变化的法规和法律对企业商机的影响程度。

（八）管理团队

这部分包括：描述应当具备的职能、描述关键管理人员及其主要职责、概述企业的组织结构、描述董事会、描述其他投资者的所有权状况等。

1. 组织

明确组织结构，列出企业里的关键管理角色和将担任这些角色的人员；描述关键管理人员在现在或过去的各种情况下是如何进行技能互补并形成一支有效的管理团队的。

2. 关键管理人员

列出每个关键管理人员的完整简历，并说明在企业中他们所扮演的角色、担任的职责，重点描述其在销售和盈利上的成就和其他以前的创业或管理结果等。

3. 管理回报和所有权

比较每个关键管理人员做上一份工作时所得的薪水及回报；如果是上市公司，应说明要支付的月薪、计划安排的股票所有权和管理团队中每个关键管理人员的股权投资数额。

4. 其他投资者

在此描述企业里的其他投资者及其所拥有的股份比例，并说明股票被收购的时间和价格。

5. 雇用协议和其他协议

描述与关键管理人员有关的各种已有或将有的雇用协议及其他协议，并说明对股票和归属的各种限制及其对股票所有权处置的影响；阐明计划进行的各种凭业绩分配给关键管理人员和雇员的股票期权或其他股票所有权激励计划。

6. 董事会

说明有关董事会规模和组成的企业理念，并对所有拟定的董事会成员背景进行说明，表明他们能为企业带来什么。

7. 其他股东及其权利和限制

指出公司中其他股东及其拥有的权利、限制和义务，如与此有关的票据或担保。

8. 专业顾问和服务支持

说明企业将需要的服务支持及其所选的法律、会计、广告、咨询和银行的名字、所属公司及他们将提供的服务。

(九) 总日程表

总日程表显示了启动企业和实现其目标的时间与主要事件的内在联系，是创业计划应当具备的部分。企业的现金转换周期和运营周期会为这张表提供关键数据。创业者可按以下步骤建立日程表：

第一，用柱状图列出企业的现金转换周期，抓住每种产品或服务从原材料或库存的订单到购买、发货和托收的逾期交付周期或经过的时间。

第二，准备一张按月排定的日程表，表上显示一些活动的时间安排，包括产品开发、市场规划、销售计划、生产和运营，还包括一些细节，表上要显示完成某项活动中的主要任务所需的时间。

第三，在日程表上列出一些对企业成功十分关键的最后期限或里程碑，如企业的组成、收到第一张订单、收到第一笔应收账款等。

第四，在日程表上显示出管理人员数、生产和营业人员数、工厂设备的增长及其与企业发展的关系。

第五，大致分析一下最有可能引起日程延误的活动，将采取什么措施来纠正这些延误，以及日常延误对企业运营，特别是对企业的潜在生存能力和资金需求产生的影响。

(十) 关键风险、问题和假设

企业在发展中有风险，也有问题，创业计划总会包括与此相关的一些暗含的假设。潜在投资者如果发现创业计划中没有提到这些因素，会对企业的可信度产生质疑并危及他们的投资。由此多数潜在投资者会得出诸如创业者想蒙骗他们、创业者不能客观认识并处理假设和问题等结论。因此，应当向潜在投资者表明创业者对假设和隐含风险的认识、把握以及将不利影响降到最低的计划。

(十一) 财务计划

财务计划是评估投资商机的基础，并且它代表创业者对财务要求的最好估计。财务计划的目的是显示企业的潜力并提供一张财务生存能力的时间表。它还可以作为一份用财务基准进行财务管理的运营计划。在准备财务计划时，创业者应当创造性地看待企业，并思考启动或融资的各种办法。

1. 实际损益表和资产负债表

对现有企业来说，要准备当年和上一年的实际损益表和资产负债表。

2. 预计收益表

用销售预测与随之产生的生产和运营成本来准备至少最初三年的预计收益表；充分把握准备预计收益表时做出的假设，如坏账和坏债的允许额度、有关销售支出等，并形成文档；分析各种主要风险对销售量和利润目标的影响，增加利润对这些风险的敏感度。

3. 事前试算资产负债表

在第一年中，每半年准备一次事前试算资产负债表，在运营的最初三年，每年年末准备一次。

4. 预计现金流分析

预计营业第一年中，每月的现金流和其后至少两年中的每季现金流，详细说明预期现金流流入流出的金额和时间；判断必需的额外融资和时间，并指出流动资金需要的高峰期；指出如何获得必需的额外融资，如通过股权融资、银行贷款或银行的短期信贷限额，以什么条件获得，以及如何偿还。

把握一些假设，如有关应收账款收取的时间、给予的交易折扣、对卖主的付款条件、计划增加的月薪和周薪、预计各种运营支出的增长、企业的季节性特点、每年的库存周转率、资本设备购买等。同样，采用收付实现制记录。此外，分析现金流对企业各种假设的敏感度。

5. 盈亏平衡图及盈亏平衡点的计算

计算盈亏平衡点，并准备一张图，显示出何时将达到盈亏平衡点及其可能发生的变化；此外，分析企业的盈亏平衡及其实现的难易度，包括预计与总销售量有关的盈亏平衡销量规模，达到毛利的规模，价格敏感度及万一企业没能达到预期销售量，如何降低盈亏平衡点。

6. 成本控制

描述如何获得有关成本的信息，如报告成本和报告频率、谁将负责各种成本因素的控制以及如何处理预算超支。

7. 突出部分

突出重要结论，如所需的最大现金量和何时获得这些资金、需要的债务资金和权益资金、债务归还时间等。

（十二）拟建的公司发行证券

这部分说明需要筹集的资金额和提供给投资者的证券性质及额度，简单描绘筹集资金的用途并概述投资者如何达到他的期望回报率。

1. 期望融资

根据预计的已有现金流和企业今后三年发展或扩张所需资金额的估计，说明此次证券发行需获得的资金，以及通过定期贷款和信贷限额将获得的资金。

2. 证券

（1）描述此次将发行出售的证券类型（如普通股、债券、可转让公司债券等）、单价和证券数量。如果不仅仅是普通股，则还要指出类型、利息、到期日和转换条件。

（2）指出在完成购买或各种股票转换完成，或可转换债券或认股证购买权实施后，此次发行的投资者在企业中所占股权的百分比。

（3）通过私人募集资金出售的证券无须到证券交易所注册，对这类证券，这部分创业计划应对其与准投资者切身利益有关的事项进行说明，如该证券是限制证券，不能马上再出售等。

3. 资本总额

（1）以表格的形式列出普通股大额股份的现行数目和提议（发行后）数目。指出由关键管理人员提供的股份并显示在完成拟定融资后他们将持有的股份数。

（2）指出企业普通股中有多少股份在这次发行中没有发行但将继续保持可发行状态，其中有多少将留作未来关键雇员的股票期权。

4. 资金的使用

投资者想知道他们的资金将被如何使用，因此要提供关于如何使用筹集资金的简要说明，尽可能详细地概述用于产品设计和开发、资本设备、市场营销和流动资本总需求之类事情所需的资金量。

5. 投资者的回报

说明价值判断和拟定的所有权股份将如何使目标投资者得到他们所希望得到的投资回报，以及收获机制或退出机制可能会是什么。所谓退出机制，是指如何把投资者的投资以资金的形式归还给他们。一般来说，投资者较为感兴趣的退出机制有首次公开募股、管理层收购、股权转让、立刻销售、兼并等。

三、创业计划的格式

对于创业计划的格式，人们可以散见于各种相关资料。事实上，创业计划的格式的选择同样也与企业的项目情况和对融资对象的选择有关。在此推荐使用以下格式。

（一）封面

封面应用大写字体指出是××公司创业计划，并注明公司地址、通信方式。应特别注意的是，要指出公司的指定联系人的姓名和电话。此外，还应注明相应的完成日期。

（二）扉页

虽然名为扉页，但它是十分重要和具有实质意义的一页，这一页应向意向投资人出具关于本创业计划的保密须知或守密协议，其目的在于保证创业计划中的内容不外传。在正式交付创业计划前，应与投资方约定保守商业机密的协议，在对方许可之后，方可转交，并在创业计划中附上此协议，不经允许，不得对本计划进行复印、传真、复制或分发。

（三）目录

创业计划中一定要有目录，而且目录要比较详细。这样，创业计划的使用者可以快捷地了解和查询计划书的任何一个部分。目录同时要列出证明材料及相应的页码。对于编写者来说，使用目录也将帮助其进行创业计划的编写和修改。

（四）内容

这部分是创业计划的主干，在上一节已经有了非常详细的说明。

（五）附录

此处包括一些对营业计划主体来说过于广泛的相关信息，但这些信息十分必要，如产品说明书或照片、参考资料表、关键组件的供应商、特定地点因素、设施或技术分析、顾问或技术专家提供的报告和各种关键法规审批、许可的复印件等。

第四节　创业计划的编写

在明确小企业创业计划的作用、基本内容和格式之后，就可以着手编写一份周全的、能提高小企业创业成功机会的书面创业计划了。本节将从创业计划的编写者、创业计划编写的要求以及创业计划编写的步骤这三方面来阐述创业计划的编制。

一、创业计划的编写者

创业计划的编写一定要有企业的创业者亲自参加。原因一是外部人士编写创业计划的依据一定是创业者提供的资料，没有创业者的帮助是写不出好的创业计划的；原因二是在制订创业计划的过程中，可以检验创业者对于企业的初始设想，使创业者更加深入、客观地分析项目的可行性和经济性，及时发现问题并进行调整。

二、创业计划编写的要求

不同行业的创业计划有所不同，同一行业中不同人写的创业计划也有所不同。虽然其写法和格式多种多样，但是一份好的创业计划应具有以下特点。

第一，有一套完整的格式。创业计划中的各个章节都严格按照顺序排列。创业计划给人的第一印象就可以反映出编写者是否是一位经过严格训练、头脑清楚、办事严谨、条理清晰、具有真正管理能力的企业家。

第二，创业计划有明确的针对性。创业计划最重要的对象是企业的投资者，不同的投资者兴趣不同、侧重面不同，文化背景也不同。因此，要针对具体的投资者写出具体的创业计划，投其所好。

第三，整个创业计划的书写和编排既要言简意赅，又要内容丰富。语言既要通俗易懂、平实朴素，又要有点睛之笔，有强烈的视觉效果，让人容易抓住重点。报告中，要尽量使用直观性强的图表和数字。

第四，整篇计划书长度要适宜。一定要做到长短适中，既要把该说的情况全部说清楚，又不能啰唆。英文的创业计划一般以30~50页为宜，中文的创业计划以20~35页为宜。

第五，写作风格要适中，要恰到好处、不温不火，既不要太平淡无奇，引不起别人的胃口，又不要太花里胡哨，过于具有煽动性。一定要记住创业计划既不是动员报告，也不是文艺作品，它是一篇实实在在的说明书。

第六，创业计划有严密的逻辑性和严谨的科学证据。在介绍技术时，要用科学事实和必要的数据，阐明技术的先进性和实际性。在介绍设想时，更需要有充分的市场研究结果，阐述想法的合理性，证明这个想法是切实可行的。在分析市场时，要对未来3~7年的市场前景有合情合理的分析，并且言之有据。

第七，凡是涉及数字的地方一定要定量表示，提供必要的定量分析。必要的图表是最有说服力的证据，但是图表一定要简单明了，便于理解。

第八，按照以上原则，全面地分析和预测企业将来可能遇到的所有问题，包括经营目标、战略规划、产品或服务计划、市场营销计划、企业生产和运营计划、财务计划等。创业计划还可能会附有其他的相关研究结果和文件。

第九，创业计划中应特别清楚地阐述风险投资者最关心的几方面：独特性、管理团队、财务规划、风险和退出。独特性是投资者首先寻求的，他们想知道企业盈利的原因；管理团队是风险投资成功的关键因素，投资者宁愿选择二流的设备加一流的管理人才，也不愿选择一流的设备加二流的管理人才；资金及利润的分配情况是其关心的重点，企业必须要有一份切实可行的财务规划；对未来的利润及可能遇到的风险有客观的估计，并且应有所准备，阐明应对的方法；有根据地预测未来市场的变化，阐述企业的应对措施，保证盈利性和安全性的统一。

三、创业计划编写的步骤

创业计划的编写应遵循一定的程序。程序的设计并不是要求企业一定要按部就班，而是希望给出一个分析的框架，帮助创业计划的编写者厘清思路，有助于提高编写工作的效率和创业计划的质量。

（一）信息的收集和细分

要完成创业计划的编写，首先要围绕创业计划所必须包含的内容收集相关信息。这些信息不仅有企业自身的，也有企业外部的。在正式编写前，应尽力做好这些资料的收集工作。对于一个创立不久的小企业来说，加强内外信息的收集整理工作绝不仅是为了融资和编写创业计划的需要，更是企业发展所必须进行的工作。以写创业计划为目的的一个有效信息组织方式是把信息细分成几个部分，如目标市场部分、行业部分、财务计划部分等，然后把信息整合成创业计划，把信息细分成关键部分并为每一部分设定优先度、负责人、草案的到期日和终稿到期日。当进行信息细分时，要牢记该计划必须进行逻辑整合，并且信息应该前后一致。

（二）拟定创业计划编写的任务表

编写创业计划需要企业投入一定的人力、财力、物力和时间，因此，在编写创业计划前，应拟定一份任务表，以对创业计划的各部分进行有效的分工，要拟订创业计划编写的任务表并列出必须完成的任务、优先度、负责人、任务开始的时间和完成的时间。有效的办法是，把较大的项目分割成一些易于管理的小的组成部分，并把这些组成部分作为一项任务。表述要尽可能具体。可以请同事和商业伙伴来审查该表的现实性、时机和优先度。

（三）创建行动日历表

把细分表和任务表结合起来，创建行动日历表。在整合两个表时，要考虑是否遗漏了什么，以及对大家能做什么、什么时候能做、需要做什么等的判断是否现实。要特别看看有没有冲突或是不现实的地方，是不是过于紧张和繁忙。

（四）开发和撰写创业计划

按照第三节所要求的创业计划应包含的内容开发并撰写创业计划。

在正文之前，还要有一个创业计划的封面。封面包括公司的名称、地址、电话号码、日期等基本信息。

（五）审阅和反馈

创业计划在交给投资者阅读之前，必须要经过专业人士的审阅和修改，获取反馈信息。无论创业者和其团队如何有效，他们都很可能会忽略一些问题，并且在处理与企业有关的问题时思路不清。正所谓"当局者迷，旁观者清"，一个好的审阅者可以提供一种外部的客观评价。

（1）律师，能确保企业获得必要的专利保护、评估合同、提供债务和环境问题咨询，并为企业组织模式提供建议。

（2）市场营销专家，进行市场分析，评估已接受新产品的市场。

（3）生产技术专家，改进产品，确定产品技术可行性，制订工厂布局方案和生产计划。

（4）会计师事务所，制订书面指导计划，帮助进行市场营销财务预测，建议确定财务控制系统。

（5）小企业发展当局和地方性的当地经济发展办公室，提供一般的帮助。

四、创业计划的完善与更新

变化总是在不断地发生，不管对企业本身，还是对其他计划的使用者，要使创业计划有参考价值，就必须定期对它进行调整。创业团队内部、市场和技术的变化都将导致创业计划的更新，在创业计划中，要及时地增补和调整，而且最好是能做到事前的预测或者是提前准备出备用的方案，目的是在变化发生时做出最快的反应。

本章小结

1. 小企业的创业环境包括宏观环境、行业环境和内部环境。创业环境是创业的舞台，任何创业活动都必须依靠环境的支持，在环境中进行。离开了环境，一切创业活动都会成为空中楼阁、纸上谈兵。创业者应该在对所处的环境进行充分了解、分析和判断的基础上进行创业活动。

2. 确定创业机会首先需要对创业机会进行识别，影响创业机会识别的因素有创业愿望、先前经验、认知因素、社会关系网络、创造性和创业环境，还要用科学的方法对创业机会进行评估。

3. 创业计划是创业者为了实现未来增长战略所编写的详细计划，主要是用于游说投资方和风险投资商，向他们阐述企业发展战略、展示企业实现战略和为投资带来收益的能力，以取得投资方或风险投资商的支持。创业计划在创业过程中发挥着至关重要的作用，是创业者正确认识和顺利开展真正的商业实践的前提与准备。

4. 一份好的创业计划应该具有一套完整的格式，有明确的针对性，内容丰富而又言简意赅，长度适中，不温不火，有严密的逻辑性和严谨的科学证据，尽量使用量化的表示方法。以此全面地分析和预测企业将来可能遇到的所有问题，特别是风险投资者最关心的几方面：独特性、管理团队、财务规划、风险和退出。

5. 创业计划所包含的内容涉及企业的过去、现在和将来的所有方面的问题。具体框架由以下12个部分构成：摘要，行业、公司及其产品或服务，市场调研和分析，商业的经济性，营销计划，设计和开发计划，制造和运营计划，管理团队，总日程表，关键风险、问题和假设，财务计划，拟建的公司发行证券。

6. 对于创业计划的编写，一定要有企业的创业者亲自参加。其格式目前已相对固定，包括封面、扉页、目录、内容和附录五部分。遵循一定的编写步骤有助于提高编写工作的效率和商业计划的质量。编写创业计划一般分为五步：信息的收集和细分、拟订创业计划编写的任务表、创建行动日历表、开发和撰写创业计划、审阅和反馈。在创业计划成文之后，也要根据市场、企业的实际情况不断进行调整和修改，以实现其完善和更新。

思考与练习

一、名词解释

创业环境　　创业机会　　创业计划　　项目可行性报告　　内部使用者　　外部使用者　　退出机制

二、不定项选择题

1. 以下属于对企业内部环境的分析的是（　　）。
   A. SWOT 分析法　　　　　　　　B. 价值链法
   C. 蒂蒙斯三要素模型　　　　　　D. 波特五力模型
2. 创业设计的内容包括（　　）。
   A. 人员选择　　　　　　　　　　B. 资金来源
   C. 地点选择　　　　　　　　　　D. 项目选择
3. 下列选项中，创业计划与项目可行性报告共同包括（　　）。
   A. 管理因素分析　　　　　　　　B. 经营战略分析
   C. 经济效益分析　　　　　　　　D. 技术分析
4. 创业计划的使用者不包括（　　）。
   A. 风险投资者　　　　　　　　　B. 创业者
   C. 政府管理机构　　　　　　　　D. 供应商
5. 投资者的退出机制有（　　）。
   A. 管理层收购　　　　　　　　　B. 立即销售
   C. 兼并　　　　　　　　　　　　D. 首次公开募股
6. 向投资者出具关于本创业计划的保密须知或守密协议的内容包含在（　　）中。
   A. 附录　　　　　　　　　　　　B. 主体内容
   C. 扉页　　　　　　　　　　　　D. 封面

三、思考题

1. 为什么在创业之初要进行创业环境分析？创业环境分析包括哪些内容？
2. 创业者应如何识别创业机会？
3. 编写创业计划的作用是什么？
4. 一份好的创业计划应符合哪些要求？
5. 为什么创业计划的编写一定要有创业者亲自参与？
6. 如何有步骤地编写创业计划？

第四章 小企业融资

学习目标

学完本章内容以后,你应该能够掌握:
1. 如何预测新办企业的资产需求;
2. 小企业融资过程中运用的策略及应遵循的原则;
3. 小企业权益融资的资金来源;
4. 负债融资的几种方式;
5. 权益融资与负债融资的差异。

引导案例

阿里巴巴 VS 小肥羊:从小企业融资到大企业成长

1999年年初,马云筹集资金50万元,决定在杭州创办一家能为全世界中小企业服务的电子商务网站。于是,在马云位于杭州湖畔花园的100多平方米的家里,阿里巴巴网络有限公司(以下简称阿里巴巴)诞生了。阿里巴巴成立初期,18名创业者身兼数职。资金的瓶颈使公司发展陷入了困境。当时马云开始去见一些投资者,但他并不是有钱就要,而是精挑细选。即使囊中羞涩,他还是拒绝了38家投资商。马云表示希望阿里巴巴的第一笔风险投资除了带来钱以外,还能带来更多的非资金要素,例如进一步的风险投资和其他的海外资源。在精挑细选之后,以高盛集团为主的一批投资银行向阿里巴巴投资500万美元。这一笔"天使基金"让马云喘了口气。如今,阿里巴巴已成长为知名的大型企业,但如果没有第一笔天使投资,可能就没有阿里巴巴的今天。

同样是1999年,内蒙古小肥羊餐饮连锁有限公司(以下简称小肥羊)只有两个创始人张钢与陈洪凯,注册资本为50万元。2002年,小肥羊成立有限责任公司,注册资本已达3 000万元,股东有10个人。2004年年底,公司资金短缺,但因为餐饮公司属于轻资产公司,银行不予贷款。后来他们又找到担保公司,可担保公司开出的价码是一半资金,风险很大。因此小肥羊最终采取增资扩股的方式。扩股后小肥羊的股东发展到49人,公司管理层和店经理以上的员工都成为了股东。在内部增资扩股的同时，小肥羊也向外融资。2006 年，小肥羊引入英国 3i 私募股权基金和普凯投资基金，获得了 2 500 万美元的投资。现在，小肥羊开始了真正的公司之路。利用融资获得的资金，小肥羊收购了一些经营不错的加盟店。小肥羊相继转让出日本、加拿大、美国店的股权，使其成为加盟店，并确立了以国内为主、海外为辅的发展策略。

上述两个成功的创业融资案例表明，在企业的创业和成长过程中，资金的融入是重要的。创业初期小企业获得资金的渠道和方式也是多样化的：阿里巴巴采取了"天使投资"的方式；小肥羊采取的是股权融资的方式。融资方式的多样化为小企业发展带来了活力与契机，使小企业的竞争能力进一步提高。因此，创业者和企业家融资的能力成为决定小企业成功的关键因素之一。

如何获得足够的创业资本是创业者们面临的难题。尽管金融市场的日益开放为小企业融资提供了诸多便利，但在许多潜在投资者看来，小企业仍然属于高风险类型的组织。一方面，小企业融资的要求不断提高；另一方面，融资渠道狭窄，资金获取困难。近几年来，在信贷紧缩的环境下，我国小企业面临诸多困难。一是原材料价格明显上升；二是用工难以及用工成本大幅度上升；三是融资困难且融资成本不断攀升。健全小企业管理体制，建立针对中小企业发展的产业指导和发展规划，出台扶持小企业的法规，通畅融资渠道迫在眉睫。

（资料来源：王荆阳，马云 15 年传奇融资路：从 500 万美元到 243 亿美元，证券日报，2014 - 09 - 13；豆丁网，小肥羊的权益融资之路，http://www.docin.com/p - 1423443043.html，参照两篇文章编写。）

第一节　确定资产需求

一、小企业融资的含义与特点

融资是指为支付超过现金的购货款而采取的货币交易手段，或为取得资产而集资所采取的货币手段。融资通常是指货币资金的持有者和需求者之间直接或间接地进行资金融通的活动。

与大企业相比，小企业融资的特点在于以下几方面：

（1）小企业融资比较困难。当前中型企业的金融服务需求已经明显地得到满足，但小企业融资难的问题没有得到根本性解决，微型企业的金融服务更是处于空白状态。

（2）开展小企业金融服务需要投入更高成本，因此，金融机构更注重发展大型金融服务。小企业管理不够规范、信息不透明、缺乏担保抵押、经济规模小等特点，决定金融机构开展对小企业的金融服务时需要投入更多的人力、物力、财力，从而获得更多的信息。

（3）小企业的特性一般比较强，每个企业都有不同的特点，金融机构难以提供一个标准化的服务。金融机构开展小企业服务，必须研究标准化的产品，进行大规模的开发，形成规模效应，降低经营成本，而小企业的特点是不同行业、不同地区、不同规模的企业有很大的差别。

(4) 小企业融资存在显著的地区经济差异。各地小企业融资差异很大，一般来讲，经济发达地区社会资金充裕，经济机构众多，市场化程度高，政策环境优越，小企业能够通过多种渠道获得多样化的金融产品和服务，而经济欠发达地区的小企业在融资渠道、金融产品等方面的选择就较少。

二、预测新办企业的资产需求和保证资产构成的流动性

新创办一个企业就是开始一个新的特殊的计划项目，这个项目本身的特点就决定了最初所需资金的性质，也就是说，创办不同的企业需要筹措不同量的资金、准备不同的资产项目，只有这样，才能比较顺利地开展经营。例如，创建一个简单的企业，企业的财务计划至少包括建筑物（用作厂房和办公地点）、一种可以适应柔性生产要求的机器、办公设备和产品的安装与维护设备等。要从无到有地创办一家企业，企业家个人的积蓄往往很难满足资金的需要，因此，企业家在考虑目标市场和企业的法律形式等问题的同时，也不得不考虑企业开办和发展的资产需求及所需资金如何筹集等问题。下面我们共同来看看企业家是如何预测新办企业的资产需求的。

(一) 预测新办企业的资产需求

企业家或许会发现，要预测一家新办企业所需的资产是非常困难的，即使对于一家已经存在的企业来说，要准确地预测其发展所需资产也是很难的。这是由企业环境的不确定性造成的，因此，企业家在预测及筹集最初的资产时必须回答好两个问题：要创办一家什么样的企业？创办这家企业需要筹集多少资产？

企业的类型不同，企业所需的资金数量也就不同。例如，生物医药、基因工程这样的高新技术企业所需的开办资金就比较大，动辄就是几亿元，甚至更多；而大多数小型服务企业，如会计咨询、法律服务等，一般只需要很少的开办资金。

预测新办一家企业资产需求的起点是销售预测，在预测了企业的销售收入之后，企业家就把销售数据看作已知数据，以此为起点进一步预测企业的资产需求。

小企业的企业家要预测新办一家企业的资产需求通常采用销售百分比法，这种方法需要用到行业标准数据。银行、贸易协会和其他一些类似的组织都会编制各类企业的行业标准比率，企业家可以拿来参考。如果标准比率用不上，就必须采用一般直觉和理性推测进行预测。

运用销售百分比法准确预测创办企业所需资产的关键，是准确理解和掌握计划销售收入与需要的资产之间的关系。一定规模的销售需要一定规模的资产的支持，在此基础上，销售的增长还会引起资产需求的增加，这反过来又需要更多的资金。形象一些说，就是企业的销售工作是资产需求的推动力。图4-1描述了这种关系。

```
销售增长 → 资产需求增加 → 资金需求增加
     ↑_____|
```

图 4-1　销售-资产-财务关系

首先假设企业的资产、负债和所有者权益的变动与销售收入之间存在比较稳定的百分比关系，根据企业家预计的销售额和相应的百分比就可以预计企业的资产、负债和所有者权益，在此基础上再利用会计恒等式就可以确定资金的需求。这里的百分比关系可以通过行业标准来确定。例如，如果某企业家预计其新办企业的期望销售收入为 100 万元，假设该行业资产平均占销售收入的 50%，那么他将要创立的企业所需的资产就是 50 万元（=0.50×1 000 000 元）。

但有一点必须注意，就是资产与销售收入的比率关系会因时间和企业不同而不同，但在一个行业内，这个比率是相对稳定的。例如，杂货店的资产与销售收入之间的平均比率为 20%，而石油和天然气企业的比率可达 65%。因此，企业家在预测资产需求时，一定要注意自己所采用的行业标准是否恰当。

这里，为说明如何应用销售百分比方法进行预测，让大家通过一个 A 楼梯公司的例子，来共同研究一下创业者在创业之初是如何预测他创办 A 楼梯公司所需要的资产的。

企业家张先生打算开办一家制造企业，经过调研之后，张先生把自己的目标市场定位在拥有别墅的富裕家庭，也就是人们常说的所谓高端市场。张先生认为，能买得起别墅的人都对家庭的装修特别讲究，因此，其室内的楼梯肯定也要用豪华型的，于是就决定他的企业要专门生产别墅用豪华楼梯部件，下面在叙述时把该企业简称 A 楼梯公司。

由于每个人的品位与审美观点都不相同，富裕的家庭更是如此，他们对豪华楼梯的要求也就各不相同，这就意味着 A 楼梯公司的生产必须灵活，也就是柔性生产。有一种新设计的车床可以非常经济地适应这一要求，可以根据产品设计的变化灵活地进行生产。根据对潜在市场需求的研究和预计的成本——销售收入关系，张先生对开业前两年的经营做出了如下的预测：

（1）A 楼梯公司预计产品销售单价为 1 250 元，第一年计划销售 2 000 单位，销售收入为 2 500 000 元（=1 250 元×2 000），第二年计划销售 3 200 单位，销售收入为 4 000 000 元（=1 250 元×3 200）。

（2）固定生产成本（如租赁费或厂房折旧、车床折旧等）预计每年 1 000 000 元，固定经营费用（营销费用和管理费用等）大约为 500 000 元。因此，产品销售和经营的总固定费用为 1 500 000 元。

（3）生产楼梯部件的变动制造费用大约占销售收入的 20%，变动经营费用大约占销售收入的 30%。也就是说，在产品单价为 1 250 元时，单位产品的总变动费用就是 625 元 [=(0.20+0.30)×1 250 元]。

（4）经过张先生的努力，银行已同意以12%的年利率贷款给A楼梯公司，贷款金额为1 000 000元。

（5）根据我国税法的规定，所得税税率为33%，即企业需要交纳税前收入，也就是利润总额的33%。纳税之后的剩余就是净利润，也就是企业可自由支配的部分（对于小企业来说是如此，大企业在进行利润分配时还要受到法律法规的约束，不能完全自由支配税后利润）。

通过表4-1可预测企业获利水平与获利能力，其预测的步骤具体如下：

第一步，根据各种假定，计算假定的主营业务收入（第1行）。

第二步，根据假定和计划的销售情况计算预期的主营业务成本（第2行）。

第三步，根据假定和计划的销售情况计算预期的经营费用（第5行）。

第四步，根据与银行之间达成的协议，按照贷款金额与利率计算财务费用（利息，此处假定除了利息外A楼梯公司不发生任何其他的财务费用，但需注意这个假定在现实中是很难成立的）。本例中的年利息费用是120 000元（=0.12×1 000 000元）。

第五步，计算营业利润和利润总额。从主营业务收入中减去主营业务成本再减去经营费用和财务费用就是营业利润（第9行）；在本例中没涉及投资收益、补贴收入和营业外收支，因此营业利润与利润总额（第10行）相等，在估计其他企业利润情况时需考虑这些因素的影响。

第六步，估算所得税，计算净利润。用估算的利润总额乘以税率就得到估算的所得税额，本例中的所得税税率为33%。在本案例中，第一年的纳税额为0，因为有370 000元的亏损。根据相关税法的规定，当企业经营出现亏损时，亏损年度不用缴纳所得税，但需要用以后年份的收入弥补亏损。为了讨论的方便，这里假设第一年的亏损不带到第二年。

表4-1　A楼梯公司利润预测表

项　　目	第一年	第二年	行次
一、主营业务收入	2 500 000	4 000 000	1
减：主营业务成本	1 500 000	1 800 000	2
其中：固定成本	1 000 000	1 000 000	3
变动成本（销售收入的20%）	500 000	800 000	4
减：经营费用	1 250 000	1 700 000	5
其中：固定费用	500 000	500 000	6
变动费用	750 000	1 200 000	7
减：财务费用	120 000	120 000	8
二、营业利润	-370 000	380 000	9
三、利润总额	-370 000	380 000	10
减：所得税	0	125 400	11
四、净利润	-370 000	254 600	12

表 4-1 中的计算说明，A 楼梯公司在第一年将亏损 370 000 元，第二年将会有 254 600 元的净利润。

经过充分的市场调查研究后，张先生把目标锁定在了生产别墅用豪华楼梯部件，市场调查的结果也使他确信企业在第一年以 1 250 元的单价至少可以销售 2 000 单位的产品，即第一年的销售收入至少为 250 万元（以下假设 A 楼梯公司第一年的销售收入为 250 万元）。

张先生还发现，由于产品的特殊性，其生产必须采用柔性生产，因此必须购进一台新型专用车床，该车床价值 200 万元；由于资金比较紧张，张先生决定租赁，而不是购建新厂房，厂房的租赁费为每年 50 万元；在生产经营过程中，还会发生固定的经营费用（包括营销费用和管理费用）50 万元。

为了讨论的方便，根据上述资料和张先生咨询的行业标准对 A 楼梯公司做出如下假设：第一，A 楼梯公司第一年的销售收入为 250 万元。第二，A 楼梯公司仅需采用车床进行生产，因此固定资产为 200 万元。第三，除此之外，A 楼梯公司还须支出租赁费和固定经营费用 100 万元。第四，第一年，A 楼梯公司仅需要现金、应收账款和存货三项流动资产，且这三项流动资产与销售收入之间的关系如下：

资产	资产与销售收入百分比
现金	5%
应收账款	10%
存货	25%

根据上述四个假定，张先生对其开办 A 楼梯公司所需要的资产做出如下预测：

现金	125 000 元（销售收入的 5%）
应收账款	250 000 元（销售收入的 10%）
存货	625 000 元（销售收入的 25%）
总流动资产	1 000 000 元
固定资产（设施）	2 000 000 元（预计费用）
厂房租赁费	500 000 元
固定经营费用	500 000 元
总资产需求	4 000 000 元

这样，张先生预计需要 4 000 000 元资产，有些要在开办之初立即投入，剩下的在第一年的经营中陆续投入。虽然这个预测数据仅仅是一个很粗略的近似值，但如果张先生咨询来的数据是可靠的，并且销售收入与张先生根据市场调研做出的预计相一致，上面得到的这个预测值就是值得信赖的。后面还将讨论如何筹措添置资产需要的资金。

有个问题需要提醒大家注意,即把资产和销售收入之间的关系表示成周转率是很重要的。有关存货周转率和应收账款周转率的问题将在第九章小企业财务管理中作详细介绍。

(二)保证资产构成的流动性

除了预测企业的资产需求外,新办企业还需要注意的一个问题是固定资产和流动资产的比例。资产构成的流动性是一个非常重要的概念,是指流动资产与固定资产投资之间的比率,流动性差表明有必要把固定资产投资予以降低。流动性指标值得企业特别重视,尤其是小企业更应重视。小企业在资金运用方面存在的普遍不足就是流动资产与固定资产投资比例失调,流动性太差,把过多的钱投在难以变现的固定资产上,这样企业就必须依靠日常收入去应付一笔笔的债务,如果销售出现问题或发生意料之外的支出就可能导致企业的破产。

例如,企业所有者常常需要在租赁或购买企业所需财产方面作出选择。对于大多数新建的小企业来说,租赁通常是一种更好的选择。采取租赁方式不仅可以减少开业之初的现金支出,如果经营结果与预计有偏差,租赁还可以为企业的生存和发展提供必要而有益的灵活性。上面提到的A楼梯公司的张先生就选择了租赁厂房,而不是自己购建,这样,在第一年张先生就不需要更多的资金,他可以把这部分资金挪用。特别是,如果张先生与银行间签订的是可以随时支取这部分贷款的协议,那既可以节约成本,又可以在必要的时候支取,以应付意料之外的事,为企业的生存和发展保驾护航。

第二节 融资策略

想要成为成功的创业者,个人必须有良好的融资能力,这需要耗费创业者的大量精力。在企业成立阶段,融资活动可能会占用创业者一半以上的时间。如果缺乏足够的资金,小企业难以发展壮大,创业者也会陷入这样一个恶性循环中:一方面,融资不善会导致小企业的失败和快速消亡;另一方面,正是由于小企业较低的存活率,融资机构不愿意向小企业借款或投资。在小企业融资问题中,最典型的便是创业初期对资本的需要,没有丰厚的初始资金支持,小企业发展后劲就会不足。一些专家认为,企业创立前所需的资金至少要达到可以支撑企业一年开支的程度,极端来讲就是在零收入的情况下企业生存所需的开支大小。这种金融储备至少可以保证小企业从成立到第一笔收入进账期间的生存。因此,创业者在企业成立前选择的融资策略十分重要。

创业者成立新企业或新事业所需的资金被称为种子资金(seed money)、风险资本(venture capital)或注入资本(injection capital)。种子资金本质上讲就是一种风险投资,因为创业者和投资者要随时承担所有的风险和可能。由于行业的差异性和企业性质的不同,小企业所需的种子资金也不同。例如,一个软件开发公司和煤炭开采公司的资金需求存在很大差异。尽管这两个企业的创业者都会采用相似的借贷或融资方式获得资金,但他们也会根据自己行业的特点采取特别的融资策略。

一、内部融资策略

内部融资主要是指公司的自有资金和在生产经营过程中的资金积累部分,在数量上等于净利润加上折旧、摊销后减去股利。内部融资方式成本低、风险小、方便可行,是小企业发展的主要融资来源。小企业偏好内部融资的行为可以通过以下理论来解释:

(一) 啄食理论

美国经济学家迈尔斯于1984年提出了关于企业融资顺序的啄食理论。所谓啄食理论,是指当企业要为自己的新项目进行融资时,将首先考虑使用内部的盈余,其次是采用债券融资,最后才考虑股权融资。原因在于,当存在企业外部投资者和内部经理人之间的信息不对称时,由于投资者不了解企业的实际类型,只能按照对企业价值的期望来支付企业价值,因此,如果企业采用外部融资的方式为企业的新项目融资时,会引起企业价值的下降,所以企业发行新股票是一个坏消息。如果企业具有内部盈余,就应当首先选择内部融资的方式。当企业必须依靠外部资金时,如果可以发行与非对称信息无关的债券,则企业的价值不会降低,因此,债券融资比股权融资具有较高的优先顺序。

(二) 企业资本结构的代理成本问题

信息不对称还导致了另外一个严重的问题——各种融资方式之间的代理成本差异。从代理成本的角度来考虑问题,由于内部经理人和外部投资者之间信息的不对称,进行任何的外部融资都会产生代理成本,引起企业价值的下降,如果采用内部融资的方法,则不会增加企业的代理成本,因此,内部融资是比外部融资优先的融资方式。美国学者杰森和迈克林也证明,假设企业仅采取外部股权的融资方式,由于信息不对称,存在道德风险问题,内部经理人有可能采取过度的在职消费行为,从而降低企业的价值。因此,内部融资优于外部股权融资。

(三) 公司持续增长理论

对于追求长期增长的企业来说,外部融资不能作为企业长期发展的主要资金来源,而应尽可能地选择内部融资。追求长期增长的企业,其决策的时间区域是长期而不是短期,它与只考虑现期的情况显然有所不同。此外,这类企业的融资行为必须考虑经济增长的周期性特征。当信用危机发生时,外部资金明显处于紧缺状态,不仅外部资金来源逐渐减少,而且资金流出最终是强制或不可避免的。因此,从长期看,由于资金供求之间的不对称性的存在,意味着无论企业采取何种外部融资方式,企业外部资金的外在可供性都是不确定的。

(四) 企业财务理论

从融资成本考虑，企业财务理论长期以来假设内部资金比外部资金便宜。资金成本是指使用资金所付出的代价。银行融资需要支付利息，证券融资需要付出相应的筹资费用，其中的债券融资也需要支付利息。内部融资是企业将自己的利润转化为积累，这种融资方式表面上不需要付出代价，不会产生成本，但实际上也有成本问题，如机会成本、税收成本等。

不过，总的来说，内部融资比外部融资资金成本较低。企业在成长初期阶段，内部融资占主要地位；在成熟阶段内部融资也因为融资缺口的存在，成为企业的主要资金来源。因此，企业内部融资不仅是最直接的资金来源，而且是提高外部融资能力的先决条件。一个内部融资占主导地位的资本预算对金融机构和其他投资者都具有很大的吸引力。

二、外部融资策略

外部融资源自金融中介机构和资本市场的投资者。上述几个理论对内部融资和外部融资的优先顺序和选择偏好进行了阐释。但是，尽管内部融资可以帮助小企业降低融资代理成本，并节约融资时间，减少融资风险，但企业内部融资受限于其规模，往往不能够满足小企业创业与发展中技术进步和生产规模扩大的需要，此时外部融资就必不可少。往往只有当内部融资无法满足企业资金需要时，企业才会转向外部融资。

一般来讲，人们还将外部融资区分为权益融资和负债融资，具体包括银行贷款、发行股票、企业债券等。此外，企业之间的商业信用、融资租赁也属于外部融资的范围。

债券融资在外部融资中占有重要的地位，极大地拓展了小企业的生存发展空间。发达国家企业债券所占的比重远远大于股票投资，这突出显示了债券融资对企业资本结构的影响，如美国的股份公司从20世纪80年代中期开始，就已经普遍停止了通过发行股票来融资，而是大量回购自己的股票。债券融资不影响原有股东的控制权，债券投资者只有按期收取本息的权利，没有参与企业经营管理和分配红利的权利，对于想控制股权，维持原有管理机构不变的企业管理者来说，发行债券比发行股票更有吸引力。

我国的股票市场和债券市场从无到有，已经有了很大的发展，但是，从社会居民的金融资产结构来看，银行存款对于股票和债券来说仍占有绝对的优势，而且大部分企业的资金来源仍旧以银行为主，尤其是在解决小企业融资问题上。由于上市指标主要用于扶持国有大中企业，小企业，特别是非国有企业基本上与上市无缘，就使得通过银行的间接融资成为小企业融资的主要方式。

图4-2反映了美国成长快速的小企业在成立阶段资金来源的情况。从图中可以看出，个人储蓄（权益融资）是这些企业创业时期普遍采取的筹资方式，商业信用、银行贷款等外部负债融资也在创业时期起到了关键的作用。这对于我国小企业融资具有一定的借鉴意义。

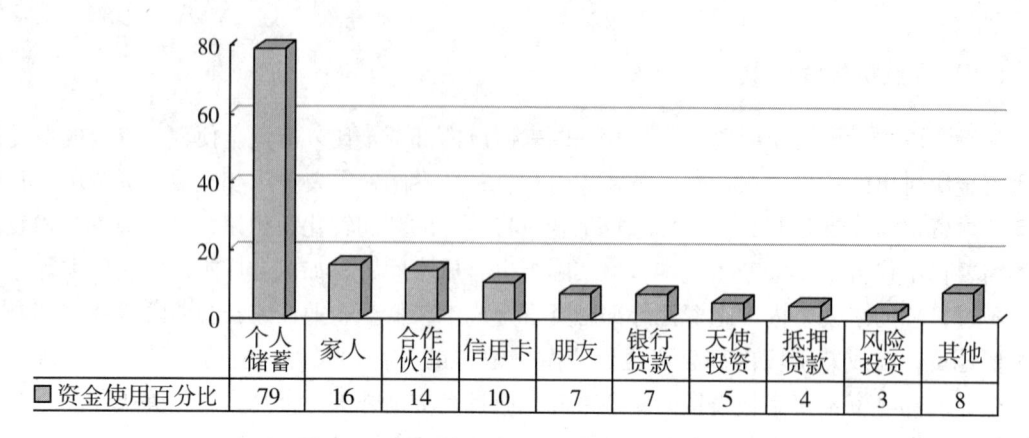

资金使用百分比	个人储蓄	家人	合作伙伴	信用卡	朋友	银行贷款	天使投资	抵押贷款	风险投资	其他
	79	16	14	10	7	7	5	4	3	8

图4-2 美国快速成长企业的创业资金来源

注：① 合并百分比总数多于100%，原因在于部分企业采用了多种融资方式。
② 资料来源：格瑞可，启动年，成长型公司500强，1997（10）。

三、小企业融资的原则

对于小企业来说，筹集资金既是不可或缺的活动，又是一项复杂的工作。为了有效地筹集企业发展所需的资金，必须遵循下列原则：

（一）最佳资本结构原则

资本结构是指企业各项长期资金的构成和比例关系，资本结构由长期债务资本和权益资本构成，通常人们所说的资本结构就是指长期债务资本和权益资本各占多大比例。

最佳资本结构原则是指小企业在筹集生产经营和发展所需要的资金时，要全面考虑、综合权衡资金成本和融资风险之间的关系，在资本成本最低或效益最大的前提下适当控制融资的风险。企业应根据不同的资金需要量与融资政策，结合各种渠道和约束条件、风险程度，力求以最小资本成本获取最大的投资收益。

（二）合理性原则

合理性原则是指筹集资金要以企业的实际需要为标准，应该有个限度，而不是越多越好，这也是广大初创企业的小企业家容易陷入的一个误区。资金不足固然会限制企业的生产经营和发展，资金过剩也会带来负面影响，因为资金过剩会导致资金使用的效率偏低，这也会助长资金使用的浪费风气。因此，企业在筹集资金之前必须首先确定自己的资金需要量，然后确定资金的筹集量，这也是小企业在融资前需要进行内部财务分析的主要原因之一。

第三节 权益融资

资金是企业的血液,企业缺乏资金就无法进行正常的生产经营活动。按照资金最终是否需要偿还,可将其分为权益资金和债务资金。权益资金是指企业依法筹集的、长期拥有并可自主支配的资金。债务资金是企业借入的需要还本付息的资金。

小企业创业与发展所需要的外部资金筹集,既可以采用负债融资又可以选择权益融资,或者这两者的结合。

小企业的经营者和所有者要在负债和权益之间进行选择,必须考虑企业的潜在获利能力、融资风险和表决控制权的问题。通过借钱而非发行股票进行筹资的预期回报率较高,同时,借钱也能够使所有者保留对企业的表决控制权。但是负债融资的风险要比权益资金大。另外,通过发行股票而不借钱融资限制了所有者的潜在投资回报率,在降低财务风险的同时,所有者不得不放弃部分表决控制权。下面就小企业权益融资的来源及特点进行说明和介绍。

一、个人储蓄与亲朋好友资助

小企业创业之初的资金往往是个人资金,这些个人资金主要来源于个人储蓄、亲朋好友资助和其他个人投资者。在这三种来源中,个人储蓄为权益投资,亲朋好友资助和其他个人投资者的资金既可以是负债融资,也可以是权益融资。

(一) 个人储蓄

创业者首先会运用的资本是自己口袋里的资金。对于创业者来说,这是使用成本最低的资金来源。正如小企业管理的专家芬耐尔所说:"你越快地引入外部资金,你需要贡献越多的内部所有权。"因此,小企业主偏好自给自足。有研究结果表明,大约有3/4的小企业主的种子资金部分来源于个人储蓄。从图4-2也可以看到,成长快速的小企业明显地选择个人储蓄作为其融资的主要资金来源。

从一般的规律来讲,创业者最好能够保证一般的权益融资来源于个人资本。如果创业者不愿意承担自己资金投入的风险,那么外部潜在投资者也不太会愿意投入资金。此外,如果创业者过多地依靠其他来源的资金,那么就要面临着较大的现金流的压力。当然,也有一些创业者仅仅依靠非常少的个人资金就成功地组建了企业,但重点在于,企业主们不能因为自己不能够提供足够的自由资金,就完全将企业发展的希望寄托于其他投资者身上,要时刻注意保持企业合理的资本结构和融资风险。

(二) 亲朋好友资助

当创业者掏空了自己的口袋后,就会转而向亲属、朋友们筹资。由于亲属朋友和创业者之间存在较高信任度的强关系，这些人往往愿意投资于创业者的小企业。最典型的是，我国许多小企业都是从家族企业的形态中发展起来的，创业者依靠家族内部父母、亲友的资金创办企业。从比例上来看，运用该融资渠道的创业者大约占到了70%。不过，这类资金的继承或延续可能会存在一些风险。资金问题导致友情破裂或家庭分裂的例子不胜枚举。因此，向亲属朋友融资时，创业者应该诚实地表明投资的可能机会和风险。以下措施可以减少此类风险的产生：

（1）保持商业规范。不管创业者与其亲属、朋友们的关系有多亲密，都应该按照商业规范来对待这些投资和借款。当借款超过了法定数额，就应该以市场利率支付利息；否则可能会涉及此部分资金作为赠与可能发生的法律问题。

（2）完善细节。在资金转手之前，借款人和放款人都应该考虑好交易中的细节问题。例如，共有多少金钱的直接投入或间接投入、作为借款还是投资、如何偿付借款、如何支付利息、如果企业失败如何清算等。

（3）签订书面合约。尽管创业者与亲属朋友之间的关系亲密，但在融资方面，为了避免对借款行为与支付等方面的误解，应尽可能通过书面合约来保证各方的利益。正式的合约签订可以避免亲友关系这种非正式化签约途径中的各种机会主义问题。

二、天使投资

天使投资是指富有的个人出资协助具有专门技术或独特概念的原创项目或小型初创企业，进行一次性的前期投资。它是风险投资的一种形式，是根据天使投资人的投资数量以及对被投资企业可能提供的综合资源进行投资。而"天使投资人"通常是指有一定净财富的自由投资者或机构，他们对具有巨大发展潜力的初创企业进行早期的直接投资，属于一种自发而又分散的民间投资方式。

通常天使投资对回报的期望值并不是很高，10~20倍的回报才足够吸引他们，这是因为，当他们决定出手投资时，往往在一个行业中同时投资10个项目，最终只有一两个项目可能获得成功。只有用这种方式，天使投资人才能分担风险。其特征如下：

（1）天使投资的金额一般较小，而且是一次性投入，它对风险企业的审查也并不严格。它更多的是基于投资人的主观判断或者是由个人的好恶所决定的。通常天使投资是由一个人投资，并且是见好就收，是个体或者小型的商业行为。

（2）天使资本主要有三个来源，其主要包括曾经的创业者、传统意义上的富翁、大型高科技公司或跨国公司的高级管理者。在部分经济发展良好的国家中，政府也扮演了天使投资人的角色。

（3）天使投资人不但可以带来资金，同时也带来联系网络。如果他们是知名人士，也可提高企业的信誉。

天使投资往往是一种参与性投资，因此也被称为增值型投资。投资后，天使投资人往往积极参与被投企业战略决策和战略设计，为被投企业提供咨询服务，帮助被投企业招聘管理人员,协助公关,设计退出渠道和组织企业退出等。然而,不同的天使投资人对于投资后管理的态度不同。一些天使投资人积极参与投资后管理,另一些天使投资人则不然。

案例 4-1

中国优秀天使投资机构

目前,我国国内专业的天使投资机构并不多,但其中也不乏优秀的投资团队,如泰山天使、亚洲搭档种子基金、赛伯乐天使投资等都是其中的佼佼者。

泰山天使(Taishan Invest)是为处于"天使阶段"和"初创阶段"的企业提供投资的机构化的天使投资基金。2008年由欧洲著名的山友集团和中国成功企业家联合创立。泰山天使把在欧美经过验证的天使投资模式、充足的资本、先进的管理经验、多元的退出渠道引进了中国,并结合中国市场的现状,创建中国天使投资领先性机构。其与亚洲搭档种子基金(DaD - Asia)共同投资的佳品网已经取得了骄人的成绩。

亚洲搭档种子基金是一家来自西班牙的专注于投资互联网领域的天使投资机构,有着光辉的背景和历史。其母公司DaD集团在欧美投资了40多个互联网相关项目,在业内处于领头羊地位。亚洲搭档种子基金于2008年进入中国,目前已经成功投资了12个项目,包括球迷网、佳品网、风向标等。

赛伯乐投资基金(Cybernaut)由美国网讯公司创始人朱敏先生发起。作为中国投资基金的领导者之一,赛伯乐(中国)投资重点关注早中期具有强大整合平台价值的企业。其与创业者建立真正的事业伙伴关系,帮助其开拓全球化的发展视野,一起创建中国市场的领导者和国际化的大企业。其投资项目包括连连科技、聚光科技等。

(案例来源:百度百科,http://baike.baidu.com/view/206608.htm。)

三、风险投资公司

风险投资公司是把所掌管的专门风险基金(或风险资本)有效地投入富有盈利潜力的高科技企业,并通过后者的上市或被并购而获取资本报酬的企业。

除主顾是一些起步企业,而不是大企业这一点以外,风险投资公司类似于投资公司。缺乏经验的年轻企业除资金以外,常常还需要经营企业的中肯建议。对此,风险投资公司就能提供。风险资本家将资金投资于新的企业,帮助管理队伍将企业发展到可以"上市"的程度,即将股份出售给投资公众。一旦达到这一目标,典型的风险投资公司将售出其在企业的权益,转向下一个新的企业。风险投资的特点如下:

(1)风险投资一般采取风险投资基金的方式运作。风险投资基金在法律结构上是采取有限合伙的形式,而风险投资公司作为普通合伙人管理该基金的投资运作,并获得相应报酬。在美国采取有限合伙制的风险投资基金,可以获得税收上的优惠,政府也通过这种方式鼓励风险投资的发展。

(2) 风险资本来源多样化。风险资本是指由专业投资人提供给快速成长并且具有很大升值潜力的新兴企业的一种资本。风险资本通过购买股权、提供贷款或既购买股权又提供贷款的方式进入这些企业。

风险资本的来源因时因国而异。在美国,1978年,全部风险资本中,首先是个人和家庭资金,占32%;其次是国外资金,占18%;再次是保险公司资金、年金和大产业公司资金,分别占16%、15%和10%。到1988年,年金所占的比重迅速上升,占全部风险资本的46%;其次是国外资金、捐赠和公共基金以及大公司产业资金,分别占14%、12%和11%;个人和家庭资金占的比重大幅下降,只占8%。与美国不同,欧洲国家的风险资本主要来源于银行、保险公司和年金,分别占全部风险资本的31%、14%和13%,其中,银行是欧洲风险资本最主要的来源,而个人和家庭资金只占2%。在日本,风险资本的来源首先是金融机构和大公司资金,分别占36%和37%;其次是国外资金和证券公司资金,各占10%;个人与家庭资金也只占到7%。按投资方式,风险资本分为直接投资资金和担保资金两类。前者以购买股权的方式进入被投资企业,其多为私人资本;而后者以提供融资担保的方式对被投资企业进行扶助,其多为政府资金。

(3) 风险投资天然具有与小企业相结合的属性。因为风险投资追求的是投资企业快速成长所带来的高回报,而最具有高成长潜力的企业就是小企业。原因在于小企业基数小,具有创新性,开创新市场空间的可能性大。同时,小企业的成长需要资金,而快速成长的小企业尤其需要资金,并且更能够促使得到的资金迅速增值,促进企业的进一步发展。风险投资因为其特有的机制,不仅可以为小企业提供资金,更能帮助小企业转型,并通过服务促使小企业价值增值。

(4) 风险投资对于提升小企业管理也有促进作用。很多小企业在争取风险投资时,只把注意力放在获得资金过程本身上,忽视了风险投资机制对企业成长的促进作用。对于这些小企业来讲,这实际上是一个重大的损失。小企业如果最终得到了风险投资,那么在获得成长所需资金的同时,还能得到管理等一系列增值服务,促进企业管理水平的提高;如果最终没有得到风险投资,那么,企业也应当在申请投资的准备过程中得到提高。

四、股票市场与创业板

股权融资是权益融资的一种常见方式。小企业可以通过向投资者或投资机构发行新股票或售卖旧股票来获得所需的资金。股票融资是一种能够较快、有效地筹集所需资金的方式,但是也是比较耗时和成本较高的融资方式。一旦企业开始了初次公开发售,企业主和企业经理们所要考虑的就不仅仅是企业和员工的利益,同样还有外部股东和其股票价值的成长问题。

通过上市进行股权融资并不适用于所有小企业。实际上,只有少部分创业者可以使他们初次创业的企业通过顺利上市来筹募资金。小企业难以满足上市条件也是阻碍其通过股票进行融资的困难之一。

(一) 股权融资方式

股权融资按融资渠道可分为公开市场发售和私募发售两大类。

1. 公开市场发售

公开市场发售就是通过股票市场向公众投资者发行企业的股票来募集资金，包括人们常说的企业上市、上市企业的增发和配股都是利用公开市场进行股权融资的具体形式。通过公开市场发售的方式来进行融资是大多数民营企业梦寐以求的融资方式，一方面，企业上市会为企业募集到巨额的资金；另一方面，资本市场将给企业一个市场化的定价，使民营企业的价值为市场所认可，为民营企业的股东带来巨额财富。

与其他融资方式相比，企业通过上市来募集资金有突出的优点：募集资金的数量巨大，原股东的股权和控制权稀释得较少，有利于提高企业的知名度，有利于利用资本市场进行后续的融资。但由于公开市场发售要求的门槛较高，只有发展到一定阶段，有了较大规模和较好盈利的民营企业才有可能考虑这种方式。

2. 私募发售

私募发售是指企业自行寻找特定的投资人，吸引其通过增资入股企业的融资方式。因为绝大多数股票市场对于申请发行股票的企业都有一定的条件要求，如我国对企业上市除了要求连续三年盈利之外，还要企业有5 000万元的资产规模，因此，对大多数小企业来说，较难达到上市发行股票的门槛，私募融资成为小企业进行股权融资的主要方式。

对于小企业而言，私募融资不仅意味着获取资金，同时，新股东的进入也意味着新合作伙伴的进入。新股东对企业来说，无论是当前还是未来，其影响都是积极而深远的。在私募领域，不同类型的投资者对企业的影响是不同的，在我国有以下几类投资者：个人投资者、风险投资机构、产业投资机构和上市公司等。表4-2反映了私募股权融资、股市公开融资和银行借贷融资的比较结果。

表4-2 私募股权融资、股市公开融资、银行贷款融资的比较

项　目	私募股权融资	股市公开融资	银行借贷融资
主要融资人	中小企业	(待)上市企业	所有企业
一次融资平均规模	较小	较大	较小
对企业的资格限制	最低	较高	较低
表面会计成本	较低	最低	最高
实际经济成本	最高	较高	较低
投资人承担风险	最高	较高	较低
投资人是否分担企业最终风险	部分分担	平等分担	不分担
投资人是否分享企业最终利益	部分分享	分享	不分享
融资对企业治理的影响	最强	较强	较弱

(二) 创业板市场

创业板市场（又称为二板市场），是与主板市场（又称为一板市场）相对应的概念，特指主板市场以外的、专门为新兴公司和科技型中小企业提供筹资渠道的新型资本市场。创业板市场是一个国家资本市场的重要组成部分，它与主板市场的根本区别在于上市标准、服务对象及交易制度不同。其主要目的是为新兴中小企业提供筹资途径，帮助其发展和扩展业务。各国经验表明，创业板市场可以推动新兴产业的发展，为新兴的科技型中小企业提供新的融资渠道。

伴随经济的发展与进步以及资本市场结构的优化细分，创业板市场的概念也开始泛指那些上市标准低于传统证券交易所主板市场标准，主要以处于初创期、规模小，但成长性好的中小企业和高科技企业为服务对象的证券市场。因此，创业板市场除包括由证券交易所设立的狭义的第二板市场外，还涵盖了柜台交易市场中有组织的集中报价与交易系统以及主要为高成长性的中小企业服务的证券交易所。[①]

值得注意的是，虽然创业板市场的服务对象是中小企业，但这并不意味创业板市场上的所有企业都是中小规模的。不过，创业板市场仍然为广大小企业和初创企业提供了极大的股权融资便利，对中小企业融资产生了不小的影响。

（1）创业板市场为小企业进行直接融资提供了平台。创业板市场为广大小企业上市融资、企业治理和行业发展提供了良好的服务和支持，对于培育、规范、引导小企业发展发挥了重要的作用。相对来说，创业板市场低门槛进入，严要求运作，有助于有潜力的小企业获得融资机会，为大批正处于创业阶段或成长阶段的小企业尤其是那些具有自主创新、科技含量高、具有高成长性的小企业、新兴经济企业开通了更为方便的融资渠道。由于不用太过于担忧管理权稀释的问题，创业板市场对大多数公司具有吸引力。

（2）创业板市场对整个小企业发展起到了示范作用。目前，我国各地高新技术区中科技型企业数量庞大，但成功率与"成活率"并不是很高，根本原因在于企业管理不善，企业治理水平不高，具有较大的局限性。创业板市场的推出将加速我国小企业经营模式转变，由此给小企业带来的变化，将远远超过资金本身的影响力。同时，资本市场的标杆与放大效应将有助于形成以资本市场为纽带的中小金融支持体系。

（3）创业板市场提高了小企业的积极性，部分缓解小企业融资难的瓶颈。一方面，创业板市场的推出有利于创新型企业的产业升级和结构调整，从而促进中小创新型企业更好地发展，这反过来又会提高创投机构投资小企业的积极性，随着风险投资等资金的进入，被投资企业有望获得附加价值，进一步提高盈利的增长速度。另一方面，由于创业板市场提供了有效的资金退出渠道，这将解除创投机构的后顾之忧，从而更为主动地募集社会闲散资金，将其转化为对小企业的有效投资，打通小企业融资难的瓶颈。更重要的是，创业板市场有利于提升上市企业管理水平，提高企业的知名度和美誉度，加快企业的国际化。

---

① 房四海. 风险投资与创业板. 北京：机械工业出版社，2010：217.

第四节　负债融资

企业可选择的负债融资渠道有多种，如银行贷款、债券融资、融资租赁、利用外资、项目融资、商业信用、政府支持等，这些融资方式各具优点，如果能够根据企业情况加以利用，对企业的发展肯定是很有帮助的。尽管企业进行负债融资的方法很多，但对于小企业而言，一些方法并不可行。本节只选择对小企业有针对性的银行贷款、商业信用和政府支持三种方式进行分析。

一、银行贷款

从我国的实际情况来看，小企业尤其是非国有小企业要取得银行贷款是比较困难的，但这并不是说讨论银行贷款对小企业的发展就没有意义，国家已经充分注意到广大小企业对发展经济，建设中国特色的社会主义市场经济的重要性，政策也在逐步倾斜。了解一些银行贷款的知识还是十分必要的。

（一）银行贷款的种类

在深入讨论银行贷款之前，先来讨论一下银行贷款的种类问题。银行贷款可以根据不同的标准，从不同的角度来划分。例如，可以按贷款期限的长短，将银行贷款分为短期贷款和中长期贷款；按贷款用途，将银行贷款分为流动资金贷款、固定资金贷款、科技开发贷款；按贷款有无担保，将银行贷款分为信用贷款、担保贷款和票据贴现等。

小企业的情况千差万别，因此，不同的企业应该根据自身的实际情况选择需要的贷款种类。下面介绍几种小企业会经常遇到的银行贷款种类。

1. 流动资金贷款

流动资金贷款的目的主要是满足小企业日常生产经营的需要，一般都属于短期贷款。流动资金是企业流动资产价值的一种货币体现，是企业进行生产经营活动不可或缺的重要条件。

小企业可以从银行取得的流动资金贷款主要有流动基金贷款、生产周转贷款和临时贷款。流动资金贷款是小企业因自有流动资金达不到规定的比例而向银行取得的款项，这些规定包括《关于国营工商企业流动资金管理暂行办法》和《流动资金贷款管理暂行办法》等；生产周转贷款是小企业为了满足其生产经营的需要而向银行取得的款项；临时贷款是小企业为了解决季节性或突发性原因导致的流动资金不足而向银行取得的款项。

企业的发展，尤其是小企业的发展，必须保持一定的流动性，这就意味着小企业的发展需要流动资金的支持，但也不能无限制地向银行借入流动资金贷款，必须要考虑自身发展的需要和流动比率、速动比率。通常把流动比率控制在2，把速动比率控制在1是比较好的，这也是银行希望看到的。

2. 固定资金贷款

任何企业的生产经营都需要一定的固定资产，小企业也不例外，尽管小企业对固定资产的需要远远小于大企业。固定资金就是固定资产价值的货币体现。

小企业可以向银行申请的固定资金贷款包括大修理贷款、技术改造贷款和重置贷款。大修理贷款是指小企业为满足进行固定资产大修理对资金的需要而向银行取得的贷款；技术改造贷款是小企业为解决对原有固定资产进行技术改造而向银行申请的款项；重置贷款是指小企业为满足原有固定资产报废或技术过时而引进先进技术、进行设备更新等所导致的资金需求而取得的贷款。

与企业保持流动性的要求一样，要进行固定资金贷款也必须达到一定的要求。因为固定资金贷款往往属于长期贷款，所以小企业的资产负债率、产权比率、有形净值负债率和利息周转倍数等指标需要在银行要求的标准范围之内。

3. 抵押贷款

抵押贷款是指需要小企业提供一定的抵押担保作为还款的保证而从银行取得的贷款。小企业提供的抵押品必须具有一定的价值，并且易于保管和变现、不易腐烂变质。

根据《中国工商银行抵押贷款管理暂行办法》和《中国农业银行抵押、担保贷款暂行办法》的规定，小企业可以用作抵押品的财产主要有以下几种：

（1）不动产。不动产包括土地、厂房、住宅等。

（2）有形动产。有形动产包括交通运输工具、库存商品和机器设备等。

（3）无形资产。无形资产包括债券、版权和专利权等。

（4）有价证券。有价证券包括国库券、定期存单、人寿保险单以及各类债券等。

小企业要申请抵押贷款也必须考虑自身情况，如果经济情况与预期的不同，企业没有取得预期的现金流量，从而导致无法偿还到期抵押贷款，银行有权将抵押品予以拍卖以抵补其贷款损失。

4. 票据贴现

票据贴现是指票据持有人（这里指小企业）在票据到期前将票据转让给银行，银行在扣除贴现利息后把票据余额支付给票据持有人。凡持有商业承兑汇票和银行承兑汇票的企业都可以向银行申请办理贴现。

票据贴现也是小企业获取资金以满足临时资金需要的一种重要方法，但应该权衡票据贴现所支付贴现利息与利用该资金所取得的收益，当收益大于利息时才应该去银行贴现。

（二）选择合适的银行

由于银行提供多种多样的服务，因而选择银行就成了小企业的一个重要决策。如能选择一家适当的银行，小企业所能获得的利益肯定要比贷款大得多。小企业在选择银行时应遵循下述原则：

（1）根据银行的业务特点选择。虽然现在银行的发展趋势是趋同，各个银行之间的差别越来越小，但不同的银行还是有其自己的特点的。尤其是在我国，各个银行的创设目的不同，其发展过程各异，这就决定了它们之间的业务特点还是有一定差别的。因此，在选择银行时，要深入了解各银行的特点，根据企业发展的实际需要加以选择。

（2）根据对称原则进行选择。小企业一般实力较弱，业务量也比较小，这些决定了小企业很难成为大银行的高端客户，因而得到的服务也是有限的，因此，选择实力相对较弱的银行不失为明智之举。我国有句古话，叫"宁当鸡头，不做凤尾"，意为宁可做小银行的一流客户，不做大银行的三流客户，鸡头比凤尾更实惠。当然，如果所选择的大银行在支持小企业方面成绩卓著就另当别论了。

（3）根据银行经理的能力进行选择。对于小企业来说，选择银行，实质上也是选择银行经理。经验丰富的银行经理除了能在资金方面给小企业提供帮助，还能够给小企业的发展提供其他方面的帮助，如管理咨询服务，特别是财务问题咨询。另外，能干的银行经理在总行的影响力也大，当银根紧缩时，有可能设法为客户争取到企业发展所必需的资金。

（4）根据银行地点选择银行。为方便存贷款和其他业务，银行会将地址选在与企业接近的地方。所有银行都对其驻地周围的机构团体感兴趣，对当地企业的需求也相对热情些。除特别小的团体外，可供企业选择的当地银行一般有两家以上，因而还是有选择余地的。

二、商业信用

商业信用是小企业流动资金的一个主要来源，批发商和设备制造商等供应商往往就是这种信用的提供者，在特定情况下，小企业产品的买方也能够提供部分商业信用。

所谓商业信用，通常是指供货商将商品卖给购货企业，购货企业开立一个应付账款账户记录应付金额，一定期限后再付款。商业信用允许小企业延期付款，就等于为小企业提供了流动资金，而且商业信用是不用支付利息的。动态地来看，如果企业的发展比较平稳，小企业就可以无偿地长期占用这一部分资金，有利于小企业的经营与发展。

供货商提供的延期信用对于小企业非常重要，事实上，商业信用是小企业短期资金的最主要、最广泛的来源。商业信用期限较短，一般为30天，但也有60天和90天的，这要视小企业的类型和供货商对企业的信任程度以及小企业与供应商之间的关系而定。

小企业可以获得的商业信用多种多样，常见的有如下几种。

（一）应付账款

应付账款是卖方通过赊销而提供给买方的一种商业信用，是买方的一种短期资金来源。卖方在把商品转移给买方时，并不需要买方立即支付货款，而是根据其交易条件或货物条件向买方开出发票，根据事先确定好的商业信用条件，在一个时期后买方付清全部货款。这可以说是一种"双赢"的销货方式，买方获得了短期资金信用，扩大了资金的来源，卖方则扩大了产品销售。应付账款是最常见的一种商业信用，在实践中运用得也最多。

（二）商业票据

商业票据是买卖双方在赊购赊销活动中所开具的据以反映债权债务关系并凭以办理清偿的证明。为了增强货款收回的可能性，卖方一般更愿意采用商业票据这种更加科学、完善的商业信用形式。商业票据和应付账款有异曲同工之处，区别就是商业票据对卖方的保障程度更大一些。

就具体形式来看，商业票据一般有两种形式：商业本票和商业汇票。这两种票据的本质是相同的，区别就是商业本票是由债务人向债权人开具的，而商业汇票是由债权人向债务人开具的。

（三）预收账款

预收账款是指买方在发货之前向卖方预先支付的全部或部分货款。预收账款也是一种商业信用，但它与前述两种商业信用的区别就是，预收账款是由买方向卖方提供的，是卖方的短期资金来源。

这种形式的商业信用比较少见，通常应用于供不应求的商品，如适用于生产周期较长且投入较大的房地产业和重型机器及船舶制造业，报纸杂志的征订等情况。

三、政府支持

长期以来，由于我国重视大企业的建设与发展，中小企业发展问题一直没有提上议事日程，资金不足一直困扰着中小企业的发展。但是，随着经济的不断发展，小企业对国民经济发展和社会稳定所起的作用日益凸显。为支持中小企业发展，我国出台了一系列政策和措施，并不断完善这些政策和措施，以更好地为广大小企业的发展保驾护航。

为支持广大中小企业的发展，我国出台的政策和措施包括：

（一）设立支持科技型中小企业技术创新的政府专项基金

为了扶持、促进科技型中小企业的技术创新，经国务院批准，我国设立了用于支持科技型中小企业技术创新项目的政府专项基金。为了加强对该基金的管理，提高基金的使用效益，我国科学技术部和财政部还专门出台了关于科技型中小企业技术创新基金的暂行规定。

（二）各省、自治区、直辖市、计划单列市成立了中小企业融资担保机构

为了促进中小企业融资担保工作能够积极、稳妥地开展，规范和加强对中小企业融资担保机构的管理，我国财政部还专门出台了《中小企业融资担保机构风险管理暂行办法》。

(三) 建立中小企业信用担保体系

早在 1998 年我国就开始着手建立中小企业信用担保体系的试点工作,为此,国家经济贸易委员会中小企业司在《中华人民共和国合同法》和《中华人民共和国担保法》的基础上起草发行了《关于建立中小企业信用担保体系试点的指导意见》。2017 年最新修订的《中华人民共和国中小企业促进法》第三章"融资促进"中明确规定,"国家完善担保融资制度,支持金融机构为中小企业提供以应收账款、知识产权、存货、机器设备等为担保品的担保融资"。随着经济的不断发展和情况的不断变化,我国政府还会继续出台更多的鼓励和扶持小企业发展的政策措施,在这些政策措施的鼓励和指导下,我国小企业的发展肯定会蒸蒸日上,为经济发展做出新的贡献。

案例 4-2

华夏银行"龙舟计划"

华夏银行南京分行坚持实施"中小企业金融服务商"战略。截至 2015 年 6 月末,该行实现小微企业贷款余额 133.51 亿元,贷款同比增速为 16.55%,高于全行各项贷款同比增速 3.98 个百分点;小微企业贷款户较 2014 年同期小企业贷款户增加 197 户。

一、小微企业贷款同比增长 16.55%

华夏银行南京分行把握"立足地方,服务小微"的市场定位,将支持小微企业发展与自身结构调整和经营转型紧密结合,小微金融服务不断深化推进,连续多年实现了"两个不低于"的工作目标,连续 4 年荣获江苏省银监局授予的"江苏省银行业金融机构小微企业金融服务工作先进单位"称号。截至 2015 年 6 月末,全行实现小微企业贷款余额 133.51 亿元,贷款同比增速为 16.55%,高于全行各项贷款同比增速 3.98 个百分点;小微企业贷款户较 2014 年同期小企业贷款户增加 197 户;申贷获得率达到 96.02%,较 2014 年同期高出 7.81 个百分点,再次全面实现"三个不低于"的监管要求。

二、量身定做"龙舟计划"

华夏银行南京分行坚持不断创新升级小微金融产品服务,推出了拥有年审贷、乐业贷等 12 个线下特色产品及网络贷、循环 E 贷等 10 个线上特色产品的"龙舟计划"小微金融特色产品系列,根据不同发展阶段的小微企业的特点量身定做特色产品,并全面提供开户、结算、贷款、理财、咨询等基础性、综合性金融服务。"批量贷"服务于园区、市场内的小微企业,"信用增值贷"为具备一定信用基础的小微客户提供信用贷款,"买断型接力贷""卖断型接力贷""助力贷"联合同业为小微企业增信。特别是通过互联网技术和金融技术的深度融合,在同业首创"平台金融"业务模式,依托自主研发的支付融资系统,对接核心企业、大宗商品要素市场和市场商圈管理方等平台客户,为平台内小微客户提供可自助发放与归还、循环使用和随借随还的"网络贷",提供不受时空限制的在线融资、现金管理等全方位的电子化金融服务，有效缓解了小微企业融资难、融资贵的问题。

三、对小微企业减费让利

华夏银行南京分行积极践行"普惠小微、惠及民生"的发展理念，严格对小微企业实施服务优惠和减费让利，小微贷款定价始终保持低于同业平均水平。推广优秀小企业先锋大汇、华夏之星精英训练营、创业戈壁行、公益大讲堂等多项社会公益活动，为众多小企业提供展示平台。2015年，全行小微企业客户在全行企业结算客户中的占比从2010年的69.08%提升到80.04%，小微企业服务覆盖面有效扩大，客户结构和信贷结构得到调整优化，实践了华夏银行逐步实现客户结构中小化的定位要求。

（资料来源：新华网，http://news.xinhuanet.com/fortune/2015-09/29/c_128279611.htm。）

第五节　权益融资与负债融资比较分析

本节以第一节中讨论的A楼梯公司为例，讨论通过权益融资和负债融资这两种不同的渠道，新创企业在潜在获利能力、融资风险和表决控制权方面的表现差异。

一、潜在获利能力

张先生创办的专门生产别墅用豪华楼梯的公司——A楼梯公司已经经营了一年，第一年的发展就如张先生所预计的那样，现在进入了A楼梯公司的第二个经营年度。下面就以该公司为例来阐述在负债和权益方面选择对潜在获利能力的影响。

（1）张先生已投入了3 000 000元，第二年A楼梯公司需要1 000 000元来替换第一年的银行贷款。

（2）如果张先生发行普通股票筹资，那么新的权益投资者将占有A楼梯公司10%的股份（因为张先生在开办A楼梯公司时花费了大量的时间和精力，为企业的发展付出了"血汗"资本，所以，尽管新的权益投资者的投资额占总投资额的25%，他们也只能得到10%的股份）。

（3）如果张先生决定借钱融资，债务的利率将是10%，即每年付100 000元（=0.10×1 000 000元）利息（是否还记得，A楼梯公司的贷款利率是12%？利率之所以不同，是因为A楼梯公司经营良好并有好的预期）。

（4）预测表明A楼梯公司从今年开始将有正的息税前收入500 000元，净利润为254 600元，以后还将继续上升。这表示企业的4 000 000元资产有12.5%的回报率（=500 000÷4 000 000×100%=12.5%）。

如果A楼梯公司发行股票融资，它的资产负债情况如下：

总资产	4 000 000 元
负债	0
权益	4 000 000 元
负债和权益总计	4 000 000 元

如果 A 楼梯公司负债融资，它的资产负债情况如下：

总资产	4 000 000 元
负债（利率为 10%）	1 000 000 元
权益	3 000 000 元
负债和权益总计	4 000 000 元

根据以上资料，企业的简化利润表在两种财务计划下分别为：

	权益融资	负债融资
息税前收入	500 000 元	500 000 元
利息费	0	100 000 元
所得税	165 000 元	132 000 元
净利润	335 000 元	268 000 元

根据以上分析，如果 A 楼梯公司通过增加权益而不是通过负债来融资，其净利润较高。但是净资产收益率较高的方案是通过负债融资。通过以下的计算，我们会发现，如果采用负债融资，净资产收益率为 8.93%，而股票融资的所有者权益投资回报率为 8.375%，具体计算如下：

$$净资产收益率 = 净利润 \div 所有者权益 \times 100\%$$

如果增加权益融资，

$$净资产收益率 = 335\ 000 \div 4\ 000\ 000 \times 100\% = 8.375\%$$

如果发行债券，

$$净资产收益率 = 268\ 000 \div 3\ 000\ 000 \times 100\% = 8.93\%$$

这个例子比较特殊。因为 A 楼梯公司刚刚起步，利润相对于所有者权益还比较低，随着公司的发展，利润进一步增加，负债融资和权益融资对净资产收益率的影响将更加明显。这里，我们给出一个一般的规则，即只要资产收益率比借款成本高，借款越多，则净资产收益率越高。

二、融资风险

既然负债融资对净资产收益率的影响如此之大,为什么 A 楼梯公司不使用更多的负债,却使用如此高比例的权益资本呢?使用较多的负债,其净资产收益率不是会很高吗?例如,假设 A 楼梯公司运用 80% 的负债和 20% 的所有者权益,即 3 200 000 元是负债,800 000 元是所有者权益,息税前收入仍为 500 000 元,那么企业的净利润将是 180 000 元。计算如下:

息税前收入	500 000 元
利息费	320 000 元
所得税	120 600 元
净利润	180 000 元

拥有 120 600 元净利润,而所有者的投资仅为 800 000 元,因而净资产收益率将是 15.1%。

但是,尽管负债融资可以期望有较高的净资产收益率,负债的数量也不是可以任意大的,这有两方面的原因:一是银行及其他债权人不可能为企业提供 100% 的资金;二是负债融资的风险比较高,如果企业无法偿还到期债务,就会有被迫清算的危险。借款是刚性的且有明确的要求,即使企业不能像预期的那样挣回利润,债权人仍会要求企业支付利息。在债务到期的情况下,如果债权人觉得企业的状况不好,认为没有必要重组债务,就可能迫使企业实行破产清算以偿还到期债务。

权益融资却没有这方面的风险,即使企业不能达到预期的利润目标,权益所有者也不得不接受这种失望的结果,只能寄希望于未来。权益所有者的要求必须在企业所得的范围之内。

下面以 A 楼梯公司为例来考察债务融资的风险。假设,现在的经营环境发生巨变,如经济萧条,因此,A 楼梯公司的产品出现大量积压,营业收入和利润急剧下降,让我们来看一看,此时 A 楼梯公司的净资产收益率会发生怎样的变化。由于环境的突然恶化,A 楼梯公司的主营业务收入急剧下降,成本却保持不变,此时公司的息税前收入不是 500 000 元,而仅仅有 40 000 元,即总资产的 1%。而净资产收益率仍然取决于公司是利用负债还是增加权益来筹集需要的 1 000 000 元。这时,A 楼梯公司在两种融资方案下的收益情况分别计算如下:

	权益融资	负债融资
息税前收入	40 000 元	40 000 元
利息费	0	100 000 元
所得税	13 200 元	0
净利润	26 800 元	(60 000 元)

在增加权益资金的情况下,净资产收益率是 0.67%;而负债融资的净资产收益率为 −2%。净资产收益率的计算如下:

股票融资(增加权益),

$$净资产收益率 = 26\,800 \div 4\,000\,000 \times 100\% = 0.67\%$$

负债融资,

$$净资产收益率 = -60\,000 \div 3\,000\,000 \times 100\% = -2\%$$

当企业经营状况好时,张先生宁愿多负债;当企业经营状况不好时,他就会选择增加权益。由此看出,负债融资虽然在年份好的时候可以提高所有者的回报,但在年份不好的时候也会带来低回报率,甚至负回报率。也就是说,债务是一把双刃剑,企业家和所有者在筹集企业发展所需资金的时候不得不考虑它们之间的结构问题,也就是资本结构问题。

三、表决控制权

小企业所有者在决定选择负债融资还是选择权益融资筹集企业所需资金时,还必须考虑的一个问题是拥有控制权的多少。这一问题对小企业所有者来说似乎更加重要,因为他们大多都是靠一个人的力量,在近乎白手起家的情况下把企业发展起来的,企业的每一步发展都凝结着他们的"血汗",企业就像他们的孩子一样,所以大多数小企业所有者反对将控制权拱手让给外人。

以 A 楼梯公司为例,通过增加权益来筹集资金意味着张先生不得不放弃 10% 的控制权,而张先生不再持有公司 100% 的股份。尽管这一比例不高,但也是张先生难以接受的。对于广大的小企业所有者来说就更是如此,许多小企业所有者甚至不愿让出企业的哪怕一丁点儿股票。他们不想对少数权益所有者承担任何责任,更不用说失去对企业的控制了。

因此,许多小企业所有者往往选择负债融资而不选择权益融资,即使负债的利率很高,因为他们认为负债虽然增加了风险,但它可以让他们拥有 100% 的控制权,纵使企业经营失败也是自己的事,总比经营良好却让别人坐享其成还指手画脚让他们舒服一些。

四、权益融资与负债融资的特点比较

通过上述案例,我们可以比较充分地了解权益融资和负债融资的优缺点。

(一)权益融资的特点

1. 权益融资的优点

(1)权益融资所筹集的资本具有永久性,没有到期日的要求,且不需要企业归还,有利于保证企业对资本的最低需要和维持企业长期稳定的发展。

（2）权益融资没有固定的股利负担，企业是否支付股利以及支付多少，可以根据企业的经营和盈利情况，以及企业进一步发展的需要来确定。权益融资没有固定的还本付息的压力，所以融资风险较小。

（3）权益资本是企业最基本的资金来源，它既反映了公司实力的大小，又是其他融资方式的基础，并且可以增强企业负债的能力。

（4）权益融资容易吸收资金，尤其是在通货膨胀时期，因为在通货膨胀期间，普通股的价值随价格的上升而上升，可在一定程度上抵消通货膨胀的影响。

2. 权益融资的缺点

就像硬币有两面一样，任何事物都有其不好的一面，权益融资也不例外。其缺点主要有以下几方面：

（1）成本较高。首先，从投资者的角度来讲，普通股的风险较高，因此就要求较高的投资报酬率；其次，从融资企业来讲，普通股的股利不能抵税，因为股利要从税后利润中支付；最后，普通股的发行费也高于负债融资所需的融资费用。

（2）转移企业的控制权。采用权益融资就意味着增加新的股东，必然导致企业控制权从小企业所有者手里转移出一部分，这往往是小企业所有者不愿看到的。

（二）负债融资的特点

负债融资是指通过负债方式筹集各种债务资金的融资形式。负债融资有很多种形式，但是它们有一些相同的特点。根据所筹集资金可使用时间的长短，负债融资可分为长期负债融资和短期负债融资。长期负债融资筹集的资金使用期限一般在一年以上；短期负债融资筹集的资金使用期限一般在一年以下。下面分别对长期负债融资和短期负债融资的优缺点进行介绍。

1. 长期负债融资的优点

（1）长期负债融资可以弥补企业长期发展资金的不足，如满足对固定资产的需要。

（2）长期负债融资还债压力小，因而风险相对较小。这是因为长期负债融资的归还期长，企业完全可以对债务的归还做出长期的安排。

2. 长期负债融资的缺点

（1）长期负债融资成本较高，即长期负债融资的利率一般会高于短期负债融资的利率。

（2）长期负债融资限制较多。债权人往往会向债务人提出一些限制性条件，以保证债务人能够及时、足额偿还债务本金和利息，如规定债务人必须定期向债权人提供财务报表并接受债权人的质询等。

3. 短期负债融资的优点

与长期负债融资相比，短期负债融资的优点主要表现如下：

（1）短期负债融资的资金到位快，容易取得。长期负债的债权人往往要对债务人进行全面的财务调查以保护其自身的利益，因而所需时间一般较长且不易获得；而短期负债在短时间内就可以归还，债权人顾虑相对较少，容易取得。

（2）短期负债融资富有弹性。短期负债融资的限制相对宽松，因而使融资企业的资金使用较为灵活、富有弹性。

（3）短期负债融资的成本较低。在通常情况下，短期负债的利率要低于长期负债，短期负债融资的成本也就比较低。

4. 短期负债融资的缺点

短期负债需要在短期内偿还，这就要求融资企业在短期内能够拿出足够的资金偿还到期债务，如果企业资金安排不当，就可能会陷入财务危机，因而短期负债融资的风险相对较高。

总之，企业要根据其所处的行业、地区、规模等的不同，选择不同的融资方式，每种融资方式又有其各自的优缺点，所以要慎重考虑，选择合适的融资方式。

本章小结

1. 融资是指为支付超过现金的购货款而采取的货币交易手段，或为取得资产而集资所采取的货币手段。融资通常是指货币资金的持有者和需求者之间，直接或间接地进行资金融通的活动。

2. 与大企业相比，小企业融资的特点在于：融资困难；成本较高；融资特性强；存在显著的地区经济差异。

3. 小企业的企业家要预测新办一家企业的资产需求通常采用销售百分比法。

4. 创业型企业所需的资金被称为种子资金。筹集种子资金的方式既可以是内部融资，也可以是外部融资。采用何种融资策略取决于企业的性质和行业特点。

5. 一般来说，外部融资方式又分为权益融资和负债融资。对小企业而言，权益融资包括个人储蓄、亲友投资、天使投资、风险投资、股权融资等方式；负债融资包括银行借款、商业信用、政府支持等方式。

6. 为支持广大中小企业的发展，我国政府出台的政策和措施包括：设立支持科技型中小企业技术创新的政府专项基金，各省、自治区、直辖市、计划单列市成立了中小企业融资担保机构，建立中小企业信用担保体系。

7. 小企业的经营者和所有者在选择融资渠道时，必须综合考虑企业的潜在获利能力、融资风险和表决控制权三方面的问题。

8. 负债融资和权益融资各有其不同的特点，小企业应根据自身情况并结合负债与权益的特点筹集发展所需资金。小企业筹集资金必须遵循最佳资本结构原则和合理性原则。

思考与练习

一、名词解释

小企业融资　种子资金　内部融资　外部融资　权益融资　负债融资

天使投资　　　风险投资　　　股权融资　　　创业板市场　　　商业信用

二、不定项选择题

1. 小企业的创办者要预测新办一家企业的资产需求，通常采用（　　）。
   A. 回归分析法　　　　　　　　B. 销售百分比法
   C. 理性推测　　　　　　　　　D. 企业家的直觉
2. 小企业的经营者和所有者在负债和权益之间进行选择时必须考虑的因素有（　　）。
   A. 企业的潜在获利能力　　　　B. 筹资的风险
   C. 资本的可获得性　　　　　　D. 表决控制权的问题
3. 可以解释小企业内部融资偏好策略的理论有（　　）。
   A. 啄食理论　　　　　　　　　B. 代理理论
   C. 企业成长理论　　　　　　　D. 企业财务理论
4. 下列选项中，属于权益融资方式的有（　　）。
   A. 商业信用　　　　　　　　　B. 银行借贷
   C. 资产抵押　　　　　　　　　D. 企业上市
5. 下列选项中，属于负债融资方式的有（　　）。
   A. 天使投资　　　　　　　　　B. 风险投资
   C. 银行借款　　　　　　　　　D. 商业信用
6. 小企业可以获得的商业信用多种多样，常见的有（　　）。
   A. 应付账款　　　　　　　　　B. 应交税金
   C. 商业票据　　　　　　　　　D. 预收账款

三、思考题

1. 小企业融资有哪些特点？
2. 举例说明小企业如何采用销售百分比法预测新办一家企业所需要的资产。
3. 简述权益融资的方式和特点。
4. 简述负债融资的方式。
5. 简述权益融资和负债融资的差异。
6. 简述我国政府出台的支持广大小企业发展的政策和措施。
7. 小企业在筹集企业发展所需的资金时，必须遵循哪些原则？

第五章 小企业组织模式

学习目标

学完本章内容以后，你应该能够掌握：
1. 创建新企业的优势和劣势及其必备条件；
2. 创建企业的几种企业组织模式及其优缺点；
3. 衍生创业的分类、优势以及影响因素；
4. 特许经营模式的基本特征、类型及优缺点；
5. 加盟特许经营的一般步骤；
6. 家族企业的特征、家族企业的优势与劣势；
7. 家族企业的管理生命周期、管理的特征及管理原则。

引导案例

小米的"轻"管理

2015年，小米成立五周年。在第五轮融资后，公司估值高达450亿美元，成为全球估值最高的未上市公司。据雷军预测，按照既有速度，小米2015年、2016年两年将有机会进入世界500强。如果这个目标得以实现，小米将成为全球最短时间进入世界500强的企业。2015年3月31日，在米粉节五周年沟通会上，雷军发布了包括女神手机、红米手机2A、55寸智能电视、智能插线板和智能体重秤五款新品。截至2014年上半年，小米整个团队的人数加起来超过5 000人。

如此庞大的团队、如此繁杂的业务，这样一家公司却号称在进行"轻"管理，极度扁平化，无KPI（key performance indicator，关键绩效指标）。小米的企业组织架构简单得惊人：核心创始人—业务负责人—普通员工。小米内部没有幻灯片，也没有工作报告和年终总结。这是如何做到的？小米副总裁黄江吉认为，小米的秘诀就在于它是一家"轻"管理型公司，小米团队把80%的精力都集中在产品上，而不是耗费在内部的团队管理上。

"很多人问我，当团队变得越来越大的时候，你会怎么办？我的回答是，小米只做一家小公司。"黄江吉对记者说道。公司为什么需要那么多层级的管理者？因为公司发展快，开展了多元化的业务，导致团队不断增大。但事实上，是不是公司越大，业务越复杂，就能创造出更好的产品呢？从微软走出来的黄江吉对此深有体会，答案是不一定！

在黄江吉看来，小米要做的就是聚焦最重要的业务，永远维持创业团队的规模，只做一家小公司。

这些年，虽然从手机到手环、智能体重秤，小米广泛涉足了多个领域。但事实上，小米的业务仍旧高度聚焦在三类五款产品上面，即手机、平板、电视、盒子、路由器。而其他的产品都是小米生态链上的合作企业在开发。在黄江吉看来，"少即是多"是小米一向遵循的处事法则。

聚焦，使领导者重新回到了最初的"小饭馆"时代，即一种"清醒，不被蒙蔽"的状态，就像一个小饭馆老板，与员工共同面对客户，对业务情况了如指掌。他既是一把手，也是一线员工，这中间不再需要一层一层的管理人员。

（资料来源：谢丹丹．小米的"轻"管理是怎样实现的？中外管理，2015；5。）

第一节 创建新企业

从零开始，创建一个属于自己的企业，这可能是多数创业者的梦想。但是，要将梦想变成现实，需要付出艰苦的劳动。

一、创建新企业的优势与劣势

如同世间一切其他行为，新建一个企业既有其有利的一面，也有一定的弊端。新建一个企业，其优势主要表现在以下几方面：

（1）在小企业的组织结构、经营范围、人员设置等诸多方面，创业者可以根据实际需要进行构建。这就好比在一张白纸上作画，不必拘泥于已有的条条框框的束缚。

（2）在产品生产或者提供服务方面，企业可以突出自己的特色，树立自己的品牌。因为是新建企业，消费者对其没有任何成见，这就有利于企业开创自己的品牌。只要产品质量过硬，服务优良，宣传得当，就一定能够创出企业自己的产品品牌和企业形象。

（3）在经营场所的选择方面，创业者拥有主动权。创业者可以根据企业生产、销售和服务等要求选择适宜的地点。

（4）在产品销售方面，企业可以开辟广阔的市场。一般来说，新建企业生产的是新产品，没有现成的市场，有待于生产者去开发。没有现成的市场，表面上看起来企业处于劣势，但是这其中潜伏着巨大的商机。只要推销方法运用得当，企业就能够开拓出一片新市场。

相对优势而言，新建一个小企业，其劣势主要表现在以下几方面：

（1）新企业、新技术、新产品，一切都是未知数，又没有间接经验可以参考，经营风险较大。

（2）融资比较困难，由于没有经营业绩，很难从银行取得贷款。

（3）新企业的经济效益不稳定，很难吸引人才。

（4）一切从头开始，企业内外各种关系都需要创业者协调，杂事繁多，创业者常常感觉疲惫不堪。

二、创建新企业的必备条件

如前所述，创建一家新企业，自己创业当老板，不是一件轻松的事情。它不仅对创业者自身素质有一定的要求，在客观上，企业还要有一些必备的条件。当然，这些条件不必同时具备，只要满足了其中某一项要求，就有了创业成功的可能性。

（一）拥有专利技术

随着知识经济的到来，人类社会已进入知识社会。在这个社会里，科技工作者具有较强的创业优势。他们利用聪明的头脑，发明新技术、新产品，取得专利权，并以此作为条件，赢得资金的投入。像求伯君凭借 WPS（文字处理系统）起家、王永民凭借王码输入法起家等，这样的例子不胜枚举。

（二）拥有工作经验和一定量的客户群

一些在大企业工作的人，特别是从事销售工作的人，在多年的工作中，积累了很多经验，手中也掌握了很多客户，但由于他们原本就具有远大志向，不甘心永远屈居人下；或者由于偶发因素或原来企业倒闭停业等不得不离开原来企业而选择创业。这些人创建新企业，选择与原来企业相同的行业，比较容易成功。

（三）获得充足的创业资金

人才、市场、资金是创业所需的关键要素。如果有了足够的创业资金，其他问题便能迎刃而解。

三、选择合法的企业组织模式

在大部分发达国家中，小企业采取的法律形式主要有三种：单一业主、合伙经营、有限公司。合作经营是小企业的第四种法律形式，但用得不多，前三种形式占到小企业总数的90%左右。根据我国法律、法规的规定，小企业的组织形式主要有个人独资企业、合伙企业、公司制企业等。

（一）个人独资企业

1. 个人独资企业的界定

个人独资企业，也称为个人业主制（单一业主制）企业，是指由一个自然人投资，财产为投资人个人所有，投资人以其个人财产对企业的债务承担无限责任的经济实体。由于个人独资企业的投资人是一个自然人，对企业的出资多少、是否追加投资或减少投资、采取什么样的经营方式等事项都由投资者一人做主，从权利和义务上看，投资人与企业是不可分割的。投资人对企业的收益一人独享，同时也对企业的债务承担无限责任，即当企业的财产不足以清偿到期债务时，投资人应以自己个人全部财产用于清偿。个人独资企业不具有法人资格，没有独立承担民事责任的能力。《中华人民共和国个人独资企业法》就个人独资企业的设立条件、程序及登记、变更等做了具体的规定。

个人独资企业是最早产生的，也是最简单的企业形态，但是一直以来，它都是小企业使用最多的组织形式。

2. 个人独资企业的优点

（1）个人独资企业组建和终止容易。个人独资企业的最显著的特点就是其组建和终止的快捷性。开设、转让与关闭个人独资企业行为，一般仅需要向工商行政部门登记即可，手续简便。

（2）个人独资企业创建成本低。除方便、快捷之外，个人独资企业是各种企业组织形式中成本最低的一种。它不需要像合伙企业那样准备和提供法律规定的相关文件，只需交纳相对较低的注册费用。

（3）个人独资企业税后利润归个人所有。企业由个人出资，财产归个人所有，利润也全部归个人所得和支配，不需要和别人分摊。另外，与企业法人不同，个人独资企业只需要缴纳个人所得税，不需要双重课税。

（4）个人独资企业决策权完全集中于投资人。个人独资企业的投资人可以按照自己的方式来经营，经营方式灵活多样，处理问题也简单、迅速。在竞争激烈的市场上，快速的反应能力是企业的一项巨大的资产，并且对于要把握市场机会的人来说，快速转变的自由以及弹性的决策是十分关键的。

（5）个人独资企业没有信息披露的限制。在激烈的市场竞争中，有关企业销售数量、利润、生产工艺、财务状况等信息都是企业的商业秘密，是企业获得竞争优势的基础。个人独资企业是在此方面法律约束最少的企业形式，除所得税表格中需要填列的项目以外，其他均可保密。

3. 个人独资企业的缺点

（1）个人独资企业由个人负无限连带责任。在个人独资企业，投资人对企业的全部债务负无限连带责任，即当企业的资产不足以清偿到期债务时，法律规定投资人不是以投资企业的财产为限，而是要用其个人的全部财产清偿债务。

（2）个人独资企业的企业投资规模和融资渠道有限。个人独资企业在发展和扩张时，必须要追加资金。但是，很多投资人在创业时就已经把自己的积蓄和可获得的贷款等资金全部投入了，因此再追加投资就很困难。

（3）个人独资企业的投资人的个人能力有限。每个人在其教育、培训和工作经验所覆盖的范围内可能是专家，但对于其他领域可能就一无所知。投资人的个人能力再强，也不可能做到对其经营企业所涉及的所有问题都样样精通，对于关键问题的知识和经验的缺乏就有可能导致小企业失败。

（4）个人独资企业势单力薄。尽管个人独资企业给了投资人最大的自由发挥空间，但是，有时也会使其感到孤立无援。当投资人必须在没有任何建议和指导的情况下独立做出重大决策时，他可能会感到孤独和害怕，因为所有的责任都压在他一个人的肩上。

（5）个人独资企业的企业寿命有限。个人独资企业完全依赖于企业主个人，如果投资人无意经营或因身体或其他原因无力经营，企业的业务就要中断，从而导致企业关闭。如果没有合适的继承人或其他接替者，该企业就彻底死亡了，其雇员和相关利益者也不得不承担较大的风险。

（二）合伙企业

1. 合伙企业的界定

合伙企业是指由两个以上的合伙人订立合伙协议，共同出资、合伙经营、共享收益、共担风险，并对合伙企业债务承担无限连带责任的营利性组织。

成立合伙企业，应当遵循自愿、平等、公平、诚实信用的原则。合伙人可以采用货币、实物、土地使用权、知识产权或者其他财务权力出资，经全体合伙人同意，也可以采用劳务出资的形式。各合伙人对执行合伙企业事务享有平等的权利。

合伙人对合伙企业的债务承担无限连带责任。合伙企业是以合伙人个人财产为基础建立的，合伙人共同出资构成合伙财产。合伙财产虽然由合伙企业使用与管理，但它属于合伙人共有，仍然与合伙人的个人财产密切联系。所以，各合伙人必须以其个人财产承担合伙企业的债务，即当合伙企业的财产不足以清偿其债务时，合伙人应当以个人财产承担不足部分的清偿责任，承担的比例由合伙人协议规定。

合伙企业的数量不如个人独资企业和公司制企业多，一般在广告、商标、咨询、会计师事务所、律师事务所、股票经纪人等行业较为常见。

2. 合伙人的类型

合伙人主要有有限合伙人、隐名合伙人和普通合伙人三类。

（1）有限合伙人。有限合伙人不执行合伙事务，不对外代表组织，只按出资比例享受利润分配和分担亏损，并仅以其出资额为限对合伙企业的债务承担清偿责任。有限合伙人只能以金钱或其他财产出资，不得以劳务或信用出资。这种合伙形式在英美等国较为常见。

（2）隐名合伙人。隐名合伙人是只出资，分享营业收益及分担营业所受损失，但不参与企业经营管理活动的合伙人。隐名合伙人为大陆法所专有，欧洲国家使用较多。

（3）普通合伙人。普通合伙人是对企业债务负无限责任，执行企业事务，对外代表合伙组织的合伙人。合伙企业至少要有一名普通合伙人。

《中华人民共和国合伙企业法》中只承认普通合伙与有限合伙形式。

3. 合伙企业的优点

与个人独资企业相比，合伙企业具有以下优点：

（1）合伙企业的人员能力可以互补，提高了决策能力和经营管理水平。合伙企业业主人数多，各自拥有不同的知识背景和能力，可以达到优势互补的效果。大家集思广益，利用众人的才智和经验，可以更好地经营和管理企业。

（2）合伙企业具有较强的融资能力和发展空间。与个人独资企业相比，合伙企业能够筹集较多的资金，吸收更多的雇员，具有较高的信用和抗风险能力，从外界获取资金的能力也相对加强。

（3）合伙企业利润分享机制灵活。合伙人分享利润和分担亏损的比例由合伙协议规定，而在企业的经营管理上，每位合伙人都拥有相同的平等权利。这种权利和义务的划分方法较为灵活，没有法律上的约束，可以按照合伙人之间对于各自贡献的估量来划分。

（4）合伙企业具有较少的法规管制、较强的灵活性。合伙企业所受的法律管制虽然比个人独资企业多，但是和公司制企业相比，所受的约束还是少得多的。另外，和公司制企业相比，合伙企业在生产经营上还是具有相当的灵活性的。

（5）由于合伙企业不具有法人资格，因此可以避免双重课税。

4. 合伙企业的缺点

（1）普通合伙人承担无限连带责任。合伙企业是自然人企业，普通合伙人不仅要对企业债务负无限清偿责任，使其家庭财产也在企业经营风险的影响之内，而且要对其他合伙人应负担的债务负连带清偿责任。因此，合伙关系要以诚信为基础，慎重地选择合伙人非常关键。

（2）合伙人之间的关系较难处理，管理协调成本较高。虽然合伙合同已经规定了各自的利润和亏损的分配标准，但对合伙企业来说，由于全体普通合伙人都有权参与企业经营，都有决策权，因此，合伙人之间的协调一致是最重要的。如果产生意见分歧、互不信任，就会影响企业的有效经营。

（3）合伙企业存在潜在的个性和权利的冲突。合伙人之间的关系类似于婚姻，只有充分了解伙伴的工作习惯、目标、信仰以及基本的商业哲学，才能避免合作的破裂。企业应该以有效的机制（如正式的合作协议、开放的沟通渠道）来协调表面的或是潜在的冲突，但是彻底解决的可能性极小。

（4）合伙企业的产权流动受限制。根据法律规定，合伙人不能自由转让自己所拥有的财产份额，产权的转让必须经过全体合伙人的同意。同时，接受转让的人也要经过全体合伙人的同意，才能购买产权，成为新的合伙人。

(5) 合伙企业的规模和融资能力仍受限制。与个人独资企业相比，合伙企业的规模和融资能力都扩大了很多，但是和公司制企业相比，仍有很大的局限性。如果企业规模过大，任何一个合伙人都无法了解其他合伙人的财产状况和可能承担的债务责任。企业产权难以流动，投资风险不好转移，筹资能力也有限，也不能满足企业大规模扩张的要求。

(6) 合伙企业的企业寿命不会太久。合伙企业往往取决于一些关键人物的存在，一旦这些人物退出或死亡，企业就可能难以为继。

(三) 公司制企业

1. 公司制企业的界定

公司，即公司制企业，是依照《中华人民共和国公司法》(以下简称《公司法》) 组建并登记的以营利为目的的企业法人。各国对公司的法律概念规定各不相同，根据《公司法》规定，公司具有如下特征：

(1) 公司是依照《公司法》的规定设立的社会经济组织。

(2) 公司是以营利为目的的法人团体。所谓以营利为目的，是指公司从事生产、经营或提供劳务是为了获取利润。

(3) 公司是企业法人。企业的形态在法律上可以分为两种：一种是法人企业；另一种是非法人企业。所谓法人企业，是指具有民事权利能力和民事行为能力，依法独立承担民事责任的组织。非法人企业则是以自己的名义从事生产、经营和提供服务活动，但不独立承担民事责任的组织。根据《公司法》规定，公司是企业法人，公司股东以其出资额或所持股份为限对公司债务承担责任。而非法人企业的出资人一般对企业债务承担连带责任。

(4) 公司的所有权归股东所有。公司股东按照拥有的资本价值或数额比例分享利润。一旦公司终止并进行清算，股东有权分得公司出卖全部资产并偿还所有债务之后的剩余资产净值。

(5) 公司的决策权最终由股东共同控制。公司的最高权力机构为股东会或股东大会。公司的生产经营管理活动在法人治理机构的规制下进行运作，而不受任何行政管理部门的干预。

2. 公司制企业的分类

《公司法》规定的公司有有限责任公司和股份有限公司两种。

(1) 有限责任公司。有限责任公司是指由 2 个以上 50 个以下的股东共同出资设立，股东以其认缴的出资额为限对公司债务承担有限责任，公司以其全部资产对其债务承担责任的企业法人。有限责任公司有如下特征：

① 有限责任公司是人资两合公司。所谓人资两合，是指有限责任公司的设立和运作不仅是资本的结合，而且是股东之间互相信任的结果。正因如此，《公司法》规定有限责任公司的股东最多不超过 50 人，同时还规定，股东的出资不得随意转让，如需转让，须经股东会即其他股东的认可。

② 有限责任公司实行资本金制度。股东的实际出资构成公司的资本，并以出资额量化股东在公司的权益。

③ 有限责任公司股东的人数有限制。《公司法》规定有限责任公司的股东为2人以上50人以下。

④ 有限责任公司不能公开募股，不能发行股票。

⑤ 有限责任公司不必向社会公开披露财务、生产、经营管理等信息。

（2）股份有限公司。股份有限公司是指全部资本由等额股份构成并通过发行股票筹集资本，股东以其所认购股份对公司承担责任，公司以其全部资产对其债务承担责任的企业法人。股份有限公司有如下特征：

① 股份有限公司的资本划分为等额股份。股份有限公司将资本总额划分为若干等额股份，每股面值金额与股份数的乘积即是资本总额。

② 股份有限公司可以通过发行股票筹集资本。股份有限公司可以采取公开向社会发行股票的方法来筹集资本，这为股份有限公司从事较大事业筹集资金开辟了广阔的渠道。

③ 股份有限公司股东人数不限。股份有限公司的股东人数可以在一定范围内无限多，这样便于吸引更多的人向公司投资。《公司法》对股份有限公司的发起人（股东人数）有最低限制，即在一般情况下，股份有限公司的发起人不得少于5人，但国有企业改建为股份有限公司的，发起人可以少于5人。

④ 股份有限公司股票可以自由转让，而无须经过其他股东的同意。这个特征有两层含义：第一，股票可以自由转让，除国有股转让需要履行必要的批准手续外，股东可以随时转让所持有股票。第二，股票转让价格可由转让方和受让方自由决定。除国有股的转让价格有特殊要求外，只要转让者和受让方同意，股票转让价格可高可低。这既可以使投资者在转让中获利，也可以使投资者在转让中赔本。

⑤ 股份有限公司的生产经营以及财务对外公开。由于股份有限公司的股东人数多，流动频繁，因此，各国法律都要求股份有限公司应将其生产经营及财务向社会公开。股份有限公司是完全意义上的资合公司。

3. 公司制企业的优点

（1）公司制企业的股东承担有限责任。公司制的最大好处就是其投资者的有限责任，这使得投资者可以将投资风险控制在他们投入企业的资金范围内。这项对于个人财产的保护措施对许多投资者都意义重大。但是，这也并不意味着绝对的安全，因为新创企业的风险非常大，因此，大多数债权人或是贷款方都要求借款人签署个人担保。

（2）公司制企业资本相对集中，再融资能力强。在有限责任的保护下，公司制企业是融资能力最强的组织形式，特别是股份有限公司，可以在全社会范围内获取资金。从公司的角度而言，正是有多元化投资主体的存在，公司可以吸纳来自多个投资人的资本，促进资本的有效集中，在一个比较大的资本规模上从事生产经营活动。

(3) 公司制企业产权主体多元化，形成有效的公司治理结构。产权主体多元化，各投资方就会按照投资比例享有权利、承担义务，就会重视公司章程的制定，要求建立有效的公司治理结构，促进公司决策的科学化和民主化。因此，有限责任公司一般要设立股东会、董事会和监事会，股份有限公司设立股东大会、董事会和监事会，在决策、执行、监督环节上形成委托代理和相互制衡的运行机制。

(4) 公司制企业经营稳定，有利于企业的扩张。在公司制企业中，股东选举和更换董事，由董事会聘任或解聘总经理，公司的所有权和经营权分离，使得公司的存续不受某些股东出让或亡故的影响，因此能够保证公司的稳定和长远发展。

(5) 公司制企业所有权转让方便、灵活。股东可以自由地转让其持有的股份，受让人、转让价格等都由交易双方自行决定。

4. 公司制企业的缺点

(1) 公司制企业组建的成本高、花费时间长。公司制企业设立的要求较高，手续相对复杂，有很多法律上必须满足的条件和履行的程序，因此，成本和时间的花费也相对较大。

(2) 公司制企业双重纳税。公司盈利后首先要上缴公司所得税；当利润作为股息派给股东后，股东还要就投资收益部分或个人所得额上缴企业（投资）所得税或个人所得税。

(3) 公司制企业存在委托代理矛盾。公司制企业中存在两对委托代理关系：一是股东和董事之间；二是董事与总经理之间。这种委托代理机制使得企业的两权分离——所有权和经营权分离成为可能，同时也引出了委托方和代理方的矛盾：道德风险和逆向选择。

(4) 公司制企业的信息完全公开。由于公司制企业的投资者非常分散，所以要求公司制企业对于生产经营和财务信息充分公开，以利于投资者了解企业情况。这使得企业的经营完全公开，企业在接受监督的同时，也丧失了竞争的秘密。

(5) 公司制企业所受法律管制较多。各国法律对于公司的设立、经营、变更、终止都有非常严格的限制和约束。

第二节　衍生创业

企业衍生或裂变是一种普遍存在的创业方式。这种创业方式要求创业主体在创业前或后与母体组织之间必须在资源或能力方面存在比较紧密的联系。衍生创业的主体可以是来自母体组织的个人，也可以是一个创业团队。在衍生创业中，母体组织中的高层管理者个人离开原来的组织进行独立创业的比较少，衍生创业的主体一般是来自母体组织的一个团队。母体组织可以是企业组织，也可以是大学及科研机构。

衍生企业与母体组织之间在资源或能力上具有密切的联系，可以从两方面来理解这种联系：一是资源的类型；二是联系的紧密程度或联系方式。

在资源的类型方面，衍生企业从母体组织获取三种资源：管理资源、技术资源、顾客资源。

在联系的紧密程度或联系方式方面，一般认为有两种类型：一种企业衍生创业是母体组织战略的选择，在本质上是属于公司的内部创业，它与母体组织在权益方面具有不可分割性，而且在资源与能力方面具有长期稳定有序的协作，如由原联想集团衍生出的神州数码。另一种企业衍生创业是由企业原先雇员（跳槽人员）创立的独立企业，企业的设立往往是母体组织不愿看到的，因而与母体组织一般不存在资源与能力方面的协作，与母体组织也不存在必然的股权联系，如港湾网络有限公司。

一、衍生创业的分类

事实上，无论依托于技术资源的衍生，还是依托于生产知识、市场网络的衍生，大致都可将衍生企业分为两类：[①]

（1）由企业内部某单位分立出的独立企业。它与母体企业除在股权上有明显的联系外，在资源、能力上亦存在稳定有序的协同，这是一种主动衍生企业。

（2）由企业原先雇员（跳槽人员）创立的独立企业。企业的设立往往是母体企业不愿看到的，因而与母体企业一般不存在有机的资源与能力协作，与母体企业也不存在必然的股权联系，这类企业是一种被动衍生企业。这两种企业在机会优势与资源优势方面各有千秋。

二、衍生创业的优势

（一）资源继承优势

衍生创业企业往往是由优秀的创业团队所驱动的。其创业团队的组建往往与一般创业不同，在核心创业者裂变创建新企业时，一般会从母体企业带出或者转移出，或者跟随出一支创业团队，此团队具有同业经验丰富、业务结构合理和合作历史较长等特点。[②] 这使得衍生企业可以与创业企业共享资源平台。同时，围绕创业者这一核心资源，客户关系、营销网络、产品技术等无形资源也会产生一定的转移，为新创企业克服运营时间短、经验不足、难以获得顾客的信任等问题提供保障。

[①] 张书军，李新春. 企业衍生、资源继承与竞争优势. 学术研究，2005（4）：31-36.
[②] 李志刚，于富红. 裂变型创业企业研究. 东方论坛，2009（5）：73-74.

（二）资源创造优势

继承的资源并不一定在任何情况下总是适用，必要的创造能力与变革倾向是克服资源获取和转移中的障碍的手段。尤其是新的资源往往可以突破原有企业单一资源运作的局限性，提高其创新机会识别与创新的能力。继承资源（知识、技术、声誉等）可看作衍生创业的原始积累。

三、衍生创业的影响因素

一般来讲，影响衍生创业成功的因素主要有四方面：

（一）企业家的能力

企业家的能力由企业家一般及专门的经验和教育决定，一般的经验和教育主要是指企业家所拥有的有关社会的公共知识和技能，而专门的经验及教育是企业家所独有的，它往往是和企业家主体不可分离的，潜在企业家在母体企业工作期间所获得的技术技能、顾客关系资源以及管理经验对他从事衍生创业活动很关键。

（二）小企业的空间集聚

小企业在某个创业区域的集聚虽然不是衍生创业成功的充分必要条件，但是某个区域具有企业集聚的现象可以带来知识的外溢与规模经济效应。这有利于衍生创业企业获得成熟的人力资源、顾客资源与相关的市场信息。集聚带来的资源可获得性是提高衍生创业成功概率的重要原因。

（三）母体企业内部的资源分布情况

母体企业资源的异质性与丰富性决定了企业家衍生创业时资源的可获取性，从而影响衍生创业企业的竞争力与生存能力。当这种关键资源在企业内部分散于企业的多个部门，并且与企业背景不可分割时，企业家衍生创业从母体企业获取资源的能力就越弱，衍生创业的可能性就越小。当企业内部关键资源相对集中地由少数管理者或技术人员拥有时，在对资源拥有的主体激励小的情况下，他们从事衍生创业的可能性就很大。

（四）母体企业的报复

衍生创业一般意味着与母体企业之间将开展竞争关系。母体企业具有多年的发展积累，这使得其在资源上具有一定的优势，而新创业的衍生企业往往面临着资源的约束，在竞争中难免处于弱势。虽然母体企业的报复可能会降低衍生创业企业成功的概率，但是这种关系还要受到行业发展因素的影响。

第三节　特许经营模式

特许经营模式起源于美国。1865年，美国辛格缝纫机公司首创特许经营式分销网络，开创了特许经营模式之先河。第二次世界大战后，这种模式在各个行业迅速发展，尤以快餐业最为典型和迅速。20世纪50年代，麦当劳、肯德基引入特许经营模式，公司业务得到迅速发展，同时特许经营业态也越来越完善。20世纪60年代，特许经营模式从美国向世界各地蔓延。加拿大和欧洲等地率先成为美国授权企业的市场。1963年，日本成立了第一家特许经营性质的连锁店——不二家西式糕点咖啡店，并由此形成了以零售业和饮食业为中心的特许经营体系。从20世纪80年代开始，全球特许经营飞速发展。在美国，每5~6分钟就有一家加盟店开业。据统计，美国现已有35万多家零售特许加盟店，英国也有近2万家。

我国出现特许经营模式的时间较短，真正发展起来是近几年的事情。随着国际化大企业闯入中国市场，这种模式猛烈地冲击着传统的流通体系。目前，特许经营模式已遍布整个第三产业的几乎所有行业，它正迅速成为中国最具获利能力的投资方式和创业途径。

一、特许经营模式概述

（一）特许经营的含义

特许经营是指特许经营人将自己所拥有的商标、名称、产品、专利和专有技术、经营模式等以合同的形式授予被特许经营人使用。被特许经营人按合同规定，在特许经营人统一的业务模式下从事经营活动，并向特许经营人支付相应的费用。

拥有特许经营权的一方称为特许人，被授予特许经营权的一方称为受许人。特许人与受许人之间签署的合同就是特许经营协议。

（二）特许经营的基本特征

从特许经营的定义中可以看出，它具有以下基本特征：

（1）特许经营是特许人与受许人之间的一种合同关系。也就是说，特许人与受许人的关系是依赖于双方合同而存在的，合同到期双方之间的关系即告结束。

（2）特许经营中特许人与受许人之间不存在有形资产关系，而是相互独立的法律主体，各自独立承担对外的法律责任。

（3）特许人对双方合同涉及的授权事项拥有所有权及（或）专用权，而受许人通过合同获得使用权（或利用权）以及基于该使用权的收益权。

（4）特许经营中的授权是指包括知识产权在内的无形资产使用权（或利用），而非有形资产及其使用权。

(5) 受许人有义务根据双方合同向特许人缴纳费用。

(6) 受许人应维护特许人在合同中所要求的统一性。

(三) 特许经营模式的类型

(1) 按特许经营权的内容，可将特许经营模式分为两种基本类型：产品商标型特许经营和经营模式特许型经营。

① 产品商标型特许经营。产品商标型特许经营，又称为产品分销特许，是较早出现的一种特许方式，是指特许人向受许人转让某一特定品牌产品的制造权和经销权。特许人向受许人提供技术、专利和商标等知识产权以及在规定范围内的使用权，对受许人从事的生产经营活动并不作严格的规定。这类特许形式的典型例子有汽车经销商、加油站以及饮料的罐装和销售等。目前在国际上，这种模式发展趋缓并逐渐向经营模式特许型经营演化。

② 经营模式特许型经营。经营模式特许型经营被称为第二代特许经营，目前人们通常所说的特许经营就是这种类型。它不仅要求加盟店经营总店的产品和服务，而且质量标准、经营方针等都要按照特许人规定的方式进行。受许人要缴纳加盟费及其他费用。特许人必须为受许人提供培训、广告、研究开发业务和后续支持。目前这种模式正在快速发展。快餐店、饭店旅馆、商业服务等行业中就有这种特许方式。

(2) 按特许双方的构成，可将特许经营模式分为制造商和批发商、制造商和零售商、批发商与零售商、零售商与零售商。

① 制造商和批发商。饮料制造商建立的装瓶厂特许体系属于这种类型。经营的具体方式是，制造商授权受许人在指定地区使用特许人所提供的糖浆并装瓶出售，装瓶厂的工作就是使用制造商的糖浆生产饮料并装瓶，再按照制造商的要求分销产品。可口可乐就是最典型的例子。

② 制造商和零售商。汽车行业首先采用这种特许方式建立了特许经销网。在石油公司和加油站之间也有同样的特许关系。它的许多特征同经营模式特许有相似之处，并且越来越接近这种方式，汽车制造商指定分销商的方式已经成为经营模式特许。

③ 批发商与零售商。这种类型的业务主要包括计算机商店、药店、超级市场和汽车维修。

④ 零售商与零售商。这种类型是典型的经营模式特许，代表企业是快餐店。

(3) 按授予特许权的方式，可将特许经营模式分为单体特许、区域开发特许、二级特许和代理特许等类型。

① 单体特许。单体特许是指特许人赋予受许人在某个地点开设一家加盟店的权利。特许人与加盟者直接签订特许合同，受许人亲自参与店铺的运营。目前，在该类受许人中，相当一部分是在原有网点基础上加盟。单体特许适用于在较小的空间区域内发展特许网点。

② 区域开发特许。区域开发特许是指特许人赋予受许人在规定区域、规定时间开设规定数量加盟网点的权利。由区域开发商投资、建立、拥有和经营加盟网点；该加盟者不得再行转让特许权；开发商要为获得区域开发权缴纳一笔费用并遵守开发计划。该种方式运用得最为普遍。该方式适用于在一定的区域（如一个地区、一个省乃至一个国家）发展特许网络。

③ 二级特许。二级特许是指特许人赋予受许人在指定区域销售特许权的权利，在该区域内，二级特许人扮演着特许人的角色并对特许人有相当的影响力；二级特许人要支付数目可观的特许费；特许人与二级特许人签订授权合同；二级特许人与加盟者签订特许合同。它是开展跨国特许的主要方式之一。

④ 代理特许。代理特许是指特许代理商经特许人授权为特许人招募加盟者。特许代理商作为特许人的一个服务机构，代表特许人招募加盟者，为加盟者提供指导、培训、咨询、监督和支持。特许人与特许代理商签订代理合同，特许人与加盟者签订特许合同，合同往往是跨国合同，双方必须了解和遵守所在国的法律；代理商不构成特许合同的主体。它是开展跨国特许的主要方式之一。

二、特许经营模式的优缺点

特许经营模式的优缺点对于特许人和受许人来说是完全不同的，应分别进行研究。

（一）从受许人的角度来研究特许经营模式的优缺点

（1）从受许人的角度来研究，特许经营模式有以下一些优点：加盟一家实力雄厚和信誉高的特许经营企业，投资风险小，并且可以得到特许人金融方面的帮助；受许人可以得到特许经营企业系统的管理培训和指导；受许人可以享受特许经营企业大规模的广告宣传等各种促销活动，使用公众所熟悉的特许经营企业的服务商标、产品商标、所有权、专利与外观设计，有利于提高竞争力；特许经营企业集中进货，可降低成本，保证货源。

（2）从受许人的角度来看，特许经营模式也有以下缺点：经营方式上没有自主权，受制于特许人，使其增长受限制；受许人必须支付昂贵的特许经营费，利润要按协议与特许人共享；受许人必须接受特许经营企业统一的供货价格；一个特许经营加盟企业出现问题，会连累所有企业。

（二）从特许人的角度来研究特许经营模式的优缺点

（1）从特许人的角度来研究，特许经营模式有以下优点：每开设一家特许经营分店都可收取特许经营费，而且可收取管理费，增加了特许人的收入。特许经营有利于提高特许经营企业在当地的知名度。特许经营可以降低经营费用，集中精力提高企业管理水平。特许经营能以较快的速度、较少的资金实现规模扩张；且有最终回购成功的特许加盟分店的机会。

（2）从特许人的角度来研究，特许经营模式有以下缺点：对加盟企业没有所有权，控制力度减弱；一个加盟店的企业形象受损，会影响总店的声誉；运作支持费用增加，为维持特许经营关系、进行核算及一些通常的服务，在授权特许经营中的花费要比集权的组织花费更多。

三、特许经营项目的选择

（一）特许经营项目的发展现状

从世界范围来看，特许经营模式已经在许多行业渗透，其主要包括餐饮、酒店、休闲旅游、汽车用品及服务、商业开发、人力资源开发、猎头、家庭服务、便利商店、洗衣店、汽车租赁、机器设备租赁、零售店、健身、美容服务、教育用品及服务等。

餐饮业是特许经营的主力，尤其是快餐店。1994年，美国增长最快的十大特许经营企业中，有5家是快餐店，其中最著名的麦当劳排名第二。引人注目的是，在餐饮业特许经营中，有64.1%的餐厅是近几年才开张的，显示了特许经营在这一行业中的强大活力。北京全聚德烤鸭店已经走向特许经营商国际化的道路，现已在国内发展了56个特许经营点，在国外发展了6个特许经营点。

在特许经营里，休闲旅游尚属一个新行业，有一半以上的受许人是在1989年以后才开业的。这种行业的特许合同期限一般都相当长，有的甚至是无限期，说明特许经营对这一行业的稳定性要求较高，但总部征收的广告费用比其他行业低得多。

家庭服务也是一个较新的行业，随着家庭劳动社会化的逐渐兴起，家庭服务必将具有较大的潜力。

便利商店是一种典型的特许经营的业种。目前在我国，此种行业发展很快。例如，上海华联超市已有直营店500家，加盟经营点2 000家，成为中国最大的连锁标超企业。

（二）特许经营项目的选择策略

（1）考察特许经营连锁系统的品牌形象和背景，也就是考察特许企业的品牌吸引力和从事该行业的时间、财力、本土化以及规划等。以往由于加盟者对于经营业态认识不清、盲目加盟导致失败的案例很多。现在的信息通道极为通畅，加盟者可以通过总部不定期的讲座和说明会来获得加盟的相关咨询，同时也可以查看连锁刊物和听取相关业者的经验之谈。在一般情况下，只要资金允许，要尽量选择成熟的、有知名度的品牌来投资。

另外，有关专家通过研究，归纳了一组数据，可以帮助加盟者判断特许经营总店的实力。假如总店拥有的受许人数量为1~10个，可以认为，该总店处于摸索阶段；假如拥有11~40个受许人，此时总店已排除了摸索阶段的种种障碍，但发展不易太快；假如拥有41~100个受许人，则总店特许经营体系已经相对成熟，特许人可以从中得到合理的盈利；假如受许人数量在100个以上，那么，特许经营体系已完全成熟。

（2）应当了解特许方对受许方的服务。成功的特许经营总店对加盟店的服务措施可以概括为三方面：首先，按照公司经营理念和行为规范的要求，为加盟分店的经营人员提供培训服务，以提高他们的经营管理水平，帮助他们正确理解公司理念、行为规范的含义；其次，通过批量进货、规模采购，使加盟店获得同行业价位最低的货源，帮助加盟店办理周转商品抵押手续，为加盟店降低进货成本、提高经济效益提供了可能性；最后，将现代化流水线生产方式的程序和统一规范引入经营管理中，为加盟店提供统一的经营管理标准、企业视觉形象识别系统设计及店面装修、服务礼仪规范等。

（3）实地调研，选择理想的店址。在进行各种相关资料的收集之后，加盟者还应当进行商圈的考察和店铺地址的选择。加盟特许经营，店址的选择也很重要。适宜的店址可以使生意兴旺，否则可能使生意萧条，甚至倒闭。有人把商店经营成功秘诀的首要因素归结为地址、地址、还是地址。这也是快餐业巨头肯德基和麦当劳的经营成功之道。所以，没有好的地址，情愿先不开店。

选址通常应在总部的指导下，根据其他店的经验预测候选店址的营业额、投资金额、租金等，评估获利能力，以此来决定开店地点。不同行业、业态的目标顾客是不同的，在一般情况下，应选择离目标顾客近，且他们来店方便、能见度高的地点作为店址。

（4）认真阅读和推敲加盟条款。很多加盟者在签订合同时不注意，导致在以后的经营中发生纠纷。避免这种现象发生的方法就是，要在签订合同前，咨询业内的专门人员，尤其要争取得到律师的帮助，以完全了解合同条款的引申含义。

四、加盟特许经营的一般步骤

（一）正确认识加盟

当决定采用特许经营模式开创自己的事业时，千万要冷静，要对特许经营有一个正确的认识。

（1）特许经营是双方自愿的行为，双方都欲借助对方的力量先行达到自己的目的，而后达到共存。每个特许经营组织都有一套成功的运作经验，对其加盟者有特定的要求，甚至是特殊的条件制约。

（2）总店所提供的是一整套运作模式，而绝不是灵丹妙药，要取得最后的成功，还需要受许人自身的努力。

（3）特许经营不是致富捷径，它只是一种创业途径，同样存在风险。

（二）收集加盟资料

特许经营几乎适合所有的商业服务业，因此必须尽可能地收集不同行业的加盟信息，选择自己感兴趣的行业，比较不同行业的市场潜力、发展趋势、投资回报，避免判断上的失误和偏离自己的真正兴趣。

（三）确认拟加入的行业及体系

在加盟前，首先确定行业，然后精选数个经营体系予以比较，仔细了解该体系的发展过程、商誉、获利性及未来前景、财务状况，并对照自己的财务、能力、兴趣，做出客观的评估。也就是说，要从总体上考察拟加入的企业系统的整体形象和背景，企业品牌吸引力和从事该行业的时间、财力以及规划等。

（四）申请、协商、评估

要重点考察项目经营和进行投资分析，做好包括选址、装潢等开业前的准备工作。有关项目应了解的事项大致包括以下几方面：

(1) 投资成本如何？包含哪些费用？
(2) 除了开业成本外，还要在哪些方面投入资金？支付什么费用？
(3) 支付多少加盟费？是否收取权利金？如何收取？
(4) 需要多少流动资金？其依据是什么？
(5) 开店前及开业初期，总店可提供哪些支援与服务？
(6) 开业训练内容是什么？谁负担训练费用（包括交通食宿费用）？
(7) 总部可否提供管理手册、操作手册？
(8) 总部对设备及原材料购置有哪些优惠？是否会强迫性订货，从而赚取差价？
(9) 开业后，毛利如何？如何达到盈亏平衡点？
(10) 督导人员如何帮助改善管理，提高业绩与服务水准？
(11) 总店如何提供广告宣传支援？受许人是否要额外承担促销费用？

（五）签订加盟合约

在某种程度上，特许经营也就是契约式经营。因此，在签约前，一定要认真阅读和推敲加盟条款，并请职业律师给予协助指导。在签约前，要慎重考虑以下事宜：

(1) 我的性格和身体是否适合自己做老板？
(2) 我是否有足够的财力，一直支持下去，并承担可能出现的亏损？
(3) 我的兴趣与这个机会是否相符？
(4) 我是否有能力妥善管理员工，并全身心投入工作？
(5) 家庭能否全力支持我的创业大计？
(6) 我能否接受特许经营体系的约束？
(7) 是否准备用自己所有的资产或积蓄去冒险？
(8) 除了参与特许经营外，是否还有其他机会或途径做老板？

（六）开业准备

所有的工作都做了，所有的问题都想清楚了，那就准备开业吧。

五、特许经营合同

特许经营合同是特许者与受许者之间最重要的法律文件，其中包括了所有关于双方合作的约束条款。由于双方的合作有着长期、深入、涉及面广的特点，因此，合同也要考虑全面。

特许经营合同主要包括下列内容：

（1）专门用语定义。合同中涉及的法律、经营管理和技术等方面的专门用语，如管理体系、商标许可使用、区域保护、加盟金、特许经营权使用费、产品和服务的内容等，对这些用语的内涵和外延必须有明确的界定。

（2）确定特许经营授权许可的内容、范围、期限和地域等。其内容大致包括许可使用的商标、商号、专利、专有技术和经营诀窍等。许可范围应明确规定使用的时间、地点、方式、使用权限等。合同期限短则1年，长则10年，最长可达20年，通常为3~5年。地域通常是指受许人有权使用特许经营权的地域范围。

（3）规定特许人和受许人的基本权利和义务。根据《商业特许经营管理办法》规定经营双方的权利和义务。

（4）对受许人的培训和指导。特许经营合同应明确规定培训和指导的内容、方式、有关费用的承担等事项。培训指导通常包括开业前的人员培训、店址的选择、店面的设计、营销策划和开业后的支持指导。

（5）各种费用及支付方式。费用主要包括加盟金、特许权使用费、保证金和其他费用等。实践中，特许者可收取上述费用的一种或几种，具体金额可根据实际情况进行约定。

（6）保密和限制竞争条款。

（7）特许经营中加盟店的转让问题。

（8）特许经营门店租赁期限和总部转租权约定的问题。

（9）违约责任。

（10）合同的终止和纠纷的处理方式。

第四节　家族企业

进入家族企业也是许多人成为企业家的途径之一。按照中国的传统观念，子承父业，顺理成章。家族企业有着其他企业无法比拟的优势，由于其组成成员的特殊性，即依靠血缘关系所产生的强大凝聚力，在共同经济利益的驱使下，促使企业迅猛发展。在世界经济的发展过程中，家族企业始终起着重要的作用。比如，沃尔玛、福特、杜邦、摩托罗拉、丰田、八佰伴等都是由家族企业发展而来的。据统计，在全球500强中，有175家为家族控制的企业。在菲律宾和印度尼西亚，最大的10个家族拥有本国市值的一半；美国的家族企业创造了78%的就业机会，创造了全美国内生产总值的50%。目前，在中国的非公有制经济中，家族式经营的企业至少占到了90%以上。家族企业为中国乃至世界的经济发展做出了巨大的贡献。

一、家族企业及其独特性

（一）家族企业的含义

目前，国内外经济学界尚未对家族企业给出一个准确的定义。

美国企业史学家钱德勒是较早给家族企业下定义的学者。他认为，传统的个人企业，即两权合一的企业是家族企业。即使是合伙关系，只要资本股权为少数个人或家族掌握，这种企业也是归于家族企业的范围。

美国学者克林·盖尔西克等认为，能确定家族企业的是家庭拥有企业所有权。也就是说，所有权是否掌握在创办企业的家庭成员手上，是划分家族企业与非家族企业的分水岭。

国内学者潘必胜认为，当一个家族或数个具有紧密联盟关系的家族拥有全部或部分所有权，并直接或间接掌握企业的经营权时，这个企业就是家族企业。

刘小玄等学者认为，家族制企业的特征是，单个企业主占有企业的绝大部分剩余收益权和控制权，承担着企业的主要风险。

从国内外学者对家族企业的定义可以看出，判断家族企业的标志主要有两个：一个是控股权；另一个是经营权。因此，我们将家族企业定义为，在企业的发展过程中，由一个家族控制该企业的部分股权（有人认为这个临界股权应为20%~30%或以上）并且参与管理，这样的企业就是家族企业。

（二）家族企业的特征

从一般意义上来说，家庭和企业是两个完全不同的组织。家庭的目标是赡养老人和抚育儿女，尽最大可能使家庭成员幸福快乐。企业的目标是提供产品或服务，赚取利润，促进其发展。它们是两个成员不同，目标也不同的组织。然而，在家族企业里它们是重叠的、交织在一起的。家庭和企业的重叠与交织，使得家族企业有别于其他类型的企业。站在小型家族企业的角度，其主要特征表现如下：

（1）目标与利益上的一致性。由于家庭与企业关系的相互重叠、水乳交融，风险共担、利益共享，所以从长远来看，家族和企业的目标与利益是一致的。当然，在企业发展过程中，家族利益与企业利益有时也会发生冲突。这时，就可能要求家族成员为了企业的利益牺牲家族利益；反之，也有可能为了家族利益而暂时牺牲企业部分的利益。

（2）以创始人为核心组成家族企业的决策中心。家族企业的决策机构通常是以创始人的血缘世系为核心而组成。随着企业规模的扩大，该组织会循着血缘、姻缘、地缘、学缘等的方向，由近及远、由亲及疏地组成一个团体。企业的最高权力往往集中于家族组织的核心成员手中，并且他们职位的高低与其在家族中的地位呈正相关关系。在初创时期，企业规模较小，企业成员通常身兼数职，即既是企业所有者，又是企业经营者，还是生产者。随着企业的发展壮大，分工越来越细，这种一体化的权力职能结构才逐渐出现分离。尤其是职业经理人的出现，使越来越多的家族成员退出权力机构，由"企业的主持人"变成"企业的受益人"。

（3）经营管理过程中更多地体现人文主义色彩。家族企业的多数成员都是由于各种各样的关系连接在一起的，人与人之间有着千丝万缕的联系。基于这一点，家族企业在经营管理活动中比其他企业带有更多的感情色彩。比如，在企业内部，这种人情化的管理方法具有一定的主观随意性，对不同人，可能会有不同的要求。在企业外部，企业可能会通过家族关系的延伸来扩大社交网络，获取社会资源，利用关系网进行交易、融资、合作等。

（三）家族企业的优势与劣势

1. 家族企业的优势

（1）创业成本较低。首先，用人成本低。企业成员之间特有的血缘关系、姻缘关系、亲缘关系和学缘关系等，使家族企业能够以较低的成本迅速网罗人才。其次，融资成本低。私营企业创业时，很难取得银行贷款，家族及其亲朋好友往往是企业融资的主要渠道。据调查，我国私营企业最主要的开办资金来自本人积累的占56.3%，亲友借款占16.3%。最后，经营管理成本低。家族企业运作过程中出现了矛盾或纠纷，可以通过内部协商，不需要引入第三方监督机构，从而降低了成本。

（2）企业内部容易建立较高的信任度。这种信任度既表现在人与人之间，也表现在人与企业之间。俗话说，打虎亲兄弟，上阵父子兵。以血缘、姻缘、亲缘、学缘等关系维系的家族企业自然比普通企业有较高的信任度，这种信任关系是企业健康发展的基础。有了这种信任，人与人之间就多了一分关爱，少了一分猜忌，多了一分凝聚力，少了一分离心力。当企业出现危机的时候，在家族企业里，家族成员会自然而然地团结在一起，共渡难关。比如，为了维持企业的发展，家庭成员可以少拿，甚至不拿薪金，可以暂时牺牲小家庭的利益，而非家族成员会选择离开另寻发展机会。

（3）创业者是企业的主要管理者，对核心技术和核心业务较熟悉。在一般情况下，小企业的创业者都是从自己熟悉的行业入手开拓事业，集技术与管理于一身，避免了所有权与经营权相分离的矛盾，大大提高了管理效率，加快资本原始积累的速度，这在创业初期是比较可行的。尤其是一些高科技企业，决策者必须懂业务。

（4）家族企业更加注重企业的长期发展。家族企业因为要世世代代相传下去，所以与普通企业相比，更加注重长期效益，注重企业的可持续发展。这使它在经营管理活动中，眼光放得更远。对外树立良好的企业形象，对内注重创新，提高产品或服务质量。

2. 家族企业的劣势

（1）家族企业很难吸纳并且留住家族之外的优秀人才。首先，家族企业的拥有者往往为了牢固地控制企业，排斥"外族人"进入企业的核心层。这种单纯在家族成员中选拔人才的结果，就使选择面变得越来越窄，可用的人也越来越少，甚至一些能力较差的家族人员被重用，而一些真正的管理人才被拒之门外。其次，管理人才即使进入了家族企业，也很难与之融为一体。因为基于家族关系建立起来的内部信任，自然会对其他人产生不信任感。最后，长期的家长式管理，形成了高层管理者专权命令式的决策，无法调动外部管理人员的积极性，也很难留住优秀人才。

（2）家族企业在人事安排方面常常因人设职。在家族企业内部，常常缺乏明确的组织职能设计与分工。整个家族企业有时就像一个扩大了的家族，更多的是按照家族式的规则行事，缺乏科学的组织设置原则，在管理过程中常常出于家族内部人员关系考虑，因人设岗、任人唯亲的现象较为普遍。很多家族企业为了照顾家族成员的利益而不惜牺牲全局，许多岗位的职能差别不大，却不断重复设置，以致个人的权责利界定模糊。

二、家族企业的管理

（一）家族企业的管理生命周期

西方学者对家族企业的生命过程做过深入的研究，有多种理论体系。其中，以美国的艾迪思的"企业生命周期理论"影响较大并被广泛接受，如图5-1所示。

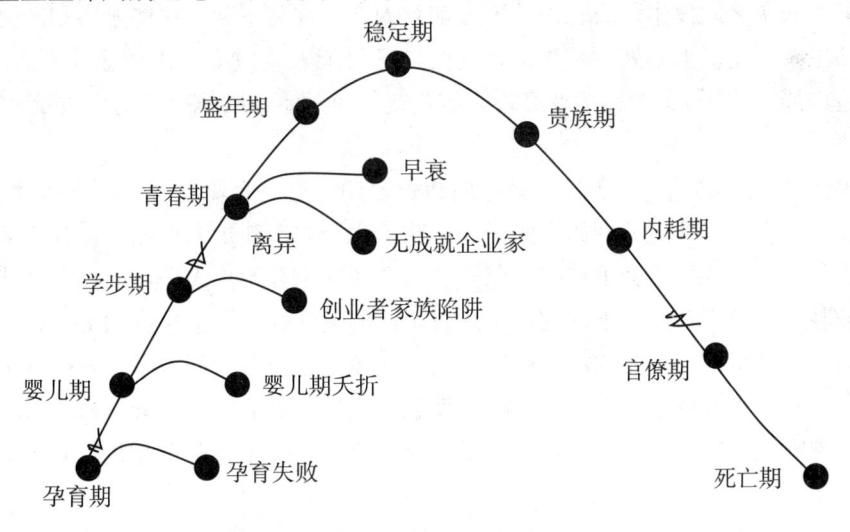

图5-1 艾迪思企业生命周期理论

该理论主要从企业生命周期的各个阶段分析了企业成长与老化的本质及特征。艾迪思把企业生命周期形象地比作人的成长与老化过程，他认为，企业的生命周期包括三个阶段十个时期：成长阶段，包括孕育期、婴儿期、学步期、青春期；成熟阶段，包括盛年期、稳定期；老化阶段，包括贵族期、内耗期或官僚化早期、官僚期和死亡期。每个阶段的特点都非常鲜明，并且都面临着死亡的威胁。根据图5-1，可以看到：

（1）孕育期，凡是希望创办企业的人都拥有雄心勃勃的创业计划。一旦他们对风险做出承诺，一个企业就诞生了。也有很多人不能做出最后的承诺，企业就流产了。

（2）婴儿期，此时的企业缺乏规章制度，创始人在经营管理上大权独揽，常常出差错，控制力很弱，根据危机进行管理。但这并不是它的主要问题，资金不足才是关键。一旦企业失去资金的支持，将难逃夭折的命运。

（3）学步期，是企业迅速成长时期。创始人仍然是决策的中心人物，且自信心膨胀。此时，企业控制力很弱成为主要矛盾，表现在三方面：一是缺乏战略眼光容易被眼前的机会所驱使。二是缺乏一种系统化的制度。如果说婴儿期是根据危机进行管理，学步期的管理则成为企业的危机。三是仍然以家族成员为管理主体，缺乏一种科学化的授权体系。那些未能建立管理、领导制度的学步期企业将会掉入"创始人家族陷阱"。

（4）青春期，是企业成长最快的阶段，规模效益开始出现，市场开拓能力也迅速加强，市场份额扩大，产品品牌和企业已为世人所知晓。在这个时期，企业采取新格局。创始人聘请职业管理人员，并逐步实现授权管理、制度化和规范化管理。这个时期对企业创始人是个极大的考验。青春期过渡顺利的家族企业产权结构可能发生变化，股权开始出现多元化或社会化，创始人逐渐从管理层淡化，经营工作逐步由职业经理人承担。但是这一切并非易事，往往是创始人仍然参与很多管理工作，与管理层发生矛盾；创始人、管理层和董事会之间发生矛盾；家族成员之间发生矛盾；以及老人和新人之间冲突不断。这些矛盾和冲突成为这一时期企业的主要问题。如果处理不当，则企业内部可能发生政变，由职业经理人全面接管，创始人被迫出局（离异），要么职业经理人被赶走（企业倒退到学步期），要么家族成员之间反目成仇、家庭破裂等。

（5）企业度过青春期，终于进入盛年期和稳定期，这是企业生命周期中最理想的状态。在这一阶段，企业得以摆脱了创始人的影响而获再生，并不断走向成熟。在青春期，创始人经历了多次危机后，开始学会了授权，职业型的企业家也开始步入企业。企业也从以量取胜转向以质取胜，从苦干转向巧干。在盛年期，企业的灵活性和可控性达到平衡，出现了一些企业运作的理想化特征：企业的制度和组织结构完善；企业者的创造力、开拓精神得到制度化保障；企业非常重视顾客需求，注意顾客满意度；计划能够得到不折不扣的执行；企业对未来趋势的判断能力突出；企业完全能够承受增长所带来的压力；企业开始分化出新的事业和组织。

根据艾迪思的理论，与世界上著名的百年以上家族企业相比，如瑞士的劳力士公司、美国的杜邦公司、通用汽车公司和西方电气公司，中国相对比较长寿的家族企业只能算刚刚度过学步期进入青春期，而绝大多数还处在婴儿期和学步期的初级阶段。

（二）家族企业管理的特征

目前，尚处于婴儿期和学步期的中国家族企业，其管理权限仍集中于创始人及其少数家族成员手中，采用的是家长式的管理。家族企业管理的特征主要表现在三方面。

（1）集权式的组织模式。家长（通常也是企业创始人）依托家族的血缘关系，将企业的决策权集中在自己手中或家族内部。

（2）恩威并用的管理方法。没有制定科学的规章制度，创始人依靠个人在家族中的威望，按照自己的价值观，实行软硬兼施、以软为主的管理手段。

（3）"家长"的示范效应。洛克菲勒的节俭作风和美国标准石油的虔诚给它的员工起了很好的榜样作用。台湾的"塑料大王"王永庆忘我地工作，成为其部属勤奋工作的楷模。

这种家长式的管理方法，在创业初期，生产品种单一、生产关系比较简单的情况下，是行之有效的。但是，它有悖于强调专业分工和社会化生产的现代企业发展原则，逐渐成为制约家族企业发展壮大的瓶颈。家族企业要发展、实现规模化经营，就必须摒弃这种落后的管理方法。

（三）家族企业的管理原则

彼得·杜拉克是美国著名的管理学家、现代管理学理论的奠基人，被管理学界尊称为"现代管理之父"。杜拉克对家族企业管理有其独到的见解。他认为，就企业的所有功能性工作来讲，一般企业与家族企业之间没有任何不同，但在管理方面，家族企业要严格遵守特别的原则：一是家族成员一般不宜在本企业工作；二是非家族企业成员出任高级职位；三是非家族专业人士身居要职；四是让外聘管理人员享有"主人感"；五是找好仲裁者。前三点一目了然，无须多解释。第四点是指家族企业通过实行优先认股制度和赠与企业股票期权等激励措施，使外聘的管理人员，特别是高层专业人士能与家族成员同享金钱上的认可和地位上的认同。这对于家族企业中的外聘管理人员具有非常重要的意义。第五点是指将企业管理的继承问题，交给一个既非家族成员也不是企业一员的外来者来解决，以此避免管理层在继承问题上遇到的麻烦——甚至分裂。

这五项原则是杜拉克通过广泛的实例调查与研究总结出来的。杜邦公司、莱维－施特劳斯公司以及罗思柴尔德家族的成功也充分证明了大师的睿智。目前在中国，法律制度还不尽完善，也没有形成一个高素质的职业经理阶层，因此，在管理过程中，这五项原则尚不能完全被履行。但是，它仍然是中国家族企业管理的方向。

结合中国实际，小型家族企业的管理应坚持以下原则：

（1）明确家族成员的股权占有状况。家族企业往往只重视家族整体占有企业的股权，忽视了各家族成员独立的股权占有状况。股权占有状况的不明，导致了决策过程中责、权、利不清，决策效率及质量很难保证。因此，明确家族成员的股权占有比例是做好家族企业管理的第一步。

（2）建立合理的董事会决策制度。家族企业明确了家族成员各自的股权份额以后，在议事过程中就应当严格按照一般企业董事会议事的通行做法，各成员以股东身份参与议事，而不是以家庭成员身份；以股权占有状况决定各成员在公司治理结构中的决策权利，而逐步减少以血缘关系论资排辈的现象。

（3）聘用专业化的管理队伍。人事安排上要避免任人唯亲。一方面，企业要大胆聘用职业经理人，吸收专业管理人才进入企业决策层；另一方面，企业要不断提高家族成员的管理水平，杜绝能力低下的家族成员进入管理层。同时，对有能力的非家族成员，特别是职业经理人，给予股份激励，以此拉近他们与家族企业之间的距离。

深圳太太药业有限公司的创始人在谈到职业经理人时说：只要这个职业经理人能给我创造好的效益，我为什么不用他呢？为什么非要自己来管，还要操心，只要他能给公司带来效益就行。家族企业不能任人唯亲，那样一定会失败。企业是靠制度，不是靠他和我有没有血缘关系。

（4）逐步实现决策的民主化。企业主独立决策具有很大的风险，特别是一些有关企业发展全局的问题，一旦决策失误，会带来难以预料的损失，甚至会将企业葬送。因此，企业必须提倡民主决策。

据有关调查显示，在家族企业中，对于重大的决策，55.3%的企业由企业主决定，30.2%的企业由企业主与主要管理人员共同决定，13.9%的企业由董事会决定；对于日常一般管理决策，49.7%的企业由企业主决定，36.0%的企业由企业主与主要管理人员共同决定，12.7%的企业由董事会决定，企业主不闻不问的仅占0.6%。

从世界范围来看，家族企业已有千年的历史。纵观他们的发展史，推行产权社会化，实现所有权与经营权的分离，是家族企业做大做强的必由之路。例如，福特、壳牌、摩托罗拉等西方的老牌家族企业都因为主动适应这种趋势而得以继续发展。在中国，温州正泰集团、深圳太太药业有限公司等家族企业也由于注重产权的社会化而使企业产生勃勃生机。

本章小结

1. 新建企业的优势是：一切从头开始，可以避免旧框框的束缚，在组织结构、产品结构、经营场所以及企业形象等方面都有主动权，并且力争做到最好。新建企业的劣势是：经营风险大，融资难，缺乏人才，杂事繁多。创建新企业的必备条件：拥有专利技术，拥有工作经验和一定量的客户群，获得充足的创业资金。

2. 创业企业的大量涌现是近几年经济发展的重要特征，而创立新企业和从现有企业中裂变式衍生创业是创业企业形成的两种基本形态。衍生创业的本质是一个企业家发现市场机会，通过对资源的创新性组合来实现开发利用机会及创造资金的过程。企业衍生创业要求创业的主体在创业前或后与母体组织之间必须在资源或能力方面存在比较紧密的联系。

3. 特许经营是指特许经营人将自己所拥有的商标、名称、产品、专利和专有技术、经营模式等以合同的形式授予被特许经营人使用。被特许经营人按合同规定，在特许经营人统一的业务模式下从事经营活动，并向特许经营人支付相应的费用。从特许人和受许人的角度看，特许经营的优缺点是有区别的。选择一个效益好的特许经营项目，要考虑多方面的因素，如特许方的品牌形象、特许方可能提供的服务等，还要选择一个理想的店址，读懂加盟条款。

4. 家族企业的特征表现为：目标与利益上的一致性；以创始人为核心组成家族企业的决策中心；经营管理过程中更多地体现人文主义色彩。家族企业的优势是：创业成本较低；企业内部容易建立较高的信任度；创业者是企业的主要管理者，对核心技术和核心业务较熟悉；家族企业更加注重企业的长期发展。其劣势为：家族企业很难吸纳并且留住家族之外的优秀人才；家族企业在人事安排方面常常因人设职。家族企业管理的特征为：集权式的组织模式；恩威并用的管理方法；"家长"的示范效应。为了避免这些特征的负面影响，中国家族企业的管理应坚持以下原则：明确家族成员的股权占有状况；建立合理的董事会决策制度；聘用专业化的管理队伍；逐步实现决策的民主化。

思考与练习

一、名词解释

个人独资企业　　合伙企业　　公司制企业　　衍生创业　　特许经营　　特许人　　家族企业

二、不定项选择题

1. 小企业法定的组织形式有（　　）。
   A. 合伙企业　　　　　　　　　B. 公司制企业
   C. 集体企业　　　　　　　　　D. 个人独资企业

2. 下列组织形式中，出资人对企业债务承担有限责任的是（　　）。
   A. 合伙企业　　　　　　　　　B. 公司制企业
   C. 集体企业　　　　　　　　　D. 个人独资企业

3. 在我国，合伙人的形式有（　　）。
   A. 有限合伙人　　　　　　　　B. 隐名合伙人
   C. 普通合伙人　　　　　　　　D. 名义合伙人

4. 下列选项中，不属于特许方为受许方提供的资源的是（　　）。
   A. 管理模式　　　　　　　　　B. 技术设备
   C. 启动资金　　　　　　　　　D. 商标

5. 家族企业管理有（　　）特征。
   A. 集权式的组织模式　　　　　B. 适当下放权力
   C. 恩威并用的管理方法　　　　D. "家长"的示范效应

三、思考题

1. 新建一个小企业存在哪些优势与劣势？
2. 比较各种小企业法定组织模式的特征及优缺点。
3. 衍生创业影响因素是什么？
4. 选择特许经营项目应注意哪些问题？
5. 家族企业的管理遵循哪些原则？
6. 说明加盟特许经营的优点。
7. 试分析家族企业的优势与劣势，并评价它在我国的发展趋势。

第六章 小企业竞争战略

学习目标

学完本章内容以后，你应该能够掌握：
1. 适合小企业的竞争战略；
2. 各种竞争战略的概念；
3. 各种竞争战略的类型；
4. 各种竞争战略的优势、风险及应注意的问题；
5. 小企业采用各种竞争战略的适用条件。

引导案例

"创佳"成功创业法宝
——成功实施差异化竞争战略

创佳公司成立于1996年，位于著名侨乡广东省潮州市，从一个名不见经传的小企业，经过近十年的发展，现已成长为一家集高端彩色电视机研发、生产、销售、服务为一体，并致力于半导体集成电路、大功率晶体管封装及芯片研发等光电子、微电子领域多元化发展的高科技集团公司。

创佳公司最早是以彩色电视机生产为主。在成立初期，国内彩色电视机市场正处在"价格战"的激烈竞争状态，要想与TCL、康佳、创维等实力强大的企业竞争，争夺市场，是需要极大的资金支持的。处于创业初期，创佳公司就采取了差异化的企业竞争策略，敏锐的将市场开发的重点投向海外。现在公司的国际销售区域已经远及欧洲、美洲、非洲、东南亚等全球近40多个国家和地区。

创佳公司实施差异化的竞争战略后，在成功的开拓市场，取得良好经济效益，实力强大之后，创佳公司实施了多元化的企业战略，相继成立了创佳微电子和创佳不锈钢公司，以分散经营风险，实现发展壮大。并且在稳固国际市场的同时，又积极地参与到国内彩色电视机市场的竞争中来。

2011年8月15日,"全国构建和谐劳动关系先进表彰暨经验交流会"在北京人民大会堂举行。广东省副省长肖志恒率获奖企业和工业园区代表参加了会议。潮州市创佳集团有限公司被授予"全国模范劳动关系和谐企业"称号,公司常务副总经理张荣学代表出席会议领奖并受到党和国家领导人习近平、王兆国、刘云山、张德江等的接见。

(资料来源:豆瓣网,www.docin.com/P-1054816874.html。)

创佳公司从一个名不见经传的小企业,经过近十年的发展,现已成长为一家集高端彩色电视机研发、生产、销售、服务为一体,并致力于半导体集成电路、大功率晶体管封装及芯片研发等光电子、微电子领域多元化发展的高科技集团公司。其归根结底,是其采用了合适的竞争战略。因此,小企业选择适合自己企业的竞争战略是非常必要的。本章将逐一介绍适合小企业的四种基本竞争战略,即低成本战略、差异化战略、集中化战略和创新战略,以帮助小企业更好地结合自己的情况,选择适合自己企业发展的竞争战略。

第一节 低成本战略

低成本战略是所有战略中最容易理解,也最容易接受的,它的目标就是要使小企业成为市场中成本最低的生产者,让小企业的产品或服务在市场中以成本的优势与他人竞争。具有低成本优势的小企业在市场上通常都以三种方式参与市场竞争:同样的质量、较低的价格,同样的价格、更好的质量,更好的质量、较低的价格。这三种方式都是具有低成本优势的小企业可以采取的方式,当然,最后一种是最好的,但一般不容易达到。

一、低成本战略概述

(一)低成本战略的概念

低成本战略也称为成本领先战略,是指企业通过在内部加强成本控制,在研究开发、生产、销售、服务等领域把成本降到最低限度,成为产业中的成本领先者的战略。低成本战略可以使企业凭借其低成本优势,在激烈的市场竞争中获得有利自身企业生产和发展的竞争优势。尽管质量、服务以及其他方面也不容忽视,但贯穿于整个战略的主题是使成本低于竞争对手。

(二)低成本战略的类型

低成本优势可从多方面获得,采用廉价劳动力、专利技术、原材料优惠待遇及采取有效管理措施等都可实现低成本。许多企业家存在认识上的误区,他们认为,低成本战略只对大企业有效,因为大企业可以追求规模经济——扩大生产或服务的规模,进而获取学习效应,不断降低成本。事实却并非如此，因为可以让企业取得成本优势的因素是多种多样的，以至于在许多情况下，小企业家实际上也能运用低成本战略来获得巨大的成功。

小企业降低成本，取得低成本优势可以有多种方法，如简化产品、节约原材料、降低工资费用、实行生产创新及自动化、降低管理费用等。相应地，小企业获取低成本优势的竞争战略可以进一步细分为以下四种类型。

1. 简化产品的低成本战略

简化产品的低成本战略是指在不降低产品质量的前提下，把产品或服务中不必要的花样全部取消，使产品简化，进而降低产品或服务的成本。例如，仓储超市、法律咨询服务站、毫无装饰的百货店等，均能以远低于竞争对手的成本从事经营。其竞争对手已附加了各种服务，并且这些服务已被顾客所熟知而无法取消，因此不得不承担高额费用支出。

2. 节约原材料的低成本战略

节约原材料的低成本战略是指小企业严格控制原材料来源，实行经济批量订购，加强库存管理，并在保证质量的前提下，在设计和生产过程中注意原材料的节约使用，从而降低成本获取竞争优势。

3. 实行生产创新及自动化的低成本战略

实行生产创新及自动化的低成本战略是指小企业通过生产过程的创新和自动化达到降低成本，从而获取竞争优势的目的。例如，美国内陆钢铁公司的产品市场占有率不高，但通过工厂设备的自动化以及营销系统的创新，仍然获得了低成本的竞争优势。但是，这类战略一般仅适用于资本相对密集型的小企业。

4. 降低管理费用的低成本战略

降低管理费用的低成本战略是指小企业通过科学管理，提高管理效率，从而降低成本以获取竞争优势。小企业普遍存在管理落后、管理效率低下的问题，这就要求小企业家不断学习理论知识并在实践中不断磨炼，提高管理的水平。小企业的管理费用降低，也能起到降低成本获取竞争优势的作用。

除上述四种方式之外，小企业还可以通过其他的方式达到降低成本，从而获取低成本优势的目的，这就需要广大小企业结合自身的实际情况，在实践中不断摸索了。

（三）低成本战略的适用条件

1. 小企业实施低成本战略的外部条件

（1）现有产业中竞争企业之间的价格竞争非常激烈，若小企业降低价格，相对利润就会增加。

（2）小企业所处产业中相关竞争者的产品基本上是标准化或者同质化的，在这种条件下，由于产品在性能、功能等方面几乎没有差异，消费者购买决策的主要影响因素就是价格的高低，因此，价格是竞争对手之间竞争的唯一筹码。

（3）小企业实现产品差异化的途径很少。也就是说，不同品牌之间的差异化对消费者来说并不重要，而消费者对价格的差异非常敏感，所以小企业只能通过降低产品的成本来保持自己的竞争优势。

（4）消费者的转换成本很低。消费者从一个小企业转向另一个小企业时，如果所承担的成本较低，他就具有较大的灵活性，从而容易转向低价格、同质量的其他小企业，那么物美价廉的产品肯定会得到消费者的信赖。

2. 小企业实施低成本战略应具备的内部资源和技术条件

（1）持久的资本投资和具有获得资本的途径。在小企业实施低成本战略的初期，企业的盈利能力会比较薄弱，因此，企业要有持续的资本投资来确保低成本战略的顺利进行。

（2）合格的生产加工工艺技能。小企业实施低成本战略要求小企业对产品的成本加以控制，但是不能忽视产品的质量，因此，对产品的生产及加工工艺技能便有一定的要求。

（3）认真的劳动监督。小企业在控制采购成本、生产成本、管理成本等成本的同时，更要加大对企业的监督力度，不能盲目地抓成本，因此，需要认真的劳动监督来确保低成本战略的实施。

二、低成本战略的优势、风险及应注意的问题

（一）低成本战略的优势

众所周知，低成本是企业取得竞争优势的重要因素之一，是企业获得超强持续获利能力的基础，对小企业亦是如此。小企业实施低成本战略的主要优势体现在以下几方面：

（1）低成本战略有助于小企业形成进入障碍。小企业的生产经营成本在比较低的情况下，便为其他的潜在进入者设置了较高的进入障碍，那些生存技术尚未成熟、生产成本较高的企业将很难进入此产业。

（2）低成本战略增强小企业的讨价还价能力。小企业的成本低，可以使自己更易于应对投入费用的增长，提高企业与供应者的讨价还价能力；同时，小企业的成本低，可以提高自己对购买者的讨价还价能力，有利于对抗强有力的购买者。

（3）低成本战略降低替代品的威胁。小企业的成本低，在竞争比较激烈的情况下，仍旧可以凭借其低成本的产品和服务吸引大量的消费者，降低或缓解替代品所带来的威胁，使自己处于有利的竞争地位。

（4）低成本战略有助于小企业保持领先的竞争地位。当小企业与其他竞争对手进行价格战时，成本低的小企业可以在竞争对手零利润时保持盈利水平，从而可以扩大市场份额，保持一定的竞争优势。

然而，在低成本战略给小企业带来优势的同时，我们也要看到这一战略存在的风险和不足，以及小企业在实施低成本战略时应该注意的问题。

（二）低成本战略的风险及应注意的问题

1. 小企业低成本战略的风险

小企业实施低成本战略有利于小企业塑造竞争优势，同时，小企业实施低成本战略也存在一定的风险，其主要体现在以下几方面：

（1）新技术的出现、消费观念的改变促使企业要不断地进行创新产品，从而会使新产品不断出现，竞争对手开发出更低成本的生产方法，形成新的低成本优势，使得小企业原来的优势变为劣势。

（2）一些地方法规政策规定的变化使得小企业用以降低成本的途径不能再发挥作用。

（3）小企业行业中的新加入者通过模仿实施低成本战略的小企业的产品，形成与本企业相似的产品和成本，这会给企业造成一定的困境。

2. 小企业实施低成本战略应注意的问题

低成本战略是小企业获得竞争优势的基本战略之一，但是具体到如何降低成本这个问题，许多小企业的观念仍然很落后，对低成本战略的"低成本"的认识存在误区。因此，要注意以下问题：

（1）低成本战略中的成本控制是全方位的。长期以来，许多小企业认为，降低成本无非就是降低财务费用、人工成本、生产成本等。然而，企业的成本不仅受到与生产直接有联系的活动的影响，而且受到其他一些因素的影响，如与供应商的谈判、销售渠道的选择、政府政策和法规等。这些因素对企业的总成本也会产生很大影响。

（2）小企业在实施低成本战略时，不能只是一味地降低成本，而忽视了产品的质量和服务。这不仅不会使企业处于有利的竞争地位，反而会使企业处于劣势地位，影响企业的形象，对企业来说得不偿失。

（3）小企业在实施低成本战略的同时，也不能沾沾自喜，要更加严格要求自己，不断地开发新技术、新产品，只有不断创新的企业才能发展长久。

总之，小企业在选择实施低成本战略时，不能太关注成本的降低而削弱了企业的可持续发展能力，更不能因为"一叶障目"导致产品其他方面（如产品性能、质量、差异化等）的恶化。小企业要采取必要的措施来确保成本优势的持久性。

三、小企业低成本战略的实现措施

在社会主义市场经济体制中，我国小企业得到了快速发展，小企业在整个国民经济中占有重要地位。但是，在2008年的金融危机中，我国的一些小企业遭遇重创，很多小企业走向衰落，甚至倒闭。因此，小企业选择适合自己生存和发展的竞争战略是十分必要的，小企业为了实施低成本战略，有必要采取以下措施。

（一）扩大生产产品总量

规模经济是指在给定时点上，大量生产产品能获得成本优势。规模生产和分销是工业大生产时代降低成本、实现低成本战略的重要措施。如果单位产品成本随着累计产量的增加而下降，那么企业相对于其竞争对手的成本取决于它们之间的相对累计产量。如果一个企业可以比其竞争对手更快地扩大其产量，则其经验曲线将比它的竞争对手下降得更快，因此就可以拉大它们之间的成本差距。这时，企业所需要做的就是扩大市场份额。与此同时，来自顾客的稳定的需求也支撑了企业市场占有率的稳步增长，进一步巩固了企业的既有优势地位。

（二）实行战略联盟

战略联盟是指企业不仅与其他行业企业进行协作，还与同行业企业进行协作，以求得共同发展。战略联盟适用于具有独特的核心能力，足以吸引其他伙伴的小企业。对于小企业来说，独立作战往往孤掌难鸣。为了共同的利益，战略联盟一则可以最大限度地避免同行之间的竞争，有意识地相互避让，减少利益上的冲突；二则可以大大降低生产经营成本，有效配置资金余缺，相互利用对方的市场以及知名度、美誉度，以保持和扩大市场占有率；三则可以在资金筹集、技术开发、市场销售等方面形成协同优势，取得"1＋1＞2"的经营绩效。例如，小企业可以与原材料供应商进行战略联盟，这样不但节约了采购时间和采购成本，而且可以收益共享、风险共担，同时双方又可以各自保持独立性和自主性。

（三）降低输入成本

在要素市场上，企业并非都能以同样的价格购得生产原料和半成品。实际上，在大多数行业中，由于各方面的原因，不同企业的输入成本有很大不同，而这些差异性对小企业来说往往是取得成本优势的重要原因。小企业要从采购、研究、开发、广告、服务等各方面着手，降低企业的输入成本。

总之，我国小企业的数量庞大，各自的产品对象和企业发展的基础及条件千差万别，因此，小企业要结合自己的实际情况实施低成本战略，制订适合小企业自身发展的成本计划。

第二节　差异化战略

低成本战略是企业参与市场竞争并获取竞争优势的最基本战略，也是被广大企业实践所证明确实行之有效的竞争战略。但不是每个小企业都可以采用低成本战略，因为小企业的规模一般都比较小，生产无法达到一定的规模，很难取得规模经济和学习效应。小企业可以以低成本战略作为指导原则，指导企业的经营管理，而被广大小企业所普遍采用的建立竞争优势的战略是差异化战略。

一、差异化战略概述

(一) 差异化战略的概念

小企业的差异化战略是指小企业对其生产或提供的产品和服务进行差异化,以避开直接竞争,创造市场差别优势。此外,也有学者把该竞争战略称为"别具一格"战略或差别化战略。小企业的差异化战略要求企业的产品或服务在除成本之外的其他方面与众不同,而不是靠低成本取胜。

差异化战略是一个企业赢得竞争优势的积极竞争战略,因为它建立了竞争者难以逾越的技术或服务壁垒,能够有效地应对竞争对手。但是迈克尔·波特认为,一家企业要想成功地实施差异化战略,通常要具备特殊的管理技能和组织结构,如果一个企业实施了差异化战略,那么有时会与实施低成本战略的一些活动相互矛盾。因此,对小企业来说,实施差异化战略要注意其中的风险。

(二) 差异化战略的类型

1. 产品差异化战略

影响产品差异化的主要因素有、工作性能、一致性、耐用性、可靠性、易修理性、式样和设计等。产品差异化战略是指在这些影响产品的要素上对产品进行差异化设计,设计出与本行业内其他竞争对手有差别的、赢得顾客喜欢的产品,从而为企业赢得竞争优势。

2. 服务方式差异化战略

影响服务方式差异化的因素主要包括送货、安装、顾客培训、咨询服务等。因此,服务方式差异化战略是指在这些因素上对服务方式进行重新设计和安排,设计出与竞争对手的服务方式有差别的方式,从而赢得顾客的喜欢,为企业获得竞争优势。

3. 人事差异化战略

训练有素的员工应能体现出下面六个特征:胜任、礼貌、可信、可靠、反应敏捷和善于交流。人事差异化战略是指对员工进行培养和塑造,使员工的素质和修养超过竞争对手的员工,为企业获得竞争优势。

案例 6-1

"新东方"的发家史

1991 年,俞敏洪从北京大学辞职,开始自己办英语培训班。在培训班刚创办的前两年的冬天,北京中关村第二小学的门房里只有一张桌子、一把椅子,俞敏洪自己拎着糨糊桶在零下十几摄氏度的天气里贴广告。他往往刚把糨糊刷在电线杆上,广告还没贴上,糨糊就结成冰了。北京新东方学校(以下简称"新东方")成立于 1993 年,那时教育培训行业正值起步阶段，培训专注于正规学校不能提供的以实用性为主的培训科目，并且科目数量较少。但从1996年起，随着对外交流机会的增多，英语的各种证书考试，特别是应用性英语证书的含金量增加；随着在校大学生人数的迅速增加以及"留学热"的兴起，英语考试培训市场呈现高速发展态势。到2001年，随着中国加入世界贸易组织，英语不仅是一种交流工具，而且已经通过方方面面影响人们的生活和娱乐，于是大量的培训机构如雨后春笋般建立起来。在服务趋于同质化的情况下，集团性经营，建立品牌，打造差异化服务成为成功的关键。"新东方"的集团性运作以及成功的差异化战略使得其一直在教育培训这个市场上走在前头。

"育人"而非仅"应试"。在这个服务同质化的行业，"新东方"看重的不仅是专业水平的提高，更重要的是形成正确的人生观与价值观。"教育"的核心意义也正是如此：如何做人。为此，"新东方"在招聘教师时要求，作为一名"新东方"的老师，必须拥有广博的知识和深厚的人文精神，能够引导学生建立正确的价值观。在市场竞争日趋激烈的教育业，一部分甚至大多数教育培训机构一直追求的是学历证书的通过率以及专业技能的形成。大多数家长最关心的，不是孩子能拿到多少个证书，而是做个好人，做个有素质的人。"新东方"的"育人"理念正好与家长的期望吻合，这也成为"新东方"成功的关键因素之一。

［资料来源：何健生，差异化战略案例研究，中国商界（上半月），2010（6）。］

（三）差异化战略的适用条件

与低成本战略类似，差异化战略的实施也存在一定的条件，不仅包括外部环境条件，而且包括内部条件。

1. 差异化战略适用的外部条件

（1）小企业创造与竞争对手产品之间的差异的途径有很多，并且这种差异被顾客认为是有价值的，这样差异化的产品才会被顾客接受。

（2）顾客对产品的需求和使用要求是多种多样的，即顾客需求是有差异的。因此，小企业才有必要对产品的差异化进行开发来满足顾客的需求。

（3）采用类似差异化途径的竞争对手很少，即真正能够保证企业是"差异化"的。

2. 差异化战略适用的内部条件

除上述外部条件之外，小企业实施差异化战略还必须具备如下内部条件：

（1）小企业具有很强的研究开发能力。小企业的研究人员要有创造性的眼光，这样才能保证小企业不断研究开发新技术、新产品，形成企业差异化。

（2）小企业在其所在的行业内具有以其产品质量或技术领先的声望，这样形成的差异化才能更容易被顾客接受。

（3）小企业有很强的市场营销能力，这样小企业的差异化产品才能被很好地营销出去。

二、差异化战略的优势、风险及应注意的问题

（一）差异化战略的优势

小企业采用差异化战略的优势表现在，某种产品或服务的差异一旦建立起来并得到市场的公认，该差异就将具有很强的竞争力，它将为企业赢得顾客的信任，比较长远地建立自己的竞争优势。差异化战略的优势主要体现在以下几方面：

（1）差异化战略有助于小企业形成进入障碍。由于小企业产品的特色，顾客对差异化的产品或服务具有很高的忠诚度，从而使该产品和服务具有强有力的进入障碍。潜在的进入者若要与该企业竞争，则需要克服这种产品的独特性。

（2）差异化战略有助于降低顾客的敏感程度。由于差异化，顾客对该产品或服务具有某种程度的忠诚，当这种产品的价格发生变化时，顾客对价格的敏感程度不高。这样生产该产品的小企业便可以运用产品差异化的战略，在产业竞争中形成一个隔离带，从而避免了竞争者的伤害。

（3）差异化战略有助于增强小企业的讨价还价的能力。产品差异化战略可以为企业带来较高的边际收益，降低企业的总成本，增强企业对供应者的讨价还价的能力。同时，由于购买者别无其他选择，对价格的敏感程度又低，小企业可以运用这一战略削弱购买者的讨价还价能力。

（4）差异化战略有助于小企业防止替代品的威胁。如果小企业的产品或服务具有特色，能够赢得顾客的信任，便可以在与替代品的较量中比同类企业处于更有利的地位。

（二）差异化战略的风险及应注意的问题

1. 差异化战略的风险

企业采用差异化战略并非万无一失的，通常也存在风险，其风险主要体现在以下几方面：

（1）形成产品差异化的成本过高，大多数购买者难以承受产品的价格，企业也就难以盈利。当小企业竞争对手的产品价格降得很低时，企业即使能够控制成本水平，购买者也不会为具有差别的产品支付较高的价格。

（2）当竞争对手推出相似的产品时，产品的差异化特色便会降低，这对小企业来说是一个比较大的冲击。当竞争对手推出更具有差异化的产品时，企业的原有购买者便会转向竞争对手。

（3）购买者不再需要本企业赖以生存的那些产品差异化的因素。例如，经过一段时间的销售，产品质量不断提高，顾客对电视机、录放机等家用电器的价格越来越敏感，这些产品差异化的重要性就降低了。

（4）竞争对手的模仿使购买者看不到产品之间的差异。企业的技术水平越高，形成产品差异化时需要的资源和能力越具有综合性，则竞争对手模仿的可能性也就越小。然而，由于小企业自身资源和能力的局限性，其开发出的差异化产品很有可能被竞争对手所模仿。

因此，小企业在实施差异化战略时，一定要审慎地进行调查分析，尽量降低风险。

2. 采用差异化战略应注意的问题

（1）产品或服务的差异化与成本之间的关系。小企业要对其产品或服务的某一个或几方面进行差异化，就必须增加设计和研究的开发费用、采用高档材料或者增加管理费用等，这些都会导致产品或服务成本的上升。如果小企业处理不好差异化与成本之间的关系，则差异化带给企业的可能不是竞争优势，而是面临破产的命运。

（2）实施差异化的程度一定要适当。实施差异化战略是为了获得利润，而不是为了差异化而差异化。在这个过程中，小企业不仅要关注差异化本身，还要得到购买者的认可，否则差异化将没有任何价值。但是如果小企业不能深入理解买方价值，就容易做出太过分的经营差异性来，这些都会影响差异化战略的价值。因此，小企业在实施差异化战略时，一定要充分调研买方市场，把握差异化的程度。

（3）小企业实施差异化战略必须注重质量管理。迈克尔·波特认为，一个企业要想真正融入国际化经营，就需要在国际市场与市场创新中，确立并不断地实现质量领先的差异化战略。这对小企业来说也不例外，实践证明，企业靠市场，市场靠产品，产品靠质量，全面含义上的质量竞争已经成为市场竞争的关键。小企业必须要注重质量管理，树立质量管理理念才能有利于差异化战略的实施。

三、差异化战略的实现途径

一般来说，小企业的经营范围比较窄，在其生产经营过程中，只要选中产品或服务的一个或少数几个自己比较有优势，消费者又比较认可的方面进行差异化，就可以在市场中取得独特的、竞争对手很难模仿的竞争优势。在各方面都采取差异化是不必要的，也是不可能的。实施差异化战略有很多途径，概括起来，可以分为如下几种。

（一）产品差异化

根据营销学对产品的定义，产品包括核心产品、形式产品和附加产品三个层次。一般而言，同类竞争性产品的核心产品部分是基本一致的，也正是这种一致性使这些产品相互之间形成了一定的可替代性，差异化的难度变得很大，而它们的形式产品和附加产品部分给企业提供了一个很大的产品差异化的空间。因此，对小企业而言，可以通过开发特色的新产品，推出拥有独特技艺或配方的老字号产品，对产品的包装进行特色设计等来形成产品的差异化。

（二）渠道差异化

随着市场竞争的加剧，小企业通过产品、价格、促销这些战略来获得竞争优势变得越来越困难了。渠道作为企业价值链的一个价值创造活动环节，对其实施差异化也可给小企业带来竞争优势。渠道差异化具有长期性，竞争对手难以在短期内模仿，因此，它能为小企业提供潜在的竞争优势。然而，这种优势的建立需要小企业投入大量的人力和物力，但是渠道差异化一旦建立起来，优势就非常明显。例如，小企业可以开发贴近顾客的经销网点，对小企业内部的工作人员进行选拔、培训和支持，等等。

案例 6-2

渠道差异，立体经营

美达俱乐部是一家颇具经营特色的俱乐部，它根据会员收入来源来计算场地费，打开盈利局面。所有未来的会员资格将按新的条件出售，现有的会员资格在到期之前，仍按旧的标准执行。美达俱乐部还将制定一个特别的促销活动来吸收新会员，并鼓励现有的会员立即转换为新的会员资格。在为期两个月的促销活动中，个人和家庭的年会员费将分别降至 200 美元和 300 美元。在这段时间出售或更新的会员资格将持续 15 个月，而不是通常的一年。对于现有会员，其会员费中未到期的部分，以及所有已预付还未使用的场地使用费，都将在年会员费中获得信用。美达俱乐部的管理部门估计，有 60%~70% 的现有会员能保留下来。管理部门估计会员的流失将被新计划实施 6 个月之内吸收的新会员所完全抵消。预计在新计划下，所有的会员都会有足够场地时间。一旦该计划得以实施，随着个人或家庭的会员资格的到期，每年的会员资格更新和年会员费的支付也将随之发生。

（资料来源：《中小企业工商管理案例及分析》编委会，中小企业工商管理案例及分析，北京，企业管理出版社，1999。）

（三）服务差异化

小企业除了对有形产品实行差异化战略外，还可以对服务进行差异化。特别是在难以突出有形产品的差异化时候，服务的数量和质量也往往成为竞争成败的关键。在大多数情况下，出售产品时所提供的相关服务会影响产品的价值，会影响小企业的形象。小企业服务的差异化可以通过服务人员差异化、消费过程差异化、服务质量差异化、服务流程差异化等途径得以实现。

正确的服务理念是确保小企业成功实施差异化战略的主要因素。第一，以服务为竞争手段有利于提高企业的形象，提升其品牌的竞争力。第二，深入人心的服务理念能最大限度地统一企业内部相关人员的思想，增强组织的凝聚力。第三，将服务作为保持差异化的手段可以最大限度地避免价格战等直接交锋的弊端。第四，以服务为竞争手段，可以培育企业新的利润增长点。因此，服务差异化也是小企业实施差异化战略的重要途径。

第三节　集中化战略

小企业的集中化战略也称市场专一化战略，与其他两种基本竞争战略的不同之处在于，低成本战略和差异化战略是面向全产业的，在整个产业范围内进行活动；而集中化战略是围绕一个特定的目标市场进行专一化生产经营活动，在这一特定的目标市场上比竞争对手提供更为有效的服务。下面将对小企业的集中化战略进行全面介绍。

一、集中化战略概述

（一）集中化战略的概念

集中化战略是指小企业在详细分析外部环境和内部条件的基础上，把经营战略的重点放在一个特定的目标市场上，为特定的区域或特定的购买者提供特殊的产品或服务，以建立企业的竞争优势及市场地位。集中化战略并非指专门生产某一产品，而是对某一类型的顾客或某一地区性市场作专一性经营，因此，集中化战略也称为"专一化战略"。

（二）集中化战略的形式

集中化战略有两种形式：集中成本领先战略和集中差异化战略。

1. 集中成本领先战略

集中成本领先战略是小企业着眼于在某一特定的目标市场领域获得低成本优势。该战略的核心是在已经选好的特定目标市场上实施低成本战略，从这一特定目标市场上的成本行为差异中获得利润。

2. 集中差异化战略

集中差异化战略是小企业着眼于在某一特定的目标市场领域获得差异化优势，形成差异化的产品和服务。该战略的核心是在已经选好的特定目标市场上实施差异化战略，从这一特定目标市场上顾客的特殊需求中获得利润。

集中化战略的这两种形式都是以小企业所选择的目标市场与产业内其他细分市场的差异化为基础的。这两种形式的差别在于，集中成本领先战略要求小企业在一些目标市场的成本行为中发掘差异；而集中差异化战略是开发差异化目标市场上顾客的特殊的需求。这种差异意味着多目标竞争不能很好地服务于这些细分市场，它们可能在服务于部分市场的同时，也服务于很多其他市场。因此，小企业实施这一战略意味着小企业或者出于低成本优势，或者拥有较大的差异化优势，或者两者兼有。

（三）集中化战略的适用条件

当小企业具备以下几个条件时，采用集中化战略是比较合适的：

（1）小企业缺乏足够的资源用于在广泛的市场范围内进行经营，但是小企业能够以更高的效率、更好的效果为某一狭小的特定市场服务，从而超过在更广阔市场内的竞争对手。小企业通过满足这一特定的市场需求实现了差异化，或在为这一对象服务时实现了低成本，或者两者兼得。

（2）小企业有相当灵活的信息和企业觉察能力。当小企业选择好某一特定的目标市场后,而其他的小企业未发掘出该目标市场的潜力,没有其他的小企业竞争对手集中力量专门争夺该特殊的目标市场,此时集中化战略的优势就凸显出来了。

(3) 小企业拥有不易模仿的生产、服务以及消费活动链,竞争对手很难与其竞争。例如,为顾客开辟服装专门设计、定制服务的服装企业将拥有自己的专门化市场。

二、集中化战略的优势、风险及应注意的问题

(一) 集中化战略的优势

集中化战略的优势主要体现在以下几方面:

(1) 以特定的服务范围来抵御竞争对手。小企业的集中化战略往往利用地点、时间、对象等多种特殊性来形成小企业的专门服务范围,以更高的专业化程度塑造强于竞争对手的竞争优势。采用集中化战略的小企业,相对于目标广泛的竞争对手而言,可以集中本企业的资源进入所选择的特定目标市场,在该市场上精耕细作,深入地挖掘买方的潜在需求,更大限度地发挥自身的优势,不断采用更新的技术满足市场需求。

(2) 形成进入障碍,抵御替代品的威胁。实施集中化战略的小企业在目标市场上可以具备很强的优势与其他竞争对手抗衡,其他竞争对手进入该特定目标市场的难度加大,需要更大的优势,因此,小企业的竞争对手进入障碍变大。同时,由于小企业在特定的目标市场上具有特殊的能力,形成了替代品难以克服的障碍,有力地抵御了替代品的竞争。

(3) 更好地服务特定市场,获得竞争优势。由于企业的资源和能力都是有限的,各个企业不可能在所有的市场上都具有强有力的竞争能力。对于小企业,这种状况更加突出,它们更不可能有能力与大企业在整个市场上展开全面的竞争。因此,小企业根据自身能力,集中自己的人力、财力、物力等资源争取在局部市场上获得优异的经营业绩,才能有助于小企业生存、发展、壮大。

(二) 集中化战略的风险

集中化战略也有其风险,主要体现在以下几方面:

(1) 如果小企业的竞争对手以较广泛的市场为服务目标,采用同样的集中化战略,或者小企业的竞争对手从本企业的目标市场中找到了可以再细分的市场,并以此为目标实施集中化战略,就会使原来采用集中化战略的小企业失去优势。这一风险若出现,将会使小企业不再具备集中化战略的优势,也就无法与竞争对手抗衡。

(2) 由于技术的进步、替代品的出现、价值观念的更新、消费者偏好等多方面的因素,小企业的目标市场与总体市场之间在产品或服务的需求方面差别变小,小企业原来赖以形成集中化战略的基础也就失去了,这对小企业来说也是风险之一。

(3) 实施集中化战略的小企业所服务的目标市场非常具有吸引力,以至于众多的竞争对手设法打入该细分市场,瓜分细分市场的利润,使原来小企业的产品销量变小,生产费用

增加，采取集中化战略的小企业的盈利水平下降。

（三）实施集中化战略应注意的问题

1. 目标市场的选择问题

小企业在实施集中化战略时，首先将面临着如何选取某一特定的目标市场的问题。在通常情况下，具有以下一个或几个特点的顾客群或地区市场可以作为集中化战略的目标市场：

（1）这一特殊的顾客群或地区市场并不是小企业的主要竞争对手获得成功的关键因素，因此，小企业可以对这一顾客群或地区市场实施集中化战略。

（2）这一特殊的目标市场上的需求量足以使小企业获得一定的利润。

（3）小企业自身具备的技术和资源正好与这一特殊目标市场所需要的产品或服务相匹配。

2. 目标市场的规模问题

如何选择目标市场是小企业实施集中化战略首先需要注意的问题，其次，目标细分市场的规模也会对集中化战略产生影响。如果细分市场较小，则竞争者可能不感兴趣；但如果是在一个新兴的、利润不断增长的、较大的目标细分市场上采用集中化战略，则有可能被其他小企业在更为狭窄的目标细分市场上采用集中化战略，开发出更为专业化的产品，从而削弱企业的竞争优势。因此，如何定位目标市场的规模是至关重要的，这一问题同样是实施集中化战略的小企业需要注意的。

3. 目标市场的后期跟踪问题

不少小企业对细分后的目标市场缺乏应有的跟踪。实施集中化战略的小企业，由于其集中化市场的专门性特点，需要企业密切关注目标市场的变化，形成相应的市场跟踪机制，以便随时针对发生的变化，对目标市场采取相应的措施，而且能时刻关注市场的需求变化。当前不少小企业在这方面做得不够，这是小企业生命周期较短的根本原因。有些小企业在创业期和成长期，对目标市场的认识相当到位，但对目标市场的变化不够重视，对定位好的目标市场的后期跟踪也不够，从而发展到一定阶段就逐渐丧失了原有的目标市场。这种教训很多，小企业应当从中进行总结。

三、集中化战略的实现途径

小企业通过集中化战略来获得竞争优势，可以有很多种方式，主要有以下几种。

（一）以产品类型为核心的集中化战略

实施产品类型集中化战略的小企业常常要对产品的功能进行定位，只有准确把握产品的功能定位，实施该战略才会有的放矢。产品的功能是指产品能给消费者提供的使用效用。某产品功能可以满足消费者某一方面的需求，也可以满足消费者多方面的需求。就消费品市场来说,家用电器朝着多功能方向发展;而日用品、食品、保健品、药品等应该有其明确的单一功效,如果面面俱到,则有可能造成产品功能定位的模糊状态,使消费者无所适从,以致产品类型集中化战略不能成功实施。因此,小企业可以通过以产品类型为核心的集中化战略来获取竞争优势。

(二) 以特定买方群体为目标的集中化战略

小企业将自己的经营重心放在具有不同需求的特定买方群体上,这是实施该战略的主要特点。例如,有的企业以市场中的高收入群体作为自己的目标顾客群,其产品集中供应给那些注重质量档次,而不计较价格高低的顾客群。实施以特定买方群体为目标的集中化战略,常常需要对买方的层次进行定位。小企业只有准确地定位,才能成功地实施这一战略。

(三) 以特定地理区域为服务对象的集中化战略

在划分目标细分市场时,不仅可以以特定的买方群体来划分消费者,还可以以地理区域为标准来划分消费者。如果一种产品能够按照特定地区的需要进行开发、生产和推广,其一定能够获得竞争优势。例如,现在的一些小企业选择在大企业比较多的地点成立、专门为大企业提供零部件或者提供其他的产品服务等,这些就是小企业采用的以特定地理区域为服务对象的集中化战略。

案例 6-3

天湖——集中化战略高筑铁壁

抚顺天湖啤酒有限公司(原名抚顺天湖啤酒厂,以下简称天湖啤酒)始建于1979年,坐落于辽宁省中部城市群,距华润的大本营沈阳市仅60千米,四周分布着沈阳华润、鞍山华润、本溪龙山泉和四平金士百等国内及地方强势企业。天湖啤酒多年来在"啤酒大鳄"的眼皮底下能够顽强生存并相安无事本身就是一个奇迹。这都要归功于其以抚顺市场为对象的集中化战略。

天湖啤酒毗邻风景优美的萨尔浒,享有得天独厚的资源,其地下水源的天然硬度为4.5德国度,最适于啤酒酿造。天湖人在经营实践中发现,鲜啤酒由于没有经过高温杀菌,保持了啤酒原始的新鲜口味,还由于鲜啤酒含有活性酵母细胞,更富有营养价值,因此,消费者对鲜啤酒非常喜爱。于是精明的天湖人找到了产品与市场的结合点,全力以赴培育抚顺人的"鲜啤文化"。辛勤的耕耘终于收获丰厚的回报:天湖啤酒在抚顺市场的占有率达90%以上,其中80%属于天湖鲜啤。

天湖啤酒这一聚焦战略定向培育了消费者的口味习惯,构成了坚实的市场进入壁垒。就像沿海人拒绝不新鲜的海货一样,抚顺人已难以接受普通熟啤酒的口味。

(资料来源:时代光华,http://www.hztbc.com/news/news_25597.html。)

第四节　创新战略

近年来，小企业的创新活动日益活跃，几乎在所有的产业领域中都有小企业在从事创新活动。从我国来看，小企业在产品更新、设备更新等方面的创新也要快于大企业，这说明小企业的创新活动有充分的活力。本节将对小企业的创新战略进行全面介绍。

一、创新战略概述

（一）创新战略的概念

小企业的创新战略是小企业在激烈的市场竞争中，依据多变的环境，积极主动地在经营战略、工艺、技术、产品、组织、管理、服务等方面不断进行创新，从而在激烈竞争中保持独特的优势的战略。小企业的创新战略主要是以技术创新和管理创新为突破口的一种竞争战略。技术创新主要包括产品创新、服务创新、工艺技术创新等；管理创新主要包括思想创新、组织创新、制度创新、管理模式创新等。小企业采用创新战略是为了在激烈的市场竞争中不断推出新产品，以确保自己的与众不同。

（二）创新战略的目标内容

由于小企业所处的行业、技术水平、规模、发展环境以及企业体制等呈现无限的多样性，再加上经济的发展和科技的进步，小企业创新战略的内容也将更加丰富。适合小企业的创新战略主要包括以下几方面。

1. 产品创新

当今市场竞争如此激烈，消费者对产品的要求也越来越高。小企业的产品创新是指从社会和技术发展需要出发，以基础研究和应用研究成果为基础，研制出具有新的原理、构思和设计并采用新的材料和元件的新产品。小企业对产品的创新包括三个层次：产品功能效用的改善和创新；产品的包装、式样的改进和创新；售后服务的强化和改进。小企业的产品创新可以使其更有能力与竞争对手抗衡，在市场竞争中保持优势地位。

案例 6-4

洗车洗出百万富翁的奥妙——无水洗车液的创新

一、将 6 000 元投资洗车场

出生在农村贫困家庭的王立亮决心凭借自己的努力来改变生活。他想，没有资金，要做大生意不可能，投资少、见效快的小本生意对自己再适合不过了。1996 年 5 月，王立亮的洗车场开了张。这是胶南市第一个专业洗车场,王立亮占尽了先机,生意出奇的好。这样辛苦一年下来,王立亮有了5万元的积蓄。

二、研制无水洗车液

1998年,他在报纸上看到有关国外环保洗车的介绍,对无水洗车产生了浓厚的兴趣。节水环保的无水洗车有着巨大的市场空间,如果能将无水洗车的产品推向市场,必将会获得巨大的财富。进口洗车液的成本太高,市场推广难度太大,于是曾当过化工技术员的王立亮开始了对无水洗车液的研制工作。经过半年时间的反复实验,无水洗车液终于研制成功,王立亮将产品拿到洗车房一试用,效果跟进口的没什么两样。无水洗车液的洗车效果非常好,深受顾客们欢迎。

三、第二次创业

1999年秋天,王立亮带着50万元资金来到济南市开始了第二次创业。他带着自己研制的产品,找到了济南市有关部门,注册了以王立亮为法人代表、注册资金为50万元的济南市缘沐科贸有限公司(以下简称缘沐公司)。为了防止研制的成果被人剽窃,王立亮决定以代理商的模式推广产品,并制定了一套经营规范。从省级总代理,延伸到市级总代理、县级总代理,公司在规定代理商的义务和权利的同时,保证各地总代理独家经营,并提供广告支持。2000年春节刚过,缘沐公司在全国已有近20多家代理商。不到两个月,缘沐公司便在全国有了近百家连锁店。

(资料来源:林汉川,邱红,中小企业管理教程案例集,上海,上海财经大学出版社,2006。)

2. 工艺技术创新

小企业的工艺技术创新是指对产品的生产技术的改进或变革,这种新的生产技术,可以是采用新的原材料或半成品,可以是采用新的或改善的产品,也可以是采用新的或改善的新设备、新工序或新的加工形式等。工艺技术创新包括工艺产品技术创新、工艺原材料技术创新、工艺设备技术创新、工装技术创新、工艺流程和方法的技术创新、工艺设计方法和技术操作创新等。

3. 服务创新

服务创新是指小企业首次向市场提供在技术上有某些改变的新服务的过程,服务创新可以帮助小企业树立"优质服务"的文化理念,有利于小企业形成自己的特色,赢得顾客的忠诚度;成功的服务可以让顾客成为真正的"上帝",有利于小企业树立良好的形象。

小企业通过服务创新来保持自己的竞争优势,这就要确保服务创新的成功性,因此要在以下四方面下功夫:一是让顾客感受到小企业服务的优良性;二是让顾客体验到小企业服务的可靠性;三是让顾客意识到小企业服务的新颖性;四是小企业服务要满足顾客的时间要求。如果小企业在服务创新方面能坚持做到以上几点,那么服务创新绝不是"纸上谈兵"。

4. 管理创新

众所周知,当今社会的竞争是人才的竞争,如何实现人才的有效配置也是小企业面临的挑战之一。如果一个小企业拥有大量优秀的人才,却没有为其创造价值,那么这对小企业来说是一种浪费。因此，小企业如何管理员工是小企业取得成功的关键。21世纪，员工对企业的要求也发生了很大改变，因此，只靠原来旧的管理方法很难保证员工对企业的贡献，那就需要对组织结构模式和管理方法进行创新，组织与管理的创新可以有助于小企业吸引更优秀的人才，为小企业注入新的活力。

（三）创新战略的类型

小企业在确立了自己的创新战略目标（产品创新、工艺技术创新、管理创新、服务创新中的某一项，或上述两项或三项的组合创新）后，需要根据小企业自身资源和条件的特点、创新的难度和特点来进行创新战略定位，并要进行类型选择，以便使小企业更好地实现战略目标。一般而言，小企业的创新战略主要有以下几种类型。

1. 进攻型战略、防御型战略和游击型战略

按照企业面向市场的表现，小企业的创新战略可分为进攻型战略、防御型战略和游击型战略。

（1）进攻型战略。进攻型战略是小企业在引入创新技术或产品方面领先于其他竞争对手，从而获得市场领导者的地位。进攻型战略指小企业通过竞争主动向前发展，其可分为产品进攻型战略、成本进攻型战略和市场进攻型战略。

① 产品进攻型战略。该战略是小企业以产品为中心展开的竞争行动，侧重于产品结构、工艺装备、技术开发和生产体系建设，表现为扩大投资和向新的领域扩展的竞争活动。

② 成本进攻型战略。面对激烈竞争的市场，企业与企业之间竞争的一个最基本的主题就是以尽可能少的投入生产产品，并成功把它们销售出去。因此，成本进攻型战略的本质就是以最低的成本或明显的成本优势进入市场竞争。

③ 市场进攻型战略。市场进攻型战略就是通过各种营销手段来提高企业产品的市场占有率和市场覆盖率。因此，市场进攻型战略的选择需要从提高市场占有率和市场覆盖率两方面入手。

（2）防御型战略。防御型战略是小企业面对竞争对手时，采取一系列措施建立进入壁垒，当被竞争对手攻击时，能够有力还击。

（3）游击型战略。游击型战略所秉承的原则是"打一枪，换一个地方"，游击行动特别适合小企业。采用这种战略的企业往往处于技术与市场的劣势地位，为了打破现有技术和市场格局，这种战略更倾向于推出一种新技术取代占统治地位的现有技术，打破优势企业的阵脚，以求在市场中保留一定空间。

2. 领先创新战略和跟随创新战略

就小企业的技术因素和市场因素相结合而言，小企业的创新战略分为领先创新战略和跟随创新战略两种类型。

(1) 领先创新战略。领先创新战略是指小企业领先于其他企业而首次推出新产品或新服务，并获得相应的经济回报。该战略的优势在于：在一定时期内享有一定的超额垄断利润，可以确立该企业处于领先地位的市场形象，可以为企业在某些方面赢得一定的优于其竞争对手的优势。领先型创新具有与其他类型创新全然不同的特点，它集高利润和高风险于一身，这就要求小企业拥有丰厚的资金和技术支撑，需要花费大量时间和精力去开拓市场，必须运用特殊的对策才能使创新成功，这对小企业来说无疑是一种挑战。

(2) 跟随创新战略。跟随型创新是在竞争对手或其他企业的创新基础上，根据现有市场和顾客的需求所进行的创新。实施跟随创新战略的小企业总是把别人已经做出来，但没有充分认识其意义的创新项目拿来或买来，在其基础上加以完善、创新，并占领市场。与领先型创新相比，跟随型创新能够为小企业节约资源。

案例 6-5

跟随创新成功的小企业

福建三祥工业新材料有限公司选择由技术引进至二次创新的道路。该公司从一家名不见经传的乡镇小企业起步，瞄准世界前沿，通过引进日本、美国等先进技术，坚持在吸收、消化的基础上再创新而取得成功。目前，该公司具备生产国际一流品质的特种合金系列产品、锆系列产品、单晶刚玉磨料的核心技术能力，尤其在单晶电熔铝晶粒控制技术和高纯度电熔氧化锆技术上，该公司位列世界第一。2005 年，该公司被国家科学技术部认定为"国家重点高新技术企业"。

[资料来源：方金城，朱斌，小企业技术创新路径选择及案例分析，山东理工大学学报（社会科学版），2010（6）。]

3. 依赖型创新战略

依赖型创新是在大市场中占领某个较小生存位置的创新。与领先型创新不同，实施依赖型创新战略的企业并不谋求产业领导地位，它们默默无闻，不图扬名，但有别人所不能取代的优势或竞争地位。

从上述分析可知，小企业的创新战略定位关键取决于小企业的总体经济实力、技术创新能力，以及创新目标与企业相关产品的关联程度，也取决于小企业对有关领先技术的跟踪和掌握程度，还取决于企业家的胆识、智慧和决策能力。任何企业的创新实施都要有一个战略类型定位的问题。领先、跟随、依赖三种战略各有其运用条件和优缺点。小企业在制定创新战略时，应根据自己的实际情况从中选择适合自己企业的战略类型。对于具有较强经济实力和创新能力的小企业来说，可以选择进攻型战略、防御型战略、领先创新战略。对于不具备上述条件的小企业，则可以选择游击型战略或跟随型创新战略。

二、小企业实施创新战略的优势和应注意的问题

（一）小企业实施创新战略的优势

和前面介绍的三种基本战略（低成本战略、差异化战略和集中化战略）相同的是，小企业实施创新战略同样有其自身的优势，其优势主要体现在以下几方面：

1. 小企业的内部管理思想更适合创新

小企业戒律少，有活力，小企业的领导人敢于创新、冒风险，当机立断。而大企业的机构办事效率低，决策时往往怕承担风险，不敢冒险。

2. 小企业的内部交流方便，更有利于创新

小企业具有非正规的、有效的内部交流网络，企业员工交流方便，解决问题快。而大企业的内部交流烦琐，渠道不畅。因此，小企业的交流环境更适合创新战略的实施。

3. 小企业实施创新战略可以促进产业的发展和成熟

近年来，在一些新兴产业中，小企业的创新活动非常活跃，尤其是一些高技术企业。与大企业相比，小型高技术企业在创造新产品和服务、探索开发新产业和市场等方面发挥着独到的作用。

（二）小企业实施创新战略应注意的问题

1. 小企业创新更有赖于与外界的合作

小企业技术创新活动并不局限于技术的发明与创造，更主要的是高技术成果的应用和商业化，因此有赖于与外界机构的密切合作与联合。此外，小企业的创新往往需要外界在法律、会计、银行系统、资本市场以及技术、信息等方面的指导和帮助，这样才能更好地处理企业与社会、市场等的关系。

2. 小企业创新需要政府的大力支持

小企业创新面临着多方面的挑战，这是一个不争的事实。这些问题包括获得资金的能力不高，信息、技术、人力资源的缺乏，雇员福利引起的成本增加，政府行政管理方面的过高要求，等等。因此，与大企业相比，小企业创新更需要政府采取相应的措施，直接或间接地从各方面对其加以扶持。政府可以通过政策和法律等手段有效地鼓励与促进小企业的创新活动。

三、创新战略的实现措施

目前，我国小企业在创新过程中面临着一些问题，如小企业规模小、技术创新资金匮乏、经济基础薄弱、缺乏技术创新实力、人才短缺、技术薄弱、缺乏创新的潜力等。就外部制约因素来看，小企业面临的问题主要是政策不公平，管理体制不合理；市场行政和法定垄

断，行业进入壁垒多；经济社会化程度较低，许多适合小企业经营发展的领域还处于发育过程中；等等。因此，小企业的创新战略的实施是一项复杂的工程，需要从体制、法律、金融、服务等多方面进行重点扶持。

为了使小企业能够更好地实施创新战略，政府和小企业自身都有必要采取相应措施来确保创新战略的顺利实施。

（一）政府方面

1. 推进科研体制改革与创新

小企业的创新首先要从科研体制上入手，建立适应社会主义市场经济体制的科研体制。同时，还要建立为小企业提供技术、信息服务的技术服务机构。

2. 完善技术创新的相关法律法规

在国际上，许多国家都用法律来鼓励和保障小企业的创新活动。我国也出台了相关的法律，如《关于加强中小企业技术创新服务体系建设的意见》等，这些法律对推动科技进步与技术创新起到了很好的作用。

3. 建立多渠道的筹融资体系

筹融资渠道不畅、资金不足是小企业技术创新最主要的障碍。政府应该采取措施进一步拓展小企业的筹融资渠道，完善各种筹融资手段，鼓励金融机构加大对小企业的贷款力度，通过低息贷款、税收优惠等措施鼓励企业增加研究开发和技术创新的投入等。

4. 促进小企业的交流与合作

要加强小企业的创新、实现产业化，政府必须扩大对外开放，广泛开展企业之间的交流与合作，消化吸收先进技术，防止低水平重复，促进多学科的交叉、融合、渗透，实现在较高水平上的技术跨越。

（二）小企业自身方面

小企业应该做到：

（1）建立良好的内、外部信息沟通交流机制，既要与外部信息源和技术信息源实现有效的联结，又要在企业内部建立通畅的信息沟通渠道。

（2）将创新看作整个企业的任务，从创新早期阶段开始，所有部门都要全力以赴地参与创新，部门之间要有效沟通、诚实合作。

（3）企业要强调市场导向，满足顾客需求，尽可能地让潜在用户参与创新过程，为顾客提供良好的技术服务，赢得顾客对本企业的忠诚度。

（4）在创新过程中，企业更要重视人力资源的开发，吸引和培养高水平的管理人员和技术人才，并对他们进行有效的激励，为他们提供充分发挥才能的机会。

本章小结

1. 小企业可以通过多种战略选择获取其竞争优势，基本的竞争战略有低成本战略、差异化战略、集中化战略和创新战略四种。

2. 小企业降低成本、取得低成本优势可以有多种方法，如简化产品、节约原材料、实行生产创新及自动化、降低管理费用等。小企业获取低成本优势的竞争战略可以进一步细分为四种类型。

3. 实施差异化战略有很多途径，概括起来，可以分为三种：产品差异化、渠道差异化和服务差异化。

4. 创新战略的目标内容包括产品创新、工艺技术创新、管理创新和服务创新。

思考与练习

一、名词解释

低成本战略　　差异化战略　　集中化战略　　创新战略

二、不定项选择题

1. 小企业获取竞争优势的基本竞争战略有（　　）。

　　A. 集中化战略　　　　　　　　B. 低成本战略
　　C. 差异化战略　　　　　　　　D. 创新战略

2. 创新战略的目标内容有（　　）。

　　A. 产品创新　　　　　　　　　B. 工艺技术创新
　　C. 管理创新　　　　　　　　　D. 服务创新

三、思考题

1. 简述低成本战略的优势和风险。
2. 简述差异化战略的实现途径。
3. 简述创新战略的类型。
4. 我国政府面对小企业的创新应实施哪些方面的措施？

第七章　小企业运营管理

学习目标

学完本章内容以后，你应该能够掌握：
1. 小企业运营管理的内容和类型；
2. 小企业运营系统设计的核心部分；
3. 小企业运营系统运行和控制的主要内容；
4. 改善小企业质量管理的方法。

引导案例

养殖场的经营与管理

3月的梧桐镇，春寒料峭。张丽一大早来到合作社孵化场二期工程工地。虽然工程还没有复工，但她已经开始认真谋划新一年的发展规划。

"这个150亩（1亩≈666.67平方米）的新建孵化场建成后，合作社可以达到养殖种鸡9万只、年孵化雏鸡1 200万只，带动社员养殖肉鸡200万只的规模，估计可实现利润500万元以上。"身为新疆生产建设兵团第六师五家渠梧桐镇华胜畜禽养殖农民合作社理事长的张丽高兴地说，脸上充满了对今后发展的期望和憧憬。

从18岁来新疆打工，到2008年创业，张丽创办的五家渠梧桐华胜畜禽养殖农民合作社，到如今不仅年销售额达到了4 000多万元，还帮助120多名社员实现年收入达10万元以上。

张丽养殖场的经营规模越做越大，到2011年，盈利达到了100万元以上，成为六师规模最大的种禽养殖基地。就在养殖场逐步走上良性循环的发展道路时，2012年，梧桐镇养禽业遭遇了一场突如其来的疫情，张丽的养殖场有20余万只种鸡被扑杀，直接经济损失达到60万元。"天天哭鼻子，实在是想不通，为什么干点儿事这么难？"张丽说，"在我绝望的时候，多亏老公的鼓励，还有团场工会的帮助，帮我办理了100万元的贴息贷款，让我走出了阴影。"

一切又要从头做起。张丽吸取失败的教训，从养殖源头抓起，引进具有肉质细、抗病强、成活率高的"良凤花"肉鸡新品种。同时，进一步加强合作社内部管理，严格落实疫病防治措施，严把鸡苗质量关口；借助销售网络深入挖掘客户资源，不断扩大雏鸡销售市场占有率。仅仅一年时间，张丽就逐渐从失败的阴影中走了出来。

2012年，随着梧桐镇城镇化建设进程不断加快，张丽租赁经营的养殖场也面临拆迁，这也为想进一步扩大生产经营规模、做大做强养殖场的张丽提供了发展机遇。师、团不仅为她划拨了150亩新建养殖场用地，而且在办理土地手续、申请贷款、基础建设、设备购置等过程中为她提供一切便利。很快，张丽的养殖场达到了建筑面积6 200平方米、固定资产700万元、拥有"良凤花"种鸡3万只、年孵化雏鸡500万只的规模，并建起了覆盖乌鲁木齐市、昌吉回族自治州、石河子市等新疆大部分地区的营销网络，年销售额达到了1 500万元。

2013年3月，在梧桐镇党委的关心支持和优惠政策扶持下，张丽创办的拥有120名社员、注册资金280万元的五家渠梧桐华胜畜禽养殖农民合作社正式成立。张丽说："成立合作社，可以扩大经营规模、降低市场风险，增加社员收入。"

2016年，张丽被兵团工会和师工会评为"兵团百佳示范户""职工自主创业之星"，她创办的五家渠梧桐华胜畜禽养殖农民合作社被评为"兵团最佳效益示范项目""先进农工专业合作社""双创示范合作社"。

（资料来源：中国就业网，http：//www.lm.gov.cn/InnovateAndServices/content/2017-03/23/content_1294653.htm。）

运营管理对小企业的运营系统具有战略指导意义，能够帮助小企业实现有效的设施选址和布置、制订合理的生产计划、生产满足市场需求的产品，能够帮助小企业提高产品或服务的质量水平、构建良好的供应链、降低库存成本，从而实现资源的优化配置，增强小企业的竞争实力，帮助小企业有效应对日益多样化、多变化的市场需求，使小企业能够在激烈的市场竞争中立于不败之地。

第一节　小企业运营管理概述

运营管理是小企业投入生产要素，经过生产转换，输出产品或服务这一系列过程得以顺畅运行的保证。有效的运营管理能够降低生产成本，提高生产效率，增加利润，提升企业竞争力。小企业的运营管理具有与大企业不同的、独有的特征，需要小企业的管理者加以重视。

一、小企业运营管理的内容

（一）运营管理的含义

运营管理是对产品或服务的生产过程和生产系统进行计划、组织、协调和控制。运营管理的内容包括与生产产品或服务直接相关的所有活动，大致可分为两大部分：一是运营系统的设计;二是运营系统的运行和控制。由于产品或服务的生产是企业的核心业务,因而运营管理对组织而言,就相当于发动机对车辆的重要性,是组织运行的核心。有效的运营管理能够保证小企业实现持续的生产运营活动,实现有节奏的均衡生产,保证物流畅通,预防生产事故的发生。有效的运营管理能够降低小企业的生产成本、保证产品或服务的质量,满足市场需求,增强竞争优势,增加利润。

(二)小企业运营管理的特征

(1)小企业的生产规模相对较小,产品品种相对较多。在运营管理过程中,存在产量和品种的负相关关系。无论生产有形产品,还是提供服务,在生产过程中,企业都存在如下规律:产量越高,产出的品种就越少。因为高产量的组织一般都处在竞争激烈的市场环境中,企业在追求高产量的同时,还要追求多品种是非常困难的事。所以,大企业在进行大批量产出的同时,产品的品种是不多的,与大企业相比,由于小企业实力相对薄弱,生产规模一般不大,为了适应不断变化的市场需求,小企业生产的灵活性比较强,产品的品种也比较多。

(2)小企业运营管理的灵活性比较强。由于小企业生产产品或服务的品种比较多,为了满足不断变化的市场需求,满足顾客的不同需求,小企业需要相对频繁地进行产品或服务设计,增强产品或服务的差异性、竞争性,因而就需要生产转产。又由于小企业的生产规模比较小,组织结构比较精干,在实现生产转产时,灵活性比较强。

(3)小企业运营管理的关键目标是降低成本、实现产出的价值增值。由于小企业的资金相对不足,降低成本是小企业运营管理的重中之重。小企业在运营管理过程中,生产环节和管理环节都要围绕着降低成本这个目标,在保证产品或服务质量的同时,尽可能地降低生产成本、管理成本,节约资金的投入和资金的占用率,缓解小企业资金不足这一难题。小企业实施运营管理,可以不断提高生产率,消除或改进未增值的工作,降低投入或加工成本,从而实现价值增值。

(4)小企业的运营管理难度相对较低。无论大企业,还是小企业,它们的生产运营都包括投入、转换、产出三个部分。企业投入资本、原材料、设备、人力等生产要素,经过一系列的生产转换,生产产品或提供服务。但是,相对大企业而言,小企业的生产规模比较小,人员数量比较少,需要投入的生产要素比较少,生产流程相对简单,运营管理涉及的管理对象和生产对象也相对较少,因而运营管理的难度相对较低。比如,小企业的供应商不多,库存量不大,供应链管理和库存管理过程就比较简单,难度较低。

二、小企业运营管理的类型

由于制造业和服务业的运营管理有着显著不同,小企业的运营管理可以分为小型制造业运营管理和小型服务业运营管理两种类型。

（一）小型制造业运营管理

1. 制造业运营管理的特征

制造业组织的运营管理是产品导向型的，与产品的生产过程和生产系统密切相关，机械化程度高，产品的生产流程容易标准化，因此，产品的规格变动不大，生产流程比较顺利且效率高。组织可以直接对生产率、质量、成本等指标进行定量测量和评估。

制造业生产的产品是可以触摸到的，是有形的，如一台计算机、一个水杯。产品也是可以储存、运输和转让的。因此，制造业组织可以建立一定的库存，并进行库存管理，以缓冲市场需求变化对企业造成的冲击。由于产品是可运输的，制造企业可以把生产设施放在远离消费者、土地成本相对较低的区域，但是与此同时，也增加了企业对流通、运输设施的依赖性。

2. 制造业生产运营的类型

（1）根据产品制造过程的连续性，人们把制造业的生产运营分为流程式生产运营和加工装配式生产运营。流程式生产运营是指企业按照一整套连续的工艺流程组织生产；加工装配式生产运营与流程式生产运营不同，产品的制造过程并不是连续的，而是离散的，生产的产品是由分散在不同地理位置的零部件装配而成的。

（2）根据生产计划和生产安排的方式，人们把制造业的生产运营分为存货型生产运营和订货型生产运营。存货型生产运营是指组织通过市场预测制订生产计划、安排生产，并建立一定的库存，来满足市场需求；订货型生产运营是指企业根据用户对产品数量、产品性能和质量以及交货期等要求组织生产。

（3）根据产品的生产数量，人们把制造业生产运营分为大量生产运营、成批生产运营、单件生产运营。产品的生产数量与生产的专业化程度、生产稳定性和生产重复性呈正相关关系，与产品的品种呈负相关关系，即大量生产比单件生产的专业化程度高、稳定性高、重复性高，产品品种数量则比单件生产要少，反之亦然。表7-1对制造业生产运营的各种类型的特征和运营重点进行了比较。

表7-1 制造业生产运营类型的比较

类型	按产品制造过程的连续性分类		按生产计划和生产安排的方式分类		按产品的生产数量分类		
	流程式生产运营	加工装配式生产运营	存货型生产运营	订货型生产运营	大量生产运营	成批生产运营	单件生产运营
特征	生产设施、地理位置比较集中；自动化水平高；协作与协调任务少	生产设施、地理位置较分散；跨车间、跨企业的协作协调关系复杂	产品的通用性强，生产的标准化程度高，生产效率高，适合大批量生产	产品的个性化程度高，生产效率低，基本无产品存货	产品品种少，产量大，生产稳定，生产重复程度高	产品品较多，有一定批量，有一定的生产重复性	产品品种繁多，生产重复程度低，生产专业化程度低

续表

类型	按产品制造过程的连续性分类		按生产计划和生产安排的方式分类		按产品的生产数量分类		
	流程式生产运营	加工装配式生产运营	存货型生产运营	订货型生产运营	大量生产运营	成批生产运营	单件生产运营
运营重点	生产系统的安全性和可靠性	生产过程中的计划、组织、协作和协调	把握好供、产、销之间的衔接	确保交货期	采用生产线和流水线的专业化生产组织形式	合理确定批量、组织好多品种的重复生产	设施布置采用机群式，采用多级编制自上而下逐渐细化的生产作业计划

小企业受到资金、生产实力的限制，无法拥有自动化水平比较高的生产设备，无法进行大批量生产，因此，小型制造业运营管理的主要类型是加工装配式生产运营、订货型生产运营、成批或者单件生产运营。这些生产运营方式更能够适应小企业生产发展的特点和要求，更能顺利实现小企业的生产运营，降低生产成本，增加利润。

（二）小型服务业运营管理

1. 服务业运营管理的特征

服务业组织的运营管理是服务导向型的，服务业的产出是无形的、不能被触摸到的，是无法被保存的，因而服务是无法被"运输"的，所以服务业组织的设施选址必须靠近顾客群。并且，由于服务是无形的，顾客也只有在服务的过程中才能够感受到服务的质量，因而对服务的质量和效率进行定量分析就会比较困难。比如，一个餐厅的服务质量评估，由于顾客对服务的满意程度受个人主观偏好的影响，因而对服务进行质量评估就会比对产品进行质量评估难度要大。又由于服务的生产和消费是同时进行的，无法像产品生产一样可以在顾客收到产品前排除可能出现的差错，因而对服务质量的要求就会比较高，但是，服务业组织与顾客的联系紧密，接近市场，能够迅速地洞悉市场需求变化，及时作出生产调整。

此外，服务业组织多是劳动密集型组织，机械化程度比较低，因而相对于制造业组织而言，市场的进入壁垒不高。但服务业组织在运营时需要做好服务设计等商业机密的保护工作，因为服务比产品更难获得专利权，容易被竞争对手效仿。

2. 服务业运营管理的类型

我们可以根据服务性组织是否提供有形产品、与顾客的接触程度以及资源的密集程度，将服务业运营管理分为以下几种类型：

（1）纯服务型运营和一般服务型运营。纯服务型运营是像咨询、授课等完全提供服务的运营；一般服务型运营是像邮政、书刊借阅等提供有形产品的运营。

（2）高接触型运营和低接触型运营。高接触型运营是与顾客高度接触的运营方式，如理发店、咨询公司；低接触型运营是很少与顾客接触的运营方式，如自动售货机、超市的上货工作等。

（3）劳动密集型运营和技术密集型运营。劳动密集型运营是组织需要投入较多的人员，如餐饮业、零售商店等；技术密集型运营则是组织需要投入较多的设备，如通信业、航空公司等。

第二节　小企业运营系统设计

生产运营系统是企业间竞争的根本，小企业在进行运营管理的过程中，首先需要对运营系统进行设计、规划，这是小企业运营管理的前提，也是决定运营管理成败的关键。但是，多数小企业成立时间比较短，处于企业发展的初步阶段，运营管理不够规范，往往缺乏对运营系统的设计和规划，导致运营系统"先天不足"，无法有效发挥运营管理的关键作用。本节针对小企业运营管理的特点，主要探讨小企业的产品和服务设计、设施选址和布置以及生产计划和工作设计这些运营系统设计中的核心部分。

一、小企业的产品和服务设计

组织的本质就在于它所生产的产品或者提供的服务，产品和服务的设计直接关系着组织的生存和发展。小企业由于开发和设计的实力相对薄弱，在开发和设计产品或服务时，通常是借助社会外在资源，委托咨询公司，分析企业内部和外部环境，制定完整的产品或服务开发和设计方案，经企业确定方案之后，再由咨询公司和企业共同整合方案，确定产品或服务的定义，设计产品外观、规格、结构等，最后进行生产、试销。本节主要介绍小企业除借助外界力量之外，在产品或服务的开发和设计过程中需要做的工作。

（一）产品开发和设计

产品开发和设计主要是针对制造业企业而言的。小企业在进行产品的开发和设计时，可以先按照产品的关键要素将开发和设计分为以下几种类型，再根据所选的设计类型进行开发和设计。

1. 产品开发和设计的类型

（1）标准化设计。标准化是指对生产流程制定共同的、重复使用的规则，获得一定范围内的最佳秩序。标准化设计能够为小企业减少培训费用和培训时间，减少存货和制造中需要处理的零件，能够促使小企业的运营程序更加常规化，如采购、检查程序等，但同时，标准化使得设计变动的费用增加，增加了改进设计的难度，使产品缺乏多样性，容易降低对顾客吸引力，增加了市场竞争风险。所以，小企业在进行标准化设计时，要平衡好产品的生产批量和品种多样性的关系,尽量降低转产成本,保证生产系统的灵活性,以适应不断变化的市场需求。

(2) 稳健性设计。稳健性设计是指在开发和设计产品时,要尽量提高产品的稳健性,让其在更宽松的情况下实现功能,即增强产品的耐久性,从而促进顾客满意度的提高。顾客对产品的使用价值非常关注,因而产品的质量、稳健性是小企业在进行产品设计和开发时需要特别关注的地方。在竞争激烈的市场环境下,如果产品的稳健性不高,就无法使顾客满意,无法赢得顾客的关注,也就很难在市场上站稳脚跟。

(3) 低碳环保型设计。低碳环保型设计是指小企业在开发和设计产品时,使用可循环利用的原材料,或者是继续使用旧产品中的某些部件。这种设计方式既低碳环保,又节约成本,能体现小企业的社会责任感,提升小企业的名誉和形象,有助于小企业的可持续发展。

除上述的产品开发和设计类型之外,小企业在开发和设计产品时,还要考虑产品的生命周期和市场的接受程度,使产品能够被顺利地投入市场,获得市场份额,创造更大的利润。

2. 产品开发和设计的步骤

(1) 制订计划。小企业的运营部门要根据营销部门的市场分析、财务部门提供的计划目标以及项目资源的分配,构建设计平台,确定工艺规格,制订开发和设计计划。

(2) 进行可行性分析。运营部门需要汇总营销部门的市场需求分析和市场竞争环境分析、财务部门的经济分析以及专利问题,然后分析产品生产的可行性,设计产品制造过程,估计制造成本,对生产的可行性进行评估。

(3) 系统设计。系统设计主要是制订产品的开发计划、设计产品的结构、确定目标成本、确定供应商、完成工业设计等。

(4) 系统测试。系统测试主要包括产品的性能测试、可靠性测试,生产过程的完善,以及在小范围内检验市场对产品的接受程度。

(5) 投入生产。在确定产品生产的可行性后,就将产品投入生产,开始整个生产系统的运作,并做好对早期产品的评估,这样便于小企业及时发现问题并进行改进,使产品能够更好地被市场接受。

产品开发和设计是否成功,还受到许多因素的影响。高层领导的重视程度、小企业内部部门的合作、产品对顾客的价值、产品开发的质量、开发周期的长短等,都不同程度地影响着产品的开发和设计,小企业必须全面考虑各个关键的影响因素,增强产品开发的成功率。

案例 7-1

九阳股份的产品研发

自己在家里做豆浆,这在以前是不能想象的。自己动手做豆浆既便捷,又健康。王旭宁看到了家用豆浆机这一产品广阔的市场前景。当时年仅 25 岁的他果断下海开始了自己的

"豆浆梦"。他与最初的创业团队联合成立了济南九阳电器有限公司，主要从事豆浆机等家用电器的生产和销售。产品研发是该公司发展的核心动力。

该公司历来注重产品的技术开发和创新，在豆浆机市场上始终保持技术领先的优势。该公司先后自主开发、应用的文火慢熬、智能不粘、拉法尔过滤网、易清洗等技术，分别攻克了制约豆浆机市场发展的重大难题，为豆浆机市场的快速发展奠定了基础。商用豆浆机的核心技术——"轴流磨粉碎"技术已获得中国发明专利，还将申请其他国家的发明专利。1999 年，王旭宁的智能型家用全自动豆浆机获得国家发明专利。2000 年，他的豆浆制备方法及自动豆浆机再次获得国家发明专利。"家庭自制熟豆浆"这一进步，使九阳家用全自动豆浆机很快在市场上占有一席之地，人们的豆浆消费习惯随之开始由传统的"外出购买"转变为"家庭自制"，九阳创造了家用豆浆机这一全新的行业。

2007 年 9 月，公司正式改制为股份公司，九阳股份共计拥有专利技术 115 项，其中发明专利 6 项，实用新型专利 38 项。九阳豆浆机也已走进千家万户，成为中国人健康生活不可缺少的一部分。

（资料来源：丁宁，运营管理，北京，清华大学出版社，2009。）

（二）服务开发和设计

服务的开发和设计与产品的开发和设计不同，有着自己鲜明的特征。从事服务行业的小企业要根据服务的特征，绘制出适合服务行业的设计蓝图，对服务进行开发和设计。

1. 服务开发和设计的特征

（1）顾客接触程度和服务要求的变化程度与服务所能达到的标准化程度呈负相关关系。服务企业与顾客的接触程度越高，服务内容的变化越多，服务就越难实现标准化，标准化的程度就越低，但是企业所面临的销售机会就越大，反之亦然。小企业在对服务业进行标准化设计时，要考虑市场需求的变化，要时刻以满足市场需求为出发点，这样才能占得市场先机，获得竞争优势。

（2）服务设计更加注重不可触摸因素。因为服务是无形的，是不可触摸的，因而与产品设计相比，服务设计更加注重气氛、环境等不可触摸因素。比如，人们在咖啡馆喝咖啡时，咖啡馆里的装潢、音乐营造的幽雅舒适的氛围，是多数人选择一家咖啡馆的重要因素。小企业要根据服务的内容、顾客的偏好，考虑气氛、环境等无形的因素，进行服务的开发和设计。

（3）服务设计更加注重流程设计、员工培训和顾客关系。由于服务的生产过程和消费过程是同时发生的，一旦在服务过程中发生错误，改正的难度非常大。比如，美容美发行业为顾客提供美容美发服务，也是顾客消费的过程，如果在美容美发过程中出现错误，就会直接反映在顾客身上，要想改正，难度非常大。因此，小型服务企业对流程设计的要求比较高，必须注重员工培训和顾客关系管理，以避免在服务过程中出现差错。

（4）服务设计必须充分考虑成本和收益。与制造业相比，服务组织进入或退出市场的阻碍比较小，因而市场竞争激烈。由于服务是不可储存的，无法像产品库存那样能够缓冲市场需求变化的冲击，因而容易形成等候线和闲置资源。小企业在进行服务设计时必须充分考虑企业的生产能力，尽可能地降低成本，提高资源的利用率，增加收益。

2. 绘制服务蓝图

绘制服务蓝图是服务设计常用的方法，就像制造过程设计绘制流程图一样。服务蓝图是用来描述和分析服务的全部处理流程的，它能帮助管理者鉴别潜在的失误点，以便及时采取预防措施，从而减少服务过程中的失误。小企业在绘制服务蓝图时，可以采用以下几个步骤：

（1）识别。识别需要绘制蓝图的服务，细分顾客，识别顾客次序、服务行为和相互关系。

（2）划分各个流程的分界线，确定标准执行时间。

（3）确定流程中可能的失误点，制订改进计划，防止失误发生。

二、小企业的设施选址和布置

正确地选择设施选址，能够加快小企业的物流速度，节省运输费用，降低生产成本，有助于小企业配备所需的生产要素，促进生产过程的顺畅运行。有效的设施布置能够为小企业节约空间，缩短生产时间，充分利用生产资源，降低生产成本。小企业在进行运营系统设计时，要充分考虑设施选址和设施布置对企业长期发展的影响。

（一）设施选址

设施选址是运营系统设计的重要部分，与小企业的成本控制、收入状况、物流速度、生产要素的配备以及生产运营直接相关，并且一旦选址确定，就无法随意更改。如果决策失误，就会对小企业造成非常严重的负面影响，甚至是竞争力下降，使小企业无法生存。

1. 设施选址决策的影响因素

（1）成本因素。这里的成本既包括生产成本，又包括运输成本。其中，生产成本包括原材料的供应成本、土地成本、建筑成本等与生产系统密切相关的成本。

（2）市场位置因素。产品投放市场的速度、市场反馈的速度以及运输成本都直接受到市场位置的影响，设施与市场越接近，就越能够迅速地捕捉到市场需求的变化，并及时做出回应。市场位置的选择也直接影响企业能否建立良好的供应链，市场的竞争状况也是小企业在进入目标市场前需要考虑的重要因素。

（3）人力资源因素。一个地区的工资水平、人力资源数量和受教育程度，都直接关系着小企业的劳动力成本，直接关系着小企业是否能够雇到足够数量的满足小企业发展需求的劳动力。

（4）基础设施因素。一个地区的电力、水力、排水设施、交通便利情况、教育设施、医疗、治安、环保等公共设施对于企业的发展是非常重要的。基础设施越完善的地区，企业受到外界不可控因素的影响就会越小。

除上述这些影响因素之外，政府的政策、法规，一个地区的气候、文化氛围等外部环境因素，对小企业的设施选址也有一定程度的影响。值得注意的是，由于服务业与制造业的区别，服务企业在选址时，比制造企业更加关注企业是否靠近顾客群、地区的人口密度和经济收入水平如何、与竞争对手的相对位置如何，具体内容在本书第三章"小企业创业的地点选择"中做了详细的说明，在此就不赘述了。

2. 设施选址的一般程序

（1）收集信息。小企业在选址之前，要收集各方面的信息，包括目标市场的竞争环境，需要的原材料、燃料等资源的数量、质量、供应渠道，当地人力资源状况、国家和地区的政策法规等企业外部环境信息，还包括产品和服务的特征、设施面积和设计要求、员工素质和数量要求等企业内部信息。

（2）制订备选方案。将收集的信息汇总分析，权衡取舍各个影响因素，根据企业生产运营要求，制订多个备选方案。

（3）方案的确定。由企业的领导层或者聘请外部咨询机构，对各个备选方案进行分析、筛选和评估，最后确定适合企业发展阶段的选址方案。

（二）设施布置

设施布置就是企业合理布置各个生产作业单位和生产设备，以确保生产系统运行顺畅。小企业在进行设施布置时必须综合考虑各方面因素，选择适合企业发展、符合产出特征的布置类型。小企业在进行设施布置时，主要采用工艺专业化布置。

1. 工艺专业化布置

工艺专业化布置是遵循工艺的专业化，将具有相同功能的生产设备集中布置在一起，形成一个工作单位。工艺专业化布置最大的优点就是灵活性很强，能够适应产量的变化、产品或服务的设计变化，适应不断变化的市场需求。设备之间的依赖程度比较低，即使在生产过程中某个设备出现故障，也不会影响整个生产系统的运行。工艺专业化布置对设备维护和设备管理的要求比较低，这就降低了设备维护成本。

小企业在进行工艺专业化布置时，必须考虑这种布置方式需要投入的资金额、每个工作单位的大致规模和所有工作单位占用的空间，处理好每个工作单位之间的空间距离，使运输费用达到最小。最后，要绘制工作流程的平面图，形成一个具体可行的布置方案，再布置实物。

2. 其他布置

除了工艺专业化布置外，在实际生产中，还有一些布置类型比较适合小企业的发展，如注重信息流和物流的办公室布置、关注仓储能力和运输能力的仓储和储备布置、注重货架布置和氛围营造的零售布置，小企业可以针对自身发展的侧重点、生产过程的要求、生产变化的需要、成本控制的要求选择适合本企业发展的布置类型。

三、小企业的生产计划和工作设计

小企业的生产计划和工作设计是小企业运营系统设计的核心部分，是对小企业整个生产过程的规划。只有制订合理的生产计划，才能保证小企业生产过程的有序进行。只有进行合理的工作设计，才能增强员工的工作积极性，调动员工的工作热情，提高工作效率，从而提高生产率，保证产品或服务的质量，增强小企业的市场竞争能力。

（一）生产计划

生产计划是指企业对设备、人员、物料等资源的使用进行时间安排，确定各个计划期的生产指标。小企业需要对生产计划重视起来，需要充分发挥生产计划的统筹、监控作用。由于制造业和服务业的生产系统有着非常明显的差异，我们把小企业的生产计划分成制造业生产计划和服务业生产计划分别进行阐述。

1. 制造业生产计划

制造业生产计划可以分为大量生产的作业计划、成批生产的作业计划和小批量生产的作业计划。小企业的生产规模一般较小，进行的生产多是成批生产或者小批量生产。因此，小企业在制订生产计划时，主要是制订成批生产的作业计划和小批量生产的作业计划。

（1）成批生产的作业计划。成批生产是标准生产是间歇性生产。成批生产的产品品种较多，往往是从一项生产活动转换成另一项生产活动。小企业在制订生产计划时，必须重点考虑转产成本的问题，要按照最优的时间间隔来安排产品的生产。此外，小企业也可以根据顾客的订单和预测的需求量来制订生产计划。

（2）小批量生产的作业计划。小批量生产的产品品种比较多，生产的重复性和专业化程度比较低，又是根据订单生产的，因此，在接到订单之前就进行生产进度安排，难度比较大，所以小批量生产作业计划的制订比较复杂。小批量生产的作业计划通常包括以下两个主要内容：一是工作站负荷；二是确定工作顺序。

2. 服务业生产计划

相对于制造行业而言，服务行业与顾客的接触程度较高，服务又是无形的、不能储存、不能运输的，因此，服务行业的小企业在制订生产计划时，必须充分考虑如何缩短顾客等待时间，如何应对市场需求变化的冲击等问题，以满足顾客的不同需求，提高服务质量和服务效果，增加利润。小企业可以从以下两方面展开生产计划的制订。

（1）安排顾客的到达时间。小型服务企业运营的重点是要缩短顾客的等待时间。企业可以通过以下两种方式缩短顾客的等待时间：

① 预约。虽然预约还存在晚到、取消等问题，但是预约能够大大缩短顾客到达的随机间隔，缩短顾客的等待时间，提高服务能力的利用率、服务质量和顾客满意程度。

② 差异定价。小企业可以适当提高需求高峰期的服务价格，适当调低需求低谷期的服务价格，这样可以促使对价格比较敏感的顾客从高峰期转向低谷期进行消费。比如，旅游景点在淡季时的价格要比在旺季时的价格低。

（2）安排员工的工作时间。在对市场需求进行合理的预测之后，小企业要对员工的工作时间进行合理安排，从而提高企业的服务能力。首先，小企业可以在不同的市场需求下，对员工数量进行安排，如餐馆可以在高峰期增加服务人员，在低峰期减少服务人员，以降低劳动力成本，提高资源的利用率。其次，对员工进行交叉培训，提高劳动力柔性，这样可以将具备较多能力的员工紧急调往需求处于高峰期的岗位协助工作。最后，在工作重复性比较高的服务业，如饭店、超市，可以采用轮班的方式，降低对员工人数的需求，节约劳动力成本。

（二）工作设计

1. 工作设计的内涵

工作设计是指确定一个人或一群人的工作内容、工作要求和工作方法，设计出满足组织要求和员工需求的工作结构。小企业进行工作设计的基本流程如下：首先，选择要分析的工作，收集设备、物料等与生产相关的信息。其次，分析选定的工作，提出新方法。计算现行工作的工作成本、工作质量、工作时间等数据，发现存在的缺陷，与操作人员共同讨论，设计出最佳的工作方法，以提高生产效率，降低生产成本。对于新工作，要设计新工作的工作内容、工作要求、工作目标、工作时间和地点。最后，小企业要实施新的方案，并跟踪它的运用，进行反复检查，确保实现工作方法的改进。

2. 工作设计的方法

小企业在进行工作设计时，可以采用以下两种工作设计的方法：一是效率方法。效率方法追求机械化、自动化，生产方式的专业化，能够简化员工的培训、提高生产效率。效率方法对员工素质的要求不高，因而能够降低工资成本，但容易引起员工消极怠工的不满情绪。二是行为方法。为了满足人们的心理需求，小企业在工作设计时，可以采用工作扩大化、工作丰富化和工作轮换的方法来扩大工作内容，改善工作条件，提高工作效率。

第三节 小企业运营系统的运行和控制

在小企业的运营管理过程中，如果运营系统得不到有效的运行和控制，运营系统设计得再好也是徒劳。运营系统的运行和控制主要包括生产方式的实施、质量管理、供应链管理和库存管理。这是整个运营管理的核心部分，是运营管理能否充分发挥重要作用的关键。小企业在进行运营管理时,要特别注意这几个环节的运行,要加强小企业领导者对这几个环节的重视,鼓励和支持全体员工共同参与运营系统的运行和控制。

一、生产方式的实施

随着市场需求不断多样化,生产方式逐渐演变为能够不断适应市场需求变化、大大降低生产成本、提高资源利用率的准时制生产和精益生产。小企业受财力、物力、人力的限制,其订单的取得具有随机性,产品具有专用性。因此,小企业应采用准时制生产方式和精益生产方式,以减少浪费、提高效率。准时制生产和精益生产节约成本、充分利用资源的优点对小企业具有很强的吸引力和适用性。

(一) 准时制生产

1. 准时制生产概述

(1) 准时制生产的含义。准时制生产(just in time,JIT)是一种零库存的生产方式,它以降低成本、有效利用资源为准则,在需要的时间及时生产出所需要的产品,使生产过程尽可能短。准时制生产致力于消除生产系统各个环节可能出现的浪费,通过实现零库存、零缺陷、减少作业人员的方式降低成本,充分利用物料、设备和人力,提高生产效率。

(2) 准时制生产的特点。准时制生产被称为生产方式的革命,它之所以备受推崇,就是因为它具有与传统生产方式完全不同的显著优点。

① 准时制生产系统是一个拉动式系统,是由后一个工序向前一个工序发出需求指令,前一个工序才生产后一个工序需要的材料和零件,并适时送达。这种根据需求生产的方式极大地减少了库存,降低了库存成本。

② 准时制生产避免成批生产或成批搬运,而采用小批量生产和小批量传送,减少在制品存量,降低持有成本和资金占用率,使生产计划更加柔性,以便更好地适应市场需求的变化。

③ 准时制生产重视人力资源,把人力资源视为资本。准时制生产重视员工的受教育水平,强调对员工的交叉培训,以帮助生产线平衡。

④ 准时制生产具备适时能力。准时制生产通过缩短生产准备时间、密切与供应商之间的关系、制订设备的预防性维护计划,保证产品质量和生产过程的顺畅,缩短生产周期,提高对市场需求变化做出快速反应的能力。

2. 小企业实施准时制生产的意义

准时制生产能够不断消除浪费,尽量缩短生产周期,对市场变化能够做到快速响应,提升小企业的整体利润,因此,准时制生产对小企业的生存和发展意义重大。

(1) 准时制生产能够为小企业节约资源、降低生产成本。准时制生产以消除浪费、提高资源利用率、降低成本为生产准则,对资金不足、生产资源有限的小企业而言,无疑有着巨大的吸引力。

（2）准时制生产能够减少小企业的库存，降低库存成本和资金占用率。准时制生产采用需求拉动的生产方式，根据订单进行生产，订单需要多少产品，就生产多少产品，并且准时制生产多属于小批量生产，因而能够大大减少小企业的库存，节省存储空间，降低资金占用率，降低库存成本。

（3）准时制生产能够帮助小企业与供应商建立良好的合作伙伴关系。准时制生产要求小企业在需要的时间及时生产出需要的产品，这就需要小企业与供应商进行良好的沟通和合作，保证原材料和设备的及时供应，同时也保证产品在交货期内完成，以满足供应链下游企业的要求，增强小企业与供应商的互相信任，进一步建立良好的合作伙伴关系。

3. 小企业实施准时制生产的条件

由于小企业规模小，技术水平和管理能力相对落后，因此，小企业在引入准时制生产方式时，要特别注意准时制生产的实施条件。

（1）企业外部条件。准时制生产方式需要完善的市场体系，包括劳动力市场、信息市场、技术市场等，以保证及时、准确地购置所需要的生产要素。准时制生产方式应用于小企业时，需要一个高效的供应链网络和完善的物流系统。由于小企业的实力相对较弱，自身的物流管理和供应链管理能力较差，因而对市场中的供应链网络和物流系统依赖性较强。

（2）企业内部条件。准时制生产需要企业拥有一个均衡化的生产方式，即单位时间生产恒定的品种和数量，以保证拉动式系统的有效运行。同时，准时制生产还需要企业拥有完善的质量控制体系，避免产品出现质量问题，保证产品的准时生产。此外，准时制生产方式还需要企业重视对员工的培训。小企业的规模小，人员数量不多，企业可以在内部进行交叉培训，以降低培训成本，达到培养多面手的效果。小企业可以从自身的实力出发，在资源有限的情况下，改造企业的制造流程，提高生产柔性，缩短生产周期，快速应对市场需求变化。

（二）精益生产

1. 精益生产概述

精益生产（lean production）是从准时制生产发展而来的，是以市场需求为依据，杜绝一切浪费，追求零库存、零缺陷，全员参与持续改进的生产方式。精益生产的指导思想如下：

（1）根据市场需求确定产品的价值结构，而不是从企业或职能部门的角度来确定。

（2）杜绝生产系统中可能出现的浪费，包括人员的浪费，物料、设备的浪费，较长的生产间隔和等待时间等。

（3）实现生产流程的连续流动，杜绝生产中断，以缩短生产周期。

（4）全体员工共同参与，持续改进。

2. 小企业实施精益生产的意义

（1）精益生产能够增强小企业运营管理的规范化。所谓精益，就是精良、精细，对每个细节的要求都非常高。精益生产能够促使小企业的运营管理规范化，尽量避免生产运营过程中的意外、疏忽，增强小企业的风险抵御能力。

（2）精益生产能够极大地节约小企业的生产成本。精益生产追求零库存，降低小企业的库存成本。精益生产要求小企业按照生产流程进行设施布置，使生产安排比较紧凑，从而节省空间，减少运输费用，降低生产成本。同时，精益生产要求小企业要对设备进行随时随地的全员维护，这样就降低了故障维修率，减少了设备维修费用。

（3）精益生产能够帮助小企业提高产品或服务的质量水平。精益生产要求在生产的全过程中，谨防不良半成品或零件流入下一道工序，从生产的源头到产品的形成都进行质量保证，提高了产品或服务的质量水平。

（4）精益生产能够提高小企业员工对运营管理的参与度。精益生产要求全员参加生产管理，基层员工也可以对生产管理中存在的问题提出质疑，并提供解决方案，这能够增强小企业员工的工作责任感，提高其工作积极性，提高全体员工的参与度。

3. 小企业实施精益生产的条件

小企业在实施精益生产方式时，需要特别注意它的实施条件。小企业可以根据这些条件和自身的特点，对精益生产方式做一些必要的调整和改造，使其更加适合企业的发展。

（1）形成精益生产的文化。小企业要向员工灌输精益生产的理念，让其真正理解精益生产，并将其转化为自觉的行动。

（2）加强对员工的技能培训。小企业生产具有不确定性，加强员工的技能培训，能够增强生产的柔性，降低劳动力成本，调动员工的工作积极性，增强小企业的活力和竞争力。

（3）实现零缺陷管理。零缺陷管理是实施精益生产必要的一个环节。零缺陷管理要求员工不仅要掌握熟练的技能，也要有高度的责任心，还要求企业有一套完善的设备维护体系。小企业的员工数量比较少，工作场地也不大，操作人员和设备维修人员能够有效地沟通，零缺陷管理的障碍较少。

此外，小企业在实施精益生产方式时，还要注意改善生产现场管理，整理、整顿、清扫生产现场，排除无效劳动，提高生产效率。在质量控制方面，小企业可以实施全面质量管理，保证产品质量，解决质量控制难题，这在本节接下来的部分中会进行详细阐述。

案例 7-2

山东郓城宏远肠衣有限公司的精益生产

山东郓城宏远肠衣有限公司（以下简称"宏远肠衣"）是一家私营股份制企业，建于 1996 年 11 月。公司占地面积为 18 000 平方米，固定资产 518 万元，有按欧盟标准承建的生产线 2 条及一套完整的现代化办公设备。生产厂区布局整齐，环境幽雅，已取得国家商检部门的卫生注册。公司现为中国肉类协会天然肠衣分会会员，拥有独立的进出口权及欧盟注册。

"宏远肠衣"主要生产盐渍山、绵羊及猪肠衣的各种规格产品，产品主要销往欧洲地区及日本，年生产能力达1 000余万桶。"宏远肠衣"的精益生产于2005年5月立项并启动。项目内容主要包括生产精细化管理、生产流程优化、动作研究及动作规范、全员技能培训等。通过一段时间的精益生产，公司收效非常明显：公司取消了"集中清案子"这一行业痼疾，相当于每月增加4～5个工作日，在制品积压由8 000把减少到千余把，日产出数量在人员不变的情况下由每天1 500把提高到2 000把以上。管理人员管理的意识和能力均得到明显的提升，全体员工学习的主动性普遍提高，员工的积极心态和自信心等大为增强，员工主动流失率几乎为零。

（资料来源：清华大学领导力培训项目网，http://www.thldl.org.com。）

二、质量管理

质量管理就是企业通过控制和协调与产品或服务质量相关的生产活动，以达到提高质量水平的目的。质量管理体系由质量方针、质量目标、质量职责和权限以及质量控制和改进等一系列活动组成，具有系统性、连续性、可操作性和适应性的特点。

（一）小企业质量管理现状

在市场经济中，以质量求生存、求利润，是小企业发展的必经之路。然而，我国小企业的产品质量状况并不乐观，与市场需求有较大差异。产品合格率低、质量工艺落后、质量稳定性差、质量提升困难是小企业产品或服务的常见现象。究其原因，可以归结为以下几点。

1. 缺乏质量意识

部分小企业的经营管理者只追求企业的近期效益，缺乏长远规划，忽视了质量管理对于企业生存和发展的重要性，经营管理者的危机感、责任感不强，缺乏质量意识和法律意识。有些企业为了降低成本，不惜违反国家的质量标准，偷工减料、粗制滥造，甚至生产假冒伪劣产品，严重影响企业的信誉和长期发展。

2. 质量管理体系不完善

小企业受到规模和生产资源的限制，往往对质量监管不严，质量管理体系不健全，有些企业甚至没有自己的质量管理体系，没有专门的质量管理人员，存在质量管理过程简单，管理过程无法连续运行，质量控制存在缺陷等情况。总之，小企业的质量管理基础比较薄弱，这必然会导致产品或服务的质量水平不高。

3. 生产技术和生产设备落后

小企业往往会遭遇到资金限制、融资难度较大的问题，因而没有足够的资金投入先进的生产设备中，更不会轻易地把大量资金投入先进的生产技术中，这使得相当一部分小企业的技术力量和研发实力薄弱、生产设备落后、工艺陈旧,直接影响产品或服务在工艺、稳定性方面的质量,再加上企业缺乏必要的质量检测设备,产品或服务的质量就难以保证。

(二) 小企业的质量控制

增强质量意识,加强质量管理,改进质量管理体系,做好质量控制,提高产品或服务的质量水平,对于小企业的生存和发展是很重要的。我们结合小企业的质量管理现状和小企业的特点,提出了以下几种改善质量管理的方法。

1. 增强和培养质量意识

小企业要加强对员工的培训,为员工创造更多的培训机会,以提高他们的文化素养和技术水平以及质量意识,这是推进质量管理的关键所在。此外,小企业还要建立一套有效的质量监控和评价体系,明确告知员工质量管理的目标,定期或不定期地进行质量监督检查,对保证或提高产品质量水平的员工进行奖励,对生产质量不合格产品的员工进行工作指导或给予处罚,将质量水平与员工的切身利益挂钩,做到奖罚分明,让全体员工意识到质量的重要性。

2. 建立完善健全的质量管理体系

(1) 小企业在建立健全质量管理体系时,首先要确定质量管理体系的核心领导者,因为领导者的能力直接关系到质量管理体系的建立和推行的成败。

(2) 小企业要确定合适的质量目标和权责明确的质量责任制。小企业在制定质量目标时,要从自身的发展特点和存在的质量问题出发,充分考虑质量目标的合理性、可行性和经济性,结合小企业的经营指标和传统的质量考核指标来确定质量目标。小企业要明确每个部门、每个员工在质量管理过程中的具体任务和相应的责任权利,建立权责明确的质量责任制,同时还要建立质量管理体系的内部监控机制,以确保质量管理工作的有效运行。

(3) 小企业要加强质量管理控制。质量管理控制要从源头抓起,产品或服务的设计开发阶段是质量管理的重点,如果设计出的产品"先天不足",就很难在后续的生产过程中进行质量控制。到了产品或服务的生产阶段,小企业就要确保生产设备能够满足生产的需要,员工严格按照操作规程来生产,加强对关键质量控制点的质量控制,以保证产品或服务在生产过程中的质量。在产品进入售后服务阶段,小企业要认真听取顾客对质量的宝贵意见,从中发现他们对质量的需求。这是增强产品竞争力促进产品质量持续改进的重要方法。

(4) 小企业还要建立一个质量管理信息平台。质量信息是质量管理的重要依据,为了快速地把握市场机会,提高核心竞争力,小企业需要建立一个沟通企业内外的信息系统,以使质量信息及时传递到生产的各个环节、各个过程。质量管理信息平台有助于提高质量决策的准确性,促使产品质量能够较好地适应企业内外部环境的变化,满足市场需求。

3. 推行全面质量管理

国际质量标准ISO9000将全面质量管理(total quality management,TQM)定义为"一个组织以质量为中心,以全员参与为基础,目的在于通过让顾客满意和本组织所有成员及社会受益而达到长期成功的管理途径"。具体来说，全面质量管理就是企业组织所有员工，运用各种科学方法，在经营管理的全过程，全面预防和控制影响产品质量的各种因素。

　　小企业实施全面质量管理，能够鼓励全员参与，促使员工的个人目标与企业目标相一致，有助于小企业更加广泛、更加全面地发挥团队精神，时刻保持用户需求至上的观念，持续不断地改进。这不仅能够提高产品或服务的质量，更能够形成一种全面质量管理的文化氛围，有利于小企业的生存和发展。

三、供应链管理

　　供应链管理就是对从采购原材料、制成半成品和最终产品，再把最终产品经由销售网络送达用户手中的这一系列过程，进行战略性的协调，对供应链中的物流、信息流和资金流进行规划、设计和控制，整合生产的供应和需求管理。供应链管理是一种集成的管理方法，包括计划、采购、制造、配送和退货五大基本内容。

（一）小企业实施供应链管理的意义

　　（1）供应链管理能够整合小企业的内外部资源，提高竞争力，能够帮助小企业与供应商建立战略合作伙伴关系，找到小企业长期发展的途径。

　　（2）供应链管理能够有效分散小企业的经营风险。小企业的资金是有限的，要想独立自主研发是非常困难的。此时，如果小企业实施供应链管理，就能够与供应链上的各个节点企业建立联盟，协同运作管理；利用外部资源降低研发成本，大大缩短产品的开发时间和生产周期，快速响应市场需求，从而达到分散小企业经营风险的目的。

　　（3）供应链管理能够降低小企业的经营成本。有效的供应链管理能够优化小企业的作业流程，消除浪费和不必要的动作，降低错误的发生率，减少生产和分销的费用，从而降低生产成本。供应链管理能够整合小企业的内外部资源，提高供应链上下游企业的业务效率，从而减少库存量，提高资源的利用率，降低库存成本。

（二）小企业供应链管理的现状

　　供应链管理对企业的重要性是显而易见的，但是多数小企业创立的时间不长，缺乏管理经验和管理理念，对供应链管理的意识不强，供应链管理薄弱，因而增加了企业的生产成本，使生产效率不高，制约了企业整体实力的提高。

　　1. 对供应链管理的意识不强、认识不清

　　许多小企业对供应链管理的重要性认识不清，甚至认为供应链管理只适用于大企业，不适用于小企业，忽视了供应链管理对企业生产运营的战略意义。因此，对企业怎么样进行供应链管理、应该建立什么样的供应链都是模糊不清的。缺乏供应链管理意识，也就无法进行有效的供应链管理，难以提升自身的核心竞争力。

2. 缺乏高效的运作规范

规范统一的运营模式是高效率的供应链所必需的。小企业由于起步较晚、管理缺乏规范，需要进行全面、深刻的改造，将原有的操作方式、管理制度和发展战略统一规范为供应链所要求的标准。这对小企业而言，难度是相当大的。

3. 缺乏有效的信息平台

小企业由于先天不足，存在资金投入不足、信息技术人才投入不足的问题，这使其难以跟上信息技术的发展。同时，为了实现供应链系统运作的一体化，供应链上的节点企业需要将信息共享，有些信息甚至是企业的商业秘密，这对抵御风险能力较弱的小企业而言，无疑是一个巨大挑战。

4. 技术更新和研发能力比较差

小企业本身资金不足，又缺乏研发能力，这导致它们的技术更新比较慢，技术落后。供应链系统的一体化依靠尖端技术的支持，这又增加了小企业实施供应链管理的难度。

（三）小企业供应链管理的改善策略

我们针对小企业供应链管理的现状，根据供应链管理的五大内容，从供应链设计、物流管理、采购管理、供应商管理几方面，制定适合小企业发展的供应链管理策略，设计、规划和控制小企业的资金流、信息流和物流。

1. 供应链设计

供应链设计的指导思想是为了确保小企业能够盈利，按照市场需求对顾客进行分类；根据市场需求动态编制供应链上下游企业的计划，达到减少库存，有效利用生产能力的目的；差异程度比较高的产品要尽量接近消费群，实现对市场需求的快速反应。供应链设计还要特别注意供应链系统技术开发战略的实施，以清楚掌握供应链的资金流、信息流和物流。小企业在设计供应链时，要遵循战略性、协调性、动态性的原则，将自上而下的设计方式和自下而上的设计方式结合起来，增强供应链的互补性、创新性，以促进供应链管理目标的实现。

小企业在进行供应链设计之前，首先，要对市场竞争环境进行分析，了解企业内外部的优势和劣势、机遇和挑战，并且在最初开发和设计产品或服务时，就要同步进行供应链的设计，以使产品或服务在开发和设计阶段就能得到有效的管理。其次，要制定出供应链设计的目标和策略以及备选方案。在评价备选方案时，要充分考虑供应链目前所处的运行环境和未来可能发生的环境变化，供应链的运行环境主要指地区、政治、文化、经济等外部环境因素。最后，结合企业自身的发展特点和供应链的运行环境，选择方案，确定供应链成员。小企业不容忽视的一点是要注意对供应链绩效的衡量和评价，以作为方案调整或重新选择的依据。

2. 物流管理

物流是指供应链内部存在的资金、信息、物料的移动。物流管理就是应用科学的管理方法，计划、组织、控制和协调供应链内部的物流活动，以达到提高物流效率、降低企业的物流成本的目的。加强物流管理能够为企业节约物流成本、生产成本、库存成本，充分利用企业的各种资源，降低企业的经营风险。物流管理是供应链管理的重要环节，是小企业提高竞争力的重要环节，但多数小企业仍然存在物流管理技术不成熟、信息化程度低的现象。缺乏系统的物流管理规划和设计、缺乏物流管理人才也是小企业物流管理的一大"瓶颈"。

小企业需要制订有效、可行的物流计划，充分发挥物流计划在物流管理中的核心作用。企业的物流计划是生产、采购、配送和卸货计划的有机衔接。生产计划是制订物流计划的依据，生产计划发生变化，必然会导致采购计划发生变化，采购计划又与物流直接相关，配送和卸货计划直接关系着接货和卸货的时间，直接关系着物流速度。只有制订准确的生产计划，将采购计划与生产计划相配套，注重配送计划和卸货计划的相互衔接，才能制订出降低物流成本、加快物流速度的物流计划。

随着信息技术的发展，物流信息化程度已经发展成为企业物流管理的一个重要影响因素。小企业需要加强物流信息的系统化，规范供应商管理，使物流信息保持一致，确保物流的准确、快速运行，以最低的成本完成物流的运转周期，从而减少库存，降低库存成本及相关费用。物流信息系统化还能够缩短生产准备时间、出货准备时间以及交货期，提高资源的利用率。

此外，由于电子商务能够扩大小企业进入市场的机会，快速、准确地传达信息，实现有效的信息交流、管理和应用，缩短物流时间、降低物流成本，促进物流信息的系统化，小企业可以将电子商务引入物流管理系统，增强企业的物流管理优势。

3. 采购管理

（1）小企业采购的特点。采购是企业购置生产产品或服务所需物料、设施活动的总称，是企业控制成本的重点，直接影响企业的生产成本。由于小企业规模小、资金有限，一般而言，采购的规模都不大。又由于小企业的资金不足、生存和发展不够稳定，相对于大企业而言，小企业的管理者会更加严格地控制采购成本。小企业的规模小，管理层次比较少，采购的决定权比较集中，通常由企业的主要领导者操控。因为小企业的采购规模不大，多数企业的采购流程都比较随机、简捷，仅仅只是由业务部门申请，采购人员填报采购预算计划，再由企业领导审批即可。小企业生产的产品品种比较多，在采购过程中常常体现出较强的个性化需求，这就要求采购人员要兼顾实用性和灵活性。随着信息时代的发展，小企业采购的渠道也越来越多，如媒体广告、商家推销、展会、互联网等，尤其是互联网以其快速、便捷的特点，已经发展为小企业获取采购信息的重要渠道。

（2）小企业采购管理出现的问题。首先，由于小企业的员工人数不多，常常出现一人兼多职的现象，难以形成一个分工明确、权责清晰的采购组织结构。小企业内部缺乏详细的采购职务分工体系，经常出现高层管理者越级指挥，采购负责人无法正常行使权力的现象，导致采购人员缺乏工作积极性，采购信息无法及时传递。其次，小企业的高层领导者通常对采购有认识误区。小企业的高层管理者为了缓解资金紧缺的问题，过分压低采购成本，追求低价，对采购的重要性和技术性缺乏认识。为了防止企业员工在采购过程中出现腐败、拿回扣等灰色采购行为，企业的高层管理者经常越级指挥，不能充分授权，导致采购过程出现混乱。最后，小企业缺乏科学的采购控制。小企业的采购过程往往缺乏科学的分析和评价，仅仅以采购经验作为采购决策的依据，造成采购渠道单一，无法事前控制供应商的产品质量和交货期，使得后续生产过程存在较大的不确定性，容易引起生产过程的中断，导致库存量增加、生产成本上升，甚至会引起与供应商的经济纠纷。小企业的采购常常与生产计划脱节，脱离企业自身的生产需求，没有从全局上考虑采购与生产和销售的关系，导致库存积压或缺货，提高了资金占有率，或者出现供应滞后的现象，丧失市场机会。

（3）小企业采购管理的改善策略。小企业采购管理的改善策略有以下几个：

①转变采购管理的观念，加强对采购人员的管理和培训。小企业的管理者要学习采购管理知识，充分认识采购管理对企业生产的重要性。同时，要引入职业经理人，做到用人不疑，建全科学的管理体系，研究分析本企业的采购行为和供应商的销售行为，制定正确的采购战略，做好采购之前的准备工作、采购过程中的监督工作，还要奖惩分明，建立一套科学的采购管理制度。小企业还要加强对采购人员的管理和培训，提高其业务素质，增强采购技能。

②搭建采购组织体系。小企业需要根据自身特点，建立适合企业发展的分工明确、权责明晰的采购组织结构，提升采购部门在企业发展中的重要地位，强调采购工作的重要性，促进采购管理的有效运行，增强企业的核心竞争力，确保企业的竞争地位。

③加强采购的管理规范。小企业要对采购的各个环节进行控制，抓住重要的关键点，即采购招标、合同的签订和履行以及质量验收。小企业要强化对采购的监督，把采购过程的监控和制度考核相结合，防止采购过程中出现不道德行为，从而降低采购成本，保证采购物料的质量。对于重要物资，可以采取集中采购的方式，加大在采购过程中对价格、质量和服务进行谈判时的筹码，同时也可以防止采购腐败，提高企业的抗风险能力，降低采购成本，实现效益最大化。

④推行准时制采购。准时制采购是沿用准时制生产方式的思想，即在合适的时间采购合适数量、合适质量的物品，使其供应到合适的地点。准时制采购的指导思想是根据用户订单，制定生产订单，再根据生产订单制定采购订单，最后驱动供应商，促使企业能够适时地从供应商那里采购到物料，以生产能够满足市场需求的产品或服务。准时制采购有助于建立迅速响应用户需求的供应链系统，加快物流速度，降低库存成本。与大企业相比，小企业的生产规模比较小，订单数量不多，采购的方式比较灵活，比较适合采用以订单驱动方式进行的准时制采购，提高采购物资的质量，降低采购成本，消除库存和不必要的浪费，使企业实现柔性生产。

4. 供应商管理

（1）供应商的选择。供应链管理的关键环节是要选择可靠、稳定的供应商。供应商是否能够提供高质量的产品或服务，是否能够及时交货，对小企业的生产运营至关重要，在选择供应商时，要综合考虑各方面的指标。主要指标有供应商的质量保证体系、生产能力、产品的质量和价格等，一般可以将其归为三类：一是产品因素，主要指供应商向小企业提供的原材料、初级产品、消费品的价格、质量和品种因素。二是交易因素。供应商是否能够将产品准时送到约定地点、生产提前期是多少、是否有确保按时运送的程序、能否应对运送过程中的气候环境等不可抗力因素。供应商的信誉如何、财务状况如何也是小企业需要考量的重要因素。三是柔性因素。在供应商提供的产品或服务发生变化时，企业能否预先通知；在小企业需要供应商调整产品数量、交付时间时，供应商的灵活性有多大。

（2）供应商伙伴关系。越来越多的企业开始重视与供应商建立良好的战略协作伙伴关系。对于小企业而言，良好的供应商伙伴关系有助于产品或服务质量的提高，加快运输速度，降低库存和采购成本，增加企业的利润。与供应商建立伙伴关系，需要小企业加强信息交流和信息共享。企业要加强与供应商之间的交流和沟通，保持双方信息的一致性和准确性。双方的采购部门可以经常进行互访，及时获悉双方的生产信息，对合作过程中可能出现的问题进行及时解决，形成良好的合作氛围。小企业还要设立合理的供应商评价方法，对供应商的评价要抓住关键问题，如产品的质量如何、交货是否准时等，然后要把评价结果反馈给供应商，与供应商共同探讨问题的解决，促使供应商不断改进，以保持供应商合作的积极性和稳定性。最后，小企业要建立供应商的激励机制，如通过价格折扣、签订灵活性较强的合同等方式，来确保供应商的稳定性，与供应商建立一种长期合作的双赢模式。

四、库存管理

库存是企业内各种物品和资源的存储，可以被视为企业储存的生产能力，包括原材料、半成品、最终成品、配销品以及生产辅助材料等在企业生产和物流渠道中存储的物品。库存管理就是在保证供应链的前提下降低库存成本而进行的一系列管理活动。为了实现有效的库存管理，降低企业的库存成本，小企业需要对市场需求进行预测，确定市场需求量可能发生的变化，建立库存的记录系统，对库存进行分类管理，合理评价库存成本对企业的影响。

（一）小企业库存管理现状

库存管理直接反映企业的运营状况，因此越来越受到小企业的重视。但是，由于生产资源的限制，小企业在库存管理方面普遍存在以下几个问题。

1. 缺乏健全的库存管理体系

管理体系是在不断的纠错中逐步完善的，大部分小企业成立时间不长，管理经验不足，因此，库存管理体系不健全、不完善。小企业又多是生产批量比较小，生产产品或服务的品种比较多，产品种类多样化，这直接导致存货形式的多样化，使得库存水平上升，库存难度增加。小企业生产的灵活性比较强，要求库存管理也要具备一定的灵活性，这就增加了库存管理的复杂性。小企业的人员规模比较小，一般由仓库管理员来管理。仓库管理人员只是统计进出库量和在库量，缺乏有效的方法统计生产环节中的动态物流量，这导致存货统计滞后、存货信息失真，增加了生产中断、存货过多或过少的风险。

2. 库存结构不合理

与大企业相比，小企业的生产规模比较小，需要的物料比较少，采购批量也不大，所以小企业一般都采用经验管理，缺乏科学的库存管理体系和管理方法。在小企业的库存管理中，常常使用统一的库存控制方式对各类库存进行管理，没有分类，没有重点，管理方式比较粗放。小企业的库存管理比较简单、随意，缺乏对市场需求的科学预测，缺乏专业的库存数据分析系统，采购人员主要依靠以往的生产经验购置物资，这就导致企业库存积压或缺货等库存结构不合理的现象出现，严重影响了企业的生产运营。

3. 信息沟通不畅

小企业生产的灵活性比较强，为了满足不断变化的市场需求，经常会变动生产计划。多数小企业的信息技术水平不高，当生产计划发生变化时，无法将信息快速传递到各个相关部门。各部门之间不能很好地沟通，最终导致物料的库存与生产需要不匹配的现象发生，增加了企业的运营成本和生存风险。

（二）小企业的库存控制

为了解决小企业普遍存在的库存管理问题，降低库存成本，控制库存量，我们针对小企业的特点，提出了以下几个解决方案。

1. 加强信息化建设

信息化建设关系到小企业生产运营的各方面。在库存管理中，信息化程度直接影响物料的储备是否与生产计划相配套，是否能够适应小企业生产计划的多变性，是否能够实现采购部门、生产部门、物流部门和库存部门之间的协调运转。小企业需要全面指导信息化工作，改善信息技术，强调信息畅通的重要性，改善企业内部的信息沟通，实现信息共享，促进各部门的协作，从而达到降低库存成本，合理规划库存结构的目的，增强库存管理的有效性。

2. 采用科学控制方法，加强库存控制

库存控制的基本方法有三种：一是库存重点控制法；二是连续检查控制法；三是定期检查控制法。小企业可以根据自身特点，选择合适的库存控制方法，及时统计采购、生产、物流、库存等各个环节的存货，根据采购计划和物流计划，设置包括实际在库和即将进出库的理论库存，了解物料的动态变化，方便库存管理和采购管理以及生产计划的设计。

3. 建立完善的库存管理体系

小企业要建立存货的基本资料信息库，将库存物品分类归档，规范所有物料信息，建立一套行之有效的、科学的库存控制方法体系，依靠科学的管理方法进行库存管理。同时，小企业还要特别注意库存和采购、销售、物流之间的关系，实现它们之间数据传递的网络化。总之，小企业要建立一套能够提高库存管理水平、加强部门间协作、降低库存成本和资金占有率的完善的库存管理体系。

案例 7-3

汇杰电子的库存管理

南京汇杰电子公司（以下简称汇杰电子）是一家成立于1998年的私营企业，属于商品流通单位，注册资金为300万元，其经营业务为代理国内和国际品牌的通信产品，负责对终级用户的安装。汇杰电子作为一家成立20多年的小企业，能够在竞争激烈的通信产品代理行业生存至今，而且能够保持相对较高的获利能力，其独特的库存管理经验值得许多中小企业参考和借鉴。

汇杰电子对每月的销售量均进行细致的统计记录，并在管理软件中设定了库存模式，一旦存货低于警戒线即立即补货，这使得公司的存货占用资金的比例很低，而且公司与长期合作的生产企业签有详细的协议，对于所购买设备的付款比例是按照与买方签订的合同中的收款比例同步进行的，这就大大降低了由于付款时间差距而占用大量资金的风险，也使生产厂家对机器设备安装期间提供的售后服务受到了一定的牵制。对于小型设备突然出现的需求量浮动，汇杰电子采用的是向同行调货的方式，虽然比直接从供货商调货价高，但由于次数少，所以比囤积大量库存而占用流动资金要合算。

（资料来源：林汉川，邱红，中小企业运营与控制，北京，对外经济贸易大学出版社，2005。）

本章小结

1. 运营是组织输入生产要素，按照特定要求将其转化为产品或服务的过程。小企业的生产规模相对较小，产品品种相对较多，运营管理的灵活性较强。小企业运营管理的关键目标是降低成本、实现产出的价值增值。与大企业相比，小企业的运营管理难度相对较低。由于制造业和服务业的运营管理有着显著不同，小企业的运营管理可以分为小型制造业运营和小型服务业运营两种类型。

2. 小企业要对运营系统的各方面进行设计、规划，来保证运营管理的有效实施。运营系统设计主要包括产品和服务设计、设施选址和布置、生产计划和工作设计等与生产系统密切相关的各个环节。

3. 小企业在进行运营管理时，要特别注意运营系统的运行和管理，具体包括生产方式的实施、质量管理、供应链管理和库存管理，这是整个运营管理的核心部分，是运营管理能否充分发挥重要作用的关键。此外，小企业还要加强领导者的重视，鼓励和支持全体员工共同参与运营系统的运行和控制。

思考与练习

一、名词解释

运营管理　　工艺专业化布置　　生产计划　　工作设计　　准时制生产　　精益生产　　质量管理　　供应链管理　　库存管理

二、不定项选择题

1. 下列选项中，适用于小型制造企业的运营管理类型是（　　）。
   A. 加工装配式生产运营　　　　　B. 存货型生产运营
   C. 大量生产　　　　　　　　　　D. 单件生产
2. 下列选项中，属于小企业进行工作设计的行为方法是（　　）。
   A. 专业化　　　　　　　　　　　B. 工作扩大化
   C. 工作丰富化　　　　　　　　　D. 工作轮换
3. 下列选项中，属于供应链管理的是（　　）。
   A. 采购管理　　　　　　　　　　B. 质量管理
   C. 物流管理　　　　　　　　　　D. 生产管理
4. 下列选项中，适用于小企业的设施布置类型是（　　）。
   A. 产品专业化布置　　　　　　　B. 混合布置
   C. 工艺专业化布置　　　　　　　D. 定位布置

三、思考题

1. 和大企业相比，小企业运营管理有哪些独特之处？
2. 小型制造企业的运营管理和小型服务企业的运营管理有什么不同？
3. 小企业进行设施选址时需要考虑的影响因素有哪些？
4. 小型服务企业如何设计服务生产计划？
5. 小企业实施准时制生产和精益生产的条件分别是什么？
6. 小企业如何进行质量控制？
7. 小企业供应链管理的现状及改善措施分别是什么？
8. 小企业如何进行库存管理？

第八章　小企业市场营销

学习目标

学完本章内容以后，你应该能够掌握：
1. 小企业市场营销的特点；
2. 小企业市场细分的策略；
3. 小企业目标市场定位的内涵与产品定位；
4. 消费者购买行为的主要影响因素；
5. 消费者购买决策过程；
6. 小企业的定价策略和信用策略；
7. 分销渠道的设计过程和产品促销。

引导案例

文创产品≠"杯子+图案"

在文化产业的发展过程中，民族文化资源的开发是个老话题。然而，不少所谓文化创意产品、旅游特色产品却依旧走在"同质化""低端化"的老路上，与市场需求不相适应，对自我发展也无裨益可言。作为国家级非遗保护名录大方彝族漆器髹饰技艺的传承人，贵州省毕节市大方县的高光友对此感触颇深。

"产品开发前，必须分析市场需要什么，现代审美究竟是怎样的。"于是，高光友在坚守传统手艺的前提下，设计出多款功能性更强的盘、盒、碗等产品，并在图案花纹上开发更"时尚"的符号。然而，与诸多民间手艺人一样，他对市场的认识出了岔子。"您漆器上的图案，很难找出几个具有彝族特色的纹饰，花花草草固然迎合了某些大众的审美，但民族和传统的特色哪里去了？跟其他漆器放在一起，辨识度在哪里？"一位外地客商一针见血地说，大方彝族漆器的魂就在彝族特色上，"我们期待看到更多实用性、时尚化的文创产品，但一定得有文化的骨血，否则肯定被市场淘汰。"

从眼前来讲，更让高光友始料未及的是，市场上逐渐充斥了各种假大方漆器，严重破坏了市场秩序。"这根源于我们的知识产权保护意识没有及时跟上，缺乏权威商标。"高光友认识到问题的严重性，下决心在2016年一定要把注册商标拿下来。

其实，在文化资源开发时，缺乏对民族、传统、地域特色的珍视，缺乏对知识产权的保护和开发，缺乏高水平的创造、创新和创意，是我国相当多地区的软肋。那么，问题如何解决？贵州省六盘水市的一位"80后"大学生提供了一些启示。

20世纪80年代，六盘水市水城县将当地少数民族特有的挑花、刺绣、蜡染等民间艺术形式有机结合在一起，挖掘出了一种具有水城特色的现代民间绘画——"水城农民画"。随着时间的推移，水城少数民族风情农民画已经名扬省内外。

徐承贵是水城农民画第一届培训班的学员，如今，他画画、卖画30多年，颇有些名气。"之前这手艺不怎么挣钱，许多人都坚持不下去。如今认可咱画的人多了起来，但要创新性、产业化发展，全靠我们这些'土画师'，眼界和能力十分有限。"徐承贵将希望寄托于儿子徐源身上。1989年出生的徐源，初中时期就开始参加贵州省旅游商品绘画设计比赛并多次获奖，后来进入贵州师范大学美术系，大学二年级就开始了立足于水城农民画的创业。

"之前，水城农民画火是火起来了，但衍生产品粗糙、低端，进入市场潜力不大。所以必须在研发和设计上下足功夫，从'制作'转变到'创造'。"徐源介绍，他组建了一支大学生的开发、设计、制作、营销团队，注册了"夜郎风"商标，"目前，团队从画中的彝族、苗族、布依族的服饰上开发了96个特色符号，并申请了外观设计专利。我们再把这些符号用于文化创意产品的开发和符号租赁，进行产业化发展。"

如今，徐源团队设计研发的"黔纹"品牌已经有23种产品。"特色胸针、钱包、首饰、茶杯等连续两年在深圳文博会上受到热捧，从来不愁销路。"徐源说，大家为什么要花更多的钱买你的产品？这是因为我们把宝贵的民族文化资源蕴含于其中，"如何把特色文化加工提炼、做成品牌，这是文化创意产品开发的一个难题，也是其潜力和魅力所在。"

徐源最后谈道，文化创意产品的开发绝不仅仅是"一个杯子加一个符号"那么简单，在符号开发、产品形制等许多方面需要耗费大量的人力和物力。"下一步，我们准备建立一个创客空间，将水城的画师、设计师、中小学美术老师等人才都纳入进来，交流和梳理好点子、好创意。大家以知识产权入股，实现长远、持续的发展。"

（案例来源：郑海鸥，文创产品≠"杯子+图案"，人民日报，2016-04-28。）

在现代市场经济条件下，小企业的作用不断增大，在我国社会经济生活中的地位日益突出，它们不仅为国家税收作出了巨大的贡献，也吸纳了众多的城乡劳动力，成为最活跃、最具潜力的新经济增长点之一。但由于小企业规模小、顾客少、资金和技术力量较弱，许多小企业的管理者看重经验而忽视理论，偏重产品而轻视服务，关注当前而忽略长远。这使得小企业在市场中最容易受伤甚至被淘汰。因此，小企业必须结合自己的特点选择合理细分的目标市场，同时结合消费者行为分析制定产品策略，并结合自身的经济实力确定产品价格及销售渠道，从而更好地适应竞争环境，使自己始终保持较强的市场竞争力和旺盛的生命力。

第一节　小企业市场营销概述

一、小企业市场营销的意义

（一）小企业市场营销的含义

小企业市场营销是小企业选择目标市场，并通过创造性的行为，提供、出售同别人自由交换的产品和价值，以满足顾客需要来获得、保持和增加顾客，并从中获得自身利益的一种经营管理过程。

（二）小企业市场营销的作用

（1）小企业市场营销可以缓和生产与消费的矛盾。在商品经济条件下，生产者和消费者之间存在信息不对称的矛盾。小企业数量众多，并且与消费者的联系密切，通过市场营销小企业可以及时满足消费者的需求，并保证生产活动的顺利进行，缓解生产与消费之间的矛盾。

（2）小企业市场营销可以促进商品价值的实现。市场营销通过分销、促销、定价等活动，可以加快小企业商品的市场化过程，促进商品中的价值和附加值得到社会的承认。

（3）小企业市场营销可以有利于充分利用社会资源。小企业为了更好地生存，特别关注生产成本的控制，这在一定程度上有利于充分提高社会资源的利用率。

二、小企业市场营销的特点

（一）贴近顾客，市场反应迅速

小企业管理结构简单、层次少，经营者往往与客户直接接触，企业大多是根据市场需求提供产品或服务，具有自发的市场导向。但不可忽视的是，许多小企业没有对深入研究市场需求给予足够的重视，导致决策的科学性差。由此也导致一些小企业的经营者过分偏爱自己的产品，忽视了产品、技术和服务的创新。这种初级"市场导向"常常限制了小企业的发展。

（二）经营灵活，适应性强

俗话说，"船小好调头"。这一特点对于小企业捕捉市场机会、调整产品结构或业务范围是一个有利条件。但这也往往使得一些小企业缺乏明确的战略性定位，盲目跟着市场走，这样不仅不利于企业开创自己的产品和服务特色，也不利于企业争取竞争优势。相当多的小企业由于缺少明确的业务发展方向，忽视对市场的深入研究，只是抓住市场的表面或短期变化即匆匆作出生产决策，而使企业陷入困境。

（三）经营业务"小而专、小而特"

小企业的实力较弱，往往无法同时经营多种产品以分散风险，但是通过选择能使企业发挥自身优势的细分市场来进行专业化的经营，不仅不需要进行有组织的研究开发和产品测试，也可以避开小企业财力较弱的不足。

（四）竞争力相对较弱，易受市场及外部条件冲击

与大企业相比，小企业的劳动生产率较低，生产成本高，多数产品和技术易于被模仿，并已经处于产品生命周期的成熟期甚至衰退期，加上小企业缺乏全面引进设备和技术的资金来源，而自身又难以承担基础研究和科研创新的任务，因而小企业平均寿命较短，倒闭风险高，在价格、技术或服务竞争中往往处于劣势。在经济衰退时期，小企业受到的冲击尤其严重。

三、小企业市场营销现存问题

（一）市场营销观念滞后

市场营销观念在营销实践中经历了生产观念、产品观念、推销观念、市场营销观念和社会营销观念五个发展阶段。据相关调查显示，真正采用"依靠事先的市场需求分析、进而改进产品和服务"这一正确的营销方法的小企业非常少，与大企业的营销理念或与现行主流的营销理念相比，仍存在明显差距。相当多的小企业经营管理者仍然只是停留在产品观念和推销观念阶段。

（二）忽视市场调研

与大企业相比，小企业的市场调研往往只重视对微观环境的分析，而忽视了宏观环境的变化和影响。在认识和分析微观环境时，小企业也只重视企业内部环境和营销渠道、价格、成本等因素，而忽视对公众和竞争者的分析。由于环境分析的不全面、不系统，以及小企业普遍存在的盲目性问题，带来的后果就是企业产品不能适销对路，增加了企业经营的不确定性，甚至使经营面临巨大困难。

（三）市场营销队伍不健全

小企业营销队伍的薄弱有社会认识方面的原因，如小企业就业偏见；有企业自身管理方面的原因，如小企业的薪酬管理不够科学合理或者缺乏有效的激励措施等；还有营销人员自

身素质的问题，如能力有限等，所有这些导致中小企业的营销队伍极不稳定，营销人员的跳槽率很高，营销人员的素质也很难保证，所以营销队伍亟待健全和完善。

（四）营销推广专业化程度低

由于市场营销观念的普遍滞后，小企业在营销推广中缺乏系统的分析和总结，主要是依靠经验做事，没有形成系统的推广手段，在产品策略、价格策略、渠道策略和促销策略的运用过程中，以模仿其他企业为主，不能根据企业的实际情况制订相应的营销策略，对很多基本的推广要求认识不清楚，把握不到位，严重影响了营销推广的效果。

（五）品牌建设不力

品牌建设对企业的长远发展至关重要。与资源丰富的大企业相比，小企业在品牌经营时面临的最大问题在于小企业可运用资源较为匮乏，特别是处于快速发展阶段的企业，在运作各方面都需要用到大笔资金，品牌经营往往碍于企业资源拮据而受到许多限制，甚至被放弃，因此，忽视品牌建设或者品牌个性不鲜明、缺乏核心价值是大多数小企业普遍面临的营销难题。

第二节　小企业市场细分与目标市场定位

小企业的规模小，竞争力弱，不能与大企业面对面"碰撞"。但是小企业机动灵活，适宜采取拾遗补缺的夹缝经营战略。然而，采取这一经营战略的关键是要找到被大中企业忽视或没有提供足够有效服务又具有开发价值的市场空白，因此，市场细分对于小企业的发展尤为重要。

一、小企业市场细分

（一）小企业市场细分的含义和作用

1. 小企业市场细分的含义

市场细分是指小企业根据购买者的特性（如人文统计因素、地理因素、心理因素、行为因素等）差异把整个市场划分为若干有相似需求和欲望的消费者群体，从而选择适合自己产品的目标市场的方法。

2. 小企业市场细分的作用

市场细分的客观基础是购买者的特性存在差异，这些差异决定了市场需求的差异，因而小企业可以依靠深入细致的市场调查、分析和预测，在市场中寻求"补缺基点"，通过市场补缺使自己获得发展。在实践中，小企业细分市场对小企业取得竞争优势具有重要作用。

（1）小企业细分市场有利于小企业挖掘新的市场机会，确定自己的目标市场。通过市场细分，一方面，小企业可以更准确地了解消费者需求的差异性和需求被满足的程度，以便更好地发现和抓住市场机会，回避风险；另一方面，小企业可以掌握竞争对手在各细分市场上的竞争实力和市场占有率情况，选择需求未被满足或被满足程度不高的消费者群为目标市场，从而形成新的富有吸引力的细分市场，生产适销对路的产品。

（2）小企业细分市场有助于小企业适应能力、应变能力的提高，使企业能够针对市场变化及时、正确地规划和调整产品结构、产品价格、销售渠道及促销活动，保证小企业经营目标的实现。

（3）小企业细分市场有助于小企业集中使用资源，有的放矢。小企业资源能力有限，在整体市场上缺乏强有力的竞争能力和手段，通过市场细分小企业可选择符合自己需要的目标市场，集中有限的资源能力，去争取局部市场上的相对优势，在减少经营费用的同时还可以降低经营风险，从而提高小企业的生存能力和发展能力。

（二）小企业市场细分的策略

市场细分总有一个利润平衡细分点，其最终结局是细分市场越来越小，市场容量也越来越小，最终企业在狭小的细分市场上无利可图。在此环境下找到合适的竞争策略，是对小企业营销能力的真正考验。为此，小企业市场细分应遵循以下策略。

1. 市场聚焦

市场聚焦，即学会先成为小池塘里的大鱼，把企业的人力、物力和资金全部集中在特定的区域市场里，把区域市场做深、做透，要有"宁为鸡首，不为凤尾"的劲头。小企业资源非常有限，因此可以把市场聚焦于本地的县城或者农村这些大企业鞭长莫及的市场，先做强，再做大。"非常可乐"就是如此。

2. 低价冲击

价格战是竞争中最有威力，也是最危险的一种策略，应用不当，反而会伤及自身。低价冲击的方式有两种：一种是在产品定价的初期，企业在产品同质化的基础上把产品的价格定低，本着薄利多销的原则，在考虑产品成本的基础上，低到立即能触动消费者购买冲动那根最敏感的神经；另一种是企业在竞争中遇到困境时，把价格降下来，这往往能够引起轰动，但企业要给消费者一个降价的理由，否则可能会给消费者造成降低质量的印象，反而弄巧成拙。

3. 模仿式的产品创新

外资企业的产品创新速度非常快，产品投入市场后，一般都能很快热销。小企业没有外资企业那套严格的新产品研发流程，但可以进行产品模仿，这不仅可以节省研发和市场调查的费用，而且如果模仿好了，还可以达到四两拨千斤的效果。

4. "引诱"式的渠道

外资和知名企业不需要招商宣传，很多优秀的经销商就会蜂拥而至，短期内就能建立遍布全国的经销网络，而小企业通常知名度很低，在招商中处于比较被动的地位。但经销商的经营目的就是盈利，知名企业的产品利润低，而如果小企业的产品利润高，就会对这些经销商产生诱惑力。①

（三）小企业市场细分的切入点

1. 以消费者对商品功能需求的不同作为切入点

不同的消费者对某种商品的功能需求可能存在差别，甚至对同种商品的同种功能需求也存在细微的不同。这样，企业就可以以此作为市场细分的切入点。比如，伞最初的基本功能在于防雨，但随着人们生活水平和生活质量的提高，具有其他功能的伞出现了，如夜光伞、防紫外线伞、防污伞等。对于小企业而言，以消费者对商品功能需求的不同作为市场细分的切入点是进行市场细分的基本方法，只要及时掌握消费者的需求信息，以此作为市场细分的切入点，市场前景必然美好。

2. 以消费者对商品满意度的不同作为切入点

消费者对小企业生产的商品的购买障碍主要表现为：一方面来自对商品价格、质量或商誉的疑虑；另一方面是购买过程中产生的运输不便等服务方面的障碍。因此，明确导致购买障碍的具体原因，并采取相应的产品开发和市场营销策略，同样可以使不具有历史渊源又没有国际或合资背景的小企业在激烈的市场竞争中争得一席之地。

成功地进行市场细分可以有效地促进小企业的发展和成长，小企业应找出企业最能发挥核心竞争力且最具发展前途的目标市场，针对其集中自身有限的资源优势，有效地实施相关策略，进而获得市场竞争的胜利。

二、小企业的目标市场定位

（一）目标市场定位的内涵

目标市场是小企业在市场细分的基础上，确定用产品或服务以及相应的一整套市场营销组合为之服务的特定市场。

1. 评价细分市场

评价细分市场，就是根据调查所得信息，综合运用各市场细分变量，对细分市场的规模、性质、竞争状况与变化趋势等进行价格评估。对细分市场进行客观的评价，是小企业选择目标市场的前提。

2. 选定目标市场

小企业选择目标市场必须把握一个原则，那就是小企业与其他竞争对手相比至少具备某种相对优势，否则应选择其他细分市场。

小企业在市场调研的基础上，可以选择具有下述特点的细分市场作为自己的目标市场：

---

① 唐细语. 刍议中小企业市场细分策略研究. 生产力研究，2010（6）：241–243.

(1) 被大企业所忽视或放弃的市场。

(2) 有与小企业实力相当的市场规模或购买力，小企业可以通过在该市场上的经营获取利润。

(3) 小企业有能力为该细分市场提供产品或服务。

(4) 小企业可以建立一定的顾客忠诚度，从而保护自身地位，应对竞争对手。

3. 制定目标市场策略

在进行了市场的选择和评价之后，企业还需要确定目标市场选择策略，以决定究竟进入哪些市场。

小企业资金有限，无法像大企业那样进行大批量生产，并通过公关、广告宣传、网络等促销手段和低成本战略来占领市场。小企业的特点是适应小批量、多品种的生产，所以小企业应将市场定位在个性化、独特化的生产领域。小企业的市场定位策略主要有填补空缺和并存依附两种。

(1) 填补空缺。小企业没有实力与大企业直接对抗，所以可以选择大企业认为工艺复杂、利润不高而不愿做或不值得做的产品或大企业不重视的小规模顾客群的需求空缺，将其做精、做专、做大。否则，采用和大企业相同的营销策略，不仅会因为竭力与之拼抢市场而得不偿失，还会由于总是生存在大企业的巨大压力下而难以得到充分发展。

(2) 并存依附。小企业势单力薄，因此通过将本企业的产品位置确定在目标市场上现有竞争者的产品旁，与其并存并依附竞争者，从而产生规模效应。例如，常见的电脑城、美食街等。采用这种策略的好处是：一方面，由于竞争者已经开发了这种产品，企业可以节省大量的研究开发费用和推广宣传费用，从而降低企业成本；另一方面，企业可以通过模仿竞争者的产品，在市场上销售自己品牌的产品。

(二) 产品定位

小企业在选定目标市场之后，接下来就要根据目标市场竞争状况和企业潜在的竞争优势，为自己的产品或服务定位，确保企业在未来的竞争中获胜。

在实践中有以下五种产品定位的方法可供小企业参考。[①]

1. 根据产品的属性和效用定位

根据产品的属性和效用定位，即根据产品本身可以让消费者体会到的不同效果来定位。例如，酒类产品可以按照酒精度数的高低来定位，将高度数酒定位为男士酒，如"红星二锅头"等；将低度数酒定位为女士酒，如绍兴的"女儿红"等。

2. 根据产品的用途定位

这是小企业为产品定位最实用的方法。例如，用石膏板做装饰板，则用户为建材产品企业；用它做化妆品原料，则用户为日用化工产品企业；用它做治疗骨折的石膏夹板，则用户为医疗单位。

---

① 徐成德，闻国. 小企业管理手册. 北京：企业管理出版社，2001：56-58.

3. 根据产品的加工水平和质量定位

产品的加工水平高低通常与质量是一致的，如高档的瑞士手表通常要上万元，而普通的手表一般为几百元。对做工不同的手表，可以制定不同的价格，不同的价格为不同收入水平的消费者所接受。

4. 根据使用者定位

根据使用者定位，即根据企业的目标顾客的需求定位。例如，针对婴儿的需求，定位于婴儿的成长奶粉；针对中老年人的需求，定位于中老年人的高钙奶粉。

5. 根据产品独特性定位

这种定位可以区别于同类产品中其他产品的特点。例如，矿泉水可宣传"含有多种对人体有益的元素"，从而区别于其他汽水，以便进行差异性营销。

小企业在进行市场细分并定位好目标市场之后，应该继续密切关注目标市场的变化，以便对发生变化的目标市场及时采取相应的措施。许多小企业由于对目标市场的变化重视不够，发展到一定阶段就逐渐丧失了原有的目标市场，这也是小企业生命周期较短的根本原因。

第三节　消费者购买行为和产品策略

一、消费者购买行为

（一）消费者购买行为的主要影响因素

消费者购买行为的主要影响因素由广泛到具体、由外到内依次包括文化因素、社会因素、个人因素和心理因素。其中，文化因素是四类因素中对消费者行为影响最广泛、最深远的。消费者的心理因素是直接影响消费者行为的因素。

（二）消费者购买决策过程

了解顾客的购买决策过程可以促使企业以相对较低的成本获得较高的顾客满意度和忠诚度。营销管理人员只有真正了解顾客购买行为的规律和特征，才能更有效地满足顾客需求，也才能为公司争取更高的利润。

消费者对复杂商品的购买决策过程大体可分为五个阶段，如图 8-1 所示。

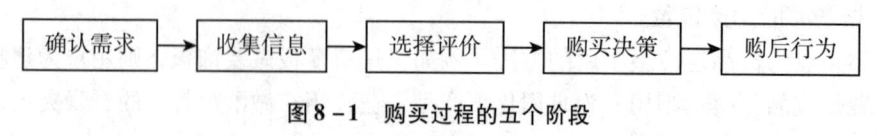

确认需求 → 收集信息 → 选择评价 → 购买决策 → 购后行为

图 8-1　购买过程的五个阶段

（1）确认需求。消费者的需要可以产生强烈的欲望，并引导或迫使人们去寻求解决问题的满足物或方法。

（2）收集信息。依照需要和欲望强度的不同，消费者可能选择并采取积极收集或被动收集的状态。收集信息的主要来源包括个人来源（如家庭）、商业来源（如广告）、公共来源（如大众媒体）和消费者的过去经验等。

（3）选择评价。该阶段是消费者依据自己的需要和经验，综合收集到的有关信息，对各种不同的满足物或解决方案进行评价的过程。

（4）购买决策。对可选方案进行评估之后，消费者还需要做出进一步的购买决策，即决定在哪买（购买地点和供应商选择），怎样买（付款方式、购物方式的选择），何时买（购买时机的选择），买多少（购买数量的选择），等等。

（5）购后行为。消费者对所购产品满意以及满意度较高，一般在需要时会继续购买同一品牌产品或从同一供应商那里购买，常常还会赞扬或推荐亲朋好友购买。如果不满意，在需要时会拒绝购买同一品牌或从原供应商处购买，甚至会诋毁该品牌。

了解消费者购买决策过程是为了知己知彼，其目的是更好地吸引消费者实施购买行为，因此，培养忠诚顾客对小企业来说至关重要。

（三）顾客满意与顾客忠诚度

1. 顾客满意与顾客忠诚的内涵

所谓顾客满意，是指一个人通过对某一产品价值在使用中的可感知效果（或结果）与他之前的预期价值比较后所形成的愉悦或失望的感觉状态。如果可感知效果低于期望，顾客就会不满意；如果可感知效果与期望相匹配，顾客就满意；如果可感知效果超过期望，顾客就会高度满意。

顾客忠诚主要表现为基于对企业或品牌的满意和偏爱而持续或经常购买该企业或该品牌的产品或服务。

2. 培育顾客忠诚的营销策略

顾客的初次购买和顾客满意之间存在一定的矛盾。要让顾客购买，就要提高顾客对产品的预期价值。而要让顾客满意并重复购买，就要使顾客的实际体验与期望效果一致甚至超出顾客之前的预期。前者要求较高的预期价值，而后者要求较低的预期价值。这就是追求顾客满意过程中的矛盾。小企业在解决顾客初次购买和重复购买的矛盾时可以采取一定的策略。

（1）促成顾客初次购买的策略有：

① 营销人员要努力提高顾客对产品的直观感觉的价值。例如，适宜的包装、优良的外观设计和直观的品质感觉，这些会强烈地刺激顾客购买，而不会拉大顾客使用体验与期望值的距离。

② 充分利用人员价值和形象价值的促销作用，对产品和服务价值的许诺，以及对顾客成本中非货币成本的分析都应尽可能实事求是，避免夸大其词。这些不仅有利于促成顾客初次购买，同时也会有效避免顾客在使用过程中产生失望或不愉快感。

③ 根据顾客需要和企业的资源能力条件，有选择地提高企业产品和服务价值，实实在在地满足顾客需要，从而提升企业的竞争力。

（2）促使顾客重复购买的策略有：

① 首先要保证为顾客提供的总价值和总成本的各个部分的真实性和可靠性，这对顾客的重复购买影响很大。

② 对那些购买欲望和期望值很高的顾客给予适当的暗示，让顾客知道产品可能不像其想象的那么好，这既不会影响当前购买，又会适当降低顾客期望值。

③ 对缺少使用经验的顾客，应针对顾客在使用中可能遇到的麻烦和错误操作做一些有效的事前提示或培训，以避免在使用中出现不必要的失望和不快。

④ 为顾客提供有效的售后服务，特别是一些意料之外的服务，让其有一个意外的惊喜和满足。

⑤ 建立适当的顾客投诉、建议通道，让顾客的不满能及时得到发泄和解决。

尽管以顾客为中心的企业在不断地寻求并努力创造顾客满意，但未必在追求顾客满意的最大化。从营销学来看，顾客满意和获取利润都是现代企业追求的目标。但二者是有区别的，顾客满意既是目标，又是实现利润的有效工具，而获取利润仅是目标而已。精明的企业会努力使两者协调一致起来，并且通常将获取利润的目标隐藏起来，只把顾客满意的目标公众化、公开化。因为尽管人们都知道"商家要赚钱、该赚钱"，但赤裸裸地声称"要拿别人的东西"总是会令人不愉快。

二、产品策略

（一）产品的含义和五层次理论

1. 产品的含义

产品是指能够提供给市场，用以满足顾客欲望和需求的任何东西。

2. 产品的五层次理论

市场营销学认为，广义的产品是指人们通过购买而获得的能够满足某种需求和欲望的物品的总和，它既包括具有物质形态的产品实体，又包括非物质形态的利益。从满足顾客的需求角度来看，能构成顾客价值的产品等级可划分为五个层次，如图 8-2 所示。

（1）核心产品。产品的最基本的层次，是满足顾客需要的产品的核心功能。在旅馆，顾客要购买的基本服务是"休息与睡眠"。对于洗衣机，顾客要得到的基本利益是"洗干净衣服"。

（2）形式产品。形式产品是通过产品的质量、特色、性能、式样等来体现产品的实体性，以便顾客购买。

（3）期望产品。期望产品实质上是为某一特定顾客群体所期望和默认的一组产品属性和条件。例如，普通旅客可能期望房间有干净的床、新毛巾、工作台灯和相对宁静的环境

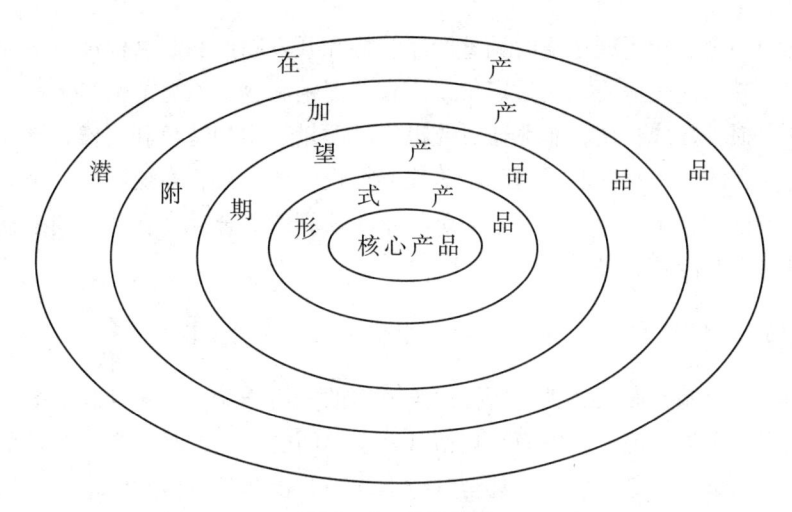

图 8-2　产品层次

等。但是，若某一产品属性缺失或过弱，将使其满足需要的能力受到损害；过多的产品属性只会增加成本，却较少增加产品价值对顾客的吸引。

（4）附加产品。附加产品即附加于形式产品上的一组服务和利益，也就是说，离开核心产品和形式产品，附加产品将不复存在。附加产品主要包括两种服务性利益：一是促使产品中的顾客利益得到正常或充分实现的服务，包括产品知识介绍，使用技术与方法培训等；二是用来保证产品价值不受非使用损耗或使其减少的服务，如产品的维护和及时维修等。此外，附加产品还可以为顾客带来观念或文化上的利益，如香格里拉可能对顾客意味着"温馨和浪漫"的享受。

（5）潜在产品。它体现了产品的动态性、战略性的特点，包括了产品在未来可能进行的所有改进和变革。即代表当前顾客对产品中新的服务或利益的要求的一组产品属性。例如，电冰箱最初的节能改进。

产品的五层次理论对小企业的启示在于：营销人员在开发产品前应首先确定将给顾客带来的核心利益是什么，进而设定产品的整体概念，从而创造出尽可能满足消费者需求的一系列利益组合。

（二）产品生命周期策略

市场需求的演进决定了产品像许多事物一样，具有生命周期特性和阶段性，产品的生命力主要表现在其进出市场的能力上。产品生命周期指产品从投入市场到退出市场所经历的全部过程。不同的产品因其生产技术的变化和市场需求的强弱、范围以及紧迫程度的差异，在不同时期会有不同的销售量和利润表现。产品生命周期对于小企业发展的意义在于：

首先，它启示企业家在产品生命周期的不同阶段，应该依据市场供求关系来调整产品的促销、定价、分销策略。

其次，它强调企业应当通过适时调整产品结构和开发新产品，来保证业务和利润的稳定和增长。例如在导入期企业可以通过定价、广告、促销和分销策略的恰当运用，尽可能缩短投入期，减少亏损；在成长期，企业通过改进产品质量、增加特色和式样，寻找并进入新的细分市场，进入新的分销渠道和适时降价等策略加快业务扩展；在成熟期，企业可以通过市场改进、产品改进和营销组合改进等手段延长企业获利的黄金期；在衰退期来临时，企业则需要为适时退出做好准备；等等。

（三）产品组合策略

产品组合是一个制造商或经销商所提供给顾客的一组产品。它包括若干产品线或产品项目。产品线是指在用途功能上相同而在规格型号上不同的一组产品。产品项目是产品划分的最小单位，指在规格、型号、价格，甚至颜色上均与其他产品有区别的某种产品，如象牙香皂和佳美香皂。

产品组合一般可从其宽度、长度、深度和关联性四方面进行分析。宽度是企业或其某一产品组合所包括的产品线的数目，它一般能反映企业经营范围的大小；长度指产品组合中的产品项目总数，它能够反映企业产品在整个市场中覆盖面的大小；深度指产品组合中某一产品线内的产品项目数，通常反映某个产品线的专业化程度；关联性也称为一致性或组合密度，指各个产品线之间，在最终用途、生产条件、分配渠道等方面存在的关联或一致程度。关联性越高，各个产品线之间越能相互支持，从而共享同一资源（如采购、制造、研发、渠道、销售、广告和品牌等）的可能性就越大，因而也越容易在较低成本上创造更多顾客价值。

产品组合策略就是要求小企业应根据市场需求特点和企业资源的实际情况，优化产品组合，适当增减产品线数目、市场覆盖范围、产品线的深度（专业化）并调整其关联性，以更充分地利用企业资源，更有效地满足目标市场顾客需求，从而增强企业的相对竞争优势。

（四）品牌策略

1. 品牌的含义

品牌是一种名称、术语、标记、符号或设计，或是它们的组合运用，其目的是借以辨认某个或某群销售者提供的产品、服务，并使之与竞争者区别开来。

2. 小企业品牌策略的类型

（1）同一品牌策略。同一品牌策略是指小企业生产经营的一切产品、服务均使用同一种品牌进入市场。实施这一策略的条件：一是品牌在市场上已经获得一定肯定；二是企业生产的一切产品、服务具有相同的质量水平。

（2）中间商品牌策略。中间商品牌策略是指企业的产品在其他销售者的品牌下从事市场营销活动。这一策略对在市场上尚不知名的小企业发展尤为有利。例如，一些小的卫生纸生产厂商，通过为家乐福等知名企业提供专用产品，从而达到增加产品销量的目的，同时企业也得到间接的宣传。此外，知名品牌宏基，最初作为一个台湾民营小企业就是从依靠给IBM做配件、整机的供应商开始，然后发展为强大的独立品牌。

（3）特许品牌策略。它指小企业通过付费等方式，拥有大企业的品牌特许使用权或者部分拥有大企业知名品牌的所有权。该模式的成本较低、风险较小，并能得到先进的专业管理经验和品牌运作知识支持，适合零售、餐饮等行业中处在创业初期的小企业。当通过特许品牌经营系统建立一定实力后，小企业可以利用专业经验在原有或相关行业中进行自主品牌的创建和推广。

品牌管理应该作为企业的持续性的活动，虽然品牌知名度依靠广告宣传就可获得，但维系品牌忠诚，必须依靠产品、服务的不断创新，质量、特色和性能等的不断改进和完善。

3. 小企业品牌策略的特点

（1）形式多样。小企业不需要在品牌营销上大量投入，因而可以完全根据自身的条件、优势和特点，选择不同的品牌战略创新路径和模式。企业既可以根据资金实力的强弱选择低成本或高成本的品牌战略发展模式，又可以根据经营理念和发展远景的差异而选择不同时间长度、不同地域范围的品牌策略实现形式。

（2）运作机制灵活。大多数小企业的发展历史较短，受到的传统束缚较少，在竞争的压力下更容易选择彰显个性并接受创新的品牌策略。组织规模小和层级少不仅可以减少内部信息流通的损失，而且有利于提高组织效率。因此，小企业可以根据不同的环境和情况在品牌策略上做出及时的调整和反应。

（五）新产品开发策略

新产品是指企业向市场提供的，相对于旧产品，在产品结构、性能、用途等某一方面或几方面满足顾客新的需求的产品。根据产品变革的程度，新产品可以分为全新产品、换代型新产品、改进型新产品和仿制型新产品四类。其中，在全部新产品中，全新产品只占10%左右，而对现有产品的改进或引进等占80%以上。小企业因资源、实力有限，可以主要通过对现有产品的改进或引进的方式来开发新产品。

新产品开发的业务过程：一是产品化过程，即由构思产品到制成产品的过程；二是市场化过程，市场营销的主要责任是实现产品的市场化，即将新产品成功推向市场的过程，包括市场测试（含量产）和商品化两个阶段。

在商品化阶段，商业分析和市场测试通常是被许多小企业忽视的，这是相对薄弱的环节。企业在商业分析阶段需要着重考虑的关键因素包括新产品和现有产品系列的关系、产品开发成本和市场引入成本、企业可用的人力资源和设备、市场竞争情况和潜在顾客接受情况等。另外，小企业要认真对待市场测试，因为在商品化阶段企业需要投入的规模化生产成本和市场开发成本是相当高的。市场化是市场营销的主要责任。为了使现有产品和新产品为市场所接受，小企业还必须处理好定价、品牌等要素，以及它们与市场营销组合等其他手段的关系。

第四节　小企业的定价与信用策略

价格是购买者选择产品的决定因素,也是决定企业利润的重要因素之一。在营销活动中,价格是唯一可以产生收入的因素,其他因素则表现为成本。因此,企业在第一次为产品、服务定价或需要改变价格时,都要依据必要的定价资料和选用定价策略及方法。

一、定价的步骤

小企业进行产品定价同样应遵循以产品或服务的成本为价格下限,以市场需求为价格上限的原则。但是,小企业应特别注意竞争对手制定的价格,尤其是企业的产品、服务与竞争对手相似时。企业在定价时,应充分了解竞争对手的定价策略,这样才能争取较大的市场份额。具体的价格制定的基本步骤如下:

(一) 选择定价目标

在选择定价策略时,结合企业战略与市场目标,确定适当的定价目标是必须的。企业通常有六种可供选择的定价目标。

1. 生存目标

选择生存目标的目的是使企业不至于破产或得以延续,定价水平可以等于产品成本,甚至变动成本。选择生存目标定价适合的条件包括企业面临行业生产严重过剩、竞争激烈或需求萎缩。

2. 利润最大化目标

利润最大化目标即企业为获得当期利润最大化或最高投资回报率而制定一个价格。

3. 销售增长率最大化目标

该目标着重于企业市场地位的增长和长期利润的最大化。较低的定价和较强的促销组合可以加强企业产品的市场渗透力。这种定价法的实施条件为:市场对价格敏感性较高,低价能刺激需求增长;随着生产销售规模扩大,生产分销成本能明显降低;低价能促使现实或潜在竞争者失去经营信心。

4. 市场撇脂最大化目标

一些企业希望从推出的独特产品上获取最大利润,往往采用市场撇脂最大化定价目标。

选择市场撇脂最大化目标一般要符合下列条件:早期购买者数量可观且需求迫切,小批量生产增加的成本不能高于高价带来的额外收入,高价不会吸引更多的竞争者(有足够的进入障碍),高价能证实其产品的优质形象。

5. 市场占有率目标

市场占有率目标是指企业的销售额占整个行业销售额的百分比。市场占有率是企业经营状况和企业产品竞争力的直接反映，从长期来看，较高的市场占有率必然带来高利润。另外，保持市场占有率也是保持竞争优势的前提，可以防止竞争对手抢占自己的市场份额。

6. 稳定价格目标

市场价格越稳定，经营风险越小。稳定的价格目标有利于价格在一段较长时间内保持相对稳定，可以减少企业之间因价格竞争而造成的损失。

（二）确定需求

企业制定的每一种价格都将引导一个不同的需求量，并由此产生一个不同的销售收益和利润水平。需求对价格的这种响应关系称为需求的价格弹性，反映了需求量对价格的敏感程度。

在以下情况下，需求可能缺乏弹性：

（1）替代品很少或没有，没有竞争者。

（2）购买者对产品、服务的价格不敏感。

（3）购买者改变购买习惯较慢，也不积极寻找价格较低的产品。

（4）购买者认为产品质量有所提高或者存在通货膨胀等，价格较高是正常的。

如果某种产品不具备上述条件，那么这种产品的需求就有弹性。在这种情况下，企业应考虑适当降价，以刺激需求。

一般来说，当某产品属于非基本需求、可替代程度高、顾客对价格认同度较低时，顾客对价格的敏感程度较高；反之，顾客对价格的敏感程度较低。

（三）估计成本

需求及其特性在很大程度上决定了企业定价的上限，而成本是定价的底线。产品成本对定价具有制约作用：第一，定价（出厂价）一般不能低于产品成本，否则企业将无法盈利。第二，定价主要取决于社会成本，因为市场不承认个别成本。因此，使企业个别成本低于或至少等于社会平均成本是增加企业盈利和增大定价空间的重要条件。

（四）竞争者的成本和价格

在由市场需求和成本所决定的可能价格范围内，竞争者的成本、价格和可能的价格反应信息也会帮助企业和营销人员制定一个更有效的价格。为了制定一个有效的价格，企业可能还必须了解顾客对企业和竞争者产品的价格和质量的认知水平。这将直接影响顾客的购买选择。一旦了解了竞争者的成本、价格和产品质量等，企业就能利用它们作为定价的参照物，在定价的上限和下限范围内，为企业产品制定一个更有效的价格。

(五) 定价的方法与技巧

1. 成本加成定价法

成本加成定价法是我国企业传统的定价方法，即在核定的单位产品成本的基础上，加上一定比例的利润和税金，构成单位产品的价格。其计算公式为

$$产品零售价 = \frac{单位产品成本 \times (1 + 预期利润率)}{1 - 综合销售税率}$$

其中，综合销售税率是消费税、资源税、城市维护建设税和教育费附加的税率之和，不包括增值税。

成本加成定价法的优点是计算简便，产品的成本资料可以直接获取；其缺点主要是定价依据的成本是企业的个别成本，而不是社会平均成本或行业成本，依此定价可能会偏离市场价格。

2. 认知价值定价法

认知价值定价法是将产品定价建立在顾客对产品的认知价值的基础上的定价方法。该方法认为最有效的定价依据不是卖方的产品成本或打算赚多少钱，而是买方对产品价值的认知。

实施认知价值定价法的关键在于准确确定顾客对产品价值的认知水平。对自己提供的价值产生夸张自满看法的卖主，会定价过高；如果估价过低，则会使定价低于顾客认知价值，从而无谓地减少企业利润。该方法还可以应用到新产品开发的构思筛选过程中，起到把关的作用，从而确保新开发的产品更适应市场的需求。

3. 边际成本定价法

这种定价方法也叫变动成本定价法。边际贡献是销售收入中补偿变动成本后的余额部分。其计算公式为

$$边际成本 = \frac{总变动成本 + 预期总边际收益}{预期销售数量}$$

4. 需求量差别定价法

这种定价方法主要是依据市场需求量的大小变化差异来对产品进行差别定价。例如，旅游景区旅馆的定价，可以在旅游旺季定得比平常时期高一些，而在旅游淡季时定得稍微低一些。

5. 随行就市定价法

小企业产品的价格可以根据市场上竞争者的价格来确定，如果企业自己的产品、服务质量高于竞争对手，则可以制定比竞争对手高的价格；反之，则制定比竞争对手低的价格。例如，同样的商品在网店的价格要比在大型百货商场低很多，就是因为其经营成本要比商场实体店低很多。

(六) 选定最终价格与定价技巧

定价形势分析、定价目标和定价因素以及定价方法的选择，都在不断缩小最终定价的范围。对许多产品特别是一些消费品，企业还需要运用一些定价技巧，以便更完美、更充分地发挥定价的作用。定价技巧的恰当应用，会更好地发挥定价在维护品质、认同价值、突出特色等方面的促销作用。例如，心理定价：0.99 元比 1.00 元的定价，会被认为便宜了很多。吉利定价：5.88 元比 5.94 元更容易获得顾客的好感。品质定价：在多数顾客无法或不能直接判断质量好坏时，较高的定价和整数定价，都可能使顾客以价论质，认定产品有较高品质。以自我感觉为主的产品，如香水和昂贵的小汽车，采用威望定价可能特别有效，甚至有些人只有在看到高价时才会购买。此外，供应商的形象和购物环境等，也会影响顾客对高品质、高价值的认同。

二、定价策略

尽管诸如认知价值定价法、边际成本定价法等方法是为产品定价的好工具，但是产品最终价格的确定，还必须包括对市场特点和公司现行策略的考虑。反映这些附加考虑的，适合小企业采用的定价策略主要有渗透定价策略、撇脂定价策略和跟踪定价策略。

(一) 渗透定价策略

为了促进消费者对其产品的快速认可，或增加现有市场份额，吸引大量的购买者，小企业可以故意将产品或服务的价格定得较低。但是这种策略只适用于需求弹性较大、存在规模经济效应的产品，并且由于实现渗透定价需要企业做出相应的利润牺牲，因此，渗透定价策略不宜作为企业长期的价格策略。

(二) 撇脂定价策略

当市场上同类商品较少，并且短期内没有竞争者时，小企业无论通过模仿还是自主研发产品，都可以在产品投入前期将价格定得高一些，这有利于企业快速收回成本，但是随着可替代品的不断增加，企业应该逐渐将价格降低。

(三) 跟踪定价策略

小企业通常会参照某一个特定的竞争对手的价格，给企业自己的产品或服务定价。如果竞争对手认为小企业的定价相对不重要，他们可能会允许小企业不同价格的存在；但是，如果竞争对手认为小企业的降价会对他们造成直接的威胁，其也会相应地降低自己产品的价格，在这种情况下，如果行业内众多企业竞相降价，引发价格战，将会对整个行业的发展产生不利影响。[①]

三、信用策略

激烈的市场竞争使厂商在销售中为维持和扩大市场份额必须经常向顾客提供信用。信用是指买卖双方就买方以延期支付方式购买产品或服务所达成的协议。对企业而言，信用策略和定价关系密切，它不仅会影响企业的收益和现金周转，而且会影响销售数量和市场份额，是企业重要的促销手段。

（一）信用策略的商业价值

在信用销售中，厂商在得到购买者延期付款的承诺后，将商品或服务转让给购买者。对厂商来说，向买主提供信用的主要原因是扩大产品销量，即通过买货后付款来鼓励顾客提前买和多买。事实上，大多数厂商都会积极地向顾客或潜在顾客推荐这种信用买卖。

信用销售对于作为买方的小企业的最大好处是可以获得短缺的资金，并使利润微薄的小企业的运营得以继续。对于作为卖方的小企业的最大好处是可以增加销售量，促使顾客和企业的联系更紧密。

（二）信用的类型

信用的类型主要有两大类：消费者信用和商业信用。消费者信用指由零售商向购买个人或家庭消费品的顾客提供的信用。小企业有时也利用消费者信用来购买企业使用的设备和用品。商业信用是由非金融性公司，如生产商和批发商提供给购买其产品的其他厂商的信用。两者的区别在于信用票据的使用类型、资金来源、销售方式的不同。

（三）信用策略的选择

在许多行业中信用销售已成为商业惯例。但信用销售是一种具有风险的商业行为。小企业可以通过接受顾客携带的信用卡，而不是向顾客提供他们自己的信用卡，来转移或者减少风险，或避免了对信用的管理及为此支出的成本。在多数情况下，即使向信用卡发行者缴纳一定的费用，也会比管理自己独立信用系统的费用，包括坏账、迟付等的成本要小。

影响企业家选择信用策略的因素主要有企业类型、竞争对手的信用政策、顾客的收入水平和企业可用的流动资本数量。

[①] 朗格内克，穆尔，佩蒂. 小企业管理：创业之门. 郭武文，等译. 北京：人民邮电出版社，2006：382－383.

1. 企业类型

从总体上看，销售耐用贵重商品的零售商，比销售易腐、低值商品的零售商较多地利用信用销售。事实上，许多买主在购买高价商品时，都需要或更乐意在分期付款的基础上完成，而且这种产品的使用寿命也使得分期付款的信用销售方式更加可行和有意义。

2. 竞争对手的信用政策

除非一个企业提供了某些补偿，否则，在提供信用上，它应该比它的竞争对手更优惠，至少不能比竞争对手差。

3. 顾客的收入水平

在选择信用策略时，顾客的年龄、收入水平和收入方式是重要的考虑因素。对于同样的信用销售条件，中青年顾客比老年顾客的风险要小。相对来说，年薪制比月薪制、月薪制比周薪制更适合也更需要信用销售。

4. 企业可用的流动资本数量

信用销售会增加企业在运营过程中所需要的流动资本。接受一般信用证和分期付款信用，是与企业所需费用的增加联系在一起的。

（四）信用过程的管理

企业对信用过程的管理应当从对信用提供对象的评估开始，包括信用销售的整个过程。

1. 对顾客信用的评估

在决定顾客的信用额度时，最关键的因素是其偿还能力，所以对顾客的经济来源、负债情况、收入水平进行评估十分重要。对顾客所要求的信用数量也应该进行仔细考虑。通常药店的顾客需要小额信用，但批发商和生产商的商业顾客就需要大额信用。在分期付款的情况下，信用的数量不能超过卖出商品的收回价值，如住宅和汽车。

正确评估顾客信用是信用过程管理的重要内容。顾客信用记录资料可以从企业以往的信用或销售记录，专门的顾客信用资料提供商，客户的结算银行和商业客户公开发布的公司财政报告等来源获得。此外，企业信用等级评估机构、抵押公司及其公开发布的资料也是顾客信用资料获得的重要来源。

2. 应收账款账龄分析

应收账款账龄分析表一般包括顾客按时付款的次数、数额，未能按时付款的次数、数额，延付的期限以及坏账的次数、数额等数据。一般对信用记录中一贯按时付款的顾客，可以给予较高的信用等级和较大的信用额度，而对多次未能按时付款或欠款数额较大的顾客，则给予较低的信用等级或取消其信用资格。

3. 开账和收账程序

超期的信用账目会妨碍提供信用厂商的流动资金周转，进而妨碍厂商对还账慢的顾客进行销售，并由于顾客坏账而给企业带来损失。适时通知顾客其现在的信用欠账状况，对到期或超期顾客适当地提出付清欠款要求并陈述利弊，可以有效避免坏账的产生。

第五节　分销渠道决策与促销策略

分销渠道决策是企业重要的营销决策之一。小企业通常不具备建立遍布全国甚至全世界的销售网络的能力，因而借助企业外部的销售网络，充分利用外部力量进行销售的方式，如传统的批发商和零售商，对于以提高销售量、降低销售成本为根本的小企业来说显得尤为重要。

一、分销渠道

（一）分销渠道的概念与作用

1. 分销渠道的概念

分销渠道是为促使产品、服务通过交换被顺利转移给最终用户或顾客，由若干相互依存的组织或机构组成的系统。

在现代经济中，许多制造商通过或主要通过中间机构，而不是将产品直接出售给最终用户。这些机构大体分三类：一是经销商，包括批发商和零售商，他们买进商品，然后加价出售；二是代理商，包括经纪人、制造商和销售商代理，他们寻找顾客，推介产品并从促成交易中获取佣金，但并不拥有商品所有权；三是辅助商，包括运输、仓储公司、银行、广告代理商等，他们提供交易以外必需的服务，如传递商品信息、帮助货物移交等。

2. 分销渠道的作用

大多数消费品制造商和相当部分的产业用品制造商，都在依赖或与中间机构合作组建公司的分销系统。利用外部分销系统的理由有：第一，可以节省大量资源（资金、人才等），享受社会分工带来的好处，提高制造商的专业化、竞争力、收益率和分散风险；第二，可以利用中间机构接近市场，熟悉和接触顾客，提高分销效率；第三，可以借助众多的分销机构，将产品、服务推向更广泛的市场等。

（二）分销渠道的类型

人们通常用中间机构的级数来表示分销渠道的长度。多级数、长渠道会使系统变得复杂，时间延长，费用增加。但一些因素会迫使企业选择长渠道，如顾客或用户数量多、分布广、购买批量小等。另一些因素则会限制企业选择长渠道，甚至要求企业选择最短的渠道，这些因素包括经营易变质商品、价贵体重商品或使用维修技术复杂的商品等。图 8-3 列举了几种不同长度的分销渠道。

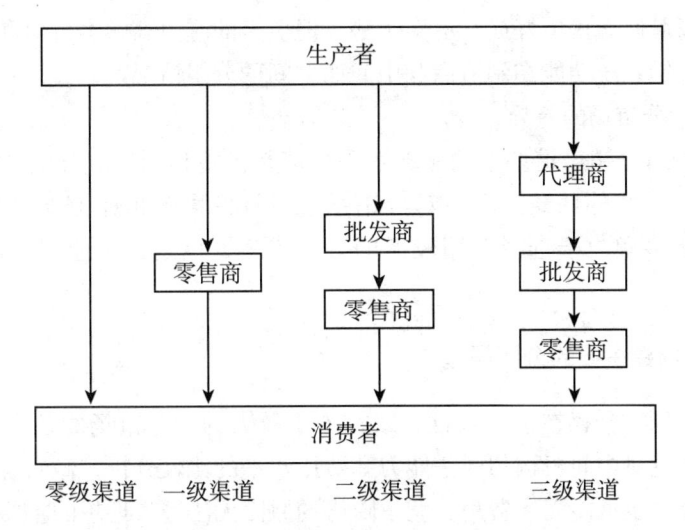

```
           生产者
    ┌────────┬──────┬──────┐
    │        │      │    代理商
    │        │    批发商   │
    │      零售商    │    批发商
    │        │    零售商   │
    │        │      │    零售商
    └────────┴──────┴──────┘
           消费者

  零级渠道  一级渠道  二级渠道  三级渠道
```

图 8-3　消费品和产业用品分销渠道

如图 8-3 所示，零级渠道，也叫直销渠道，是由制造商直接将产品卖给消费者或产业用户。直接销售的方式有上门推销、家庭展示会、邮购、电子营销、电视直销和制造商自设商店等。采用直接销售的产业用品明显多于消费品。

一级渠道包括一个中间商，如零售商或产业用品经销商。二级渠道包括两个中间商，如批发商和零售商或类似中间商。其中，制造商分销机构主要提供本公司产品，制造商代表提供多家公司产品。三级渠道包括三层中间机构，如代理商、批发商和零售商。

二、分销渠道的设计过程

设计一个分销渠道，首先，要确认系统的目标和功能分配；其次，要识别和构建主要的分销渠道；最后，企业必须对主要的分销渠道方案进行评价。另外，企业还可以逆向设计分销渠道。

（一）确认系统的目标和功能分配

1. 了解目标市场顾客

由于分销系统的费用最终要由顾客承担，系统实用目标的确定应以顾客需要为主要依据。在设计中，要优先选择顾客价值较高和系统费用较低的项目，优先剔除那些顾客价值较低且非必要、系统费用较高的项目。这是设计高效实用分销系统的一个重要方法和原则。例如，在超市中日益流行的以自助购物取代售货员售货的方式，既方便了顾客选择，又降低了系统费用和顾客支出，是分销系统双赢实用目标的一个范例。

2. 优化分销渠道资源配置

在功能分配上，有些功能制造商能做得更好或有更多优势，如复杂产品的技术支持；另一些功能则零售商可以做得更好或有更多优势。但更多的应由高顾客价值和低系统费用这个基本准则来决定分销系统功能在制造商和中间商之间的分担情况。

3. 考虑不同细分市场的差异

不同细分市场对分销渠道要求的服务水平可能是极不相同的。分销系统实用目标的设计不可能一劳永逸。此外，经济环境对分销系统设计的影响也是需要考虑的，如在市场不景气时，企业更多倾向于选择费用较低的分销渠道；反之，企业则可能选择费用高一些的分销渠道。

（二）识别和构建主要的分销渠道

企业的目标市场总会存在一些共性，或在若干较大的细分市场的各自内部存在一些共性。企业通常会通过对中间机构的服务能力和费用水平的比较分析，做出有利于促进长期利润增长的选择。企业也可能因为费用、竞争障碍的原因无法进入理想的主要分销渠道，而不得不选择非主流的分销渠道。有时从非主流渠道进入市场会获得意外成功。

1. 选择中间机构的类型

中间机构的类型主要取决于系统目标要求的服务和系统成本（人员工资、场地租金、中间机构要求的毛利水平、促销费用等）。

例如，雅芳公司因在初期无法支付昂贵的费用，其产品无法打入正规的百货公司，因而只能选择挨门挨户推销，雅芳公司也因此而获得更多利润。

2. 确定中间机构的数目

分销系统长短不同，级数有多有少。企业必须决定每个渠道层级使用中间商（一般为同类中间商，如零售商等）的数目。小企业在决定分销渠道层次、确定中间机构数目时，必须结合企业的人力、物力和财力情况，因为成本控制对小企业来说尤为重要。短渠道虽然可以保证销售的及时，但是会增加企业销售人员的费用和各种管理费用，从而增加市场营销成本。长渠道可以使企业有足够的时间和资源开发新产品，但是渠道越多，消费者支付的成本越高，这可能会增加产品销售的难度。

此外，一些新企业往往从选择分销开始进入市场，随着时间推移，逐渐扩大分销商数目，扩大市场覆盖范围，建立密集分销；或者通过对分销商的考察和筛选，提高对顾客服务的数量和质量，将选择分销过渡到独家分销。

3. 渠道成员的条件和责任

制造商必须明确每一类系统成员的条件、责任和利益。其中涉及的主要因素包括价格政策、销售条件、地区权利，以及每一方所应提供的具体服务。

（三）对主要的分销渠道方案进行评估

对分销渠道方案的评估，通常可以从适应性、经济性和可控制性三方面进行考察。

1. 适应性

适应性主要有两方面的内容：分销系统的上一层级对下一层级所要求服务的适应性，包括零售商对最终用户要求服务的适应性和制造商对批发商要求服务的适应性等。在一个分销系统中，这种适应性的分布越是均匀、合理，即系统的"瓶颈"因素越少，系统资源的效率就越高，最终用户的满足程度也越大。

2. 经济性

如前所述，每一种分销系统都将产生不同的销售量和系统成本。在分销系统所能提供的服务或顾客所要求的每一项服务与对应的系统费用支出之间，选择和保留对最终用户价值费用比率较高的和必需的服务项目，剔除价值费用比率较低的项目，是提高分销系统效率和经济性的最主要方法。

3. 可控制性

对分销系统的评价还必须进一步考虑系统控制问题。单以控制性而言，企业对人员销售系统的控制性要远远高于对分销商系统的控制。但控制是要支付成本的。企业必须考虑控制的效率和经济性，以便对主要分销系统作出选择。企业也可以在客户数量较少、购买批量较大的地区或行业采用人员销售方式，而在顾客数量较多、购买批量较小的地区和行业采用分销商销售渠道，以解决分销系统中控制性和经济性的矛盾。

对于一个小企业来说，企业最大的资产不是拥有多少固定资产，而是拥有多少忠诚的顾客资源。所以，如果小企业不能成功地联系好批发商和代理商，可以通过争取大量满意忠诚的顾客，吸引批发商、代理商的主动联系。

（四）逆向设计分销渠道

分销渠道是帮助产品转移的，销售的终端是顾客。因此，小企业在目标市场上进行营销时，可以先抓住直接面对顾客的零售商，并帮助其销售，满足顾客需要。一旦零售商做好销售宣传工作，小企业的产品又能切实满足顾客的需要，顾客认牌购买产品，零售商的利润就会非常可观。当小企业的产品销售量大、市场需求稳定增长时，经销商和代理商就会主动与企业联系，愿意做企业的中间商；小企业吸引分销渠道成员的加盟，企业本身就居于主动地位，就可以选择那些符合企业分销策略和经营目标的、信誉好的、实力强的中间商。

案例 8-1

女大学生的电商创业传奇

袁甜，虽然只有32岁，但在山西电商界声名鹊起。她靠数千元资金启动，经过11年打拼，打造出一个员工90多人、年营业额过亿元、问鼎淘宝网金皇冠网店的电商企业"米兰多格广场"。袁甜很庆幸自己生活在这个互联网时代。

袁甜毕业于哈尔滨理工大学。2003年开始接触互联网,有了第一台计算机第一个网友,写了第一封电子邮件。她第一次尝试网购,感受到这种全新的商业流通模式。"当门房打电话说有我的包裹时,特别兴奋,瞬间对互联网购物产生了兴趣。"袁甜对当时情景记忆犹新。2004年,袁甜瞒着父母开了一家网店,成了淘宝首批店家。

她的第一位顾客是云南人,花48元买了一件衣服。有一次,她在论坛上看到一款女装销量特别好,跑遍大小服装市场,找到这款衣服,当时市场价是35元,而网上标价是168元,她一下子就拍出20件。没这么多货,咋办?她跑到临汾、运城选购布料,找裁缝照着做了20件。这件事让袁甜得到启发,她开始研究服装设计,学习拍摄技巧。很快,她设计的一款裙子被德国人一下买走40条。这个暑假,袁甜赚了2万元。那一年,她年仅21岁。

11年过去了,"米兰多格广场"逐步成熟壮大,从"夫妻店"发展为现有员工90余人,设有销售客服部、营销培训部、创意视觉部等7个部门的电子商务公司,网店有了160万名粉丝,产品远销欧洲、东南亚、北美等地区。2014年,"米兰多格广场"问鼎淘宝网金皇冠网店,销售额达1.2亿元。随着电商的竞争日趋激烈,袁甜打算下一步重点关注另一个品牌女装的设计、营销;同时,将更多精力投入"山西晋淘天下"公司,为本地电商企业和农副特产上线提供人才培训。截至2015年12月,该公司已开展培训30场次,培训人员3 000余人次。

(资料来源:侯马大学生的电商创业传奇,山西日报,2015-11-17。)

三、产品促销

小企业在决定向顾客提供适合的产品、适合的价格和适合的渠道之后,还需要决定如何向现有和潜在的顾客、零售商、供应商以及其他利益攸关群体和公众传播营销信息。为了促使潜在顾客对产品的认知、偏爱和购买,企业必须利用促销与顾客进行有效的沟通。

(一)促销组合

1. 促销的含义

促销是指企业通过人员推销或非人员推销的方式,同目标顾客进行沟通,帮助现实的和潜在的客户认识产品或服务的价值,引起消费者的兴趣,进而激发其购买欲望和购买行为的活动。

促销在本质上是一种与消费者沟通的活动,是努力消除生产者与消费者之间有关产品、服务信息的不对称性,最终实现促进消费者实施购买行为的过程。

2. 促销组合的含义

促销组合是指企业根据促销的需要,对广告、销售促进、人员推销及公共关系等方式,进行适当的选择和组合。促销工具的选择和创新是围绕适合顾客沟通需求、提高传播效率和降低(包括相对降低)传播费用进行的。例如,推动网络广告发展的是个性化的需求和定制营销的需要;电视广告的后来居上主要得益于较高的传播效率和相对较低的传播成本;销售促进在诱发购买上效果更突出；人员销售在销售复杂、贵重设备或商品时更能适应用户需要；等等。

（二）促销方式

1. 广告促销

广告是广告主通过大众传播媒体，以盈利为目的，以付费的方式进行的有关商品、劳务、观念等说服性的信息传播活动。因为媒体是企业向大众传递信息的主要通道，因而媒体的选择对广告效果的影响极大。小企业为了更好地控制成本以及获得最大的宣传效果，可以通过浓缩广告的精华，缩短广告的时间，选择影响力较大的媒体进行集中的宣传，以在最短的时间内争取最多的关注度。

2. 销售促进

销售促进是用来直接刺激消费者或经销商快速或大量购买的各种短期手段或工具的总称。

销售促进的主要类型有消费者促销和分销商促销，与消费者促销不同的是分销商的购买行为以盈利为宗旨，也就是说，大多数分销商的促销工具只有在有利于分销商降低成本或增加盈利时才会有效。

需要注意的是，销售促进的本质是一个暂时性的刺激销售的活动，甚至可以说在多数情况下对品牌忠诚起消极作用，经常性地引导顾客追求降价、折扣、奖励或赠送等实惠，而降低广告作用。小企业在人力、物力、财力方面是有限的，在实施销售促进时一定要量力而行。

3. 人员推销

销售人员是企业与顾客之间的纽带，人员推销是一种古老的促销方式，但也是一种非常有价值的促销方式，人员推销的主要形式有以下几种：[①]

（1）建立自己的销售队伍，适用本企业的推销人员来推销产品。这种推销人员又分为两类：一类是内部推销人员，主要是在企业内通过电话联系客户、洽谈业务，并接待来访客户；另一类是外部推销人员，主要是上门访问客户。

（2）使用专业合同推销人员。例如，制造商的代理商、销售代理商等，需要按其代售额支付佣金。

（3）雇用兼职的促销员。这种促销方式主要是在零售场合，通过产品操作演示、现场模特等形式进行。

4. 公共关系促销

这是一种间接促销方式，对促销产品的影响是潜移默化的。这种促销方式可以利用新闻、演讲、公益服务活动、电话咨询服务等争取潜在的客户，同时保持现有客户。另外，小

[①] 李家龙. 中小企业市场营销. 北京：清华大学出版社，2006：102 – 103.

企业在协调企业的外部关系时，应努力建立良好的政府关系，争取政府的支持，以及有社会影响力的人士的支持，获得良性的监督、理解和支持，以提升企业的信誉度。

本章小结

1. 小企业具有本身规模小、顾客少、资金和技术构成较低、营销管理不够规范、竞争力较弱和容易卷入恶性竞争的弱点，因而其市场营销策略与大企业相比具有自己的特点。小企业的市场营销具有以下特点：贴近顾客，市场反应迅速；经营灵活，适应性强；经营业务"小而专、小而特"；竞争力相对较弱，易受市场及外部条件冲击等。

2. 小企业市场营销的特点和不足，决定了小企业应更多关注对顾客忠诚的培育。培育顾客忠诚的根本策略在于提高产品或服务总价值和降低产品或服务总成本，这些策略应当在促成顾客初次购买和顾客重复购买的策略中充分体现出来，并通过提高顾客满意标准，努力协调好顾客满意与公司盈利之间的矛盾。小企业需要通过更好地了解消费者的购买决策过程和影响因素，使其有限的资源投入和营销努力更加有效。

3. 小企业的产品策略主要包括产品生命周期策略、产品组合策略、品牌策略和新产品开发策略等。而这些策略都必须建立在对产品、产品组合、产品生命周期、品牌以及新产品概念的正确理解和把握的基础上。

4. 定价策略与信用策略关系密切。定价的基本依据包括企业对定价目标的选择、需求对价格的相应关系的分析、成本对需求变动的响应程度的估计以及竞争者的成本、价格和提供物等。定价的基本策略有渗透定价策略、撇脂定价策略和跟踪定价策略。信用策略不仅影响企业的收益和现金周转，而且会影响销售数量和市场份额，是企业重要的促销手段。信用类型主要有两大类：消费者信用和商业信用。企业对信用过程的管理应当从对信用提供对象的评估开始，包括信用销售的整个过程。

5. 分销渠道决策是企业最重要的营销决策之一。企业的产品、市场定位和定价决定了渠道设计和管理的选择，而后者又制约着企业的广告促销决策和销售队伍设计等。设计一个分销系统，首先，要确认系统的目标和功能分配；其次，要识别和构建主要的分销渠道；最后，企业必须对主要的分销渠道方案进行评价。

6. 企业在决定要向顾客提供适合的产品、适合的价格和适合的地点之后，还需要决定如何向现有和潜在的顾客、零售商、供应商以及其他利益攸关群体和公众传播营销信息。为了促使潜在顾客对产品的认知、偏爱和购买，企业必须灵活运用营销传播工具组合包括广告促销、销售促进、人员推销和公共关系促销与潜在顾客进行有效的沟通。

思考与练习

一、名词解释

顾客满意　　产品　　产品组合　　产品生命周期　　新产品　　分销渠道　　促销组合　　广告　　销售促进

二、不定项选择题

1. 对消费者购买行为影响最广泛和最潜移默化的因素是（　　）。
   A. 文化因素　　　　　　　　B. 社会因素
   C. 个人因素　　　　　　　　D. 心理因素

2. 购买决策过程的第二个阶段是（　　）。
   A. 信息收集　　　　　　　　B. 方案评价
   C. 问题认识　　　　　　　　D. 购买决策

3. 当产品生命周期进入成熟阶段，企业应采取的策略是（　　）。
   A. 市场改进　　　　　　　　B. 产品改进
   C. 快速扩张　　　　　　　　D. 营销组合改进

4. 当产品生命周期进入成长期，企业的营销策略应该是（　　）。
   A. 进入新的细分市场　　　　B. 进入新的分销渠道
   C. 改进产品质量、增加特色和式样　　D. 适当降低产品价格

5. "不是在销售牛排，而是在销售'咝咝'声"，这里的"咝咝"声应该属于（　　）。
   A. 核心产品　　　　　　　　B. 形式产品
   C. 附加产品　　　　　　　　D. 期望产品
   E. 潜在产品

6. 以下有关产品组合的描述中，正确的有（　　）。
   A. 产品组合的宽度反映了企业经营的范围的大小
   B. 产品组合的长度反映了企业市场覆盖的程度或企业的专业化程度
   C. 增加产品组合的深度可更好地满足同一消费群体或不同消费群体的需求和偏好
   D. 产品组合的关联度能反映各个产品线之间相互支持、协同作用和共享同一资源的可能性的大小

7. 以下营销组合因素中，能够直接产生收入的途径是（　　）。
   A. 分销渠道　　　　　　　　B. 广告
   C. 定价　　　　　　　　　　D. 销售促进

8. 以下关于价格的描述中，错误的是（　　）。
   A. 价格是买者作出选择的主要决定因素
   B. 营销组合因素中，唯有价格是能直接产生收入的因素

C. 价格是营销组合因素中最为灵活的因素

D. 价格的制定要与营销组合的其他部分相结合

9. 企业信用策略中的消费者信用主要包括（   ）类型。

   A. 未结算账目信用　　　　　　B. 一定付款期内的价格折扣

   C. 分期付款信用　　　　　　　D. 银行信用卡

10. 企业对广告活动的管理依照合理的顺序排列应为（   ）。

    A. 确定目标　　　　　　　　　B. 编制预算

    C. 设计信息　　　　　　　　　D. 选择媒体

    E. 效果衡量或测量

11. 促销组合包括（   ）。

    A. 广告　　　　　　　　　　　B. 人员推销

    C. 销售促进　　　　　　　　　D. 公共关系

    E. 制定价格

三、思考题

1. 简述小企业市场营销的主要特点。
2. 培育顾客忠诚的主要营销策略有哪些？
3. 影响消费者购买行为的主要因素是什么？
4. 简述品牌策略的主要内容。
5. 简述定价决策的主要内容。
6. 请运用认知价值定价法给产品定价。
7. 简述影响企业选择信用策略的主要因素。
8. 企业如何进行分销渠道设计决策？

第九章　小企业财务管理

学习目标

学完本章内容以后，你应该能够掌握：
1. 小企业财务管理的内容；
2. 小企业财务管理制度的内涵和制定途径；
3. 小企业财务报表和小企业财务报表分析的内容；
4. 小企业财务风险的类型及控制方法。

引导案例

隆源办公家具厂的财务管理

隆源办公家具厂是一家小型家具生产企业，成立初，受当地经济高速发展影响，一直处于盈利状态。隆源办公家具厂相对薄弱的财务管理，在当时并没出现问题。此时，一家饲料加工厂濒临破产，隆源办公家具厂的刘总经理就拿出所有流动资金收购了这家饲料加工厂，希望在家具厂继续盈利的同时，饲料加工厂也可以转亏为盈，逐步缓解财务紧张的状况。但由于对新行业缺乏了解，接手的新厂继续亏损，原有的家具行业也陷入低迷。此时的刘总经理才感觉到资金不足的压力。于是，他开始减少投入，压缩生产成本。在此过程中，他发现了很多管理上与财务上的问题，如挪用公款、虚报开销、拿采购回扣等。刘总经理很气愤，但也很无奈，只好求助于专业财务公司来帮忙。财务公司经审核发现，除了企业内一些小的贪污行为外，负债不合理、固定资产过多闲置、企业财务制度不健全等是给企业带来当前这个状况的主因。现在只有两个办法可以解决当前的困境：一是向银行贷款；二是卖掉饲料加工厂或使饲料加工厂破产。然而，此时恰逢国家宏观调控，多数银行只收不贷。刘总经理的企业平时和银行没什么来往，贷款也没什么希望。而要把花大价钱买来并精心经营的饲料加工厂进行破产处理，刘总经理实在接受不了，欲将厂子转让，一时又无人接手。雪上加霜的是，原行业渠道中的一家经销商因负债几百万元，情急之下低价出售隆源的产品，变现后失踪，导致刘总经理的企业损失近60万元。最后实在撑不下去，刘总经理忍痛对饲料加工厂实施了破产，将固定资产变卖后偿还了银行的到期贷款，渡过了眼前的危机。此事过后，刘总经理痛定思痛，对企业财务制度进行了严格的规范，增设了财务部，并把财务指标作为生产经营活动的重要参考因素，经过一年的努力，他终于使企业走上了盈利的道路。

（资料来源：史光起，颠覆——中国市场营销与管理规则，北京，清华大学出版社，2010。）

对小企业来说，资金就像血液一样，是维持企业正常运转与发展的根本。财务管理正是围绕资金开展的一系列活动。小企业应该意识到，赚钱固然重要，管钱也同样重要。不过现实中却存在不少企业，它们不重视财务管理，甚至看不懂财务报表，相应地也就预料不到企业面临的各种风险。

第一节　小企业财务管理制度

财务管理是小企业经营管理活动的重要组成部分，有时，甚至决定了企业的生存和发展。对小企业来说，在市场经济条件下，小企业应当十分重视财务管理，除了合理地开展财务活动、处理财务关系外，还要注重企业的财务管理制度建设，为企业财务活动的健康运行提供制度支持。

一、小企业财务管理的内容

小企业财务管理是指小企业在再生产过程中对财务活动和财务关系进行的管理活动，主要包括两方面的内容：一是开展财务活动；二是处理财务关系。

（一）开展财务活动

小企业的财务活动是小企业以资本的获取为起点，对资本进行投资、开展运营，最终获得资本增值的一系列活动的统称。任何一家企业的创立都是从资本的获取开始的，资本的获取也叫作筹资，是企业开展经营活动的前提条件。通过筹资拥有一定数量的资金后，企业就可以运用资本进行投资活动和资金营运活动，来实现资金的增值。资金的增值主要表现为企业取得的各种收入扣除必要的成本费用后所获得的利润。财务活动是小企业进行财务管理的一个主要内容，能够以货币形式表现出来。一般来说，小企业的财务活动包括筹资活动、投资活动和利益分配活动。

1. 小企业的筹资活动

筹资即获取资本，指小企业为满足经营需要而开展的获取资金的过程。企业要开展经营活动，必须有资金作保障，小企业可以结合自身的特点，通过不同的渠道和方式筹得所需的资金。小企业开展经营的起点是筹资，只有筹得所需资金，企业才能进行投资和用资活动。不过，在进行筹资时，小企业要注意所筹资金的来源，因为不同的资筹方式具有的风险不同。

目前，小企业可以从两方面进行筹资：第一种是投资者向企业直接投资或者企业内部留存收益所得资金，亦称为企业权益资本；第二种是通过向银行借款或者租赁等应付款项筹得资金，亦称为企业债务资本。企业所筹资本既可以是货币资金，又可以是实物资本；既可以是有形物品，又可以是无形资本。

2. 小企业的投资活动

小企业可以通过投资活动谋得发展。投资是指企业将所筹资金投入使用的过程。投资的目的是使资金获得增值，以最大化企业的经济利益。广义的投资既包括对外投资，如购买其他企业股票、债券或企业联营等，也包括企业内部运营对资金的使用；而狭义上的投资仅指对外投资。投资有风险，因此，小企业在投资前，要对投资方式、投资结构等进行认真分析，争取能够以最低风险获取最高收益。

3. 小企业的利益分配活动

小企业通过投资获得经济收益之后，可根据需要选择进行再投资，或者将所得收益进行分配，利益分配是小企业财务活动的重要内容。利益分配是对企业投资和营运成果的分配，利益的分配比例以及分配方式的选择是企业财务管理活动的主要内容之一。

（二）处理财务关系

小企业虽然经营规模较小，在行业中所起的作用有限，但是它牵扯的财务关系相当多，这些关系主要是在与投资者、债权人和债务人、国家财政税务部门、企业内部各部门、企业内部员工以及外部其他机构或单位之间的往来过程中所形成的经济关系。因此，小企业财务管理的另一个主要内容就是要正确处理好企业的各种财务关系。

1. 小企业与投资者之间的按资本分配利益、共同承担风险的关系

投资者在向小企业投入资本以获取经济利益的过程中与小企业形成了一种经济关系，投资者按资本分配利益，同时承担企业风险，这便构成了小企业与投资者之间的财务关系。

2. 小企业与债权人和债务人之间的关系

小企业在经营过程中，会通过向债权人借入资本来维持或扩大企业的生产规模与债权人发生经济关系。同时，小企业还可以通过向其他企业提供贷款或购买其他企业的股票和债券与债务人形成债权债务关系。

3. 小企业与国家财政税务部门之间的财务关系

小企业必须按照法律法规的规定及时向国家有关部门上缴各种税款，由此与国家财政税务部门之间形成了财务关系。

4. 小企业与企业内部各部门之间的资金结算关系

小企业内部各部门通过资金的使用与财务部门发生经济关系，形成小企业与内部各部门之间的资金结算关系。

5. 小企业与企业内部员工之间的按劳分配的经济关系

员工在小企业内部供职，通过向小企业提供劳动获取经济利益，小企业在向员工支付报酬过程中与员工形成了经济关系。

6. 小企业与外部其他机构或单位之间的合作与竞争关系

小企业在生产经营过程中，难免与外部机构发生业务联系，或参与合作，或与之竞争，由此与企业外部机构或单位建立经济关系。

二、小企业财务管理制度的内涵

小企业财务管理制度是小企业依据国家和政府的有关法律法规的规定，结合自身经营管理现状和特点，所制定的一套用来规范和优化企业内部财务活动、处理内部财务关系的规章制度。小企业的财务管理制度是一个完整的系统，涉及财务管理工作的各方面。与其他层次的财务管理制度相比，小企业财务管理制度存在特有的内涵：

第一，小企业财务管理制度不但界定了企业内部财务主体的范围，明确了企业内部财务管理部门和企业内部各经营单位之间的关系，而且将企业与联营单位、投资与被投资单位、内部承包单位之间的财务关系给予明确的界定。

第二，小企业财务管理制度既对企业内部财务管理部门各个岗位的工作任务做出规定，也对各个岗位人员应该承担的责任和享有的权利给予明确的规定，从而避免了各岗位工作人员之间相互扯皮的现象。

第三，小企业财务管理制度对于财务管理的工作内容也做出了具体的说明，从企业财务战略高度为财务管理工作指明方向。另外，小企业财务管理制度也相应地制定了企业的财务政策，以帮助财务人员开展工作。

第四，小企业财务管理制度不仅具体确定了企业财务管理工作和企业内部责任单位之间的相互衔接关系（这些关系包括责任中心的划分、责任核算、责任控制和责任奖惩等），而且具体规定了企业财务规划和财务评价的方法和程序。

三、小企业制定财务管理制度的途径

财务管理制度对企业的发展起着规范和约束的作用，其制定途径依据国际准则主要有两种：一种是由企业内部人员自行编制；另一种是企业委托外部机构制定，如注册会计师机构。对我国的小企业来说，第一种途径是首选，但是随着我国的发展，有越来越多的企业选择将制定财务管理制度的任务交由企业外部机构。

企业人员自行编制，即企业组织内部人员依据企业自身情况和国家相关的法律、法规为企业编制财务管理制度。如果企业决定由企业内部人员自行制定财务管理制度，首先要选择制度制定人员，这些被选中的人员除了对企业财务管理活动了然于胸外，还应该积极认真学习相关方面的法律和规章制度，既要掌握国家宏观要求，又要拥有雄厚的财务管理知识作支撑。除此之外，这些人员还要对本企业的财务管理历史、现状及未来发展状况进行总结和预测，总结经验教训。之后，这些人员就可以根据掌握的信息，对制度的内容、难点、标准等进行讨论研究，列出提纲，形成财务管理制度草案，交给企业领导或相关人员检查并修订，如果满足要求，便可寻求适当的时间进行发布并严格执行。

企业委托外部机构制定，即企业将制定财务管理制度的任务交给企业之外的机构代理制定的方式，一般来说，委托机构都是注册会计师机构，该方式在西方国家较为常见。如果企业决定由外部机构代理制定本企业的财务管理制度，可以按照如下步骤进行：首先，递交自己的申请报告给代理机构，同时要向代理机构说明企业现状和时间要求，另外还要明确该制度的目标。待代理机构同意后，双方就财务管理制度的制定意向签订协议或合同，以确保双方之间的权利和义务。其次，企业组织相关人员与代理机构进行沟通交流，详细介绍企业发展状况，并提出要求。代理机构在协议或合同约定的时间内将制定的财务管理制度草案交由企业领导和职工讨论，提出意见，之后将讨论结果交给代理机构修改整理并定稿，最后由企业在合适的时间发布并严格执行。该方式虽然成本较高，但其依靠针对性和专业性，在我国也逐渐发展起来，许多企业也采用委托代理机构的方法为本企业制定财务管理制度。

第二节 小企业财务报表分析

财务报表，也称为会计报表，是会计报告的主要组成部分，它是以编制报表企业的会计凭证、会计账簿以及其他相关会计资料为依据，按照规定的格式、内容和填报要求按期编制，以货币为计量单位，反映企业财务状况、经营成果和现金流量的总括性书面文件。本节将对小企业的财务报表进行分析。

一、小企业财务报表

企业进行财务报表分析是在对企业过去的经营业绩进行评价的基础上，衡量企业目前的财务状况，并且对企业未来的发展状况做出预测。可以说，企业进行财务报表分析，能够得出诸多对企业发展有利的信息，不同的企业可以依据自身需求获取相应的信息，作为企业决策的依据。对小企业进行财务报表分析，主要是对小企业的资产负债表、利润表和现金流量表进行分析。接下来就分别对这三个报表予以介绍。

（一）资产负债表

资产负债表是用来总括地反映会计主体（如企业，以下简称企业）在一定日期财务状况的财务报表，资产负债表所提供的企业在一定日期的财务状况主要有：第一，企业所掌握的经济资源以及这些资源的分布与结构；第二，企业所负担的债务和企业偿还债务的能力，以及所有者在企业中所拥有的权益，即所有者权益（或股东权益，下同）；第三，通过对该表的分析可以看出企业资金结构的变化情况及财务状况的发展趋势。

资产负债表是一种静态报表，通过资产负债表，报表使用者能够简要地了解企业在报表日的财务状况，长期和短期偿债能力，资产、负债和所有者权益结构情况，以及企业资本结构状况等财务信息。

任何企业的资产负债表都由资产、负债和所有者权益三大要素构成，这三大要素之间的关系就是著名的会计恒等式：

$$资产 = 负债 + 所有者权益（股东权益）$$

这就是说，企业的所有资产都必须从债务和（或）所有者权益资本两方面进行融资。企业自己所拥有的资源称为资产，企业的业主向企业提供的资源称为所有者权益。所有其他向企业提供但需要最终偿还的资源称为企业的负债。上述恒等式还可以改写为

$$资产 - 负债 = 所有者权益（股东权益）$$

资产与负债的差值是企业的净资产，该等式说明企业的净资产是从企业的业主处融资得来的。

1. 资产负债表的格式

目前，国际上流行的资产负债表的格式主要有账户式和报告式两种。

账户式资产负债表将资产项目列示在左方，负债和所有者权益项目列示在右方，从而使资产负债表左右两方平衡，因此，账户式资产负债表又称为平衡式资产负债表。其格式如表9-1所示。

表9-1 资产负债表（账户式）

资产	负债和所有者权益
流动资产 长期投资 固定资产 无形资产 其他资产	流动负债 长期负债 （负债合计） 投入资本 资本公积 盈余公积 未分配利润 （所有者权益合计）
（资产合计）	（负债和所有者权益合计）

报告式资产负债表又称为垂直式资产负债表,资产负债表中的各项目是自上而下排列的,首先列示资产的数额,然后列示负债,最后列示所有者权益的数额。

我国企业资产负债表采用账户式资产负债的格式,其原因有以下三点:一是账户式资产负债表反映资产、负债和所有者权益的关系比较直观,"资产=负债+所有者权益"的关系一目了然;二是账户式资产负债表把资产类的项目放在突出的地位,突出表明企业的资产情况,从而表明企业的经营能力和前景。报告式资产负债表是按照资产、负债和所有者权益的顺序,上下排列,突出表现的是企业所有者权益的情况。

2. 资产负债表的内容和结构

资产负债表是根据"资产=负债+所有者权益"会计恒等式设计的,左方列示资产项目,右方列示负债和所有者权益项目。表内按"年初数"和"期末数"设置专栏,分别反映各项经济指标。

资产负债表表内项目是按其流动性排列的。资产方列示流动资产、长期投资、固定资产、无形资产及其他资产、递延税项,其中后四项亦可称为非流动资产。

负债及所有者权益方列示流动负债、长期负债和所有者权益三类,其中,长期负债又叫非流动负债。

(1) 资产。资产是指企业拥有或者控制的由过去的交易和事项所形成的资源,该资源预期会给企业带来经济利益。

小企业日常经营中所遇到的资产项目主要包括流动资产、长期投资、固定资产、无形资产和其他资产。

(2) 负债。负债是企业的义务,是指过去的交易、事项形成的对现时的影响,履行该义务预期会导致经济利益的流出。根据预期支付时间的不同,负债可以分为流动负债和长期负债。

(3) 所有者权益。所有者权益是指企业投资人对企业净资产(其金额为资产减去负债后的余额)的要求权。所有者权益具体包括投入资本(或者股本)、资本公积、盈余公积和未分配利润。

(二) 利润表

根据经典微观经济学原理的假设,我们知道,企业经营的目标是追求利润的最大化,更确切地说,是追求成本一定情况下的收入最大化或收入一定情况下的成本最小化。在现实世界中,虽然有些企业的经营目标与此相背离,但大多数企业还是以利润的多少作为衡量经营成功与否的主要标准,利润表就是为满足衡量企业经营利润的要求而编制的,阅读这张报表不仅是要了解上期的经营成果,还要寻找线索,预测企业在未来可能取得的成果。

利润表,又叫损益表,是企业的又一张重要的财务报表,用来反映企业在某一特定期间(月份、年度)内的利润(或亏损)总额。

利润表也具有三大要素，即收入、费用和利润，这三者的关系如下：

$$收入-费用=利润$$

上述关系式表明，企业的利润是一个会计期内销售货物和劳务的价值扣除消耗的货物和劳务的成本之后的余额。下面就从利润表的作用、格式、内容和结构等方面介绍一下利润表。

1. 利润表的作用

利润表的作用具体表现在以下几方面：

（1）利润表能够表明企业生产经营的成果。利润表通过把企业在一特定期间内的收入、成本和费用情况加以配比，可以全面反映企业生产经营的收益情况，表明企业的投入产出比例关系，确定企业是取得盈利还是发生亏损。

（2）利润表是考核企业计划完成情况的重要依据。企业的利润是各项生产经营活动的收益与耗费的集中表现，企业的各项生产经营活动无不发生收益和费用，无不通过收益与费用的比较表现出来。利润是反映企业生产经营情况的综合性指标。利润表通过反映企业生产经营成果的情况，能够为全面考核企业生产经营计划的完成情况提供依据。

（3）利润表是分析和预测企业收益能力的重要资料。利润表所提供的企业营业利润、投资收益和营业外收支等企业损益的详细情况，是进行财务分析的重要资料。有关方面通过分析前后期的营业利润的增减变化、投资净收益的增减变化和营业外收支的变动情况，可以分析和测定企业损益的发展变化趋势，预测企业未来的盈利能力。

2. 利润表的格式

我国会计制度规定企业的利润表采用多步式结构，多步式利润表中的利润是通过多步计算而来的，我国《企业会计制度》规定的利润表的格式如表9-2所示。

表9-2 利润表

编制单位：A公司　　　　　　　　　　20××年　　　　　　　　　　单位：元

项　　目	本期金额	上期金额
一、营业收入		
减：营业成本		
营业税金及附加		
销售费用		
管理费用		
财务费用		
资产减值损失		
加：公允价值变动损益		
投资收益		

续表

项　　目	本期金额	上期金额
二、营业利润		
加：营业外收入		
减：营业外支出		
三、利润总额		
减：所得税费用		
四、净利润		
五、每股收益		
（一）基本每股收益		
（二）稀释每股收益		

3. 利润表的内容和结构

我国的利润表采用多步式利润表的格式。多步式利润表注意收入与费用支出配比的层次性，将营业利润置于首要的地位，突出营业收入的重要性，因此便于会计信息的使用者分析使用会计报告提供的资料。

由表9-2可以看出，利润表的内容主要有五大项，即营业收入、营业利润、利润总额、净利润和每股收益。故中小企业实现的净利润可以通过以下计算求得：

主营业务利润＝营业收入－营业成本－营业税金及附加－销售费用－管理费用
－财务费用－资产减值损失＋公允价值变动损益＋投资收益

利润总额＝营业利润＋营业外收入－营业外支出

净利润＝利润总额－所得税费用

表9-2中的"上期金额"栏应该根据上年利润表"本期金额"栏内所列金额填列。如果上年该期利润表规定的各个项目的名称和内容与本期不一致，则应对上年该期利润表各项目的名称和数字按本期的规定进行调整，填入"上期金额"栏。

（三）现金流量表

现金流量表是以现金为基础编制的财务状况变动表，用来反映企业在年度内资金的来源和运用情况以及各项流动资金的增减变动情况的报表。一家企业有可能获利很高，但是现金极度短缺，而另一家企业有可能获利很少但手头却有富裕的现金，这一明显的矛盾可以用现金流量表来解释。当然，对于小企业来说，现金流量表不是必须的，一般都是半年报或者年报，可以不用月报。

1. 现金流量表的编制基础

现金流量表是以现金为基础编制的，这里的现金是指企业库存现金、可以随时用于支付的存款（包括银行存款和其他货币资金），以及现金等价物。具体来说，这些项目包括：

（1）库存现金。这里所指的库存现金与会计核算中"现金"科目所包括的内容一致，是指企业持有并可根据需要随时用于支付的现金。

（2）银行存款。如果存在银行或其他非银行金融机构中的款项是不能随时用于支付的定期存款，则不能作为现金流量表中的现金，但提前通知便可支取以用于支付的定期存款，则包括在现金流量表中的现金范围内。

（3）其他货币资金。其他货币资金是指企业存在银行及其他非银行金融机构中有特定用途的资金，如外埠存款、银行汇票存款、银行本票存款、信用证保证金存款、信用卡存款等。

（4）现金等价物。现金等价物不是现金，但其支付能力和现金差不多，是指企业持有的期限短、流动性高、易于转换为已知金额的现金，并且其价值变动风险很小的短期投资，通常指购买在三个月或更短时间内即到期或可转换为现金的投资，如三个月内到期的债券投资等。

2. 现金流量的分类

按照企业经营业务发生的性质，通常把企业一定期间内产生的现金流量划分为三类。

（1）经营活动产生的现金流量。经营活动包括销售商品或提供劳务、经营性租赁、购买货物、接受劳务、制造产品、广告宣传、推销产品、缴纳税款等投资和筹资活动以外的所有交易和事项，由这些活动导致的现金的流入与流出称为经营活动产生的现金流量。

（2）投资活动产生的现金流量。投资活动产生的现金流量是指企业长期资产的购建和不包括在现金等价物范围内的投资及其处置活动引起的现金的流入与流出。

（3）筹资活动产生的现金流量。吸收投资、发行股票、分配利润等导致企业资本及债务规模和构成发生变化的活动称为筹资活动，与此相关的现金的流入与流出称为筹资活动产生的现金流量。

3. 现金流量表的格式与作用

小企业现金流量表的基本格式（如表9-3所示）以报告式的结构给出，由经营活动产生的现金流量、投资活动产生的现金流量和筹资活动产生的现金流量三部分构成，最后汇总为企业现金的净增加额。

表9-3 现金流量表

编制单位：A公司　　　　　　　　　20××年度　　　　　　　　　单位：元

项　　目	金　　额
一、经营活动产生的现金流量：	
销售商品、提供劳务收到的现金	
收到的税费返还	
收到的其他与经营活动有关的现金	

续表

项 目	金 额
现金流入小计	
购买商品、接受劳务支付的现金	
支付给职工以及为职工支付的现金	
支付的各项税费	
支付的其他与经营活动有关的现金	
现金流出小计	
经营活动产生的现金流量净额	
二、投资活动产生的现金流量：	
收回投资所收到的现金	
取得投资收益所收到的现金	
处置固定资产、无形资产和其他长期资产所收回的现金净额	
收到的其他与投资活动有关的现金	
现金流入小计	
建固定资产、无形资产和其他长期资产所支付的现金	
投资所支付的现金	
支付的其他与投资活动有关的现金	
现金流出小计	
投资活动产生的现金流量净额	
三、筹资活动产生的现金流量：	
吸收投资所收到的现金	
借款所收到的现金	
收到的其他与筹资活动有关的现金	
现金流入小计	
偿还债务所支付的现金	
分配利润和偿付利息所支付的现金	
支付的其他与筹资活动有关的现金	
现金流出小计	
筹资活动产生的现金流量净额	
四、现金及现金等价物净增加额	

现金流量表是动态的财务报表，其主要作用包括三点：分析企业动态的财务状况、分析评价企业的偿债能力和支付能力、分析评价企业的利润质量以及预测企业未来的现金流量等。

（四）主要财务报表之间的区别与联系

资产负债表、利润表和现金流量表是主要的财务报表，是任何企业都应该编制的财务报表，这三者之间既有区别，又有联系。

1. 主要财务报表之间的区别

（1）资产负债表是静态报表，而利润表和现金流量表都是动态报表。

（2）资产负债表反映的是企业在某一特定时点的财务状况，利润表则反映了企业在某一特定时期内的经营成果，而现金流量表反映了企业在一定时期的现金流入和流出，是动态财务状况。

（3）报表的格式不同。

2. 主要财务报表之间的联系

资产负债表、利润表和现金流量表共同反映了一个企业的财务状况、经营成果和现金流量，都是以一个企业相同的会计账簿、会计凭证和其他会计信息编制的。在编制过程中，往往先编制利润表和资产负债表，然后根据资产负债表和利润表中的相应数据编制现金流量表，即

$$资产负债表 \longrightarrow 利润表 \longleftarrow 现金流量表$$

二、小企业财务报表分析的内容

（一）小企业的偿债能力分析

小企业的偿债能力是指小企业偿还其到期债务的能力，这里一定要注意，小企业的偿债能力是偿还到期债务的能力，而不是偿还全部债务的能力。企业的负债按照偿还期限的长短可分为流动负债和非流动负债。因此，对小企业的偿债能力分析就是对小企业的流动负债和非流动负债的偿还能力进行分析。

1. 短期偿债能力分析

短期偿债能力分析能够显示一个企业财务风险的大小，如果企业不能保证适当的短期偿债能力，那么可能会给企业带来经营上的困难，甚至导致企业破产。企业的债权人一般都愿意企业有充分的偿债能力，这样才能保证其债权的安全。对小企业来说，常用的用来衡量其短期偿债能力的指标有三个：流动比率、速动比率和现金比率。

（1）流动比率。流动比率是企业流动资产和流动负债的比率。它显示的是企业的每一元流动负债，有多少的流动资产作为偿还的保证，反映了企业用流动资产变现来偿还流动负债的能力。其计算公式为

流动比率＝流动资产÷流动负债

对债权人来说，企业的流动比率越高，说明企业偿还流动负债的能力越强，债权人的权益就越有保障。但对企业经营者和所有者来说，流动比率并不是越高越好，流动比率高，有可能是因为企业的流动资产闲置，从而导致企业的盈利能力受到影响。因此，流动比率过高或过低都不存在绝对的好处，它只是一个相对的指标。

为了便于问题的说明，本节各项财务比率的计算举例都以 D 公司的财务报表为基础，该公司的资产负债表、利润表和利润分配表如表 9-4、表 9-5、表 9-6 所示。

表 9-4 D 公司资产负债表

编制单位：D 公司　　　　　　　　200×年 12 月 31 日　　　　　　　　单位：万元

资　　产	年初数	期末数	负债及所有者权益	年初数	期末数
流动资产：			流动负债：		
货币资金	2.9	5.0	短期借款	5.0	6.0
短期投资	1.2	1.0	应付票据	0.6	1.0
应收票据	1.1	1.0	应付账款	10.9	10.0
应收账款	20.0	40.0	预收账款	0.5	1.0
减：坏账准备	0.1	0.2	其他应付款	1.2	0.9
应收账款净额	19.9	39.8	应付工资	0.1	0.2
预付账款	0.4	2.2	应付福利费	1.6	1.2
其他应收款	2.2	1.2	未付利润	1.0	2.8
存货	32.6	11.9	其他未交款	0.1	0.7
待摊费用	0.7	3.2	预提费用	0.5	0.9
一年内到期的长期债券投资	0	4.5	一年内到期的长期负债	0	5.0
流动资产合计	61	70.0	其他流动负债	0.5	0.3
			流动负债合计	22.0	30.0
长期投资	4.5	3.0			
固定资产：			长期负债：		
固定资产原价	162.5	200.0	长期借款	24.3	45.0
减：累计折旧	66.2	76.2	应付债券	26.0	24.0
固定资产净值	95.5	123.8	长期应付款	6.0	5.0
固定资产清理	1.2	0.8	其他长期负债	1.5	1.8

续表

资　产	年初数	期末数	负债及所有者权益	年初数	期末数
在建工程	2.5	1.0	长期负债合计	57.8	75.8
固定资产合计	100.0	125.4			
无形及递延资产：			所有者权益：		
无形资产	0.8	0.6	实收资本	10.0	10.0
递延资产	1.5	0.5	资本公积	1.0	1.6
其他长期资产	0	0.3	盈余公积	4.0	7.4
			未分配利润	73.0	75.0
			所有者权益合计	88.0	94.0
资产合计	167.8	199.8	负债及所有者权益合计	167.8	199.8

表9-5　D公司利润表

编制单位：D公司　　　　　　200×年12月31日　　　　　　单位：万元

项　目	上年实际	本年累计
一、主营业务收入	285.0	300.0
减：主营业务成本	250.3	264.4
主营业务税金及附加	2.8	2.8
二、主营业务利润	31.9	32.8
加：其他业务利润	3.6	2.0
减：营业费用	2.0	2.2
管理费用	4.0	4.6
财务费用	9.6	11.0
三、营业利润	19.9	17.0
加：投资收益	2.4	4.0
营业外收入	1.7	1.0
减：营业外支出	0.5	2.0
四、利润总额	23.5	20.0
减：所得税	7.5	6.4
五、净利润	16.0	13.6

表 9-6 D 公司利润分配表

编制单位：D 公司　　　　　200×年 12 月 31 日　　　　　　　单位：万元

项　　目	上年实际	本年累计
一、净利润	16.0	13.6
减：应交特种基金	4.0	3.4
加：年初未分配利润	70.0	73.0
上年利润调整	0	−20.0
二、可供分配的利润	82.0	81.2
加：盈余公积补亏	0	0
减：提取盈余公积	40.0	3.4
应付利润	5.0	2.8
三、未分配利润	73.0	75.0

从 D 公司的资产负债表中可以看到，该公司 200×年年末的流动资产是 70 万元，流动负债是 30 万元，依公式计算流动比率为

$$流动比率 = 70 \div 30 = 2.33$$

由上面的分析可以看出，D 公司的流动资产大约是流动负债的 2.33 倍。也就是说，对于每 1 元的流动负债，D 公司都有 2.33 元的流动资产作为保障。

运用流动比率判断小企业的短期偿债能力时必须注意以下两个问题：

第一，根据中小企业的经验，流动比率为 2 是最佳的，但并不是每个小企业都适合采用该标准，不同的小企业及同一企业不同时期的标准也可能不同，应该将计算出来的流动比率与同行业的平均流动比率、本企业历史的流动比率进行比较，这样才能知道这个比率是否合适。

第二，虽然一定范围内流动比率越高越好，但是不能为此就追求过高的流动比率，流动比率高意味着流动资产所占份额高，过高的流动资产表明企业存在两方面的问题：一是流动资产的闲置和浪费；二是过高的成本，这将导致企业现金的获利能力下降。

(2) 速动比率。速动比率，也称为酸性测试比率，是扣除存货部分后的流动资产与流动负债的比值。其计算公式为

$$速动比率 = (流动资产 - 存货) \div 流动负债$$

例如，D 公司 200×年年末的存货为 11.9 万元，其速动比率为

$$速动比率 = (70 - 11.9) \div 30 = 1.94$$

速动比率是比流动比率更客观、更直接、更准确地反映小企业短期偿债能力的指标，因为在计算速动比率时扣除了流动性较弱的存货，尤其是对于存货占流动资产较大比率的企业

来说，更是如此。

根据惯例，速动比率为1是最佳的，低于1的速动比率通常被认为是短期偿债能力偏低的表现，高于1的速动比率又会使现金及应收账款资金占用过多而导致企业资金的闲置。但也应注意，不同行业的标准是有差异的，不应该生搬硬套。

（3）现金比率。现金比率又称为超速动比率，是指企业现金资产与流动负债的比率。其中，现金资产包括企业所有的货币资金和现金等价物。因为企业的债务一般都用现金来偿付，因此，该指标最能反映企业偿还短期债务的能力。其计算公式为

$$现金比率 = 现金及现金等价物 \div 流动负债$$

例如，D公司200×年年末的现金资金为5.0万元，其现金比率为

$$现金比率 = 5.0 \div 30 = 0.17$$

虽然现金比率最能体现企业的偿债能力，但企业无须保留过多的现金资产。如果企业的现金比率过高，则说明企业的流动资金没能够被充分利用。企业的现金比率并不是越高越好，一般认为，企业的现金比率应该保持在20%上下，能够保证企业的直接支付能力即可。

2. 长期偿债能力分析

长期偿债能力分析是指对小企业偿还长期到期债务的能力进行分析，进行这一分析的工具是负债比率，即债务和资产、净资产之间的关系。反映小企业长期偿债能力的负债比率有四种：资产负债率、产权比率、有形净值负债率和利息周转倍数。

（1）资产负债率。资产负债率是指企业负债总额与资产总额的百分比。该比率表明负债融资占总资产的比重，可以用来衡量企业在清算时保护债权人利益的程度。其计算公式为

$$资产负债率 = (负债总额 \div 资产总额) \times 100\%$$

例如，D公司200×年度负债总额为105.8万元，资产总额为199.8万元，则其资产负债率为

$$资产负债率 = (105.8 \div 199.8) \times 100\% = 52.95\%$$

上述公式中的负债总额不仅包括长期负债，还包括短期负债。这是因为，短期负债作为一个整体，企业总是长期占用，可视同长期性资本来源的一部分。公式中的资产总额则是扣除累计折旧后的净额。

（2）产权比率。产权比率是指负债总额与所有者权益总额之间的比率，也叫作债务股权比率。这个比率反映由债权人提供的资本与股东提供的资本的相对关系，反映所有者权益对债权人权益的保障程度，反映企业基本财务结构是否稳健合理。其计算公式为

$$产权比率 = (负债总额 \div 所有者权益) \times 100\%$$

例如，D公司200×年年末的所有者权益合计为94万元，负债总额为105.8万元，则产权比率为

产权比率 = (105.8÷94)×100% = 112.55%

这一比率越低,表明企业的长期偿债能力越强,债权人把资金借给企业所承担的风险越小。

(3) 有形净值负债率。有形净值负债率是负债总额与有形净值的百分比。有形净值是所有者权益扣除无形资产净值后的净值,即股东对其具有要求权的有形资产的净值。其计算公式为

有形净值负债率 = [负债总额÷(所有者权益 − 无形资产净值)]×100%

例如,D公司200×年年末的无形资产净值为0.6万元,所有者权益为94万元,负债总额为105.8万元,则有形净值负债率为

有形净值负债率 = [105.8÷(94 − 0.6)]×100% = 113.28%

有形净值负债率是更为谨慎、保守地反映债权人投入企业的资本受股东权益保障的程度的指标,其比率越低越好。

(4) 利息周转倍数。利息周转倍数,也叫利息保障倍数,是指企业息税前利润与利息费用的比率,用以反映企业利润偿付借款利息的能力。其计算公式为

利息周转倍数 = 息税前利润÷利息费用

息税前利润是指利润表中未扣除利息和所得税之前的利润,即"利润总额 + 利息费用"。例如,D公司200×年度净利润为13.6万元,利息费用为8万元,所得税为6.4万元。该公司的利息周转倍数为

利息周转倍数 = (13.6 + 8 + 6.4)÷8 = 3.5

利息周转倍数越大,企业的长期偿债能力越强。按照惯例,该指标的值至少应该大于1。

(二) 小企业资产管理能力分析

小企业的资产管理能力是指有效地管理小企业的各项资产,包括流动资产、固定资产和总资产,以获取尽量大的利润的能力,小企业资产管理能力分析的指标是各项资产管理比率,这些比率又称为营运效率比率,这些比率以资产周转次数和天数来表示。

1. 流动资产管理能力分析

(1) 应收账款周转率。应收账款周转率是指年度内应收账款转化为现金的平均次数,它表明应收账款的流动速度。其计算公式为

应收账款周转率(次数) = 主营业务收入÷应收账款平均余额
应收账款周转天数 = 360÷应收账款周转率
　　　　　　　　 = (应收账款平均余额×360)÷主营业务收入

上述公式中的"主营业务收入"数据来自利润表，是指扣除折扣和折让后的销售净额；"应收账款平均余额"是资产负债表中"期初应收账款余额"与"期末应收账款余额"的平均数；根据《企业会计制度》的规定，一个会计年度按360天计算。

例如，D公司200×年度主营业务收入为300万元，年初应收账款余额为20万元，期末应收账款余额为40万元，则应收账款周转率为

$$应收账款周转率 = 300 \div [(20+40) \div 2] = 10（次）$$

$$应收账款周转天数 = 360 \div 10 = 36（天）$$

通常来说，应收账款周转率越高，平均收账期就越短，企业应收账款的利用效果就越好。

（2）存货周转率。存货周转率是衡量和评价企业采购、储存、生产、销售等各环节管理工作状况好坏的综合性指标。其计算公式为

$$存货周转率（次数）= 主营业务成本 \div 存货平均余额$$

$$存货周转天数 = 360 \div 存货周转率 =（存货平均余额 \times 360）\div 主营业务成本$$

上述公式中的"主营业务成本"数据来自利润表，"存货平均余额"来自资产负债表中的"期初存货"与"期末存货"的平均数。

例如，D公司200×年度主营业务成本为264.4万元，期初存货为32.6万元，期末存货为11.9万元，则存货周转率为

$$存货周转率 = 264.4 \div [(32.6 + 11.9) \div 2] = 11.88（次）$$

$$存货周转天数 = 360 \div 11.88 = 30（天）$$

一般来讲，存货周转率高则意味着存货周转的速度快，存货的流动性就强，存货转换为现金或应收账款的速度也快。因此，提高存货周转率也就提高了企业的变现能力，这就意味着企业资产管理效率的提高。

（3）流动资产周转率。流动资产周转率是主营业务收入与全部流动资产平均占用额的比率。其计算公式为

$$流动资产周转率 = 主营业务收入 \div 流动资产平均占用额$$

其中，流动资产平均占用额是"期初流动资产"与"期末流动资产"的平均数。

例如，D公司200×年度主营业务收入为300万元，年初流动资产为61万元，年末流动资产为70万元，则流动资产周转率为

$$流动资产周转率 = 300 \div [(61+70) \div 2] = 4.58（次）$$

在一定的时期内，流动资产周转率越高，表明以相同的流动资产完成的周转额就越多，这样就可以相对节约流动资产，等于相对扩大了资产的投入，因而流动资产的利用率就越高。

2. 固定资产管理能力分析——固定资产周转率

固定资产周转率是用来分析企业的固定资产管理能力的，是指主营业务收入与固定资产

平均净值的比值。其计算公式为

$$固定资产周转率 = 主营业务收入 \div 固定资产平均净值$$

其中，固定资产平均净值是"期初固定资产净值"与"期末固定资产净值"的平均数。

例如，D公司200×年度主营业务收入为300万元，年初固定资产净值为95.5万元，年末固定资产净值为123.8万元，则固定资产周转率为

$$固定资产周转率 = 300 \div [(95.5 + 123.8) \div 2] = 2.74（次）$$

3. 总资产管理能力分析——总资产周转率

总资产周转率是用来分析企业的总资产管理能力的，是指主营业务收入与平均资产总额的比值。

$$总资产周转率（次）= 营业收入额 \div 平均资产总额$$

其中，平均资产总额是"期初资产总额"与"期末资产总额"的平均数。

例如，D公司200×年度主营业务收入为300万元，年初资产总额为167.8万元，年末资产总额为199.8，则总资产周转率为

$$总资产周转率 = 300 \div [(167.8 + 199.8) \div 2] = 1.63（次）$$

综上所述，分析小企业资产管理能力的常用指标有五个，其中存货周转率和应收账款周转率是最主要的，其余三个也是经常遇到的比率。这五个比率有一个共同点，就是周转率越高越好，较高的资产周转率表明资产的利用效果较好。

（三）小企业获利能力分析

获利能力就是企业赚取利润的能力，企业若想运行良好就必须有较高的获利能力来支持。而对于所有制形式和经营管理都比较灵活的小企业来说，其管理者更加关注企业的获利能力。同时，即将为企业的发展提供债务资金或权益资金的债权人或股东也非常关注小企业的获利能力，只有拥有较高的获利能力才能吸引高质量的投资人。能够反映企业获利能力的指标有很多，小企业通常采用的主要有以下四个：销售毛利率、销售净利率、投资报酬率和所有者权益报酬率。

1. 销售毛利率

销售毛利率是毛利占主营业务收入的百分比，其中毛利是主营业务收入与主营业务成本的差。其计算公式为

$$销售毛利率 = [(主营业务收入 - 主营业务成本) \div 主营业务收入] \times 100\%$$

例如，D公司200×年度主营业务收入是300万元，主营业务成本是264.4万元；则销售毛利率为

$$销售毛利率 = [(300 - 264.4) \div 300] \times 100\% = 11.87\%$$

销售毛利率反映了毛利与主营业务收入的关系,是反映企业获利能力的重要指标,是企业销售净利率的基础,没有足够大的毛利率企业便无法盈利。

2. 销售净利率

销售净利率是净利润与企业主营业务收入的百分比。其计算公式为

$$销售净利率 = (净利润 \div 主营业务收入) \times 100\%$$

例如,D公司200×年度的净利润为13.6万元,主营业务收入是300万元,则销售净利率为

$$销售净利率 = (13.6 \div 300) \times 100\% = 4.53\%$$

销售净利率反映了企业每一元销售收入带来的净利润的多少,表示主营业务收入的盈利水平。一般来说,该指标越高越好。

3. 投资报酬率

投资报酬率是企业净利润与平均资产总额的百分比。其计算公式为

$$投资报酬率 = (净利润 \div 资产平均总额) \times 100\%$$
$$资产平均总额 = (期初资产总额 + 期末资产总额) \div 2$$

例如,D公司200×年度期初资产为167.8万元,期末资产为199.8万元,净利润为13.6万元,则投资报酬率为

$$投资报酬率 = 13.6 \div [(167.8 + 199.8) \div 2] \times 100\% = 7.4\%$$

投资报酬率反映企业全部资产的获利能力。该比率越高,表明企业的资产利用效率越高,企业的获利能力越强,经营管理越好。

4. 所有者权益报酬率

所有者权益报酬率是净利润与所有者权益的百分比,也叫净资产收益率。中国证监会发布的《公开发行股票公司信息披露的内容与格式准则第二号:年度报告的内容和格式》中规定的公式为

$$所有者权益报酬率 = 净利润 \div 年度末股东权益 \times 100\%$$

例如,D公司200×年度末股东权益为94万元,净利润为13.6万元,则所有者权益报酬率为

$$所有者权益报酬率 = 13.6 \div 94 \times 100\% = 14.47\%$$

所有者权益报酬率是企业获利能力指标的核心,反映企业的经营管理者运用股东投入企业的资本赚取利润的能力。

(四) 杜邦分析法

企业进行财务分析,其目的是要获得关于企业经营状况和财务状况的相关信息,从而对企业经营成果从整体上做出客观、合理的评价,但是前面部分所讲述的财务分析方法都是从

某一角度出发来对企业的财务状况进行的分析，并没有从总体上对企业的财务状况及经营成果做出评价。杜邦分析法将偿债能力、资产管理能力和获利能力的指标结合起来进行分析，从而全面地对企业的财务状况和经营成果做出评价。

杜邦分析法，又称为杜邦财务分析系统，是利用各个主要财务比率之间的内在联系，建立一个财务指标综合模型，来综合分析和评价企业财务和经营状况的一种方法。该方法最先由美国杜邦公司提出和使用，因而被称为杜邦分析法。

1. 传统杜邦分析体系的框架

传统杜邦分析体系的核心比率是权益净利率。该比率不仅有很好的可比性，可用于不同企业的比较，而且具有很强的综合性。其计算公式为

$$权益净利率 = 销售净利率 \times 总资产周转次数 \times 权益乘数$$

其中，"销售净利率"是利润表的概括；"权益乘数"是资产负债表的概括，反映最基本的财务状况；"总资产周转次数"则把利润表和资产负债表联系起来，从而使得权益净利率可以反映整个企业的经营活动和财务活动业绩。

杜邦分析体系是一个多层次的财务比率分析体系，为了系统、全面地分析评价企业的财务状况和经营成果，我们需要将这个体系逐层往下分解，在每个层级上与企业标准或者同业标准进行比较，之后再向下分解，使之覆盖企业经营活动的各个环节。其基本框架如图9-1所示。

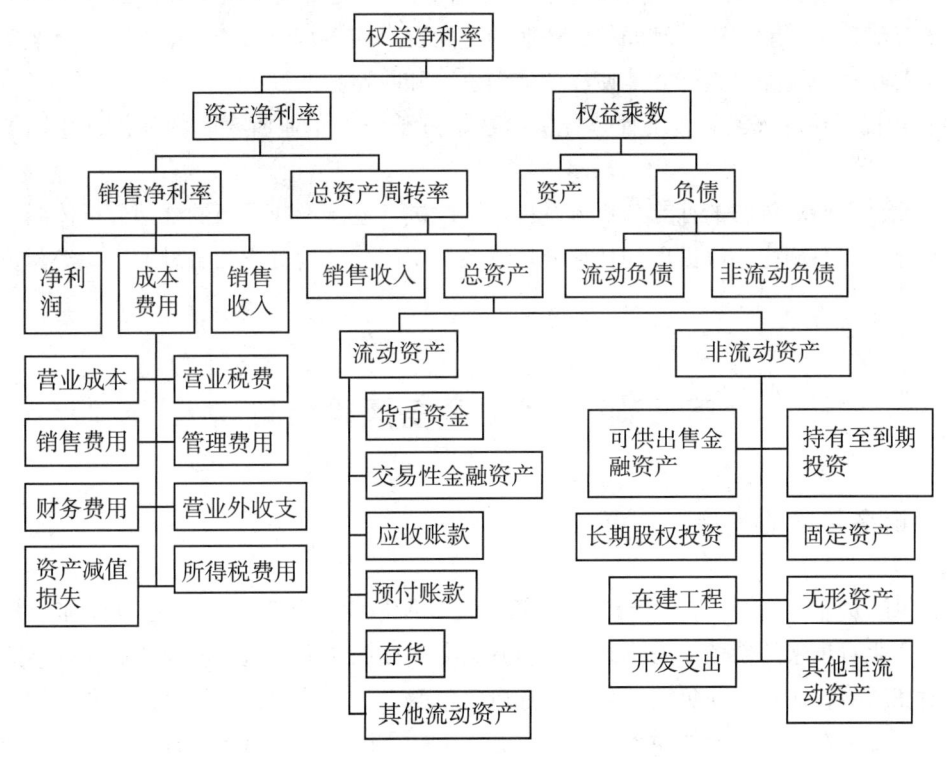

图9-1　杜邦分析的基本框架

杜邦分析体系要求在每一个层次上进行财务比率的比较和分解。通过与上年的比较识别变动的趋势，通过与同业的比较识别存在的差距。比如，第一层次的分解，是把权益净利率分解成资产净利率和权益乘数。资产净利率分解出来的销售净利率和总资产周转率可以反映企业的经营战略，一些企业为了提高销售净利率往往需要增加投资，这就降低了总资产周转率，而另一些企业，如零售业，为了加快资金的周转，就要压低价格，使得销售净利率降低。仅仅从这两个指标并不能判断企业经营战略的好坏，企业需要根据外部环境和企业资源做出选择和调整；而分解出来的财务杠杆能反映企业整体的财务政策，在资产净利率不变的情况下，提高财务杠杆会增加权益净利率，但同时也会提高风险。这里需要指出的是，杜邦分析法采用的不是新的财务指标，它只是对财务比率进行分解。

2. 杜邦分析体系的缺陷

利用传统的杜邦分析体系，可以进行动态分析比较，查明各主要指标的变动情况和原因，为进一步改善企业经营和财务管理，优化资本结构和企业发展能力指明方向，为企业制定新的财务规划和进行财务决策提供依据。但是，传统的杜邦分析体系也存在一定的缺陷。

（1）总资产净利率的计算指标不合理。总资产是全部资产提供者的权利，而净利润是专属于股东的，即"投入"与"产出"不匹配，不能反映实际的回报率。

（2）没有区分经营活动损益和金融活动损益。对于大多数企业来说，金融活动是净筹资，而筹资活动是不能产生净利润的，企业的金融资产应该从经营资产中扣除，金融费用也应该从经营收益中剔除，这样才能使经营活动资产和收益相匹配。

（3）忽视了风险因素。传统杜邦分析体系偏重于考虑企业所有者的利益，忽视了风险因素。

鉴于此，人们对传统的杜邦分析体系进行了改进，逐步形成了新的杜邦分析体系，与传统的杜邦分析体系相比，改进后的杜邦分析体系开始区分经营资产和金融资产、经营负债和金融负债。

第三节 小企业财务风险控制

一、财务风险的类型

财务风险是企业由于负债而产生的筹资风险，所以财务风险在狭义上也被称为筹资风险。由于企业对未来的偿债能力不确定，而其又必须按期还债，这样就使企业面临不能按时偿债的潜在风险，而且企业负债越高，财务风险就越大。相应地，如果企业没有负债，财务风险也就不复存在。小企业的财务风险主要有以下四方面：筹资风险、投资风险、资金回收风险和利益分配风险。

(一) 筹资风险

筹资风险是指企业由于债务到期却无法归还本金和偿付利息的可能性的存在而形成的风险。正如前面所说，如果企业资金全部是自有资金，则该风险不存在；如果企业通过其他途径筹得资金，则该风险就是存在的。

(二) 投资风险

投资风险是指企业在进行投资时，受到来自内部或者外部的各种因素的影响，从而使企业的投资活动在实际成果和预期投资收益之间产生差异的可能性，使企业遭受投资风险。企业的投资活动分为对内投资和对外投资两种。对内投资包括对固定资产、流动资产和无形资产等的投资；对外投资包括企业购买有价证券或将资金投于其他经济组织等。不同的投资项目的风险也不一样，因为被投资方在经营成果上的不确定性导致企业投资收益上的不确定性，因此，企业承受着投资风险。

(三) 资金回收风险

资金回收风险是指企业的应收账款项在收回时间和金额上的不确定性引起的风险。资金回收风险主要包括两种：一种是应收账款拖欠风险，企业不能及时收到欠款会导致企业再生产资金不足；另一种是坏账风险，坏账使企业无法收回账款，从而遭受资金损失。

(四) 利益分配风险

利益分配风险是指企业在进行利益分配时，因利益分配形式和时间等方面因素的影响，导致利益分配实际结果和预期结果之间差异的风险。利益分配风险主要是由对利益的分配形式、分配金额或分配时间等不满意而引起的。

二、小企业财务风险防范策略

小企业的底子薄、实力弱，承受风险的能力也不及大公司，因此，风险的控制就成为小企业财务管理活动的一项重要内容。企业活动是围绕着收益及风险展开的，为了适应不断完善的市场经济，小企业就必须做好风险的防范工作，从而保证企业的经营活动持续、有效地运行。总的来说，小企业常采用的风险防范策略主要有以下五种：风险回避、风险转移、风险降低、风险分散和风险承担。

(一) 风险回避

风险回避是指小企业放弃或者改变引起该项风险的活动，这是一种比较不常用的策略，因为风险经常跟利益相联系，风险越大，收益就越大，放弃风险相当于放弃了收益，这不符合投资者的初衷。风险回避策略包括两种方法：一种是选择无风险的投资方案；另一种是一旦发现风险，马上停止投资活动。风险回避的防范策略的主要优点是简便易行，但往往只适用于风险厌恶者。

（二）风险转移

风险转移是指通过项目或者财产转移，将可能发生的风险转移给他人，以此来降低或免除自身承受的可能风险。风险转移策略也包括两种方法：一种是将与风险相关的项目或财产直接出售或交换给他人；另一种是通过出租或投保等方式将风险转移给他人，但自身保留该项目或财产。

（三）风险降低

风险降低是指企业采取某种措施来降低风险发生的概率或者风险带来的影响，抑或将两者同时降低。比如，筹资风险，企业可以采用多种筹资方式筹集资金；利益分配风险，企业要综合考虑各方面的因素，经权衡利弊后再进行分配。

（四）风险分散

风险分散即将风险分解，分别由不同的对象来承担，"不要把鸡蛋放在同一个篮子里"就是这样的例子。此策略通常可以采用的方法是：企业间联合经营、企业多种经营和多项投资。风险分散策略是一种比较常用的风险防范方法，也是一种比较有效的方法。

（五）风险承担

风险承担也称为风险接受，是指当其他防范风险的方法都无法转移或降低风险时，企业提前做好应对风险的准备，承担可能发生的风险。风险承担策略可以分为主动承担风险和被动承担风险。

三、小企业财务风险控制方法

前面已经提到，小企业在经营过程中的风险是不可避免的，企业也可以采用不同的策略应对风险。在我国，多数小企业采取负债经营的方式，普遍在筹资、投资、资金回收和利益分配上存在较大风险，如果风险控制不当，会使企业面临困境甚至走向倒闭，因此，小企业必须重视财务风险控制。下面就针对小企业所面临的财务风险探讨小企业风险控制的方法。

（一）对筹资风险的控制

企业的筹资方式与渠道多种多样，而且每种筹资方式和渠道的风险大小不一。对小企业筹资风险的控制，要在保证企业筹到所需资金的基础上，把筹资的风险降到最低。因此，企业首先要进行筹资分析，确定筹资规模、预测企业的盈利能力，然后确定筹资方式，最后决定最佳的资本结构。

(二) 对投资风险的控制

企业要想获得利润就必须进行投资活动，投资活动是企业取得收益的主要来源。对企业投资风险的控制主要包括两方面：一是建立规范的投资管理制度来保证企业投资活动的合理性和可行性；二是合理确定投资数额，企业可以采用科学的方法来确定企业的投资额，必要时，企业也可以采用投资组合方式进行投资，这样既分散了风险，同时又获得了收益。

(三) 对资金回收风险的控制

对企业资金回收风险的控制可以从两方面进行：一是在成品资金转化为结算资金的过程中进行控制；二是在结算资金转化为货币资金的过程中进行控制。前者是由企业的综合素质所决定的，后者实际上是企业对于应收账款回收风险的控制。对应收账款回收风险的控制，一是在回收时间上的风险；二是坏账风险。

(四) 对利益分配风险的控制

利益分配风险前面已经提到过，企业要对利益分配风险进行控制，要把重点放在企业会计核算、利益分配政策和新的投资机会上。

案例 9-1

余福元：10 分钟赢得雷军千万元风投

余福元是一名"85 后"，青年公寓创始人，2015 年从武汉科技大学硕士毕业。有人说余福元用 3 年时间做成了武汉最大的"二房东"，但很少有人知道，几年前，他已经做了很多铺垫。

余福元本科就读于四川师范大学，专业是市场营销。一进大学，他就开始练摊，卖荧光棒、手机充值卡、书籍等小商品。有一次，他看到隔壁摊位的一款镜子质量很好，卖得快，就打听这种镜子的生产厂家，人家不告诉他，他就把整个成都的镜子市场跑了个遍，终于找到了生产厂家。后来，整个成都大学城的穿衣镜市场都被他占领了。

本科毕业时，他已有存款 20 万元。

毕业后，余福元进入阿里巴巴做销售，后又离职去成都做电商。不到两年，积累了 200 万元财富，但因投资失利，这 200 万元又打了水漂。2012 年，他带着妻子来到武汉科技大学读研。交完学费，身上的钱所剩无几。读研的同学偶然提起，服务式公寓行业需求旺盛，他意识到这里藏着很大的商机，决定一试身手。

他先在南湖附近租下一套毛坯房，精装修成公寓，然后挂到网上出租。不到一个星期，房子顺利出租，利润丰厚。他信心大增，筹资70万元开了一家公司，做起了"二房东"。

市场调查发现，武汉有百万名大学生，就业七八年内都会遇到租房问题，而且对房屋的品质要求较高。另外，武汉市有许多闲置毛坯房，很多房主害怕别人随意改造房屋，不愿将毛坯房出租。余福元带着他的团队，将合适的毛坯房租下，进行个性化装修后，再提供给对生活品质要求较高的年轻人。

余福元参加了光谷创业咖啡举办的"一分钟奇迹路演"，意外获得一笔200万元的风险投资。用这笔资金，他如愿以偿扩大了规模，租出的公寓房从100套增至200多套。他还将房屋中介、装修公司、互联网电商、物业保洁等服务内容进行整合，开发出一款线上看房、线下体验的手机应用程序，生意做得更加得心应手。

经光谷创业咖啡负责人引荐，他进入了小米科技创始人雷军的视线。雷军旗下的投资基金派人来武汉考察他的项目，最后邀请他到北京跟雷军面谈。

"我们大概只聊了10多分钟，就把投资的事搞定了。雷军对我们这一行了解得非常清楚，在我之前已经投资了两家类似公司，所以，跟我面谈就像是闲聊。"余福元说。

雷军问他公司叫什么。他说叫"可遇"，可遇不可求的"可遇"。雷军说名字起得挺好，但可遇可求才对。

关于业务，雷军只问了他基金下面的一个投资经理："在这个行业，在武汉能不能做成一家上市公司？"投资经理说："可以。"雷军当即敲定投资1 000万元。

得益于雷军的投资，余福元出租的"青年公寓"即将突破1 000间。就这样，不到3年，他已成为武汉出租房市场最大的"二房东"。

（资料来源：新华网，education. news. cn/2015－06－03/c_127873828. htm。）

本章小结

1. 小企业的财务管理是指小企业在再生产过程中对财务活动和财务关系进行的管理活动，包括开展财务活动和处理财务关系。

2. 小企业的财务活动包括筹资活动、投资活动和利益分配活动。小企业的财务关系主要是在与投资者、债权人和债务人、国家财政税务部门、企业内部各部门、企业内部员工以及外部其他机构或单位之间的往来过程中所形成的经济关系。

3. 小企业财务管理制度是小企业依据国家和政府的有关法律法规的规定，结合自身经营管理现状和特点，制定出来的一套用来规范和优化企业内部财务活动、处理内部财务关系的规章制度。与其他财务管理制度相比，小企业财务管理制度有其特有的内涵。

4. 小企业经营过程中所涉及的财务报表主要有资产负债表、利润表和现金流量表。

5. 资产负债表是一种静态报表，可以反映企业在报表日的财务状况，长期和短期偿债能力，资产、负债和所有者权益结构情况，以及企业资本结构状况等财务信息。

6. 利润表，或叫损益表，用来反映企业在某一特定期间（月份、年度）内的利润（或亏损）总额。利润表的作用表现为：能够表明企业生产经营的成果；是考核企业计划完成情况的重要依据；是分析和预测企业收益能力的重要资料。

7. 现金流量表是以现金为基础编制的财务状况变动表，用来反映企业在年度内资金的来源和运用情况以及各项流动资金的增减变动情况。现金流量表中的现金具体包括库存现金、银行存款、其他货币资金和现金等价物。

8. 小企业偿债能力的分析包括短期偿债能力分析和长期偿债能力分析。衡量小企业短期偿债能力的指标包括流动比率、速动比率和现金比率；衡量小企业长期偿债能力的比率包括资产负债率、产权比率、有形净值负债率和利息周转倍数。

9. 反映小企业资产管理能力的指标是各项资产管理比率，这些比率又称为营运效率比率，以资产周转次数和天数来表示。其中流动资产管理能力分析指标包括应收账款周转率、存货周转率和流动资产周转率；反映固定资产管理能力的指标是固定资产周转率；反映总资产管理能力的指标是总资产周转率。

10. 反映小企业获利能力的指标通常有销售毛利率、销售净利率、投资报酬率和所有者权益报酬率。

11. 杜邦分析法，又称为杜邦财务分析系统，是利用各个主要财务比率之间的内在联系，建立一个财务指标综合模型，来综合分析和评价企业财务和经营状况的一种方法。但传统的杜邦分析法又存在一定的缺陷，需要对其进行改进。

12. 小企业的财务风险主要有以下四方面：筹资风险、投资风险、资金回收风险和利益分配风险。

13. 小企业常采用的风险防范策略主要有以下五种：风险回避、风险转移、风险降低、风险分散和风险承担。风险控制是小企业经营活动过程中必须十分重视的工作。

思考与练习

一、名词解释

资产负债表　利润表　现金流量表　小企业的资产管理能力　流动比率　资产负债率　销售净利率　应收账款周转率　总资产周转率　风险控制

二、不定项选择题

1. 我国资产负债表的格式是（　　）。
   A. 报告式　　　　　　　　　　B. 多步式
   C. 账户式　　　　　　　　　　D. 单步式

2. 下列选项中，不属于小企业常用财务报表的是（　　）。
   A. 资产负债表　　　　　　　　　　B. 利润表
   C. 资产减值准备明细表　　　　　　D. 现金流量表
3. 下列选项中，不是利润表组成要素的是（　　）。
   A. 资产　　　　　　　　　　　　　B. 收入
   C. 费用　　　　　　　　　　　　　D. 利润
4. 小企业的企业家要预测新办一家企业的资产需求，通常采用（　　）。
   A. 回归分析法　　　　　　　　　　B. 销售百分比法
   C. 理性推测　　　　　　　　　　　D. 企业家的直觉
5. 资产负债表的三大要素是（　　）。
   A. 资产　　　　　　　　　　　　　B. 负债
   C. 所有者权益　　　　　　　　　　D. 利润
6. 现金流量表是以现金为基础编制的，这里的现金是指（　　）。
   A. 库存现金　　　　　　　　　　　B. 银行存款
   C. 其他货币资金　　　　　　　　　D. 现金等价物
7. 衡量小企业短期偿债能力的比率包括（　　）。
   A. 资产负债率　　　　　　　　　　B. 流动比率
   C. 产权比率　　　　　　　　　　　D. 速动比率
8. 反映小企业流动资产管理能力的指标包括（　　）。
   A. 应收账款周转天数　　　　　　　B. 应收账款周转率
   C. 存货周转天数　　　　　　　　　D. 存货周转率

三、思考题

1. 小企业财务管理制度的内容有哪些？
2. 利润表的主要作用具体表现在哪几方面？
3. 小企业经营可能遇到的财务风险有哪些？小企业一般采取什么方法来防范风险？

第十章　小企业人力资源管理

学习目标

学完本章内容以后，你应该能够掌握：
1. 小企业人力资源管理现状及问题；
2. 小企业人员选聘的优势与劣势；
3. 小企业人员选聘的原则及流程设计；
4. 小企业人员培训的目标及程序；
5. 小企业人员保留的方法；
6. 小企业人员绩效考核的常用方法；
7. 小企业劳动关系的改善措施。

引导案例

一家初创公司的逆袭秘密

个头不高，却睿智沉稳，这是人天通信集团有限公司掌舵人肖飞给人的第一印象。家乡远在桂林，求学清华大学，但这位"70后"选择在石家庄创业。在他的领军下，这家于2007年初创的公司，从濒临倒闭发展到如今的资产过亿元，走过了一段极为传奇的成功路。

肖飞创业前，曾是国内一家知名央企驻河北办事机构的负责人，2004年已享受到数十万元的年薪待遇，可谓衣食无忧。2007年，凭着几款通信天线产品的专利技术，肖飞毅然离职下海。让他深受感动的是，所在公司多名中层也跟随他开始了创业征程。肖飞新成立的公司成为石家庄高新技术产业园区"孵化器"中的新生力量，主要瞄准室内信号技术覆盖和技术设备研发领域。"进入通信行业之初，我们就有了目标，要成为一家国际型通信企业。"这家公司成立后，每一步都走得坚实有力，在整个行业尚处于2G时代时，他们就拥有了3G网络建设资质证书，设计产品相继取得了入网资格。

2009年在企业步入第三个年头时，人才流失给了肖飞一击重拳，由于公司实力有限，频遭大公司"挖墙脚"，公司几乎到了绝境。正当所有的投入即将消耗殆尽时，公司中标了联通的建设项目。为确保不拖欠员工工资，肖飞做了最后一搏，为了筹钱他抵押了房子卖了车。"当时我天天骑着自行车到工地给员工们做饭吃。"肖飞说，咬牙坚持最终迎来了柳暗花明，公司承建的项目顺利通过了验收。"第一单我挣到了 2 100 万元，公司发展得以重新布局。"破釜沉舟让肖飞和团队迎来了新的征程。

绝处逢生，留给肖飞的不只是庆幸，还有对公司未来发展的跨越式前瞻思维。肖飞深知，人才比金钱更重要，作为技术性创新型企业，要成功，必须依靠人才，企业研发实力事关生死存亡。为了规避公司总部石家庄缺少通信专业人才的短板，2010 年，肖飞分别在深圳、广州、北京组建了研发中心和子公司，重金引入高端人才，加大产品研发，拓展产品门类，掌控行业先机。他们率先瞄准尚未推开的 3G、4G 开发通信产品。

"将沿海高科技人才为我所用，破解了公司技术研发瓶颈，也让开发团队时刻摸准尖端发展趋势。"在肖飞看来，研发助力公司实现了科技创新。很多时候成败抉择在瞬息之间。当时，国内 3G 信号技术标准尚不完善，拥有手机用户量最多的移动通信公司正搭建自己的"TD-SCDMA"3G 网络，而联通公司采用国际标准"WCDMA"3G 标准，应该针对哪种标准配套研发产品呢？

"选择成熟的'WCDMA'标准开发产品能减少市场阻力，更适合小公司技术团队配套研发。"肖飞带领公司团队做出最后抉择。找准了产品定位，只需风雨兼程，公司以每两年更新换代一个产品的研发速度，抢占到市场先机。公司很快成为室内信号技术的先行者，分别参与制定了国内通信行业的"室内信号高速传输""频率控制"两项行业标准。其中，引领"数据上网"趋势的"频率控制标准"尤为重要，如今已成为掌上"OA（office automation，办公自动化）"系统的重要技术标准。

从 2009 年开始，人天通信公司步入快速发展轨道，在全国建立了 12 家子公司、20 家分支机构，跨区域扩张让管理面临现实问题。为了实现效率创新，肖飞带领公司在做大主业的同时，安排自有技术人员开发手机管理办公系统。2013 年系统推出并使用，移动办公给公司日常管理、资金使用带来高效率，信息化操作方式节约了公司成本，还加速了各部门业务衔接效率。如今，小到所有员工签到、签退、车辆规范保养，大到各部门业务项目审批、财务报批，甚至全公司的视频会议，都可通过手机终端来实现。"移动办公看似管理松散，其实在工作期间，所有员工动向都是透明的。"肖飞说，监督养成了员工自我约束的机制，移动办公的最大优势就是创新出高效的财务制度，让公司管理成本降至最低，在参与竞标中有了报价优势。

创业成功后，肖飞做出了一个大胆的举动，利用公司移动办公系统推行内部众筹激励机制，把老板的既得利益拿出来给大家分享，这给企业发展注入了前所未有的动力。"创业就是拉着员工一起做生意。"肖飞让所有中层管理人员都有机会参与到中标项目中，实现红利按期分享，把老板一人操心企业发展，变成了全公司上下操心产品创新。在此基础上，公司还推出诸如"创新基金奖励""年终孝金寄送"等多种暖心激励制度，让员工们有了团队归属感和进取拼搏心。

（资料来源：中国中小企业信息网，http://www.sme.gov.vn。）

有能力的、勤勉的员工能使顾客满意并能使公司获益，而要达到该效果，小企业就不能仅把员工看作雇用劳动力，相反，应将他们看作有价值的商业资源，是人力资本。本章从人本管理的基本思想出发，对小企业人力资源管理的特点及问题进行了分析，并在现代人力资源管理的基本理念与方法的基础上，阐述了小企业进行人才开发与引进、选聘与培训以及人才使用及激励的具体实施特点及方法。

第一节　小企业人力资源管理概述

"人力资源是第一资源"，人力资源对生产力发展起着决定性的作用，对企业经营战略的实施起着保证作用。企业人力资源管理的根本目的是把企业所需的人力资源吸引到企业中，将他们保留在企业之内，调动他们的工作积极性，并开发他们的潜能，使其为企业服务。当代企业管理是以人为中心的管理，人是知识、信息、技术等资源的载体，人力资源是企业最宝贵的资源，企业间的竞争实质上就是人力资源的竞争，戴尔·卡耐基就曾说："假如我的企业被烧掉了，但把人留住，我20年后还是钢铁大王。"

一、人力资源管理的内容

（一）人力资源的内涵

所谓人力资源，是指一国或地区已经开发的、具有劳动能力的总人口数，对于企业来说，就是指那些有正常智力、能够从事生产活动的体力或脑力劳动者。"人力资源"不再把人看作一种"劳动要素"，而是将"人"视为一种资源，与物质资源、信息资源构成企业的三大资源。

如何在企业的层面上把握人力资源这个概念呢？

首先，人力资源是针对特定的企业而言，其状况和使用方式必须能被特定的企业所影响和支配，对一个企业来说是人力资源的人，在另外一个企业可能就不是人力资源，对于专有人才来说就更是如此。

其次，人力资源以智力、知识、体力、经验和技能等形式存在于"人"的身体之中，只有拥有一定数量的"人"，才能谈得上存在企业人力资源。而且智力、知识、体力、经验和技能等的充分发挥还依赖于"人"的能动性，由此就产生了人力资源管理中的激励问题。

再次，企业人力资源必须具备一定的结构，也就是说，企业员工的数量和质量要与企业生产经营相匹配。

最后，人力资源不是取之不尽、用之不竭的资源，它属于稀缺资源，企业只能在一定规模上加以利用。

(二) 人力资源管理的任务

人力资源管理就是企业在人本思想指导下，通过工作分析、人力资源规划、员工招聘选拔、绩效考评、薪酬管理、员工激励、人才培训和开发等一系列手段来提高劳动生产率，最终达到企业发展目标的一种管理行为。人力资源管理的最终目标是促进企业目标的实现。从"人"和"事"的角度讲，人力资源管理是要达成"人"与"事"、"人"与"人"的和谐，这种和谐会带来生产效率的提高，从而实现最终目标。

为了保证组织人力资源管理目标的实现，企业必须明确人力资源管理的任务。归纳起来，人力资源管理的任务有以下六项：

1. 规划

规划是以组织总体目标为依据，在分析现有人力资源的基础上，对组织未来的人力资源供给和需求进行预测和决策，进而确定组织人力资源的发展目标，以及达成目标的措施的过程。

2. 吸收

吸收是指根据组织的工作需要和允许条件来招聘、选拔和录用员工的过程，它是组织整个人力资源管理活动的基础。

3. 激励

激励主要是通过薪酬、福利和职业计划等措施激励和维持员工的工作积极性和责任心，提高员工的工作满意度，保证员工的工作生活质量。

4. 开发

开发是通过人力资源开发与培训，提高员工的知识和技能水平，挖掘员工的潜在能力，不断提升员工的人力资本价值。

5. 考评

考评是通过价值评价体系及评价机制的确定，对员工的工作绩效、工作表现和思想品德等方面进行评价，使员工的贡献得到承认。

6. 匹配

匹配是为了让员工保持所要达到的技能水平和良好的工作态度，企业以考评结果为依据，对员工实行动态管理，如晋升、调动、奖惩、离退和解雇等。

二、小企业人力资源管理现状及问题

随着体制改革的深化，在宏观经济环境和微观经济主体的内在条件发生深刻变化的情况下，小企业面临的竞争对手日益强大和多样化，竞争变得更为激烈，仅仅依靠机制灵活而获取大量市场机会的时代不复存在。相反，小企业原有的管理痼疾日益暴露并成为制约其成长的桎梏。这些矛盾集中体现在企业内部人力资源管理上。

(一) 缺乏科学的人力资源战略与规划

科学制定与企业相适应的人力资源战略已成为当前小企业人力资源管理的一大难题。在企业初创和成长初期，有限的资源更多的是向生产和销售倾斜，而在市场竞争环境发生变化和企业步入稳定成长期后，人的因素的作用日益重要。同时，由于人才流动性大，中小企业对人力资源的投资比较慎重，加之企业发展较快，人才需求量也较大，所以企业更多的是从人才市场招聘员工，不能真正将人力资源投资作为企业基础性投资看待。相应地，这些企业在制定市场战略、产品战略、投资战略时，也未能制定相应的人力资源战略以支持企业发展。

(二) 家族式管理导致人才，尤其是高端经营人才难求

小企业在创业初期普遍使用家族式管理模式。这种模式在一定阶段和范围内有着不可比拟的优势，但当企业发展到一定阶段后，弊端就很明显地暴露出来，企业发展的历史习惯使得他们在用人方面常表现为对外人不放心、任人唯亲、过分集权、论资排辈等。家族式管理模式对企业的局限性可表述如下：第一，企业并没有足够信得过的亲人可用，大多是通过熟人介绍来扩大网络，这使得企业内部人员关系趋于复杂，信用度偏低。第二，人才的压力不断增大，现代企业受技术专业化和管理专业化挑战，民营企业仅仅依靠原来的家庭成员已很难保证企业的持续成长。第三，近亲繁殖获取信息量小，思路狭窄。第四，由于家族成员在企业里掌控较多的资源，无意间容易形成排挤外来人才的行为，特别是一些引进的管理"空降兵"在企业的存活率往往较低。外来人员对家族式企业缺乏认同感，很难真正融入团队。

(三) 管理机构设置不科学，人员素质不高

要建立科学的人力资源战略、完善的激励和薪酬机制，必须依靠科学的人力资源管理机构和高素质的管理人员。小企业虽然意识到人力资源管理的重要性，但管理基础薄弱，人力资源管理功能定位不清，导致人力资源管理工作先天不足。虽然小企业不能像大企业一样有一整套人力资源管理系统，但其职能是类似的，必须有贯穿企业管理全过程的人力资源规划、招聘、测评、培训、激励、考核、薪酬、社会保障与劳资关系等一系列职能。目前不少小企业的人事管理职能正步原国有企业中人事工作仅承担行政人事事务和劳资福利的后尘。就人员配备而言，专职人力资源管理人员配备很少，分工也不明确，有些小企业即使有专职人力资源管理人员，也大多未受过专业训练，停留在员工的档案管理、工资和劳保福利等日常事务性管理中，这是典型的以"事"为中心的"静态"人事管理。

(四) 忽视员工培训与开发

由于知识技术的爆炸性增长与迅速更新，职业半衰期越来越短，企业要谋得在竞争中创新发展，就必须对职工进行终身教育和培养，以保证企业发展所需人才技能的更新。然而，

小企业由于企业规模不大，固定的培训经费不足，培训场所和培训时间亦难保证，因而培训方式多限于师徒之间的传帮带，培训内容以企业的应急需求为主，仅有的培训也成为一种短期行为。

（五）缺乏长期有效的薪酬与激励机制

为了能够吸引、激励和保留有能力的员工，公平的薪酬机制是必不可少的。在小企业，员工的报酬一般采用基本薪酬加奖金或基本薪酬加提成的办法，且带有一定的灵活性。这对于一般员工效果可能比较好，或者在企业发展初期没有太多不足。随着企业的发展和人才结构的复杂化，对核心员工来说，报酬不仅是一种谋生手段，或是获得物质及休闲需要的手段，更是一种自我满足和自尊的需要。单一的薪酬体系已不能满足核心员工的多样化需求，原有的薪酬体系必须做出调整。如考虑合理地设计核心员工持股、公开同样岗位的市场工资水平、增加外出培训机会、增加额外的保险与福利，或者改善工作环境、提供良好的休假以及员工娱乐等。

（六）考核制度缺乏系统性和科学性

小企业对员工的绩效评估主要是基于企业既定的目标、任务下所完成的工作量，其方式多为员工对上司命令的执行和服从，其标志主要是即时的工作效率。由于缺乏较为完备的绩效考评指标体系和操作规程，难以依据科学的考核结果对员工进行全方位的激励，企业多以晋升、加薪和奖金作为激励手段，这对充分发挥员工的积极性、主动性、创造性及潜能不利，也不利于员工积极参与管理。

案例 10-1

毕业生就业难，小企业"用工荒"

2011年7月22—23日，"东营市2011年高校毕业生专场招聘会"在新世纪人才市场举行。此次招聘会由东营市人力资源和社会保障局与新世纪人才市场共同举办，市内180多家企业参加，共提供了1 300多个就业岗位，吸引了4 000多名求职者前来应聘。

在招聘现场，有一家来自油田的改制单位，这家单位的展台前人头攒动。这家单位的工资水平也就在2 000元左右，但是承诺给员工缴纳五险一金，而且有其他的福利待遇，这让很多应聘者趋之若鹜。虽然只招6名员工，却已经有20多名应聘者签订了就业意向。"缴纳保险是公司实力的一种象征，而且这家单位以前是油田的一家企业，应该非常正规，所以我就留下了自己的简历，希望能到这家企业上班。"一位刚刚交上简历的应届生徐同学告诉记者。

与之形成鲜明对比的是，一些小企业出现了招工难的情况。一家位于广饶县的小型化工企业在这次招聘会上只来了一名招聘人员。在大厅的一个角落里，这名招聘人员坐在桌子后面，看着熙熙攘攘的应聘者，脸上写满了无奈。这家企业只招3个人，但是一上午的时间，没有一个人在报名表上留下名字，也没有收到一张简历。"在招聘信息上，我们没有写明工资待遇，只写了招聘的工种。来问的人不少，但是一听说我们是一家只有十几个人的小厂，他们全都打了退堂鼓。其实，我们的工资并不是太低，实习期为1 500元，转正后一个月就能拿到2 000多元的工资，对学历也没有太高的要求，大专以上就行，可是到现在也没有人愿意应聘。"这名工作人员说。

（资料来源：数控机床网人才频道，http://www.c-cnc.com/rc/newsfile/2011/7/25/1428101.shtml。）

第二节　小企业人员选聘

与大企业相比，小企业能够动用的物质资源和信息资源都比较少，这就决定了小企业要想取得一定的发展必须依靠"人"的因素。无论新创办的小企业还是经营中的小企业，都会面临招聘员工的问题。作为小企业的经营者，必须知道企业以及每一项工作的特点，只有这样，才能找到真正适合企业每项工作的人才。

一、小企业人员招聘的优势与劣势分析

小企业如何合理地引进人才、科学地管理和留住人才是一个极富挑战性又具有重要意义的课题。小企业应当根据自身的条件，充分发挥自己的优势和特点，在吸引、吸收社会人才和任用、培训企业本身的人才的基础上，采用多种灵活的方式吸纳人才。下面首先分析一下小企业在人员招聘方面的优势与劣势。

（一）小企业人员招聘的优势

尽管与大企业相比，小企业在人员招聘上困难重重，但也应该看到小企业具有不少大企业所没有的优势和特点。一方面，小企业一般属于私营企业，在管理和制度上层次少、决策快，在用人方面也比较灵活，不受学历、资格、年龄等条件的约束和限制，往往比较重视人的实际能力和工作实效，只要能够给企业带来效益，为企业的发展做出贡献的人都可以得到重用，真正有才干的人容易获得破格任用并被委以实权，有充分的自由发挥的余地。另一方面，小企业用人主要看能力，在报酬方面也比较灵活，没有论资排辈的限制，对于做出实际贡献的人在薪金和奖金方面也比较灵活与慷慨。因此，如果小企业的所有者和经营者引导得法，把员工的个人利益、个人前途同企业的命运紧密结合在一起，小企业的不稳定性和风险反而会成为促使员工团结一致发挥积极性和创造性的正面力量。

(二) 小企业人员招聘的劣势

与大企业相比，小企业在人才招聘方面的劣势是比较明显的。

第一，小企业知名度低。与历史较长、社会信誉较好的大企业相比，大多数小企业的历史比较短，在社会上没有什么知名度。

第二，小企业条件差。由于小企业自身条件的限制，在工作条件、福利待遇方面，小企业一般要比大企业差一些。

第三，小企业没有安全感。与大企业相比，小企业抵御风险的能力较差，因而小企业破产和倒闭的概率就比较高，这就在一般人的心目中留下了小企业的工作稳定性差，长远的前途也不那么靠得住的印象。

第四，应聘者对小企业的认识存在误区。一些初出茅庐"雄心勃勃"的年轻人往往认为，小企业的资金不足，技术水平也比较低，很难发挥自己的才干，只有实力雄厚的大企业才是自己实现抱负的可靠保证。

二、小企业人员选聘的原则

选对一个人可以为企业带来巨大的经济效益，选错一个人也可能给企业带来灭顶之灾，尤其是数量颇多的小企业，它们本身势单力薄，经不起折腾，因此就更应该注意。但是，企业也不能因噎废食，怕找错人就不引进人，那样企业也不会有发展，这就要求小企业在选聘人才的时候必须遵循一定的原则，把选错人的概率尽量降低，提高引进人才的适用性和实用性。

(一) 德才兼备

这是小企业选聘人才的首要原则，"才"比较好理解，就是能力、才能，小企业选聘的人员一定要能够独当一面，这样可以节约人力成本，避免浪费；"德"是指思想品质，对小企业来说，就是看选聘的人才是否真心实意要为企业服务，对于"身在曹营心在汉"的人要尽量敬而远之，即使其能力很强。

(二) 不拘一格，能力至上

有些人认为能力至上应包含在德才兼备之中，才不就是能力吗？问题不是这样的，这里所提的能力至上与德才兼备并不冲突。该原则是指小企业在选聘人才时，应该注重拟选聘人员的实际能力，而不仅仅要考虑其学历、资历等，既不要"唯学历至上"，也不要"唯资历至上""唯经验至上"，只要是符合企业发展的实际需要的人，就应该不拘一格予以聘用甚至委以重任。

（三）内部优先

人们常说的一句话就是"外来的和尚会念经"，大多数企业也把此奉为真理，觉得只有从外部聘来的"和尚"才能念好自己企业这本"经"。这句话不总是那么正确，对于小企业就更是如此。小企业在选聘人才之前，应该首先把目光转向自己企业内部，如果内部有合适的人才，一定要优先任用企业内部的人才，充分挖潜之后再考虑到企业之外去选择。

（四）量才适用

所谓人无完人，每个人都有自己的优点和缺点，优点突出的人身上也会有缺点。小企业在选聘人员时，应主要考虑其长处，并结合企业自身情况，看能否扬长避短，如果拟提供的岗位可以做到这一点就应该予以聘任。小企业要恰当地安排一个人，首先要了解这个人，在了解其个性、特长、兴趣、知识水平以及缺点等的基础上，结合工作岗位的要求，对其进行合理的安排，以做到扬长避短、人尽其才。

三、小企业人员选聘的流程设计

（一）小企业招聘前的准备工作

招聘工作是否成功、有效，在很大程度上取决于招聘前的准备工作，只有招聘前做好细致、充分的准备工作，才有可能确保招聘的有效性。小企业要尤为注意这一点，因为它们很少重视招聘之前的准备工作，且很少细致地做招聘前的准备工作。那么，招聘之前究竟应该做哪方面的准备工作呢？

1. 认真进行工作分析，制定明确、详细的职位说明书和工作说明书

对于小企业来讲，制度一般都不健全，运作上也极不规范，很少认真地对职位进行工作分析，或是制定详细的职务说明书和工作说明书，这往往导致招聘者在招聘过程中出现盲目性和随意性，以致招聘时无据可依，做出错误的决定，招聘到一些根本不是企业最需要、最合适的人才，这不仅大大提高企业的招聘成本，而且可能在相当一段时间内出现无人可用的局面，延误企业的发展。认真进行工作分析，制定细致的职务说明书和工作说明书，明确每个不同工作职位对员工的要求及考核的标准，招聘人员在招聘过程中才能做到有据可依，减少盲目性和随意性。

2. 确定员工的胜任特征

小企业可以根据自身所处的不同发展阶段和周围的竞争环境特点来确定员工的胜任特征。企业处于不同的发展阶段，对员工也有着不同的要求：在初创阶段，需要大量有经验的人员来完善企业的业务和制度，他们的经验对于企业来说是一笔财富；在快速成长时期，需要具有创新和变革能力的员工，否则企业在产品、服务和经营方式上将难有创新，也很难帮助企业取得突破性的发展。当企业的外部环境复杂、多变时，招聘的员工须有敏锐的洞察

力、快速学习、分析问题和解决问题的能力，以很好适应外部环境的变化，对面临的问题做出正确的判断。因此，招聘前最好就能具体描述出理想人选的特征，并与用人部门的主管一起讨论，尽量细化到学历、性别、年龄、专业经验、业绩、性格气质、工作背景、家庭情况、薪酬水平等。

3. 慎选招聘途径

如今，人才招聘渠道越来越广，有内部招聘、熟人推荐、报纸广告、人才市场、校园招聘、中介机构、猎头服务、网上招聘等。虽然各种招聘途径都各有利弊，财大气粗的大企业可以通过各种途径选聘自己所需的人才，但对于小企业来讲，在自身实力有限的情况下，一定要慎重选择自己的招聘途径。例如，情景模拟技术（一般包括无领导小组讨论、公文包测试、工作样本、演讲和商业游戏等）一般用于中高级经理人员的选拔，它费时且成本高，对评价者要求也较高，一般不适合小企业。如果小企业需要个别使用，也可以通过外包来进行。

随着电子时代的不断发展，网络招聘也称电子招聘（e-recruiting），对于小企业来讲不失为一种好的选择，它是利用互联网技术进行的招聘活动，包括信息的发布、简历的收集整理、电子面试（电子邮件、聊天室、视频面试）以及在线测评等。与报纸杂志广告、招聘洽谈会等相比，网络招聘覆盖面广、针对性强，无地域性限制，宣传沟通方便，省时且费用较低，正好适合小企业自身的特点。

4. 注重企业形象设计和宣传

招聘是双方互选的过程，形象设计的目的是增强对应聘人员的吸引力。在现场的招聘中，企业应从广告刊登和摊位布置到面试的场地布置和参观公司等，处处都渲染和突出企业的亮点以吸引应聘者。广告刊登及摊位布置要有与众不同的新意，接待人员要精神饱满、仪容整洁。每一个环节都应给应聘者留下好感，但是要杜绝任何欺骗行为。

此外，企业要注意在招聘过程中，以自己的行动向应聘者展示企业"以人为本"的理念，吸引人才到企业工作。对于小企业，招聘工作的目标不仅是招聘到合适的人才，还应该通过招聘工作展示企业的形象，扩大企业的影响力。

（二）小企业人员选聘过程的组织

企业为招聘工作做好充分的前期准备工作后，还要适时地进行招聘工作。在招聘工作中最重要的、采用最多的方式就是面试，面试的成功与否直接决定了招聘的有效性。面试过程一定要注意以下几方面：

1. 营造面试环境

一方面，面试环境要相对独立、封闭、安静和舒适，确保面试过程不被工作、外来人员、电话等打扰，以保证面试的效果；另一方面，独立、封闭、安静、舒适的面试环境也体现了对应聘者的重视和尊重。此外，招聘企业营造宽松、和谐的气氛，也可以使应聘者能正常发挥出其真正的实力，使招聘工作更公正、更有效。

2. 要有据可依

在面试过程中，招聘者一定要有客观、科学的选人依据，注意不能完全被应聘者优秀的个人条件所吸引，要以事先制定的职位说明书和工作说明书为依据。因为高于岗位要求的人员所获得的工作满意度较低，起薪的要求多变，不利于薪酬制度的一致性，同时他们的工作成就感可能会很快地满足，最终因厌倦而离开，这对企业会造成很大的损失。

3. 要坦诚相见

在面试时招聘者应把企业发展前景、现状、存在的问题等实事求是地向应聘者做客观的介绍，以职业顾问的身份站在应聘者的角度分析其到本企业工作的利弊、发展机会以及实际工作中可能遇到的种种困难等供应聘者权衡，只有这样，才能招到对本企业感兴趣的人，同时把应聘者由于前后反差太大而离职的比例降到最低，提高招聘工作的有效性。

4. 实施结构化面试

结构化面试也称标准化面试，即根据所制定的评价指标，预设特定的问题、评价方法和评价标准，严格遵循特定程序，通过测评人员与应聘者面对面的交流，对应聘者进行评价的标准化过程。运用结构化面试可以保证面试的公正性和公平性。而对于面试问题的设计、研究和实践表明，在面试中测评人员最好采用行为性问题，即具体了解应聘者过去是怎么做的，并运用 STAR 法：situation——什么情景；task——什么任务；action——采取了什么行动；result——得到了什么结果。测评人员要进行不断追问，以判断和保证应聘者回答的真实性。

（三）小企业的人员甄选

在面试结束后，企业大致有了一个比较中意的候选人名单，接下来的任务就是做出最后的决策：确定急需、合适、优秀的所需人员。需要注意的是，优秀的未必合适，在优秀和合适的候选人中选择时，应以合适为先，从着眼现在和放眼未来的角度出发选择时，应以候选人所具有的发展潜力为先。而选择的过程应尽可能公平、公正、客观，最好是人力资源主管、用人部门主管、专业技术人员、公司领导等坐在一起，各自选择出自己心目中的最佳人选。对于意见一致的，先确定下来；对于具有争议的，再具体商议，彼此陈述自己的意见和看法，再重新确定，直至完全确定下来，从而避免暗箱操作和任人唯亲等不良行为。

招聘结束后，常会有一些条件不错且适合企业需求的人才，因为岗位编制、企业阶段发展计划等限制无法现时录用，但很可能在将来某个时期企业需要这方面的人才。作为招聘部门，就应该将这类人才的信息纳入企业的人才信息库（包括个人资料、面试小组意见、评价等），不定期地与之保持联系，一旦出现岗位空缺或企业发展需要即可招入。小企业发展迅速，这样既提高了招聘速度，又降低了招聘成本，可谓一本万利。

第三节　小企业人员培训

"十年树木，百年树人"，企业的设备、技术、原材料等物质资源可以购买或引进，而企业发展所需要的大量人才资源必须自己培养。培训就是向新员工和现有员工传授其完成本职工作所必需的相关知识、技能、价值观念、行为规范的过程，是由企业安排的对本企业员工所进行的有计划、有步骤的培养与训练。成功而有效的员工培训，不仅可以提高小企业的员工素质，而且可以满足员工自我实现的需要，增加企业的凝聚力。

一、小企业人员培训的目标与内容

（一）小企业人员培训的目标

小企业人员培训的目标可以从企业和员工两个角度来考察。

首先，从企业角度来看，培训就是把因员工知识、能力不足，员工态度不积极而产生的机会成本控制在最低程度。如果企业不对员工进行培训，依靠自学和摸索，员工也能慢慢掌握工作所需的知识和技能，但这要比有组织、有计划的系统培训所花费的时间长，成本也要高得多。依靠员工自学，还会造成企业原材料等的浪费。根据企业发展的需要对员工进行必要的培训，让员工掌握好工作所需要的方法和程序，不仅可以使他们工作起来更富有成效，降低机会成本，还可以提高员工的素质，为企业的长远发展奠定基础。

其次，从员工角度来看，培训可以提高员工的知识水平和工作能力，从而提高员工的工作积极性，达到员工自我实现的目标。员工感觉到企业关心他们，并帮助他们获得成功，就更可能对工作和企业产生良好的感觉，增强员工对企业的认同感。

（二）小企业人员培训的内容

培训学习不仅是为了提高员工的知识水平和操作技能，而且是为了观念的转变和态度的改善。整个培训学习的主要内容可细分为以下几方面：

1. 技能的培训

企业通过培训，使员工掌握完成本职工作所必须具备的各项技能，如操作技能、处理人际关系的技能、处理突发事件的技能等，通过这些技能的学习和培养来开发员工的潜能。

2. 知识的培训

知识的培训是为了满足企业日常生产经营的需要，全面提高员工素质以满足企业长期发展的需要。知识的培训包括对一些因果关系、基本概念、信息及思想的理解和认知等。企业通过培训，还要让员工了解企业经营的基本情况，如企业的发展战略、目标、经营方针、经营状况和企业的各项规章制度等，并积极鼓励员工参与企业活动，增强员工的主人翁精神。

3. 态度的培训

态度包括热情、冷淡、喜欢、不喜欢、忧虑、渴望、气愤、感激等情绪,员工的态度如何,对员工的士气及企业的绩效影响很大。必须通过培训,建立企业与员工之间的相互信任,培养员工对企业的忠诚。

上述三方面的内容经常是紧密相连、互相交织在一起的,小企业可以根据工作的需要选择单独进行培训或综合培训。

根据不同的标准,小企业的人才培训可以有很多种分类,如根据员工是否脱产,可以分为在职培训和脱产培训;根据小企业员工的类型,可以分为新招聘员工上岗前培训和对老员工的培训。

案例 10-2

日本中小企业的内部培训

在日本的企业里,从新参加工作的员工接受"入社教育"开始至退休前,每个员工都要不断接受各种各样的在职学习,之后根据工作内容、职务高低、工龄长短等安排各种各样的培训。中小企业虽然不能像大企业那样将企业骨干力量送到海外企业培训或进修,但是将大企业技术骨干请进来讲课,聘请企业咨询顾问等的做法是比较普遍的。

一般来讲,中小企业普遍重视抓内部技术革新,也很舍得在这方面投入资金。中小企业认为,他们如不能在为员工提供进修学习、掌握最新技术信息方面加大力度,那么自己的企业在更新技术方面就会落后于其他企业,本来就与大企业存在的差距就会越拉越大。根据中小企业厅统计数字,截至2000年3月底,全日本60.5%的中小企业都定期召开技术研修会或定期发放内部技改手册等。笔者的一位朋友从北九州回来说了这样一件事,在北九州市的一家30人左右的小企业里,企业负责人每个月为奖励那些给组长提技改合理化建议的人,需多付出3~5个人的工资。这说明日本中小企业对技术革新很重视,以至于需要拿钱来调动。

日本的企业,尤其是在内部培训中,十分重视现场培训。只有20%左右的中小企业肯让员工进行脱产学习,但是90%以上的员工在业余时间都进行自我培训或学习。企业出于需要不仅对职工进行技术和技能两方面的培训,而且重视对职工进行富有日本特色的资本主义企业精神和道德方面的教育,企业通过这种培训来培养员工对企业的忠诚,强化和改善劳资双方以及一般的人际关系,从而促进企业的稳定和发展,加强企业的凝聚力。

(资料来源:内蒙古新闻网,http://news.nmgnews.com.cn/hhht/article/20031101/48170_1.html。)

二、小企业人员培训的程序

既然员工培训对于企业绩效具有十分重要的意义,同时培训还要力求收益最大化,那么精心组织培训过程就显得十分重要。目前,在培训实践中,各类组织都强调把员工培训视作一项系统工程，采用系统的方法组织培训活动，形成培训程序。

（一）确定培训需求

企业的培训需求可以通过组织分析、职务分析和个人分析来确定。组织分析是通过对企业现有生产、销售、技术、管理及组织结构的分析，对企业未来的生产、销售、技术、管理及组织结构可能发生的变化进行预测，了解现有员工与企业未来发展的要求之间的差距，从而估计出应该对哪些员工在哪些方面进行培训；职务分析在前面已有详细的论述；个人分析是在具体的个别员工水平上进行的，重点是促成个人行为发生企业所期望的转变。

（二）确定培训目标

培训目标能为培训计划提供明确的方向，有了目标才能确定培训对象、内容、时间和方法等具体内容，也便于在培训之后对照培训目标进行效果评估。在实际工作中，主要是要明确受训者参加一个特定的培训过程后应该能完成哪些工作；根据行业或组织目标，这些工作完成的程度如何等。

（三）制订培训计划

制订培训计划主要包括确定培训的先后次序，即内容的主次，这个次序安排一般是由顾问与培训部主任或其他培训负责人共同协商确定的。培训计划的制订必须考虑企业规模、企业价值观、行业发展、客户要求、技术发展水平与趋势、国家法规和员工现有水平等因素。

（四）选择培训方法

任何与培训相关的手册和书稿中，都列有大量的培训方法和技巧，并且随着科学技术的发展和管理水平的不断提高，一些新的方法和技巧将不断诞生。广泛应用的有效的培训技巧有工作指导培训、对话培训、扮演角色、在职工作培训、继续教育培训、工作轮换、训练和实习、复合管理、案例学习法、外部研讨会、到相关院校进行脱产或半脱产进修学习、模拟培训。

（五）实施培训计划

培训计划的实施是整个培训活动的关键环节。目前各类组织根据规模不同，有的设有专门的培训机构或培训中心、培训学校，甚至大学等，而小型组织一般不设专门的培训机构，培训时往往临时组建培训机构。现在企业越来越倾向于与高等学校、科研院所或咨询服务机构联合组织培训工作。不论采用哪种方式，有一个专门或临时的培训机构是组织培训工作的重要前提。

在实施培训方案时，以下一些问题必须注意解决好：第一，一定要选择好恰当的项目负责人，同时为其配备好助手和下属工作人员，以组建一个精干的培训组织机构。第二，培训课程设置一定要符合培训目标和培训需求的要求，内容难易适度、针对性强，同时课程结构搭配合理。然后是课程进度要合理，合理安排学时结构；学习目标要与培训目标保持高度一致。第三，选择好培训教师及培训教材，教师在授课或指导学员时，应注意教学方法与技巧，做到理论联系实际，深入浅出。第四，在培训时间安排上，一定要充分考虑员工的特点和实际工作需要，与培训内容的多少和目标的要求紧密结合，尽量降低和节省培训成本。

（六）评估培训效果

培训的目的是培养员工的竞争力，员工只有具备了工作所必需的知识、智力、技能、态度、观念及自信心时才会有竞争力。学员对诸种能力的掌握程度，只有通过测试和评估才能得到检验。评估一般都是在培训实施过程中进行的，并需及时对培训过程做出调整。

培训评估过程结束以后，组织必须根据需要继续制订新的培训计划，在有些情况下，也许会对少数雇员或新雇员进行重复培训。一种非常理想的组织发展体制是：即使某一阶段的培训正在进行，新的培训计划也已经在孕育中。总之，一个组织要立于竞争的不败之地，就需要对其员工进行培训—培训—再培训，永不停止。

第四节　小企业人员配置

春秋时期的思想家晏子说："国有三不祥……夫有贤而不知，一不祥；知而不用，二不祥；用而不任，三不祥也。"企业的管理与此是相通的。合理用人是小企业发展壮大的必要条件，是人力资源开发的重要途径，是不花钱的人才开发。许多小企业常常抱怨缺少骨干人才，自身实力又弱，吸引不来优秀的人才，正所谓"没有梧桐树，引不来金凤凰"，其实问题的关键是他们不懂得如何合理用人。

一、小企业的人员使用

小企业的人员使用是指将合适的员工安排到合适的岗位上，使其能最大限度地为实现组织目标发挥作用；根据企业经营和发展的需要及员工的实际情况，调节任用数量、调整人员结构及岗位配置以提高劳动生产率。小企业人才使用的职能包括新员工的安置，干部选拔、任用，职务升降，人员使用中的调配，劳动组合，员工的退休、辞退管理等。从国内外企业管理的实践来看，如下四种人才使用的方式值得小企业加以借鉴。

（一）指派与委任

指派与委任是指由主管人员根据企业经营发展的需要和员工的实际情况，直接指定员工的岗位，对于干部往往称为委任。其优点是任用程序简单，有利于形成统一的指挥体系和政策的连贯性。但前提条件是主管人员必须对被指派者或被委任者的素质及其担任的职务有透彻的了解，并能出于事业心决定如何使用，否则容易形成任人唯亲及人身依附。由于小企业通常规模较小，人员较少，所处环境变化也快，小企业家经常采用指派与委任的方式。

（二）合同聘任

合同聘任是指本着用人单位及员工双方自愿的原则，通过合同这种契约形式，由用人单位根据工作需要聘任员工担任某一职务。在目前我国企业中，工人仅需与企业签订劳动合同，管理人员及技术人员还常由用人单位颁发聘书。合同聘任的优点是十分明显的：第一，用人单位及员工平等自愿；第二，用人单位及员工双方义务、权利明确，合同聘用可以督促企业合理用人、督促员工尽职尽责；第三，机动灵活，劳动合同及聘任期可长可短，使企业有了根据经营管理需要调节人力配置的余地。

（三）考试录用

考试录用就是通过公开考试，以考试成绩为主要依据录用各种人员，在企业中通常只在层次较高的职务，如管理人员、专业技术人员及工人技师等职务中采用。这种方式的优点是标准统一，有利于公平竞争，抵制任用中徇私情的现象。困难在于很难确定考试对于认识人才是否可靠、考试成绩是否与人们的实际能力相符等。

（四）选举

选举是指由特定组织的全体人员或其代表通过选举活动选出合适人选担任某个领导职务。选举的优点是可以增强员工的参与意识、监督意识及被选任者对员工群众的责任感。但选举也有其局限性，首先，选举范围只能局限在原有组织内，因为选举人对组织以外的人员没有发言权；其次，企业越大，选举人对被选举人的了解越少。但是，小企业规模小、人员少、办事灵活的特点决定了其可以考虑采用这种方式来确定企业的高层管理人员。

二、小企业的人员保留

吸引人才与留住人才之间的关系看似简单，但许多小企业一边不断地招聘人，一边放任人才大量流失。虽然合理的流失率有利于企业保持活力，但如果流失率过高，企业将蒙受重大损失，并且影响企业工作的连续性。因此，面对企业人才流失，小企业应首先找到问题的症结，之后采取有效措施和对策，这可以在一定程度上避免和解决人才流失问题。

（一）制度留人

制度留人首先要建立科学的人才选拔、任用制度。要运用现代人力资源管理的理论和方法，建立科学、规范的选拔任用制度，形成富有生机与活力、有利于优秀人才脱颖而出的选人用人机制。其次要建立科学灵活的用工制度，为企业人才提供广阔的发展空间和锻炼机会，吸引和留住人才。

建立内部流动制度，让员工在企业内找到适合自己的岗位。一个人长期做同样的事情会感到枯燥无味，并且人的职业发展和职业定位是在工作中逐步形成的。因此，建立员工内部流动制度有利于让员工得到全面锻炼，并找到适合自己的位置。美国安然公司有许许多多不同的业务部门，机会是无限的。据统计，安然公司核心业务部门85%的雇员在公司内担任过至少两种职务，公司还有一个在线简历数据库，由员工定期更新。这样企业"足不出户"就可以从内部招聘到合适的人才。

（二）待遇留人

小企业应建立以业绩和效益为基础的分配机制，向关键岗位和特殊人才倾斜，真实、客观地反映人才的价值，保证各类人才得到与他们的劳动和贡献相适应的报酬，在薪酬制度的内容上，可以结合企业实际，多样化操作。比如，实行多元报酬结构的年薪制、风险抵押、人才持股、期股激励等多种分配形式，做到人才报酬与企业的资产增值相联系，与企业的发展和企业的利益相联系，使人才体会到企业对其工作业绩的认可，并在待遇上得到有效的体现。

股票期权制是被企业广为采用的一种吸引和留住人才的长期机制，股票期权是指在一定时间内，以特定价格购买一定数量公司股份的权利。实践表明，进行资产结构调整，给优秀技术、管理人才一定的股权，使其利益和未来与企业紧密相连是一剂良方。对自己所效力的企业拥有一定的所有权，能够激起人才对组织的成长的浓厚兴趣，并为此付出努力。员工持股具有双重效果，它既提供一种积累资金的办法，又能享有税收递延的好处，因而让员工持股是一种有效吸引和留住人才的途径。据调查发现，企业让员工持有的股份越多，越能激发员工的工作责任感和工作热情，员工的跳槽率就越低。

（三）事业留人

留住人才需要给人才提供一定的物质条件，但要真正抓住人才的心，还得让他感到在企业里有自己的事业，有成就感。让他感到自己所在的企业有发展前途，自己在企业里有良好的发展空间。据《深圳商报》报道，有关研究人员在调查世界1 000个最大雇主中的150个首席执行官时发现，优秀的员工在回答离开企业最主要的原因时，51%的人是因为没有进步的机会，25%的人是因为缺乏被认可，而只有15%的人是因为金钱。

为了给予人才更宽松的发展空间，企业和组织一方面要为其提供学习机会，如派其参加外部研讨会，进行培训开发，给其进行充电，以适应成长的需要。在目前这个"不进则退"的快速发展社会里，员工越来越注重企业的培训机会，有的员工因为长期得不到培训而感到自己日渐落伍，从而选择一家能提供经常性培训的企业，因此，企业要想留住人才，必须建立一套制度化的培训机制，建立与组织目标和员工职业发展目标相适应的培训机制。

(四) 情感留人

要通过情感交流和心理沟通来留住人才，在价值理念上爱护人才，在工作上支持人才，在生活上关心人才，在人格上尊重人才，在心理上满足人才，善于用感情纽带把各类人才的心连接在一起，让他们充分感受到组织的温馨，这样人才就不会轻易离去。企业文化是一种凝聚力，用企业的发展目标和美好前景来调动职工对本职工作的积极性；要注重企业精神和价值观的培育，着重于在职工中树立和企业"共存亡"的归属观念和团队意识，与企业同呼吸、同成长、同发展。

案例 10-3

九阳电器的企业文化建设

济南九阳电器有限公司（以下简称"九阳"）董事长王旭宁认为，企业不论大小，都应重视企业文化的建设。企业文化不是一次运动，用三年两年的时间就能够完成。最好是在企业初创的时候就开始着手企业文化的建设，因为企业成长起来以后，再去建设企业文化就比较困难了。企业文化底蕴有多深，企业发展就有多大，浅薄的企业文化不可能发展成强势企业。"九阳"的目标是要做一个百年企业。综观世界上的百年不衰的企业，它们都有一个共同特点，即重视企业文化建设，不以追求利润为唯一的目标，都有超越利润的社会目标。这是他们共同的企业价值观，也是企业文化的核心之一，这也正是"九阳"努力学习的典范。具体到"九阳"，它的企业文化概括为八个字，即"人本、团队、责任、健康"。"人本"就是既要尊重员工，又要发挥其潜能；鼓励员工自觉地融入团队中，在"九阳"，自私的、本位的、不协作的员工是不受欢迎的，也是没有前途的；"九阳"的企业价值观是做有责任感的企业，对员工、消费者、合作者与社会负责任，并在企业经营中努力让他们感到满意。"九阳"同时倡导每一位员工都要做有责任感的人；"九阳"的健康理念是让员工拥有健康的身心和健康的生活方式，企业拥有健康的机制，以保证长期生存和发展。

（资料来源：新浪财经，http://finance.sina.com.cn/jygl/20040924/17111047412.shtml。）

三、小企业的劳动关系

小企业劳动关系是指小企业的所有者、经营管理者、企业员工以及工会之间在企业的生产经营活动中所形成的各种责任、权利与义务关系。鉴于小企业的经营管理者往往就是企业的所有者，而目前小企业中几乎没有工会组织，因此，小企业劳动关系也就是指劳资双方，即小企业的经营管理者与企业员工之间的关系。

小企业中一般没有建立工会组织，再加上小企业的规模小、人员少，因此，小企业劳动关系中的问题很少像大企业那么明显而激烈地表现出来，但这并不意味着小企业就不存在问题。小企业往往不按《中华人民共和国劳动法》的规定与员工签订正式的劳动合同，多数的劳动用工协议都是口头达成的，这就导致员工与企业间的责、权、利划分不清，真正发生劳动纠纷时各执一词。

如何改善劳动关系是小企业生存和发展必须解决的重大问题之一，如果能够根据企业自身的特点建立融洽的劳动关系，可以为促进企业的发展打下良好的基础。小企业可以参考采用如下措施改善劳动关系：

第一，签订劳动合同。小企业要严格贯彻实施《中华人民共和国劳动合同法》，保障企业和员工双方的合法权益；建立健全各项规章制度，照章办事。

第二，提供个人发展平台与机会。小企业应该力求做到用人专业对口，充分发挥人才的特长，并提供适当的实验场所和试生产的机会，这样就有利于人才在专业上取得创新，在工作上取得成就。小企业应尽量做到晋升机会多而不滥，并且不受年龄资格的限制，具有真才实学的人能够破格晋升，这样做就可以起到引才、留才、用才的预期效果。

第三，建立和谐的企业文化。小企业应该努力创造出尊重知识、尊重人才的环境，尽量避免嫉贤妒能、钩心斗角情况的发生，避免人才为处理一些人际关系而分心，把精力集中到自己的工作上。

第四，推行员工持股计划。有了明确的目标，人才会奋斗；目标的预期价值越高，对人的吸引力就越大。因此，小企业可以根据实际情况给各类技术及管理人员一定份额的股票期权，并设定一个目标，只要达到目标，股票期权就可以兑现，使拥有者成为企业的股东并参与分红。这样就可以把企业的发展与个人的发展结合在一起，吸引和留住企业发展需要的人才。

第五，关注员工工作压力管理。在生活方面应该给人才以优待，尽量多给他们提供方便，提供必要的场所，使他们能够单独工作和学习，对他们的身体健康等方面要多多关心和照顾。

第五节　小企业人员激励

激励是人力资源管理的核心职能，是小企业家需要掌握的最具有挑战性的技能，它既要基于高深的科学理论，又要具有艺术性。小企业进行员工激励的目的是要激发员工的内在动机，调动员工的积极性和创造性，充分发挥员工的智力效应，为企业的有效生存和长期持续发展做出贡献。在具体的人力资源管理工作中，绩效考核和薪酬制度是企业激励员工的最重要的方法，因此，本节将对小企业中的考核和薪酬制度的设计及实施进行介绍。

一、小企业人员激励的原则与方法

不同的员工，甚至同一员工在不同时期对这些激励因素的看重程度是不同的，小企业家（或小企业的经营者）必须注意这一点。在实践中，小企业家可以采用调查表的形式列出他认为当时对员工影响比较大的一些因素，让员工对其进行排序，以确定影响员工的主要因素；小企业家还可以通过谈心的形式了解企业员工的实际需要，确定关键的激励因素。明确了主要的或关键的激励因素，下一步的工作也就顺理成章了。

（一）小企业人员激励的原则

1. 因地制宜、因人而异

这是小企业人员激励的首要原则。正如前面所述，每个人的需要都是不同的，甚至同一个人在不同时期的需要差别也很大，小企业在制定激励政策时要充分考虑这一点，不能因为某种激励手段在别的企业取得了成功就认为在自己的企业也一定能成功；更不要因为一种激励手段一时取得了成功，就认为该方法可以一劳永逸。小企业在进行人才激励时，要根据当时的情况和员工个人的需要来进行，这样才能达到既激励员工又促进企业发展的目的。

2. 物质激励与精神激励相结合

小企业千万不能认为激励就是奖励，就是高工资、高奖金、高福利。除物质的激励之外，员工也有精神方面的需要。在某些情况下，精神方面的需要还要大于物质方面的需要。另外，如果企业一味依仗物质的刺激与激励，就会助长企业人员的拜金主义，长此以往，将对企业的发展不利。

3. 避免平均主义

小企业为了激励员工，应该建立一套切实可行的激励制度，但应该避免平均主义，因为这样会打击贡献大的员工的积极性。例如，奖金本来是激励因素，可如果在实行过程中出现平均主义，就会出现偏差，使组织成员产生不满意感，以致变成了消极因素，抑制和削减员工的努力水平。

（二）小企业人员激励的方法

总体来说，小企业人员激励可以分为两大类：一类是物质激励；另一类是精神激励。

1. 物质激励

物质激励是一种最基本的激励方法，其内容包括工资奖金、养老保险和各种福利待遇等。获得更多的物质利益是普通员工的共同愿望，决定了员工基本需要的满足情况，同时，员工收入及居住条件的改善，也会影响员工的社会地位、社会交往，甚至学习、文化娱乐等精神需要的满足情况。美国管理学家孔茨指出，经济学家和大多数主管人员倾向于把金钱看作比其他激励因素更为重要的因素。

2. 精神激励

精神激励是更高层次上的激励方法，它通过满足员工的社交、自尊、发展和自我实现等需要，调动员工的工作积极性，其激励深度更大，维持时间也更长。常用的精神激励方法有以下几种：理想激励、目标激励、榜样激励、培训激励、任务激励、荣誉激励、参与激励、感情激励、环境激励。

二、小企业人员的绩效考核

(一) 绩效考核

绩效考核是指考评主体对照工作目标或绩效标准，采用科学的考核方法，评定员工的工作任务完成情况、工作职责的履行程度和能力发展情况，并且将评定结果反馈给员工的过程。[①] 绩效考核在本质上就是考核组织成员对组织的贡献，或者对组织成员的价值进行评价，它是管理者与员工之间为提高员工能力与绩效、实现组织战略目的的一种管理沟通活动。

绩效考核类别繁多。绩效考核按考核时间，可分为定期考核与不定期考核；按考核对象，可分为一般员工考核、管理者考核与技术人员考核；按考核目的，可分为晋升考核、加薪考核、职称评定考核等；按考核主体，可分为上级考核、自我考核、同级评议、下级对下级考核等。

(二) 绩效考核的常用方法

1. 目标管理法

目标管理法的核心内容是将所有工作内容目标化，包括对员工工作目标清晰和准确地界定、陈述，制订指明如何实现目标的行动计划，让员工实施行动计划，衡量目标的实现程度，必要时采取纠正行动建立新目标等。此方法普遍用于对专业人员和管理人员的评价，被世界上一些大的集团（如通用电器）采用。由于目标管理法需要用清晰的语言界定任务，小企业完全照搬有一定难度，因为小企业的特点之一就是处于不断的变化中，业务的突发性和市场机会的转移都不可能完全按照预期进行，所以应有选择地运用目标管理法，如在常规职能部门，可以指定相应的目标并按计划执行。

2. 文字叙述评价法

文字叙述评价法要求评价者以文字叙述的形式描述员工绩效，对所涉及的话题给出指示。这种方法的缺点是由于评价者不同，文字描述的长度和内容会有极大的差异，评价者的写作技巧也会影响评价，所以这种方法仅适用于评价标准制定之后，在同等条件下对被考核者的一种概括式的主观评价。一般在向上一级推荐员工时，在可测量性的绩效考核表后可附带文字叙述的评价。

3. 评级量表法

这种方法主要是借助事先设计的评级量表来对员工进行考评，其具体做法是：根据考评的目的和需要设计评级量表，表中列出有关的绩效考评的项目，并说明每一项目的具体含义，然后将每一考评项目分成若干等级并给出每一等级相应的分数，由考评者对员工每一考

[①] 付亚和，许玉林. 绩效管理. 上海：复旦大学出版社，2006：28.

评项目的表现做出评价和记分，最后计算出总分，得出考评结果。

4. 排序考评法

排序考评法是依据某一考评维度，如工作质量、工作态度，或者依据员工的总体绩效，将被考评者从最好到最差依次进行排序。在实际操作中，企业可以进行简单排序，也可以进行交替排序。简单排序是依据某一标准由最好到最差依次对被考评者进行排序；交替排序则是先将最好的和最差的列出，再挑出次好的和次差的，依此类推，直至排完。排序考评法通常适用于小型组织的员工考评，而且被考评对象最好是从事同一性质的工作。

5. 关键事件法

关键事件法是以记录直接影响工作绩效优劣的关键性行为为基础的考评方法。所谓关键事件，是指员工在工作过程中做出的对其所在部门或企业有重大影响的行为，这种影响包括积极影响和消极影响。使用关键事件法对员工进行考评要求管理者将员工日常工作中非同寻常的好行为或非同寻常的坏行为认真记录下来，然后在一定的时期内，主管人员与下属见一次面，根据所做的记录来讨论员工的工作绩效。

（三）小企业绩效考核应注意的问题

一些小企业有强烈的科学管理意识，专门请咨询公司设计考评体系，代价不菲，员工也为新制度的出台终日惶惶，但结果往往不尽如人意。要么是考评体系千篇一律，不适合企业具体情况；要么考评体系过于复杂，根本无法执行，非但没达到预期效果，反而造成了负面影响，员工会认为公司的管理变革只是纸上谈兵，打击了积极性。所以，对小企业而言，既不能令考核过于复杂，又不能没有科学的程序和制度，这之间需要把握"度"。"度"应该包括几种平衡关系：第一，平衡考核制度的周密性与考核程序的明了性；第二，平衡考核内容的全面性与考核指标的重点性；第三，平衡考核工作的长期性与企业变化的时间性。

首先，无论制定何种考评制度，都要避免"书本制度"或"完美制度"。太"完美"的制度会难以执行，如某些企业将考核期和考核方法定得面面俱到、时间紧凑，平均每月进行一次考评，各种考评项目内容加起来有六七张纸之多，考核之后的面谈也需要两三天，每个月有近一半的时间都在考评，部门经理和员工都疲于填表谈话，根本没有时间拓展业务或做本职工作。完善的考评系统虽然理想，但小机器装不了大零件，制度的设计一定要符合企业实情。对于小企业，完全可以将考核周期设定为一个季度一次或半年一次。

其次，对小企业而言，绩效考核的作用应更偏重于激励。结合绩效要制定相应的薪酬体系，让考核结果直接与员工的绩效挂钩，当员工看到考核带来的好处后，制度的推行才能顺利。这里还需要准确把握考核内容的全面性和考核指标的重点性。指标的设计体现了企业的导向，小企业考核指标中的业务指标，如销售额、利润、客户拓展、市场占有率等占有的权重尽量大些，而一些个人素质、能力、价值观方面的软指标权重可小些，但也必须有所体现。

再次，由于小企业时常处在变化中，绩效考核的内容和指标体系不能一成不变，要反映企业的重点和变化导向。但考核制度在一个战略时期内又应保持稳定，因此，小企业可以借鉴一些比较科学的管理方法，结合实际情况利用。例如，把目标管理的理念纳入绩效考核体系，将业务或能量化的指标运用目标管理法进行考核，在考核期结束时只对目标的完成情况加以检验，而其他软指标可以用传统量表形式进行考评。

最后，一定要进行考核后的面谈。有的小企业主管认为，考核应当简单、高效，将结果公布出来即可。其实，这样的做法未免有些"官僚"。绩效考核的功能之一就是帮助指出考核期工作中的问题和不足，指导员工修改工作计划，提高工作效率。所以，考核后的面谈不仅可以和员工就考核的结果进行沟通，而且能从另外一个层面对员工的工作状况进行了解，帮助他们提高绩效。小企业可以根据自身特点，采用不同的面谈方式，如果时间紧、业务忙，也可以抓住与员工进行业务沟通的空隙，了解员工对绩效评估结果的想法，随时掌握他们的工作状况。

三、小企业人员的薪酬设计

（一）薪酬的构成

薪酬涵盖了员工由于为某一组织工作而获得的所有直接和间接的经济收入，其中包括薪资、奖金、津贴、养老金以及其他各种福利收入。换言之，所谓薪酬，是指员工因为雇用关系而从雇主那里获得的各种形式的经济收入和服务、福利。薪酬可以分为基本薪酬、可变薪酬以及间接薪酬（福利与服务）三个部分。

1. 基本薪酬

它是指一个组织根据员工所承担或完成的工作本身或者是员工所具备的完成工作的技能而向员工支付的稳定性报酬。在一般情况下，企业是根据员工所承担的工作本身的重要性、难度以及对企业的价值来确定员工的基本薪酬的，这就是职位薪资制。此外，企业对于组织中的一些特殊人员采用技能薪资制或能力薪资制。

2. 可变薪酬

可变薪酬是薪酬结构中与绩效直接挂钩的部分，有时也被称为浮动薪酬或奖金。可变薪酬的作用是在绩效和薪酬之间建立一种直接的联系，这种业绩既可以是员工个人的业绩，也可以是企业中某一业务单位、员工群体、团队甚至整个企业的业绩。由于绩效和薪酬之间建立了这种直接的联系，因此，可变薪酬对员工具有很强的激励性，对企业绩效目标的实现起着非常积极的作用。它有助于企业强化员工个人、员工群体乃至全体员工的优秀绩效，从而达到节约成本、提高产量、改善质量以及增加收益等目的。

3. 间接薪酬

员工福利与服务之所以被称为间接薪酬，是因为它与基本薪酬和可变薪酬存在一个明显的不同点，即福利与服务主要不是以员工向企业供给的工作时间为单位来计算的薪酬。间接薪酬一般包括带薪非工作时间（如年休假、承担法院陪审任务而不能工作等）、员工个人及其家庭服务（儿童看护、家庭理财咨询、工作期间的餐饮服务等）、健康以及医疗保健、人寿保险以及养老金等。在一般情况下，间接薪酬的费用是由出资方全部支付的，但有时也要求员工承担其中的一部分。

（二）小企业薪酬制度设计的方法

1. 从战略出发的薪酬设计

小企业在设计薪酬时，要考虑薪酬管理对企业战略目标的支持，考虑如何使企业通过薪酬管理体系来支撑企业的竞争战略，获得竞争优势，使员工积极帮助企业在市场的竞争中不断发展，使员工和企业确立共同的价值观和行为准则。建议企业在确立组织的公司战略和业务单元战略的基础上，确定企业的人力资源战略，而薪酬战略建立在人力资源战略基础之上，体现出作为人力资源系统子系统的薪酬系统是如何支持人力资源战略实现的。在确立了薪酬战略以后，必须将薪酬战略转化为具体的薪酬制度和薪酬管理流程，才可以完善战略性薪酬体系的设计。通过完善设计，有效地引导员工的态度和行为方式。

2. 建立以人为本的薪酬制度

人才是企业发展的核心要素，小企业要留住人才，建立以人为本的薪酬管理理念和体系至关重要。以人为本的薪酬管理制度，是以员工的需求为出发点的。企业内员工的需求不尽相同，有的员工把奖金看得很重，有的员工特别是知识分子和管理干部则更看重晋升职务、尊重人格、授予职称等。管理者要想取得很好的领导效果，使员工的激励水平最大化，就必须以人本主义理念为根本，以员工为中心，了解他们多样化的需求并做出积极的反应，建立以人为本的薪酬管理制度。

3. 制定合理的薪酬政策

公平是保证企业薪酬管理制度达到激励目的的前提条件，而有竞争力的薪酬政策是企业在市场上吸引人才的重要手段。对于通过努力工作来获得薪酬的员工来说，企业只有保证薪酬政策的公平性，才能使他们相信付出与相应的薪酬是对等的，否则会挫伤员工的工作积极性和主动性。公平并不等于平均，薪酬政策的公平是指在同一企业中处于不同职务的员工所获得的薪酬应与各自的工作贡献成正比。只要比值一致就是公平，它允许企业内部薪酬分配适当拉开差距。对外竞争性的薪酬政策并不是指提高企业整体薪酬水平，而是指将现有的薪酬成本进行合理分配，重要程度不同的工作岗位、工作能力不同的人员给企业带来的效益是有差异的，可以赋予不同的薪酬分配权重，从而充分发挥薪酬的激励效益。企业可将高级管理人员、高级技术人员等对企业贡献度大的员工的薪酬水平定位在市场薪酬水平之上，以保证其具有市场竞争力；而对于一般岗位的员工，因为市场上供过于求，替代成本较低，企业可将薪酬水平定位在等于或低于市场薪酬水平，以约束企业的薪酬成本。

4. 实行公开透明的薪酬支付制度

科学的薪酬管理体系要求公平的薪酬制度，而对于公平的薪酬制度，其前提必须是企业高层能将薪酬分配信息准确地传达给员工，使员工了解企业薪级制度和可以晋升的职级、每一薪级的起薪点、最高的顶薪点等，减少员工不必要的猜测，保证员工的工作热情。保密的薪酬支付制度只会使员工之间互相猜测，引发员工的不满。实行公开透明的薪酬支付制度，让员工了解这样的信息，即薪酬高的人自有其高的道理，薪酬低的人也自有其不足之处。同时，企业在制定薪酬制度时，可以让一定数量的员工代表参加。在薪酬制度实施后，企业可以设立一个员工信箱，随时解答员工在薪酬方面的疑问，确保企业薪酬制度的透明化。这样才能使企业员工体会到公平。

5. 设置以绩效为导向的薪酬结构

企业薪酬结构的设计对企业员工的行为具有一定的导向作用，从而鼓励员工产生企业需要的行为。薪酬具有保健和激励两大功能，刚性薪酬制会强化薪酬的保健功能，弱化薪酬的激励功能，鼓励员工出勤不出力。因此，中小民营企业在薪酬结构设计时，应设置绩效工资，而且绩效工资的比例随着岗位级别、岗位所承担责任的增加而增加，真正做到使企业各个级别员工的薪酬收入均与其工作绩效挂钩，并通过对员工工作绩效的量化考核来确定绩效工资的多少，充分发挥薪酬的正向激励功能。

本章小结

1. 人力资源是指一国或地区已经开发的、具有劳动能力的总人口数，对于企业来说，就是指那些有正常智力、能够从事生产活动的体力或脑力劳动者。

2. 人力资源管理就是在人本思想指导下，企业通过工作分析、人力资源规划、员工招聘选拔、绩效考评、薪酬管理、员工激励、人才培训和开发等一系列手段来提高劳动生产率，最终达到企业发展目标的一种管理行为。

3. 与大企业相比，小企业在人才开发利用方面劣势比较明显，但也具有不少大中型企业所没有的优势，小企业应该扬长避短，开发利用人才。

4. 为最终确定聘任情况，小企业一般在正式录用之前，要对分候选人进行考察，考察可以采用面试、能力测试、工作情景模拟和品行鉴定等方式中的一种或几种方式的综合。

5. 企业可以从企业和员工两个角度来考察小企业人才培训的目标。小企业的人才培训不仅是为了提高员工的知识水平和操作技能，而且是为了观念的转变和态度的改善。

6. 根据不同的标准，小企业的人才培训可以有很多种分类，如根据员工是否脱产，可以分为在职培训和脱产培训；根据小企业员工的类型，可以分为新招聘员工上岗前培训和对老员工的培训。

7. 小企业人才使用的职能包括新员工的安置，干部选拔、任用，职务升降，人员使用中的调配，劳动组合，员工的退休、辞退管理等。

8. 激励是人力资源管理的核心职能，是小企业家需要掌握的最具有挑战性的技能，它既要基于高深的科学理论，又要具有艺术性。小企业的激励可以分为两大类：一类是物质激励；另一类是精神激励。

9. 对小企业而言，既不能令考核过于复杂，又不能没有科学的程序和制度，这之间需要把握"度"。"度"应该包括几种平衡关系：第一，平衡考核制度的周密性与考核程序的明了性；第二，平衡考核内容的全面性与考核指标的重点性；第三，平衡考核工作的长期性与企业变化的时间性。

10. 所谓薪酬，是指员工因为雇用关系而从雇主那里获得的所有各种形式的经济收入和服务、福利。薪酬可以分为基本薪酬、可变薪酬以及间接薪酬（福利与服务）三个部分。

思考与练习

一、名词解释

人力资源　　人力资源管理　　招聘　　培训　　绩效考核　　薪酬

二、不定项选择题

1. 根据员工是否脱产，可以把员工培训分为脱产培训和（　　）。
   A. 在职培训　　　　　　　　B. 新招聘员工上岗前培训
   C. 对老员工的培训　　　　　D. 轮岗培训

2. 薪酬可以分为（　　）三个部分。
   A. 基本薪酬　　　　　　　　B. 可变薪酬
   C. 间接薪酬　　　　　　　　D. 不变薪酬

3. 小企业选聘人才的首要原则是（　　）。
   A. 内部优先　　　　　　　　B. 知人善任、择岗定人
   C. 不拘一格、能力至上　　　D. 德才兼备

4. （　　）是小企业选聘人才时最常使用的一种工具。
   A. 能力测试　　　　　　　　B. 工作情景模拟
   C. 面试　　　　　　　　　　D. 品行鉴定

5. 小企业人才引进应遵循（　　）原则。
   A. 适用原则　　　　　　　　B. 大量引进人才原则
   C. 按劳分配原则　　　　　　D. 适度超前原则

6. 小企业选聘人才常用的渠道有（　　）。
   A. 就业服务机构　　　　　　B. 广告招聘
   C. 内部选拔　　　　　　　　D. 个人推荐

7. 职务分析是人力资源管理的一个基础要素，可以广泛运用于人力资源管理的多方面，如（　　）。

  A. 员工招聘   B. 绩效考评

  C. 薪酬设计   D. 员工培训

8. 人力资源的特点包括（　　）。

  A. 能动性   B. 两重性

  C. 时效性   D. 连续性

  E. 社会性

三、思考题

1. 如何在企业的层面上理解人力资源这个概念？
2. 简述小企业实施培训工作的程序。
3. 小企业招聘人才应该遵循的基本原则是什么？
4. 与大企业相比，小企业的人才招聘都有哪些优势和劣势？
5. 小企业保留人才的方法有哪些？
6. 如何理解人力资源管理中"激励"的含义？
7. 小企业的绩效考核应注意哪些问题？
8. 小企业如何设计薪酬制度？

第十一章　小企业发展与退出

学习目标

学完本章内容以后，你应该能够掌握：
1. 小企业发展周期中各阶段的主要特点和问题；
2. 小企业风险的内涵和类型；
3. 小企业风险管理的程序和方法；
4. 小企业退出的内涵和障碍；
5. 企业价值评估的方法；
6. 小企业的退出策略。

引导案例

"冠海海运"的发展之路

福建冠海海运有限公司（以下简称"冠海海运"）是从事国际、国内沿海，港澳台航线运输的全省规模最大的民营航运企业，现拥有包括好望角型散装船、灵便型散装船以及支线集装箱船舶在内的各类船舶25艘，总载重为76万吨，至2003年年底，已成为全国运力规模排名第八的专业化航运企业。

作为一名在海边长大的民营企业家，林财龙成功地在激烈的市场竞争中，把一个民营航运小企业发展为一个以海运业为主，集科研、工业、商贸、旅游业、房地产开发于一体的综合性企业集团公司，拥有全资公司、控股子公司、参股子公司10家，遍布香港、上海、广州、南京、天津、福州等各大城市。

1981年，林财龙动员自己的亲朋好友，多方筹集资金，引进了"冠海海运"的第一条木壳船，就此拉开了发展的帷幕。新成立的小公司在对海运市场进行深入研究的基础上，寻找市场的盲点，选择了对公司来说最有吸引力、竞争者最少的市场作为经营目标，给公司的发展做了准确的定位。林财龙将船小的劣势转化为优势，利用大公司经营盲区，开辟大量以散杂货为主的内贸及港澳航线。1983年，全球航运市场急剧衰退，各大航运企业纷纷受到重创,地方航运小企业也面临着生存和发展的考验。经过深思熟虑后,林财龙决定对公司进行资产重组,全部转让原先拥有的小船,回笼部分资金,再一次在民间及员工中积极融资,终于将13艘500吨级新货船全部揽到"冠海海运"的旗下。从此,"冠海海运"闯进了波澜壮阔的航运市场。

1992年,林财龙对船队规模、运力结构、海陆资源配置进行了战略调整——购买两条2万吨级的船舶。作为一个规模较小的民营企业,这是一个机遇和风险并存的决策。后来的实践证明,"冠海海运"完全具备发展万吨级船舶的能力,万吨级船舶所带来的规模经济效益,是曾经经营过的小船所远远不能比拟的。

通过十年的努力,"冠海海运"已拥有了6万吨级、3万吨级等各类船舶总计约23万吨的国内运力规模,占据了市场的一定份额。在这骄人的业绩面前,林财龙已将目光瞄向了国际市场。在经过仔细的市场分析和可行性认证后,林财龙做出了购买14万吨级好望角型散货船投入国际铁矿石运输的重大战略决策,走上了一条可持续发展的成功之路。

(资料来源:网易新闻,http://news.163.com/10/0105/02/5S7V70G6000120GR.html。)

任何一个小企业都会经历一个产生、发展、成熟和衰退的过程。企业在创立之初,如果成长方向正确,就会得到巨大的发展机会,同时,在发展的过程中,企业也会面临着多种多样的风险。本章阐述了小企业的发展特点和风险,同时探讨小企业退出战略的意义、途径和企业价值的评估等问题。

第一节　小企业发展周期

按企业生命周期理论,企业发展要经历创业期、成长期、成熟期和衰退期四个阶段。但是较多的小企业成长的现实情况并非如此。据有关部门统计,我国有67%的小企业的生命周期都不超过五年。这意味着,有的小企业能够度过创业期,却无法度过成长期;有的小企业能够度过成长期,却无法度过成熟期;等等。此外,一般性的生命周期理论也无法说明企业在发展的每个阶段上所表现出的多种类型特征。

日本庆应大学清水龙莹博士经过十余年的潜心研究,运用动态的方法研究企业从小到大的成长规律,提出了与众不同的划分方式。他认为,从规模角度进行分析,从小企业到大企业要经过小企业、中小企业、中坚企业和大企业四个过程;从成长角度进行分析,企业成长周期主要包括创立期、规范期、扩张期、成熟期和重建期五个阶段。在不同的时期又分为不同的成长类型,这些类型决定了企业的发展方向,如图11-1所示。

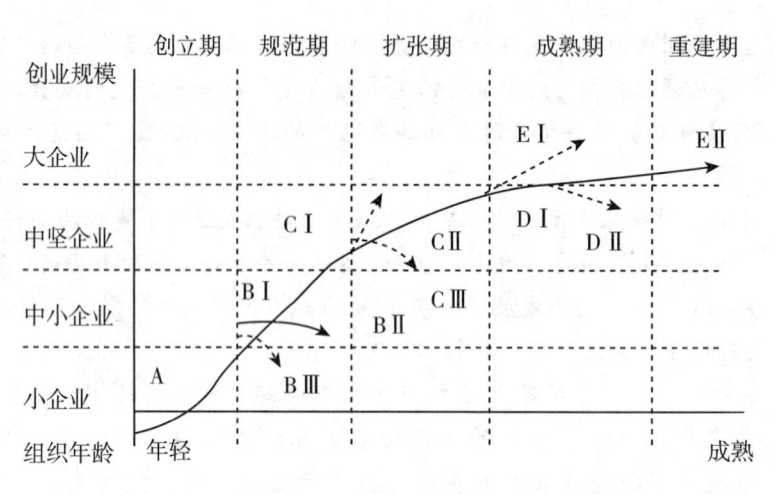

图 11–1　小企业成长周期

一、创立期

　　创立期是指从种子期开始直至创立启动的时期，即相当于一般意义上的"种子期"和"起步前期"。在这一时期内，企业在市场中的知名度几乎为零，而且企业经营组织主要由亲戚、朋友等构成。在这一时期，存在某个未被开发的机会，它可能是一个潜在的顾客需求、一个由于环境或人口变化而产生的需求，也可能是一项技术创新或政府倡议的结果。围绕机会，聚集一批有非凡技术和经验或对该领域里异常现象和未开发的机遇特别敏感的愿意承担风险和义务的人。企业创业的基本前提主要是看创业者的创业欲望和能力是否适应外界的环境和条件，要求创业者有欲望、有能力，而且与创业环境相适应。

　　在这一时期，促进企业成长的原因主要有三方面：一是创业者的经营能力和经营欲望；二是创业者的技术能力和市场开拓能力；三是具有开发出适合市场需求的产品、服务等的特殊技能。由于企业处于创业时期并不能较快地打开市场，并依赖于市场求生存，因此，企业生存主要通过亲属、朋友等的依赖关系得以维持。

　　在这一阶段企业的主要问题是获得客户，并按照合同提供产品和服务。具体而言，关键问题包括以下三方面：第一，企业能否获得足够多的客户，交付产品，并提供良好的服务，从而生存下来；第二，企业能否从一个重要客户或一个实验性生产流程发展为销售额巨大的公司；第三，企业何时有足够的资金来满足创业阶段的大量现金流的需求。

　　因此，这个阶段的特点是：能否以有独创性的产品满足市场需求是企业站稳脚跟的关键。人们根据爱好和所拥有的技能承担相应角色开展工作。工作没有正式规范，也没有固定程式。企业通常通过建立一些非正规、多功能团队实现内部交流与合作。志同道合者之间发展起来的密切关系和对对方的工作和能力的认可形成强大的凝聚力。整个组织靠所有员工树立的一种超越个人抱负的共同使命感连接为一个大的网络，同时，组织与社会大网络紧密相连，几乎难以分出界限。

案例 11-1

一个小女孩的成功故事

钟慧琴是浙江财经学院金融系 2003 届毕业生。大学四年级时和两位志同道合的朋友一起注册了杭州天齐计算机网络有限公司。公司于 2003 年 2 月开张营业,主营业务包括小型数码产品、网络工程和针对直接客户的办公耗材销售,她主要负责的是小型数码产品的销售。

一、创办:一波三折

其实在大学的时候,钟慧琴想得最多的并不是毕业后自己出来开公司。在大学一年级时,她决心考研;在大学二年级和三年级时,她一心想出国,连目的地都找好了——澳大利亚;真正说到要创办公司,还得从她大学四年级时的一次实习说起。

当时,她在杭州颐高数码城的一家电脑公司实习。除了老本行财务外,她的工作还涉及电脑产品的销售。从那个时候起,她对 IT(information technology,信息技术)行业的兴趣与日俱增。后来,她又在一家金融单位实习,和之前在 IT 业的经历相比,这里的工作每天重复单调,闷头工作显然不是钟慧琴想要的,她想趁年轻出去闯一闯。就这样她下定决心和朋友一起把公司注册了下来。

二、开局:四面出击

公司办起来了,麻烦也接踵而来。第一个难关就是缺少客户,刚开始公司只能靠亲戚和熟人介绍,没有客户,公司就成了无源之水。钟慧琴意识到不能坐在家里干等业务上门,她开始主动出击,到省内的金华、丽水、宁波等地的电脑城推销自己的产品,也推销自己的公司。

万事开头难。人家第一眼看到她都以为来的是总经理秘书,没想到这么秀气、这么年轻的女孩居然会是公司的一把手,这让客户心里多少有些疑问。而钟慧琴始终觉得诚信终可以打动客户。每到一地,她都认真地去走访客户,和他们聊天;回来后时常给他们发电子邮件、发传真。对于本地的客户,她会时常打个电话或是亲自上门问候一下,顺带了解一下客户近期的需求。

公司实行送货上门。就在记者采访的时候,她还刚刚给客户送去两个墨盒:"东西再小,天气再热,只要客户需要,我们都会送货上门。"

三、发展:盈利来得比预想的早

客户有了,但公司扮演的仍是一个中间商的角色,能够分得的利润可以说是微乎其微。钟慧琴开始想着如何向代理商发展,并积极寻找这样的机会。成功总是青睐有准备的人,现在的钟慧琴已经是好几个产品的浙江省总代理了。随着业务的铺开,公司开始实现盈利:与他们最初定下的"第一年不亏本、第二年在第一年基础上有发展"相比,他们已经成功了。

(资料来源:大学生创业网,http://www.studentboss.com/html/news/2010-06-08/49418.htm。)

二、规范期

规范期也是企业的存活期,是企业的现金流逐渐变成正数且销售节节上升的一段时期。这一时期企业成长可以表现为高成长类型(BⅠ)、安定成长类型(BⅡ)和下降类型(BⅢ)。

在规范期,企业已经有了足够的客户,并能够用产品和服务来满足客户从而留住客户。因此企业的关键问题就是能否从生存下来转变为实现正常收支,能否把企业逐步带入规范运作的状态。具体而言,企业需要关注的主要问题如下:第一,短期内,企业能否产生足够的现金达到收支平衡,并足以支付固定资产损耗后的维修和替换费用;第二,企业能否产生足够的现金流来维持生存,并为发展壮大提供财力,从而能够在现有的产业和市场环境中凭借企业自己的资产和劳动力获得经济回报;第三,能否建立适应企业进一步稳定发展的公司制度,包括治理结构、公司战略、管理方式等。

这时候的组织结构虽然仍旧简单,但公司可能有了一定数量的员工,也设定了一些职能部门,但是部门负责人都不能独立做出重大决定,他们的工作就是执行企业主的明确指令。在这一阶段,有较好规划意识的企业家非常重视制度的建设与发展,也会提出企业文化建设,甚至会超前提出建立学习型组织及股权改革等建议。因此,这一阶段的企业可能因为制度建设滞后而制约企业的发展,也可能因为变革超前而将企业带入危机之中。

这个阶段的特点是:由于成功创业者有条件面临许多机会,容易因暂时的成功而自以为是,所以可能会盲目进入许多新领域;由产品导向转向市场导向,对销售量的追求远甚于对利润的追求;企业开始进入快速成长期,而企业的内部管理机制还远没有建立起来;企业在战略管理和日常管理上都缺乏重点和连续性,企业缺乏战略规划和运行规范化;没有明确固定的组织结构,因人设事;创业者一方面开始尝试授权和分权,另一方面却在努力加强控制权;创业者陷阱日益明显,企业的生存对创业者高度依赖。

三、扩张期

企业正式进入扩张期的重要特征是企业在脱离创业者的影响后(有远见的企业家会主动加速这个过程)仍然健康成长,这一转变过程不一定发生激烈的变革,却是非常痛苦的过程。小企业的扩张阶段是在规范期确定了某种程度的经营基础之后继续成长的时期。这个时期主要有三种成长类型:一是快速成长类型(CⅠ),这个时期企业可以比较迅速地发展为中坚企业;二是正常成长类型(CⅡ),属于按照正常发展速度由小企业进入中坚企业阶段;三是安定成长维持类型(CⅢ),即企业发展仍然停留在小企业发展时期。

在扩张期,企业基本上实现了健康运营(CⅠ、CⅡ和CⅢ),有了足够大的规模和产品市场份额来保证经济上的成功,盈利能力也达到或高于行业平均水平。如果环境的变化不破坏其缝隙市场,企业就可能无限期地停留在这个阶段(CⅢ)。这时,企业一般会面临成长方式的再确认或重新选择。企业要么利用已取得的成就进一步发展，扩大区域性市场或消费群体；要么在保持企业稳定盈利的基础上，寻求或尝试多元化发展。理性的做法是从产品线的延伸开始，逐步进入多个领域，也可以以机会为导向寻求非相关多元化。

在组织结构方面，企业已经达到相当规模，因而在很多情况下需要由职能经理来承担企业主履行的某些职责。职能经理应该有一定的才能，但无须具备最好的才干，因为企业目标限制了他们的上升潜力。这个阶段企业现金充足，关注焦点是防止在兴盛期内出现现金流失，使企业在不可避免的困难时期难以经受住考验。此外，首批专业人士进入企业管理层，通常是拥有特殊能力的人，如特殊技术人才、对企业销售有重大影响的营销人才等。

这个阶段的特点是：创业者在维系企业持续成长的努力中反复尝试授权的方式、范围和力度，直至把企业交给职业的管理团队，他可以聘请专业人才，也可以把企业卖给一个更专业的母公司；领导风格由企业家向职业管理人员转变，创业者总在不断寻找能够接下企业管理接力棒的人，而接下接力棒的人要面对元老们的不理会、不合作，甚至阻挠和破坏；企业目标开始转变，由过去的追求数量转到追求质量；但同时也要防止企业组织僵化。

案例 11-2

红高粱："快餐"有多快

1995 年 4 月 15 日，第一家"红高粱"快餐店在郑州繁华的二七广场亮相，其主要产品正是中原传统的羊肉烩面。

店堂明亮、员工着装统一、使用快餐桌椅和收银机……以麦当劳为样板的小店生意出人意料的好，面积不足 100 平方米的餐馆，日销售额从 2 000 元快速冲破万元大关，座位每天的周转高达 222 人次。随后，"红高粱"在郑州开了 7 家分店。在短短的 8 个月里，"红高粱"从开始的 44 万元启动资金滚动到 500 多万元。

紧接着，"红高粱"布阵北京王府井，在麦当劳旁边扎下营盘。1995 年年底，距北京麦当劳王府井店 22 米的王府井入口处，投入 200 万元资金的"红高粱"北京门店开业。当时，房屋日租金每平方米近 7 美元。虽然"红高粱"规模不足麦当劳的 1/3，但在吸引客户方面毫不逊色，一样熙熙攘攘，一样宾客盈门。一时间，"红高粱挑战麦当劳""大碗面叫板汉堡包""河南小子挑战巨无霸"的新闻也炸开了锅。

1996 年 7 月，"红高粱"董事会决定在全国发展 20 家分店，并在海南、天津等地选了 10 个分店地址。当时"红高粱"被舆论冠以"中国连锁快餐的领头羊"的名号。"红高粱"的战略目标是，2000 年要在全世界开连锁店 2 万家，70% 在国内，30% 在国外。

为实现这一目标，公司计划 3 年不要利润，先要规模和品牌，后求利润。在这一方针指导下，公司迅速扩张，以 10 家店为一组，同时开店，追求"组团效应"，分别在深圳、天津、北京等地同时开店。

为实现迅速扩张的目的,"红高粱"的另一个经营策略是增资扩股。1996年7月,河南省某房地产公司表示在3个月内筹资2 000万元入股,"红高粱"把当时赚来的几百万元和该房地产企业的预付金180万元全部投了出去,预付10个分店的租金押金,平均一个店交了40多万元的押金,启租期是3个月。然而,启租期到了,由于国家房地产政策的变化,这家房地产公司违约,2 000万元一分未到。

在资金困难的情况下,"红高粱"孤注一掷。1998年,企业因从内部员工中和社会上"非法集资"受到相关部门查处。由于资金链断裂,到1998年年底,"红高粱"各地分店相继倒闭,负债总额高达3 600万元。1999年年初,"红高粱"因"非法吸收公众存款"被告上法庭。

20世纪90年代,凭借着叫板麦当劳的勇气,中国本土餐饮品牌"红高粱"迅速走红。但因盲目扩张,"红高粱"陷入了非法集资的泥潭。2000年10月,创始人乔赢获罪入狱,成立不到5年的"红高粱"就此夭折。之后,"红高粱"曾多次企图东山再起,但都以失败告终。

超过资金和管理实力的盲目扩张早已是中国企业界的低级错误,但是人们往往追求一蹴而就。企业在起步阶段应该采取谨慎态度,不应好高骛远。如果违背了市场规律,那么失败是必然的。

(资料来源:大学生考试网,http://m.9299.net/read/79h3722hk2hj960590i67760.html)

四、成熟期

企业的成熟期一般指企业的飞跃性发展阶段,企业的扩张基本上获得了成功,企业的事业领域也基本确定。这时,企业需要对扩张期的成果进行整理或者着手解决企业快速发展所积累的问题。在成熟期这一阶段,企业营业额增加和事业领域扩展的欲望不再那么强烈,而日益重视企业自控力和灵活性的平衡。根据企业发展状况,企业的成长类型可以分为三种:安定运行类型(DⅠ)、再成长类型(EⅠ)和衰退类型(DⅡ)。

这个阶段的特点是:企业的制度和组织结构能够充分发挥作用;视野的开拓和创造力的发挥已经被制度化;企业高度重视对顾客需求额的满足;企业能够制订并贯彻落实计划;无论从销售能力还是从盈利能力来讲,企业都能承受增长带来的压力;企业开始分化出新的婴儿期企业,衍生出新的事业。

在这一阶段,长期居于次要地位、以突变式为特征的产品创新、技术开发工作受到重视,企业开始在内部组建类似创立期的开发团队,或购买现成的专利技术,收购技术型创业企业,为企业在下一个技术周期持续保持优势(或扭转局面)做准备。二元性是一个健康企业在这个时期的典型特征:同时兼顾现在和未来,效率和创新并存并重;对组织结构做渐进式调整,在提高流程效率、过程质量上无所不用其极,同时为产品、技术突变式创新从组织安排上创造条件;员工招聘、队伍建设以同时满足效率和创新的需要为核心任务;为避免"成功综合征",在总结经验教训的基础上,企业文化工作开始给管理人员,乃至全体员工灌输危机意识,为突变式组织变革进行舆论造势。

在企业的生命中,这个阶段非常重要。如果企业主在财务和管理上都能应付成长中的企业所面临的各种挑战。企业就可以成为一家大企业。反之,他们通常可以把企业出售,获取一些利润。在这个阶段,创立企业并未把企业带到成功阶段的企业家,常常会自愿或不自愿地被企业的投资人或者债权人替换掉。

五、重建期

这一阶段时间的持续同样受很多因素的影响,可能会很长,也可能会很短。企业进入这一时期通常有两种方式:一是企业没有在成熟期主动变革,导致企业进入强制变革期;二是企业主动进入重建期。企业进入这个阶段后,最关心的首先是巩固和控制快速成长带来的财务收益问题;其次是保留规模小的优势,这种优势体现在企业的快速反应和创新精神上。企业必须尽快扩充管理队伍,以便消除增长可能带来的低效率。企业还应该使用诸如目标管理、预算、战略规划和标准成本制度等工具使企业专业化。

处于这一阶段的企业,拥有足够的人力和财务资源来进行具体的运营和战略规划;在管理上实行分权管理,拥有足够多的员工,积累了一定的经验;制度涉及范围很广,而且很完善,企业主和企业在财务和运营上是相当分离的;拥有财务资源、规模和管理人才等方面的优势,如果能继续保持这种创业精神,必然成为市场上的强大力量。

总之,企业发展是一个不断渐进的过程,在发展过程中要充分把握好成长的规律性。同时,还要制定出不同时期、不同阶段的企业经营、管理和发展策略,并适时地加以调整、补充和完善。

第二节　小企业发展风险与规避

随着知识经济、信息时代的到来,企业在迎接挑战、获得机遇的同时,也面临着许许多多、各种各样的风险。如何防范和规避这些潜在的风险,以最经济、有效的对策处理意外的风险,已成为现代企业经营管理中的一个重要组成部分,决定了一个企业的生存和发展。特别是对成长初期的小企业来说,由于规模小、资产少、产品市场不确定性大等,更应在充分预测、识别风险的基础上,防范风险的发生。

一、小企业风险

(一) 小企业风险的内涵

小企业风险作为一种微观经济风险,是指小企业由于经营环境的变化,以及经营管理工作上的失误和偏差而使其在生产经营活动的各个环节可能遭受到的损失。它是与小企业的生产经营活动密切相关的，潜藏于小企业的经营行为中，并具有不同的表现方式。小企业风险具有客观性、普遍性、规律性等特点。

（二）小企业风险的类型

根据企业的生命周期理论，小企业在其成长、发展的过程中，虽然面临各种各样的风险，但是在某一具体的生命阶段，必定有某些风险是其需要特别注意和防范的。基于此，我们按照各种风险在企业成长过程中的重要程度进行论述。

1. 创业风险

面对某个商业机会，创业者将承受相应的技术风险、市场风险、财务风险、政策风险、法律风险、宏观环境风险和团队风险，这是任何创业者都会遇到的问题，只是特定创业者面临的风险的结构和程度不同罢了。创立期的企业面临的风险千头万绪，我们关注的是企业如何通过对环境的分析选择合适的商业机会，以利用优先的资源来尽快渡过创立期，步入正轨。

2. 技术创新风险

企业的发展需要有一系列品质可靠、竞争力极强的产品。虽然在创业阶段企业可以采取跟进战略，模仿畅销产品，但是从企业长远发展的角度来看，企业应该逐步加大研究开发的资金，进而实现技术创新，以优秀的产品巩固其市场优势地位。小企业是技术创新的源泉之一，在技术创新方面发挥着重要的作用。鉴于创新活动本身的复杂性，以及技术创新收益的不确定性，企业会在技术创新过程中遇到各种各样的风险，由此可能导致小企业经营的失败。这主要是由小企业在创立、成长过程中必然涉及技术研究开发、产品试制、生产技术的探索等问题所引起的。

3. 市场风险

企业生产的产品只有在市场上实现其价值，才能使其得以生存和发展。市场风险指企业生产出的产品能不能为消费者所认可、能不能被市场所接受以及接受的程度如何。对于小企业而言，消费者偏好的改变对其产品质量、品种、价格选择性的增强，销售渠道的忽然失灵，市场信息的可能失真或有误，都会造成企业的市场风险。这就需要小企业做好市场定位、做好对产品的市场需求预测、做好生产过程的控制以及提升总体营销水平。

4. 财务风险

小企业要创业，要进行技术创新，要占领市场，也就是说，要生存和发展，就需要筹集资金。小企业可以采用各种方式筹措资金，而债务融资是其最主要的融资方式。融资带来的财务风险表现在两方面：一是小企业由于利用财务杠杆而使其丧失偿债能力，陷入财务危机的可能性，也称为破产风险或财务危机风险；二是小企业所有者受益的可变性。这就需要小企业确定好融资规模、融资方式以及融资结构，加强财务风险管理。

5. 人才流动风险

人力资源在企业价值创造中发挥着越来越重要的作用。很多企业都意识到这一点，并努力建立人才管理机制，争取吸引人才、留住人才。但对于小企业而言，因为其本身的规模、环境、管理机制等，在吸引人才方面有很大的劣势，并且其人才的不合理流动，尤其是人才流失，给小企业造成了更大的损失。

6. 管理风险

小企业，尤其是个体、私营企业，管理体制比较陈旧，常常用经验管理取代科学管理，缺少一套比较科学的决策机制和用人机制，所以小企业的管理水平普遍偏低，不能适应经济形势发展和企业自身发展的需要。当企业发展到一定阶段，有了一定规模，业务比较复杂时，管理落后造成的消极影响就越来越严重。小企业只有进行管理创新、采用科学的管理方式、创建有效的管理体制，才能更好地适应企业生存和发展的需要。

7. 国际化风险

当今世界，经济全球化已成为必然趋势，我国小企业只有顺应这一潮流，才能积极参与国际性竞争，融入世界经济大循环，实施国际化经营战略，即国际性地利用生产要素和管理技能，从事跨国界的工商活动，从而提升竞争力，求得生存和发展。在这个过程中，小企业也要充分认识到这种国际化机遇中隐藏的风险。同时，对于从事对外贸易的小企业，不仅需要了解发达国家设立的贸易技术壁垒，还可能遭受反倾销等的不公正待遇。

8. 多元化风险

在今天，几乎所有优秀的中国公司都或多或少地正在进行多元化的努力，而许多公司的危机与衰亡也都与公司的多元化扩张战略有关。通过对多元化经营在历史上的几次重大演变的回顾以及对多元化战略的理性分析可以看到，培育和拥有核心能力的相关多元化才是企业经营成功的关键。

9. 道德风险

对于小企业来说，道德是一切约束小企业经营行为与社会行为的规范与制度的总和，包括法律、行政、社会规范、伦理道德等方面的约束和规定。当小企业为了追求自身利益的最大化而违反了这些规范与制度时，就构成了道德风险。在我国，道德风险是小企业发展中的突出问题。小企业的道德风险反映了其内在的文化弱势，成为制约其进一步发展的重要内因。

二、小企业的风险管理

（一）小企业风险管理的内涵

风险管理是指企业面对风险时采用科学、有效的方法，以便用最小的成本获得最大安全保障利益的管理活动。

小企业的风险管理与大企业的风险管理在以下两方面存在差异：

（1）保险公司为小企业担保的风险较高，所以在某些情况下可能会拒绝为它们担保。

（2）大企业的风险管理工作通常由专门的经理负责，而小企业的经理通常就是风险管理者。

（二）小企业风险管理的程序

小企业在应对风险的过程中，往往会对发生概率小的巨大灾害的重视程度不够，一旦灾难发生，企业就束手无策，或被迫倒闭。风险管理可以将风险的识别和处理系统化，同时风险管理是一个连续不断循环的动态过程。其具体程序包括确立风险管理目标、识别风险、估算风险损失、选择和实施风险管理方案、检查和评估风险管理的效果五个步骤，这五个步骤是相互依赖、彼此制约的。准确的风险识别和估算是选择合适风险对策的基础，风险管理技术方法的成功运作是实现风险管理最终目标的保证。

1. 确立风险管理目标

风险管理的总目标是以经济有效的方法，将风险成本降至最低，该目标与企业发展的总体目标应该一致。通常，风险管理的目标可以分为两个阶段，即损失发生前的目标与损失发生后的目标。在损失发生之前，目标的重点是避免或减少损失的发生，尽量将损失发生的可能性和严重性降到最低水平；在风险发生之后，目标的重点是尽快使企业恢复到原有的状况，稳定环境，持续经营，确保企业生存。

虽然不同的企业在组织形式、生产规模、产品性能、市场营销诸方面存在差异，但是具体的风险管理目标都应当包括节约生产和销售成本，追求利润最大化；减少内部忧患情绪，维持安定稳固的局面，保证企业积极向上发展；注重客观条件和环境的变化，防止突发性的意外损害；承担社会责任，满足和建立良好的社会公众形象。

2. 识别风险

采用系统、科学的方法，尽可能全面、准确地识别出企业所面临的风险，是风险管理工作的关键步骤。

风险识别常用的方法有环境分析法、生产流程分析法、财务状况分析法、列出风险清单分析法、事故分析法等。除这些常用的方法以外，风险识别还有汇总保险条款分析法、现场调查法、损失统计记录法等。每种识别方法都有各自的特点，小企业的风险管理者可根据企业的性质、规模、技术力量、环境条件选择适当的方法或将几种方法组合应用，完成风险的识别。

（1）环境分析法。环境分析法是对影响小企业生存的环境因素进行分析，从而防范风险的发生。这些因素不仅包括内部环境因素，而且包括外部环境因素。影响内部环境的因素主要有企业的生产条件、规章制度、工人及管理人员的素质、管理水平等。影响外部环境的因素主要有原材料供应商、市场需求情况、企业的筹资渠道、企业与顾客及竞争对手的关系、企业与政府的关系、企业与外界的其他联系等。

（2）生产流程分析法。生产流程分析法是按工艺流程和加工流程的顺序，对每一个阶段和每一个环节进行检查以发现其中潜在的风险，挖掘产生风险的根源。

（3）财务状况分析法。影响经营业绩的因素可能是某些潜在的风险因素，通过对企业财务状况（如企业的资产负债表、损益表、财务状况表等资料）的分析可能会找出产生问题的根本原因。

（4）列出风险清单分析法。列出风险清单分析法是逐一列出企业所面临的风险，并将这些风险同企业的活动联系起来考察，以便发现各种潜在的风险因素。

（5）事故分析法。事故分析法是对可能引起损失的事故进行研究，探究其发生原因和结果的一种方法。

3. 估算风险损失

在识别了企业面临的潜在风险后，风险管理者必须对损失进行衡量。估算风险损失是指运用概率及数量统计方法估计某种风险发生的概率以及风险造成损失后果的程度、性质，以准确地估量损失金额。风险估计包括对风险事件发生概率的估计和对损失严重程度的估计。

风险损失的估算可以依照以下程序进行：

（1）风险事件在确定时间（如一年、一个月或一周）内发生的可能性，即频率的大小。主要根据企业的风险管理计划、已经识别出来的风险因素、风险的类型以及历史经验数据，运用定型的方法进行估计，从而列出企业风险发生频率的清单以及需进一步分析的风险清单。

（2）根据风险事件发生的数量和损失严重程度估计平均损失额的大小。

第一，损失程度估计的范围，既应包括频率很高、损失额比较小的风险损失，也应包括频率较低、损失额比较大的风险损失；既应包括损失的直接后果，也应包括间接的损失后果和财务影响。

第二，损失的严重程度。在确定损失严重性的过程中，风险管理人员应特别注意要考虑某一特定时间可能产生的所有损失，以及它们对企业的最终影响。在评估风险损失的货币价值时，还应重视这些损失对企业财务产生的最终影响。

通过对损失程度的估计，列出企业风险及其严重程度的清单、可能发生的损失金额、损失对企业生产经营及财务状况产生的影响等。

第三，风险管理者预测风险事件的次数和平均损失额度，从而计算出预期的风险平均损失金额。预期的平均损失金额可用以下公式计算：

$$预期的平均损失金额 = 平均损失频率 \times 平均损失额$$

4. 选择和实施风险管理方案

在对风险进行识别和估算以后，接下来就是选择和确定应对风险的技术方案，并且加以实施。风险管理对策分为风险控制对策和风险财务对策两大类。

风险控制对策的实质就是在风险分析的基础上，针对企业存在的各种风险因素，运用控制的方法减少或消除风险损失，其重点放在改善引起意外损失的条件。它主要包括风险的避免和减少、风险的控制以及风险的分散等方法。

风险财务对策使用积极的方法来处理已经发生的损失，由于各种因素的影响，人们对风险的预测不可能绝对准确，而且防范损失的各种措施都具有一定的局限性，所以风险的发生以及带来的损失是不可避免的。风险财务对策的目的是提供转移风险的方法，降低损失的成本。

5. 检查和评估风险管理的效果

对风险管理方法的适用性及收益性进行分析和检查、修正和评估是风险管理中的一个不可缺少的环节。它可以监督风险管理部分的工作，及时发现和纠正各种错误，避免不必要的损失，以达到以最小的成本获取最大风险保障的目的。

案例 11-3

强升企业的失败

福建强升企业是由乡镇企业发展起来的一个家族式企业，由三兄弟合伙创立。创立伊始，三兄弟各出资 2 万元建立一个砖瓦厂。在开始的前两年，生意异常红火，为三兄弟带来了上百万元的财富。但是，他们觉得只搞砖瓦生产发展缓慢，而且没有大企业的那种气派劲，于是决定进行新的投资。当时，正赶上全国掀起大办企业的热潮，三兄弟合计：一方面，把砖瓦厂的生产能力扩大两倍，另一方面，把业务扩展到服装行业，再办一个服装厂，组建成工贸企业，名称就是强升工贸企业。

三兄弟要扩大砖瓦厂生产能力和创办一个服装厂，仅仅靠砖瓦厂带来的 100 多万元的资金肯定是不够的。于是他们再向银行贷款 100 万元，以砖瓦厂作为抵押。他们马上开始运作：砖瓦厂的扩建工程进展很快，在不到半年的时间内已基本完成；服装厂的创办也很顺利，设备购建后，他们从社会上招聘了近 100 名工人进行服装加工。然而，他们没意识到企业已陷入一场危机之中。

新建的服装厂刚刚开始投产，国家开始实施宏观调控，国民经济"软着陆"计划开始实施，冻结了许多新建工程，于是砖瓦厂扩建的生产能力闲置起来，原有的生产能力也满足不了。服装厂投产后，由于工人技术水平低，生产的服装质量很差，没有任何知名度，销路也很差，服装厂处于负债经营状态。一年以后，银行贷款的还款期限已到，企业根本没有流动资金还债，最后砖瓦厂被法院强制执行拍卖。三兄弟一无所有了，等于又回到了最初的起点。

从强升企业的遭遇中，可以看到，没有风险管理意识企业就会失败。我们常常把市场经济比喻成大海，这表明，中小企业在市场的激烈竞争中绝不是一帆风顺的，随时随地都会遇到各种风险，有时甚至是灭顶之灾。只有认识到各种风险，并提前做好准备，才会享受在风险中博取成功的喜悦。

（资料来源：百度文库，http://wenku.baidu.com/view/ec92dcf80242a8956bece4c4.html。）

第三节　小企业的退出

尽管中小企业在发展过程中充满危机和风险，但是从整个社会对中小企业的需求来看，其发展潜力是巨大的。小企业发展如果要追求成功，就必须着重考虑以下因素：目标市场明确、获得充足资金、有效使用人才、及时获得信息、培养专业技能、有效利用时间。但是，中小企业毕竟在发展过程中存在许多问题，有些企业已经不能负担沉重的债务，或者发展面临极大的困难，因此如何制定合理的退出战略就显得异常重要了。

一、小企业退出概述

在现代意义的市场竞争中，企业发展并不是一个直线上升的结构，而是一个螺旋上升的结构。企业发展所要解决的根本问题是，在有限资源和有限市场的双重约束下，优化企业资源结构。市场竞争要求企业有进有退、能屈能伸、进退结合、伸缩有度，这样才能赢得企业的持续发展。

(一) 企业退出的内涵

企业发展战略应包括市场进入与市场退出两大部分。市场进入与市场退出是辩证统一的关系，即从某些范围和局部的适度退出是为了大规模的进入。从实际情况看，市场退出难度更大，但对于特定时期来说，市场退出更具有现实意义。如果市场退出的主体是企业，则称为企业退出。我们讨论的市场退出专指企业退出。

企业退出的方式分为两种。一种是被动退出。它是指由于市场发生变化，迫使某些企业缩减自己的市场份额和生产能力，以适合需求结构或资源结构变动的要求。这一类可理解为市场的被动退出，它是由市场机制和企业自身的原因造成的。另一种是主动退出。它是指企业自身为了优化产品结构，根据市场演变的趋势，主动地将一些正处于需求萎缩中的产品退出原有领域或区域，以便集中精力开拓某一新的市场，或让新产品"顶替"进入，以促进该种产品市场成长和扩大的一种经济活动。

(二) 企业退出的障碍

企业退出存在一定的障碍，一是物质障碍。它是指物质资产和人力资源的专用性。一般的资产都有其专业范围，资产的专用性要求资产资源配置在适当领域，如果转移该类资产，则必须付出"转移成本"，这可能是企业无法负担得起的。二是心理障碍，从某种意义上来说，企业退出就意味着对现有业务的"否定"，这对于企业经营者来说从感情上可能难以接受。三是制度障碍，在市场经济条件下，由于存在结构性壁垒，企业进入和退出都有一定的难度。

对于大多数企业而言，企业退出并不意味着资源的永久性"失业"，这些退出的资源通过流动、转移，很可能会寻找到更加有利的投资领域。除了一小部分资源可能在退出过程中出现流失和泄露外，其余大部分资源还会重新进入新的领域。同样，企业进入新的业务领域后也不是永久性地固定、沉淀下来，而是随着企业的成长，又必须考虑资源的新的战略性转移。为了在多元化企业中得到最高的绩效，企业管理者就必须有效地进行资源配置，将资源从低机会率的领域转移到高机会率的领域中。

案例 11-4

"卖油郎"的转行

1988年,28岁的魏应行带着家族重托,揣着股东股本从台湾来到大陆,寻找合适的投资项目。他先后在北京、济南建立了制油、制蛋酥卷的工厂。这两个工厂虽然通过精彩的广告和良好的品质,在大陆有一定的知名度,但是这两者均由于价格过高,当时老百姓的收入有限,购买力非常低,很难打开市场。到1992年,魏应行所带全部股本几乎赔了进去。

一次,魏应行去外地出差。当年返回北京要坐18小时的火车,路上他拿出从台湾带来的方便面。方便面香味四散,大陆同行都说这种方便面怎么这么香。他分给大家吃,大家都说很好吃。魏应行想,既然大家这么喜欢,为什么不生产方便面?就在这一念之间,创造了顶新方便面王国(以下简称"顶新")。经过调查,他发现国内市场上的方便面,要不几角钱一包,质量很差,一泡就软了,而且包装简陋,又不注重宣传,十几年如一日,都是一个模样;要不就是多在宾馆和机场销售的进口方便面,价格都为5元、10元一包,普通老百姓消费不起。市场两极分化,而中间的空白区域没有企业做。"顶新"认为,在高价位及低价位中间,应该有一个中价位市场。因此,"顶新"锁定二至五元的中间价位市场作为主打市场。1992年8月21日,第一袋方便面上市了。"顶新"的方便面品质精良、汤料香浓,碗装面和袋装面一应俱全,而且它取了一个有亲和力的名字——"康师傅"。"师傅"给人亲切、专业的印象。"康师傅"方便面一经推出,一条生产线3个月的订单24小时内全部签完。自此,"康师傅"方便面香飘各地。

在此案例中,魏应行从食油和蛋酥卷的市场上被动退出,转做方便面,市场定位准确,最终取得了成功。

(资料来源:豆瓣网,https://www.douban.com/group/topic/21636735/。)

二、企业价值评估的方法

在实践过程中,由于各企业的情况不尽相同,复杂程度不一,因此决定企业整体价值的因素较多,似乎给我们的评估工作增加了难度。但是,无论投资金融活动,还是并购行为,都是基于合作双方对企业现有资产获利能力的认同。也就是说,人们更关注的不仅仅是企业现有的资产状况,更多的是基于现有资产的未来利润。因此,企业整体价值的评估不应是某几项资产的简单相加,而应是一种对企业资产综合体的整体性、动态性的价值评估。评估企业的常用方法有重置成本法、收益法和市场法。

(一)重置成本法

重置成本法是目前国家评估准则和规范中最受推崇的方法之一,它是以资产负债表为价值评估和判断的基础，按资产的资本构成，以现行市价为标准来评估企业的整体价值。在对小企业进行评估时，我们常常会引入重置成本法。其基本思路是：一项资产的价格不应高于重新建造的具有相同功能的资产的成本，否则投资人将会选择后者。

在企业正常经营状态下，采用重置成本法对企业进行评估，首先要确定企业评估资产的范围。第一，要确保被评估企业资产产权明晰，即产权由被评估企业所有或控制。第二，在产权已经清晰界定的前提下，对企业中存在的生产能力的闲置和浪费，以及某些局部资产的功能与整体资产的总体能力不一致等情况，按照效用原则进行资产重组，进一步明晰企业被评估资产的范围，以免片面夸大企业价值；对于生产能力较为薄弱的环节需要进行必要的改进，以保证企业整体生产的协调和平衡，以确保全面、充分地反映企业的整体价值。

在确定资产评估范围后，即进入具体的资产评估阶段，对企业具体评估范围内的资产及负债逐一进行评估。在确定评估基准后，以此为基准重新建造具有相同功能的资产，并进行适当的扣除，其计算公式为

$$企业资产评估值 = 重置成本 - 实体性贬值 - 功能性贬值 - 经济性贬值$$

重置成本法是一种静态的企业评估方法，从目前大多数资产评估案例来看，其使用较为普遍。但是在应用过程中，尤其是在对高科技的小企业进行整体价值评估时，这种方法存在明显的缺陷。由于这种方法是基于被评估企业现有净资产的状况，是一种静态评估方法，这种方法更多的是基于企业的历史状况和现有状况，因而无法反映企业未来的动态发展状况。另外，在科技因素越来越重要的前提下，人员作为技术资源的载体，无疑是企业的一种无形资产，是企业活力的基础，而重置成本法无法在企业的整体价值评估中反映这些资产的价值。

因此，在实际操作中，在对那些具有更高发展潜力的小企业，尤其是高科技的小企业进行整体价值评估时，我们常常引入净现金流折现法。

（二）收益法

收益法是指通过预测企业的未来预期收益（主要形式是现金流）的现值总和来确定被评估企业的价值，即任何企业资产的价值等于其预期未来全部现金流的现值总和，在实际工作中，收益法也是进行企业价值评估和项目评估最常用的方法。运用收益法需满足一些条件：首先，被评估企业的未来预期收益可以预测并可以用货币衡量；其次，与企业未来预期收益相联系的风险报酬可以估算出来。

收益法较全面地考虑了影响收益的各种因素，如市场预期收益、市场风险等，较准确地反映了企业的价值。与投资决策相结合，应用收益法评估出的企业价格容易为供求双方所接受。但是这一方法的应用暗含了如下假设：

（1）项目投资不能推迟，所有投资在期初或某一时刻必然发生。而事实上，这对于小企业来说，风险特别高，企业家在投资的时间选择上存在很大的灵活性，可以提前或推迟投

资，选择最有利的投资机会。

（2）只要投资已实行，项目在投资期内就一直运行，不存在中途取消的可能。而事实上，投资者可以通过分析投资达到中途退出投资的目的。

（3）在整个收益期内折现率不变。这样就忽视了国家财政货币政策、税收和通货膨胀等外部不可控因素对折现率的影响。因此，收益法并不适用于估计对灵活性要求高的企业价值的评估。

（三）市场法

市场法是指根据替代原则，将待评估企业与近期市场交易中类似的企业进行对照与比较，以后者的既知价格为基础，经过类比分析、适当修正而得到被评估企业最可能实现的评估价值。其基本思路是：一个理性的投资者在一个公开透明的市场上购买一项资产的价格绝不会高于有相同效用的替代品的价格。运用市场法需要满足以下条件：

（1）必须存在一个企业交易完善活跃的市场，而且这个市场已经有一定的历史，以便有充足的有关企业价值方面的信息资料。

（2）市场上必须存在与被评估企业情况类似的企业，即要有可比较的参照物。

（3）被评估资产的市场参照物的经济、技术参数可以获得。

市场法具有较好的客观性和验证性，但也具有很大的局限性。首先，市场法要求有一个企业交易完善、活跃的市场，如果没有这个市场，应用市场法所需要的参照物、技术参数和交易中的各种经济信息都将难以获得。即使收集到这些信息，所获得的交易资料的可信度和可用性也是有限的，而且这类市场波动较大，这些都将影响技术商品评估的可靠性。其次，市场法需要在交易市场上存在一个与待评估企业相类似的企业的参照物，而由于小企业都是新兴的企业，在其行业可能就此一家，很难找到行业、技术、规模、环境及市场都相当类似的可比企业，即使在同一行业类型的企业中，其基本商业特征也不相同，在这种情况下采用其他企业的信息就比较困难，尤其是我国资本市场还不成熟。

三、小企业的退出策略

退出策略是企业家在创办企业的时候就应该想到的，而不是在迫不得已时加以考虑的。下面将会提出一些可能的退出方式以供讨论，主要包括企业上市、企业移交和企业出售。

（一）企业上市

1. 首次公开上市

拥有一个融资平台、拥有一家上市公司是许多企业家的梦想。通过首次公开上市或者买壳上市可以实现企业公开发行股票。小企业可以选择中小企业版市场上市。

选择上市虽然会牺牲企业家一部分股权，但是，至少可以从以下几方面感受到上市给企业带来的好处。

第一，企业上市迅速增加财富，提高自身身价，筹集巨额资金，为二次飞跃聚集资本。企业上市意味着企业家名下的资产迅速扩张。

第二，通过上市，改变家族制，使企业产权清晰化，形成完整的现代企业治理结构，用以构建企业做大、做强的平台。通过上市，改善股权结构，促进企业治理结构调整，提高管理水平，是许多小企业应对我国加入世界贸易组织的迫切要求。

第三，通过上市改善企业外部经营环境，提高企业知名度，便于吸引优秀人才和开展任务；同时分散经营风险。

不少企业家还有一个更为隐秘的上市动机，即欲通过上市来取得新的保护伞。上市使私人企业变成了公众拥有的上市公司，增强了企业与地方政府的对话能力。

2. 借壳上市

由于直接上市对拟上市的企业要求较高，审批程序复杂，企业需要等待的时间长，所以许多企业为了绕开这些障碍，也常常选择借壳上市来实现间接上市。借壳上市，无论时间上（借壳上市的全过程不会超过6个月，一般在3~4个月内可以完成），还是程序上，都比直接上市来得快，并且入市门槛比首次公开上市的方式更低，所以大受民营企业的欢迎。尤其对小企业而言，借壳上市如今已取代首次公开上市成为上市热点。在美国、中国香港等地借壳上市，成本更低，时间更快。

借壳上市，也称为买壳上市，就是非上市公司通过证券市场购买一家已经上市的公司一定比例的股权来取得上市的地位，然后通过"反向收购"方式注入自己的有关业务及资产，实现间接上市的目的。非上市公司可以利用上市公司在证券市场上的融资能力进行融资，为企业的发展服务。

（二）企业移交

许多新企业将被移交给家族成员。如果家族中没有人对企业感兴趣，那么对于企业家来说，很可能将企业直接出售或者培养企业中的一些员工接管企业。

1. 移交给家族成员

要成功地将企业移交给家族成员经常会面临一些难以克服的困难。据专家估计，企业从第一代所有者到第二代所有者的转移过程中，有半数的尝试都以失败告终，而向第三代所有者转移的过程中，只有14%的企业能够获得成功。在向家族成员移交的过程中，经常出现的状况是情感上和财务上的混乱。因此，从某种意义上可以说，一个很好的移交计划就是能够将这些混乱降低到最低程度的解决方案。

一般来说，一个有效的移交计划需要考虑下面一些极为重要的因素。

（1）移交过程中企业的所有者将来扮演的角色——他是愿意继续做全职工作，还是在企业兼职，或者直接退休。

（2）家族的力量——家族成员能否继续在一起工作。

（3）正在努力工作的家族成员和股东的收入。

（4）移交期间的企业环境。

（5）一些忠诚员工的待遇。

企业向家族成员的移交也会产生处理与雇员关系的企业内部问题，这经常发生在企业家的儿女未经足够的培训就掌握了企业的权力时。如果年轻的家族成员在接管企业前就在企业中任职，承担了各种工作，那么在接管企业后就有可能成功。为了把握整体经营状况，对一个家族成员来说，在企业的不同部门轮换工作是很必要的。这些部门的员工也能协助培训并逐渐了解未来的企业领导人。

如果企业家能在企业移交后继续留在企业工作一段时间作为其移交对象的顾问，那么这将有助于企业的决策。当然，个人性格的差异也可能导致一些严重的冲突。另外，从企业创建就一直坚守在企业的员工可能会对年轻的家族成员掌握企业的控制权感到不快，特别是当这些员工在一些比较重要的管理岗位上时，这种情况会更加明显。同时，移交期间对于继承者来说是一个巨大的机会，移交期间的工作情况能够证明他的能力，调整其未来的角色。

2. 移交给非家族成员

经常发生的另一种情况是，家族成员对担负经营企业的责任并不感兴趣，此时创业者可以有三种选择：一是培养一个关键职员并保留一部分权益；二是保留企业控制权并雇用一个经理人；三是将企业公开出售。

将企业移交给一个工作多年的企业员工能够确保这位新任主管熟悉企业和市场，该员工的经验可以将一些移交中的问题降至最小。另外，企业家可以花费一些时间来使移交过程更加平稳。

将企业移交给员工时涉及的一个关键问题是所有权的转移。如果企业家计划保留一部分所有权，那么保留多少就成为谈判的重点。新任主管可能更喜欢拥有控股权，而让企业家作为小股东。员工的理财能力和管理能力是决定移交多少所有权的重要因素。

如果企业在家族的控制之下已有一段时间，并且将来更可能由一个家族成员来接管，那么企业家就要雇用一位经理人来经营企业。然而，要找到一个与企业家按同样的方式、拥有同样的专长来管理企业的人是很困难的。如果找到了某个人来管理企业，也同样可能会产生一些问题，如新任管理者是否与所有者保持政策的一致性，以及此人是否愿意在获得企业多少股权等问题完全确定下来之前从事一定的管理工作。

最后的选择方式经常被称为企业家的一种"回报"行为，这是指将企业公开出售给员工或局外人。在这种选择方式中，首要考虑的是财务方面的问题，这可能需要会计师和律师的帮助，这种方式同样需要确定企业的价值。

（三）企业出售

企业家在出售企业的时候有许多方案可供选择，其中一些简单明了，其他一些则涉及比较复杂的财务战略。企业家应当根据其目标仔细考虑这些方案中的每一种，并做出合理的选择。

1. 直接出售

这大概是最常见的出售方法。许多企业家决定出售企业，可能是因为有了新的奋斗目标，要去开创新的事业，也可能仅仅是觉得到了退休的时候了。如果企业家已经决定出售企业，那么以下一些因素应尽早考虑：

（1）提前准备和做好计划是最重要的。

（2）对固定资产的状态进行有效的评估。不断更新或者使用先进的设备，可以提高企业的出售价格。

（3）进行税务咨询。

（4）从关键员工那里获取员工意愿方面的信息。

（5）尝试保持一个良好的管理团队，允许他们与重点客户签订常规合同，以减轻企业对业主与顾客关系的依赖。

任何企业的出售都要考虑的一个重要问题是买方所采用的支付方式。买方经常使用基于未来收益的条款来购买企业。如果新的所有者经营不善，卖方就可能得不到任何现金支付，还可能以收回濒临绝境的企业作为最终的结果。

企业经纪人有时可能会对企业的出售有帮助，因为出售一家企业实际会花费较多的时间。经纪人对企业的出售会很谨慎，并可能通过一个既定的关系网络散播企业出售的信息，并从企业的出售中收取佣金。佣金一般从10%起在一个浮动范围内变动。

一旦企业被出售给家族成员或者职员后，企业家的角色就要依赖于出售协议或者与新的所有者所签订的合同。许多购买者都希望企业家能够在企业中暂留一段时间，以维持平稳的过渡。在这种情况下，企业家应该就雇用时间、工资和责任进行谈判，订立一份雇用合同。如果企业不需要企业家留在企业中，新的所有者有可能要求企业家签署一项在一个指定年限之内不再涉足相同企业的协议。这些协议在范围上有所不同，并可能需要律师来澄清一些细节。

企业家同样可能计划将企业出售给员工，这可能导致采用一个涉及所有员工的股票期权计划，或者通过一个企业管理委员会来买断合同，后一种方式只向企业一些特定的管理人员出售。

2. 员工持股

在员工持股计划方式下，企业家在企业经过一段时间经营后将其出售给员工。这段时间可能是两年、三年或者更长时间，时间的长短与企业家退出企业的意图直接相关。

员工持股计划方式有很多优点。首先，它提供了一种针对员工的独特激励机制，通过将员工的报酬和企业的业绩直接挂钩，并赋予员工行使股东的投票权从而在企业的管理中扮演一定的角色，奖励他们投入更多的时间和精力。其次，它为对企业忠心耿耿的员工提供了一种补偿机制，尤其是在企业困难时期。再次，它允许企业在书面协议的规定下按照详细的计划进行移交。最后，它允许职工投资公司的股票，这能给员工带来纳税上的好处。

然而，尽管员工持股计划有这些令人满意的优点，但这种方式仍有一些缺点，即不能适用于所用的企业。员工持股计划必须覆盖所有的员工，企业家必须披露有关企业的信息，如企业的经营业绩、主管人员的收入，有的企业家并不愿意这样做。

从总体上，这种类型的股票期权计划通常是相当复杂并且很难建立的。为了确定员工持股计划的金额，它要求对企业的价值有一个完整的评估。另外，它也会产生一些问题，如税负、支出比率、年移交的股本的数量，以及实际上由员工投资的金额。协议上同样也要载明，一旦计划完成后，员工可以购买或出售的额外的股票数量。无论如何，由于这种计划的复杂性，企业家都需要专家的建议。一个更简单的方法是由企业的关键员工做出更为直接的全权买断方式。

3. 管理层收购

可以想象，企业家完全可能只想将企业出售或移交给忠诚的关键的员工。由于上述的员工持股计划方式是相当复杂的，企业家会发现，直接出售给管理层能够更简单地达到其出售企业的目的。

从已有的研究得到的数据表明，管理层收购企业通常能够大大提高和改善企业的经营效率。因此，管理层收购被认为是一种很有吸引力的所有权转移的解决方案，而且无论对大企业还是小企业来说都是如此。在新企业中，管理层收购通常被看作对企业家回报的一种方式。

管理层收购通常是企业按预先确定的价格直接出售，这与我们出售房产很类似。为确定这一价格，企业家要对所有的资产一一进行评估，然后确定由过去的经营状况建立的商誉价值。

企业出售给管理层可以用现金方式支付或者其他任何方式支付。如果企业的价值相当大，那么现金购买就是不可能的。虽然新企业的管理层通常拥有一定的权益并对购买企业非常感兴趣，但是他们自己通常缺少足够的财力来购买企业。此时，企业的出售可以通过银行来完成，在这一方式中，将销售收入在一个确定的时间段上进行分摊，可以增加现金流，减少税负的影响。出售公司的另一种方法是使用股票作为支付方式。购买企业的管理人员向其他的投资者出售没有表决权或有表决权的股票。然后这些资金用于公司的全额或部分支付款。其他投资者有兴趣购买股票或者银行愿意向管理人员贷款的原因是，企业拥有相同的管理团队并且已经沿着正常的经营轨迹继续运行。

在确定适当的退出策略之前，企业家应当征得一些局外人的建议。每一个企业的环境都是不同的，实际决策将根据企业家的目的而定。

本章小结

1. 从成长角度分析，小企业成长周期主要包括创立期、规范期、扩张期、成熟期和重建期五个阶段。各个阶段既具有不同的特点，又存在一定的问题。不同的时期又分为不同的成长类型，这些类型决定了企业的发展方向。

2. 小企业风险作为一种微观经济风险，是指小企业由于经营环境的变化，以及经营管理工作上的失误和偏差而使其在生产经营活动的各个环节可能遭受到的损失。小企业风险的类型主要包括创业风险、技术创新风险、市场风险、财务风险、人才流动风险、管理风险、国际化风险、多元化风险和道德风险。

3. 风险管理是指企业面对风险时采用科学有效的方法，以便用最小的成本获得最大安全保障利益的管理活动。

4. 小企业风险管理的程序包括确立风险管理目标、识别风险、估算风险损失、选择和实施风险管理方案、检查和评估风险管理的效果五个步骤，这五个步骤是相互依赖、彼此制约的。小企业风险管理的方法包括风险预测和识别、规避风险、转移风险、分散风险和控制风险。

5. 企业发展战略应包括市场进入与市场退出两大部分。如果市场退出的主体是企业，则称为企业退出。企业退出的方式分为两种：一种是被动退出；另一种是主动退出。然而，企业退出又面临着物质障碍、心理障碍和制度障碍。

6. 企业整体价值的评估不应是某几项资产的简单相加，而是一种对企业资产综合体的整体性、动态性的价值评估。评估企业的常用方法有重置成本法、收益法和市场法。

7. 退出策略是企业家在创办公司的时候就应该想到的，而不是在迫不得已时加以考虑的。小企业的退出策略主要包括企业上市、企业移交和企业出售。

思考与练习

一、名词解释

技术创新风险　　财务风险　　企业退出

二、不定项选择题

1. 小企业发展周期可分为（　　）。
   A. 创立期
   B. 规范期
   C. 扩张期
   D. 成熟期
   E. 重建期

2. 规范期企业成长类型包括（　　）。
   A. 高成长类型
   B. 安定成长类型

C. 下降类型 D. 正常成长类型

3. 小企业风险的主要特点有（   ）。
   A. 客观性 B. 普遍性
   C. 规律性 D. 可测可控性

4. 小企业在市场中必须承担的风险有（   ）。
   A. 创业风险、技术创新风险 B. 市场风险、财务风险
   C. 人才流动风险、管理风险 D. 国际化风险、多元化风险
   E. 道德风险

5. 小企业风险的成因有（   ）。
   A. 市场因素 B. 环境因素
   C. 自身因素 D. 技术因素

6. 风险识别常用的方法有（   ）。
   A. 环境分析法 B. 生产流程分析法
   C. 财务状况分析法 D. 列出风险清单分析法
   E. 事故分析法

7. 下列选项中，不属于小企业退出障碍的是（   ）。
   A. 心理障碍 B. 组织障碍
   C. 制度障碍 D. 物质障碍

8. 企业价值评估的常用方法有（   ）。
   A. 重置成本法 B. 市场法
   C. 收益法 D. 实物期权法

9. 小企业的退出策略主要包括（   ）。
   A. 企业上市 B. 企业移交
   C. 企业出售 D. 员工持股计划

三、思考题

1. 小企业发展周期的不同阶段的特点和问题是什么？
2. 解释下列风险类型：创业风险；市场风险；人才流动风险；管理风险。
3. 小企业风险管理的程序和方法有哪些？
4. 你最欣赏哪一种企业价值评估的方法？为什么？
5. 小企业如何选择适合自己的退出策略？
6. 试讨论分析一家上市的家族企业的发展模式。
7. 试分析中国小企业所面临的主要风险。
8. 比较中国小企业和美国小企业在企业退出过程中的制度障碍。

第十二章 小企业伦理与社会责任

学习目标

学完本章内容以后,你应该能够掌握:
1. 小企业承担社会责任的类型;
2. 小企业诚信缺失的治理对策;
3. 小企业法律环境的构成;
4. 小企业的主要税种及征收方式;
5. 小企业纳税管理中的常见问题。

引导案例

小企业,大爱心
——微型企业设立爱心基金助力新公民学校

2010年1月23日,由北京贝吉儿童摄影工作室、25小时健身俱乐部和乐童网三家单位共同主办的首届贝吉杯亲子趣味大赛暨新公民爱心基金成立仪式在北京举行。三家主办单位以及北京悠然婴幼儿游泳中心、北京张张丽摄影器材公司践行社会责任,设立新公民爱心基金助力新公民学校——旨在为农民工子女提供有质量教育的公益学校。

设立新公民爱心基金的北京贝吉儿童摄影工作室、25小时健身俱乐部、乐童网、北京悠然婴幼儿游泳中心和北京张张丽摄影器材公司是5家规模不大的小企业,有的还是创业不久的小工作室。5家小企业拿出本不丰厚的部分利润用于助学农民工子女教育,践行社会责任让人们看到了这个社会的希望所在。相比大型央企、外企动辄千万人民币规模的投入用于公益慈善领域,这些小企业的责任行为同样值得褒奖和敬佩。这是一份淳朴的姿态,不花哨,但更值得效仿和提倡。

虽然规模和利润都比较有限,但5家企业表现出了对社会公益事业和弱势群体的强烈关注,并创新地结合各自的运营特点与公益行为挂钩。他们各自承诺拿出配套爱心产品销售额的百分之一捐助给行知新公民学校助学。例如,北京张张丽摄影器材公司计划拿出优惠摄影器材来鼓励消费者奉献爱心，价值 4 750 元的单反数码套装每卖出一套便要捐出 47.5 元到新公民爱心基金中去；而立足在社区的 25 小时健身中心也推出了优惠的"公益健身亲情卡"爱心产品，购买这款产品的健身者一则可以享受比平常的健身卡更多的折扣，同时健身者购买的这张健身卡每售出一张也有百分之一的利润会捐给爱心基金，用于助学。消费者在满足了日常的生活需求之时，便已在为公益加油。这种"消费即慈善"的全新公益理念，用一种创新的方式将社会公益与人们的日常生活相联系，可以引导更多的人关注公益、实现了良好的社会效益。

（资料来源：南都公益基金会网站，http://page.renren.com/600002236/note/443072118。）

企业作为一个经济组织，除对投资者负责、追求经济利润外，还应当承担对员工、环境、资源、社区、消费者、竞争对手以及国家的责任。虽然小企业在社会责任的承担方面不具备大企业的优势和资源，但作为与国民经济、人民生活息息相关的经济组织，小企业的社会责任承担以及小企业主的道德文化建设显得愈加重要。本章将对小企业伦理及社会责任的现状进行分析，并对小企业承担社会责任的模式进行介绍和探讨，同时还对小企业经营运作所处的法律环境进行了阐述，特别对其税收意识及依法纳税问题加以说明。

第一节　小企业的社会责任

企业社会责任（corporate social responsibility，CSR）指企业在创造利润，对股东利益负责的同时，还要承担的对员工、消费者、社区、环境等其他利益相关者的责任。企业家们对社会义务的重视程度各不相同，大多数人接受一定程度的社会义务，但是，可能因为资金的压力，许多人在社会责任与盈利之间偏重于盈利。小企业与大企业一样，必须协调它们的社会义务与赚取利润的需要之间的关系。通过履行社会义务，企业可以获得良好的信誉，并使自己成为社区中受欢迎的成员，进而凭借信誉来吸引顾客。相反，轻视社会义务的企业可能会使自己受制于法规，它的雇员对企业也缺乏忠诚。所以在某种程度上，有社会责任感的举措对企业的盈利会有正面的影响。

一、小企业承担社会责任的理论根据

小企业承担社会责任是社会经济发展到一定阶段的必然结果，企业的生存和发展既依赖于社会，又受到社会的约束；既要从社会中谋求自身利益，又必须承担相应的社会责任。

（一）社会责任的经济学分析

小企业作为一种经济组织，它是运用资本进行经营的企业，具有独立的经济利益。在分析小企业的社会责任时，首先要考察企业的社会责任与企业经济效益之间的关系。关于企业

社会责任的经济学观点有"古典观"和"社会经济观"两种主流观点,"古典观"得出的是企业短期财务绩效与社会责任是矛盾冲突关系,而"社会经济观"得出的是一个企业长期发展过程中社会责任与经济绩效之间的正相关关系。从一个企业生存与发展的过程来看,企业的社会责任支出虽然增加当前的经营成本,但正是这些社会支出增强了企业内部员工的凝聚力和工作热情,提高了企业的公众形象与社会信誉,从而为企业创造了更多的利润回报。

(二) 社会责任的社会学分析

社会是一个有机整体,中小企业是构成这个有机整体的最基本单元。同时,企业又是在社会中生存的企业,不能脱离社会而孤立地存在。企业发展的目标在于自身利益的最大化,社会发展目标则在于社会成员共同利益的提高。然而,企业的活动是以社会为背景的,因此企业的目标就不能不受社会目标的约束,这种约束使得企业利益、企业目标在某种程度上要服从社会利益和社会目标。此外,企业活动的经济外部性质所导致的负效应如环境污染、资源过度开发等公害,其实质是将企业成本的一部分转嫁到社会,并对社会生活的质量和可持续发展产生现实的和未来的负面影响,这种利益和社会利益的冲突客观上要求企业必须承担环境、资源方面的社会责任。

二、小企业社会责任的类型

小企业所需承担的社会责任包括保障员工权益的责任、保障消费者权益的责任、保障债权人权益的责任、保护自然环境和社会生态平衡的责任、保护社会利益和社会发展的责任。

(一) 保障员工权益的责任

小企业的员工是企业不可或缺的人力资源,是小企业生产经营活动的参与者。员工为企业的生存、发展和获得利润提供劳动和管理,同时要求企业保障其合法权益。企业必须保障员工的合法权益,包括支付合理的工资报酬,对本企业员工的福利、安全、教育等方面承担义务。企业必须健全劳动保障制度,保证员工有安全、卫生的劳动环境;必须关心职工的福利(包括员工本人及家庭),在工资待遇、医疗保险、养老保险、失业保险等方面承担直接的或间接的责任;必须在职工的再教育方面承担义务,以不断提高员工的文化水平和技能,使其能够适应企业发展的需要和个人发展的需要。

(二) 保障消费者权益的责任

保障消费者权益是企业最基本的社会责任。企业的这种社会责任要求企业为广大消费者提供品种繁多的、优质的产品和服务,以满足其各种不同的需求;企业要对自己向消费者提供的产品质量或服务质量承担责任，履行对消费者在产品质量或服务质量方面的承诺；企业要向消费者提供充分的关于产品优劣、构成、使用方法及使用效果等的真实信息；企业在任何时候都要让消费者自由选择自己所需要和所喜欢的产品，不得采取高压推销及诱惑手段。企业必须承担保障消费者权益的责任，向消费者提供合格的产品和良好的后续服务。

（三）保障债权人权益的责任

小企业的债权人，尤其是银行等贷款机构，是小企业所需资本的最主要提供者，小企业在其生产经营管理活动中离不开债权人的货币资本支持。债权人要求小企业保障其合法权益，小企业必须履行其债务责任，按期偿付债务本息，保障债权人的合法权益。

（四）保护自然环境和社会生态平衡的责任

有些小企业为了获取短期经济利益，在生产和经营活动中严重破坏自然生态环境，甚至造成了不可逆转的恶果，严重威胁了人类生存环境的良性循环。保护自然环境及社会生态平衡是企业重要的社会责任之一，企业在履行这方面责任时应该做到以下几点：在选择生产何种产品和采用何种技术时，必须尽量减少对环境的不利影响；产品在生产过程中要考虑安全性，在消费中要考虑降低对环境的负面影响；企业在设计产品及包装时，要减少原材料消耗，并减少对环境的污染。

（五）保护社会利益和社会发展的责任

保护社会利益及社会的发展是小企业义不容辞的社会责任。小企业的这种社会责任要求企业为社会创造日益丰富的物质财富，以保证社会各经济部门及国民经济正常运行所需的物质条件；企业在生产经营时，要遵纪守法、诚实守信、公平竞争；企业要向国家及政府提供一定的税收，以增加国家积累资金，促进国家建设事业的发展；此外，企业若有经济实力，还应当对社会公益事业进行支持和捐赠，帮助社会贫穷地区发展。

案例 12-1

"百隆东方"以实际行动践行企业社会责任

百隆东方有限公司（以下简称"百隆东方"）新建厂区坐落在宁波市镇海区的骆驼街道。几年来企业积极履行社会公民职责，在创建全国文明城市建设、开展绿色环保和社区文化建设等方面与当地社区保持了良好的互动关系。尤其在与厂区所在地——里洞桥村的村企联谊活动中，企业通过解决众多村民就业、加快农副产品销售、开展各类配套服务业，改善了农村面貌，提高了村民收入。"百隆东方"在2008年为里洞桥村建立了扶贫基金，帮助村里困难户解决困难,还于 2010 年 1 月以专项慈善基金形式出资 100 万元支助里洞桥村解决发展中的各种实际问题。"百隆东方"以实际行动促进社会主义新农村建设,以务实的精神践行企业社会责任。

(资料来源:镇海区中小企业公共服务平台,http://zh.87188718.com/FixNews-11249.html。)

三、我国小企业社会责任现状及问题

小企业社会责任问题在我国现阶段体现得十分明显,我国小企业所面临的市场竞争十分激烈,企业融资困难,生存压力较大。在这种情况下,忽视甚至放弃企业的社会责任成为许多小企业降低成本的对策选择。概括而言,我国小企业社会责任缺失的主要表现有以下几方面:

(一)对职工利益的侵犯

《中国纺织服装行业企业社会责任年度报告 2006》显示,100% 的被调查企业都存在超时工作现象,部分企业员工每天工作达 13 小时,晚上加班 4~5 小时,每周工作时间达 83~90 小时,有的企业员工 3 个月仅能休息 1 天,4 个月仅能休息 3 天;中华全国总工会 2005 年的调查则显示,2002—2004 年职工工资低于当地社会平均工资的人数占 81.8%,还有 12.7% 的职工工资低于当地工资标准,基本的社会保障率覆盖面窄。

(二)对环境保护的漠视

自然资源的匮乏、环境的污染、温室效应、沙尘暴等现象都是现在面临的比较严重的环境问题,而这些问题的出现与企业只注重自身短期利益而忽视了影响其长期发展的环境问题有直接关系。据国家统计局和国家环境保护部 2005 年 11 月的调查,我国中小企业中,80% 以上的工业生产存在污染问题,占中国污染源的 60%。

(三)对消费者利益的侵害

市场上的假冒伪劣商品屡禁不止,从假酒、假药、假化肥到劣质奶粉、黑心棉等都从各方面极大地损害了消费者的利益。例如,根据国家质量监督检验检疫总局 2006 年 6 月发布的一份针对我国豆制产品的抽查报告,中小企业的产品抽样合格率仅为 51.9%。抽查中发现有 9 种产品的菌落总数超过国家标准规定,最严重的超出国家卫生标准 26 000 倍,个别企业甚至被检出含有国家严令禁止使用的苏丹红一号和苏丹红四号。

(四)粗放型生产方式

我国绝大多数小企业技术水平较低,企业利润主要依赖廉价劳动力、低资源价格和高退税补贴。这种粗放型生产方式造成相当大的资源浪费。当前由于世界经济受金融危机的影

响,小企业海外市场受到较大冲击,加上国内生产资料价格上涨、劳动力成本提高,以往粗放型生产方式难以为继。面对这种情况,长三角、珠三角等沿海地区政府部门实行较为严格的产业结构调整政策,放弃传统粗放型经济增长模式,积极发展资源节约和环境友好型产业是沿海地区小企业生存发展的必由之路。

我国小企业数量众多,覆盖面广,企业行为渗透社会生活的方方面面。小企业社会责任建设不仅关系到企业核心竞争力的形成和企业的长期、可持续发展,而且将影响我国经济建设与和谐社会的构建。当前,如何克服资源基础较弱、动机不足等问题,建立企业社会责任投入与企业长期经济绩效直接的稳定相关关系,已成为我国推进小企业社会责任建设中亟待解决的问题。

四、我国小企业社会责任承担模式设计

(一)政府机构应在小企业社会责任的宣传推广中发挥主导作用

由于我国当前针对小企业的社会责任要求主要是欧美国家通过全球供应链上的贸易伙伴关系,以"倒逼"形式产生的,对此中国各级政府部门应当组织高校和科研机构进行研究,深入了解我国主要贸易伙伴国家的社会责任要求,并对小企业进行有针对性的培训,使小企业明确责任所在,了解自身责任行动的努力方向。政府部门还应当通过媒体渠道,加强宣传,努力营造舆论氛围,使企业社会责任的观念深入人心,使履行社会责任状况较好的企业得到社会即时充分的肯定与鼓励,并为同一地区、同一行业小企业共同履行社会责任创造条件。政府部门和行业协会还可以树立典型、表彰先进、推广成功的企业社会责任模式与项目,使其发挥引导和示范作用,带动越来越多的小企业共同履行社会责任。

(二)社会责任项目选择上应尊重小企业群体的内在差异性

在我国小企业中推行企业社会责任时,必须处理好统一性与差异性的关系。企业社会责任在内容结构上应当满足一定程度的标准化、规范化要求,以减少社会责任认证与审核的成本。但在制定社会责任基本框架的同时,应该鼓励小企业结合企业所在地区的具体社会需求、企业特点进行社会责任项目创新。自愿自觉的前提是"适合",我国小企业群体的内在差异性十分明显,企业之间在资本结构、治理模式、经营领域、核心资源等诸多方面存在区别。如果仅是简单设定企业社会责任统一标准,并以一种外在道义性要求强加给企业,不仅加重企业的成本负担,更主要的是不能得到企业的认同和接受,最终可能导致企业的抵制,这就背离了企业社会责任的基本性质。只有将社会责任项目选择的自主权利交给企业,服务和服从于企业社会资本积累和企业长期竞争力培养,才能保证企业社会责任在小企业中推行,实现企业利益与社会利益的统一。

（三）发挥小企业集群优势，共同承担履行社会责任的成本

我国小企业的区域产业集群特点十分明显，如福建晋江的制鞋产业、浙江永康小五金产业、广东东莞的电子产业等都是由处于同一产业链上的许多规模相当的小企业区域性相对集聚形成的。同一行业的小企业之间存在一定的竞争关系，但从集群特点上看，又存在规模经济和范围经济优势。意大利小企业社会责任推行的成功经验之一在于使社会责任行为成为企业构建自身社会资本的重要途径，激发小企业承担社会责任的积极性和主动性。更重要的是，由于共同的社会资源是产业集群形成的纽带，集群产业内各小企业往往拥有共同的利益相关者。如果通过政府相关部门、行业协会和民间团体的努力，引导这些小企业协同行动，那么可以有效克服小企业承担社会责任中"成本归自己，收益归社会"的外部性问题，提高它们的意愿和能力。

案例 12-2

意大利政府的小企业社会责任计划

2002年，意大利政府发起了"企业社会责任——社会承诺"（CSR-SC）项目。在这个项目中，意大利劳动事务部提出将积极构建适用于中小企业的企业社会责任执行标准，项目的目标是传播企业社会责任文化，制定中小企业普遍认同的社会责任原则和标准；同时，CSR-SC项目支持中小企业发展适合自身特点的社会责任项目，进行企业社会责任的自我评估、测量，鼓励中小企业将履行企业社会责任与其发展战略相结合，通过社会责任行为提高企业竞争力。CSR-SC项目的实施建立了共识性企业社会责任原则标准和差异性企业社会责任项目之间的统一关系，为推进意大利中小企业群体企业社会责任建设奠定了基础。

不仅如此，意大利政府部门还积极引导公共机构、非政府组织、大学和科研机构、行业协会、民间团体等关注和关心中小企业社会责任，为中小企业社会责任项目的建立和实施创造良好的外围环境。2005年，意大利政府成立了"意大利社会责任中心"（the Italian Centre for Social Responsibility，I-CSR）。I-CSR设在米兰，成立的目的是促进意大利中小企业与相关公共机构、行业协会、大学、科研团体以及其他相关人员的对话，宣传企业社会责任的知识以及发展社会责任的研究。I-CSR成立后的各项活动也推动了意大利与欧盟及世界上其他国家的交流和沟通，促进了关于企业社会责任的学术研究和模式创新，为中小企业社会责任的实施创造了积极的文化氛围和社会舆论环境。

[资料来源：郭毅，中国中小企业社会责任推行模式研究，求索，2011（5）。]

第二节 小企业的诚信管理

一、小企业诚信管理的意义

现代市场经济不仅是商品经济、法制经济，也是一种信用经济。诚实信用是市场经济的基石，我国的诚信体系建设已经纳入国家经济建设的规划中。中国企业家调查系统组织实施的对中国企业经营者问卷跟踪调查表明，大多数企业经营者已经认识到市场经济条件下企业信用的重要性，企业在商务活动中已经开始重视信用管理，企业经营者普遍认为目前企业家品质对企业信用有着重要的影响，同时认为现行体制环境、法律环境、企业管理水平和传统文化对企业信用的影响也相当重要，信用好转主要表现在产品品质的提高、贷款的回收提高、企业自身运作的规范、企业法人代表的诚实度明显提高。

同时，不少企业经营者认为，虽然我国企业的信用状况开始有所好转，但还存在很多不容忽视的问题，尤其是拖欠货款、贷款、税款，欺骗用户，违约和制售假冒伪劣产品等。拖欠贷款是我国小企业信用存在的最大问题。欺骗用户具体表现在：以降价（折扣）方式销售商品的，不如实标示降价（折扣）原因、降价（折扣）起止时间、原价、折扣幅度等相关内容，不能提供或者提供虚假的降价前交易票据的行为；以价外赠券方式销售商品的，不如实标示参加赠券销售商品的范围、赠券价值、赠券的计算办法、使用范围和期限、价格附加条件等相关内容的行为；以价外馈赠物品方式销售商品的，不如实标示馈赠；等等。

企业信用与地区经济发展水平和开放程度成正比。调查结果显示，企业经营者选择守信用排在前10位的省市依次是上海、北京、江苏、广东、山东、浙江、天津、辽宁、四川和河北。这10个省市大多是我国经济相对发达和开放的地区，可见企业信用与经济发展水平和开放程度直接相关。

从企业信用与盈利状况的关系来看，调查结果显示，企业的信用等级与盈利状况之间有明显的相关关系，在A级以上（含A级）信用的企业中，盈利的占69.3％，其他企业盈利的占49.8％；反过来看，在A级以上（含A级）信用的企业中，亏损的占17.8％，而其他企业亏损的占32.1％。这说明企业信用越好，盈利状况就越好；盈利状况越好，也越有利于建立良好的信用。

二、小企业诚信缺失的成因分析

（一）缺乏强有力的诚信法律保障

目前我国市场经济的诚信法律体系还处于建设阶段，对诚信经济运行缺少强有力的保障措施，主要体现在：一是立法不够完善，我国至今仍没有完整、系统、规范的诚信法律，在现行法规中，虽有个别法规涉及商业欺诈、缺德经营，但惩治力度不够，对债权人的保护不足。二是执法不到位，在判决执行上软弱无力，案件执行率低，对失信人的处罚不够。三是诉讼成本高，审理期限长，受偿率过低，加上案件审理过程中的各种地方干扰和行政干涉，大大提高了当事人利用法律来保障自身利益的成本，当事人往往"赢了官司赔了钱"。这些问题使得维持社会诚信的最后防线形同摆设，守信者不能得到有效保护，失信者没有受到严厉制裁，这在客观上诱发了人们不讲诚信和欺诈的风气。

（二）"制度缺陷"诱发寻租行为泛滥

"制度缺陷"主要表现为价格双轨制和政策双轨制，由此导致巨额双轨价差，从而激发小企业的寻租行为。这表现在大批小企业的厂长、经理放下生产经营活动，而去拉关系、找后门，争取特殊政策，寻求保护伞，通过回扣、送礼和公开贿赂等手段获取好处；小企业经营者凭借关系倒卖政府批文、额度等，牟取暴利。寻租行为的大量泛滥使小企业中的腐败活动日益猖獗。这种建立在背景、权力、靠山和金钱关系等因素上的利益分配机制，严重损害了小企业的信誉和形象，毒化了小企业文化和人们的心灵。在这种制度缺陷条件下，小企业经营者必然会实施寻租和反诚信行为，去追逐短期利润。

（三）小企业诚信的文化根基薄弱

我国是由半封建半殖民地社会直接过渡到社会主义社会的国家，在几千年封建社会中，人们过着"日出而作，日落而息，老死不相往来"的生活。这种自给自足的自然经济模式是以自我为中心，人们之间基本上没有交换，经济组织之间基本上也不发生诚信关系，只有一些调剂余缺的买卖关系。这种经济模式把人们之间的经济关系限制在非诚信领域。目前，整个社会缺乏按诚信规则办事的文化氛围，缺乏欠债还钱、承诺兑现的诚信意识。在我国，诚实守信长期仅仅作为道德和法律要求的基本原则，却没有形成与市场经济体制相对应的诚信制度和诚信体系。在商业社会行为人受熏陶最深的是儒家文化，而对小企业诚信和商誉的价值认识不足。踏出家庭圈子，人们之间就只存在较低的信任关系。这种文化反映到小企业中就表现为企业之间的诚信度偏低。

（四）社会诚信环境差

社会诚信环境问题主要表现在三方面。首先是个人诚信差。组成社会的个人诚信体现着整个社会的诚信，个人诚信体系是社会诚信体系的核心。由于企业管理者的潜在意识决定企业行为，其失信意识传导给企业，企业表现出来的必然也是违信。其次是仍存在计划经济的惯性。在计划经济体制下，国有企业的资金实行供给制，资金大多都是由财政无偿拨付使用的，不必担心还本付息，尽管有银行贷款，多数也是由财政贴息或财政资金到位后偿付。最后是地方保护，行政干预。在特困企业运转不动时，地方政府要银行给其"输血"。商业银行为维护债权而诉诸法律，往往得到的是法律"白条"，赢了官司不赢钱。银行申请法院执行，个别地方政府则以"企业破产影响社会稳定"为由加以阻挠。少数地方政府的"保护伞"作用使失信企业尝到了"甜头"，使败德行径变本加厉。

（五）企业信息的不对称

随着社会分工、专业化的不断发展，市场上交易双方的大多数信息日益不对称。企业内部的信息不对称同样会导致企业的失信问题。因为所有者和经营者之间的信息不对称，在企业所有权和经营权分离的条件下，易于出现委托——代理问题。当经理不持有股份时，因为所有者对经营者的实际工作不甚明了，经理必然就会选择风险偏小、收益偏低、能短时见效的项目，而避开风险高、收益高、长时才能见效的项目。在仅仅考虑短期利益的一次性博弈或交易中，"理性人"不可能有建立信誉的热情和动力。信息不对称使得作为"经济人"的经营者有机会从个人利益出发追求"短、平、快"，却不按利润最大化原则约束自己的行为。

（六）失信处罚力度不够，失信成本低

由于缺乏专门的诚信法律和监管体系，以及政府职能的缺位或错位，我国对失信行为的处罚力度小。一方面，大量失信行为得不到惩处，失信成本低。例如，《中华人民共和国企业破产法》颁布多年，但诚实破产的企业少，即使破产或被吊销执照，也可以很快重新注册登记。有些是搞假破产，真逃债。国家对假冒伪劣商品的打击、惩处力度也小。另一方面，诚实守信的企业和个人，因为没有客观的诚信评级制度，也无法与失信企业区分，守信收益低，导致了有些原来守信的企业和个人也逐步走向失信。

案例 12-3

江苏琼花事件凸显小企业诚信危机

作为中小企业板首批上市企业之一，上市仅 10 个交易日，江苏琼花即爆出中小企业板首例丑闻：公司上市前隐瞒了三笔金额合计 3 555 万元的国债投资。第一笔投资是公司控股子公司——威亨公司于 2001 年 6 月 17 日在南方证券扬州汶河北路营业部以自主购买、自主管理的形式购买国债，投资成本合计 1 055 万元。第二笔投资发生在 2002 年 7 月 25 日，公司将 1 500 万元资金交给德恒证券进行委托理财，该项委托于 2004 年 8 月 4 日到期。2003 年 4 月 24 日，公司又将 1 000 万元资金交给恒信证券，进行为期 1 年的委托理财。2004 年 4 月 25 日委托到期后，恒信证券未能按期兑付。其后，公司与恒信证券、德隆签署三方协议，将委托期限延长至 2004 年 5 月 31 日，并由德隆为恒信证券提供了无条件不可撤销担保。但是 2004 年 5 月 31 日到期后，恒信证券与德隆均未能履约。3 555 万元的委托理财金额对于一家大公司来说也许是九牛一毛，却相当于江苏琼花上市前净资产的 30%，是该公司 2003 年净利润的 1.57 倍。江苏琼花 2004 年 5 月 31 日刊登招股说明书，2004 年 6 月 25 日作为

"新八股"在中小企业板上市，这时南方证券已被接管半年，德隆也崩盘数月，江苏琼花对如此重大事项未予披露。

2004年7月1日，有投资者对江苏琼花国债投资风险提出质疑，深圳证券交易所立即向该公司发出了问询函，并相继约见了江苏琼花的董事长和董事会秘书、江苏琼花保荐人闽发证券的代表人等。2004年7月12日，深圳证券交易所发布公告，向江苏琼花开出中小企业板首张罚单，对江苏琼花及相关人员予以公开谴责。事后，江苏琼花内部给出的解释居然是"受有关证券经营机构的误导，误以为自行投资国债与委托投资国债是同一性质，未向董事会报告在德恒证券和恒信证券的委托理财事项"。

深圳证券交易所有关负责人表示，江苏琼花作为中小企业板块首批上市企业之一，在上市公告书中没有如实披露有关委托理财事实，不仅违反了国家有关法律法规，也严重违反了《深圳证券交易所股票上市规则》的规定，造成了恶劣的影响。公司董事长于在青、董事兼总经理敖吟梅未能履行诚信勤勉义务，对违规行为负有直接责任。希望中小企业板块上市公司认真吸取教训，引以为戒。该负责人表示，江苏琼花及相关人员的违规行为和公开谴责处分，将记入该公司诚信档案，同时对于此次事件中保荐机构的诚信责任及其履行持续保荐职责的能力表示强烈的关注。中国证券监督管理委员会决定自2004年7月9日起3个月内不受理江苏琼花签字保荐代表人张睿、吴雪明推荐的项目。2004年11月，涉嫌欺诈上市的江苏琼花收到董事兼总经理敖吟梅、副总经理兼财务负责人施建欣递交的辞职报告。敖吟梅辞去公司董事、总经理职务，施建欣辞去副总经理、财务负责人的职务。

至此，琼花事件暂告完结。

（资料来源：搜狐财经网，http://business.sohu.com/7/0704/63/column220986351.shtml。）

三、小企业诚信缺失的治理对策

（一）建立健全小企业诚信法律和监管体系

目前，我国还没有专门的诚信管理法律，从而使诚信的管理难以纳入法制化轨道，难以全面展开。在这方面可以借鉴发达国家的经验。例如，日本，根据不同时期中小企业发展的目标先后制定了50多部有针对性的法律、法规，如《中小企业对策大纲》《中小企业基本法》《中小企业现代化促进法》《中小企业经营领域调整法》《中小企业扶持股份法》等，有效地推动了中小企业的持续稳定发展。因此，为从根本上促进小企业发展，我国必须制定专门的小企业法律，确立小企业的专门管理机构，取消对小企业的多头管理。政府必须在建设我国诚信法律和监管体系中发挥积极的主导作用，应积极建立失信约束和惩罚机制并监督诚信行业的规范发展，积极推动这方面的立法，要从市场经济体制规范的角度出发，多方面建立一套规则和诚信管理体系，发挥制度与规则在诚信监督和管理体制中的刚性他律作用。另外，政府需要尽快转变职能，减少缺位和错位现象，提高政府信任度，只有这样，才能真正树立政府形象，才有利于解决小企业诚信缺失问题。

（二）建立和完善全国性公开的小企业诚信管理体系信息平台

诚信管理体系是诚信秩序的制度保障，它包括个人与企业诚信管理体系、资信评估体系和社会诚信体系等内容。借鉴西方发达国家诚信管理的先进经验，政府可以实行个人诚信实码制，使个人所有诚信资料集中于一个固定的编码上。政府可以充分利用工商、财政、银行、质检、审计、司法部门的现有资料和已有的系统，出台强制性的数据收集政策，以较低的成本加快建立技术先进、覆盖面广、可靠性强、权威性高、相对完善的企业和个人公共信息数据库。同时，政府还要制定市场准入机制、失信约束和处罚机制、诚信评估准则、评估方法和管理办法、数据信息的采集和使用办法等符合市场规律的诚信体系"游戏规则"。将我国信息化建设与诚信体系建设结合起来，通过电子政务和电子网络，建立覆盖全国的信息收集、查询网络系统，运用信息化手段加强诚信的监督和管理。在经济与社会交往关系中，只要查一下有关信息数据库，某个企业或个人的诚信状况就一目了然，使守信者道路畅通、失信者寸步难行。

（三）积极引导和完善小企业的内部诚信管理

企业是诚信的执行主体，小企业的诚信状况是社会诚信水平的标志。每个企业都要从自己做起，建立企业诚信的自律机制，制定诚信经营自我约束的准则，明白自己的社会责任和社会使命。因此，治理我国诚信缺失的一个重要环节，就是要积极引导小企业加强内部诚信管理。要引导小企业在生产流程、管理流程、营销流程中实行全过程的诚信管理；要实施名牌战略，打造消费者信得过、有竞争力的品牌；要在小企业中形成讲诚信、重信誉的企业文化；尤其要在产品质量、售后服务、客户管理、营销管理、资金管理、税务管理、公共关系等环节严把诚信关；要与银行、税务机构、工商管理部门、经销商、顾客、社会一道，形成有效运转的诚信链；要在市场中树立良好的诚信形象。因此，现在小企业必须正视自身信用意识、契约意识薄弱的缺点，努力学习现代企业规范，树立诚信意识和法制观念，在现代经济生活中，把诚信作为企业参与市场竞争的基本原则。各企业只有走合作、联合发展之路，不断创新，才能在未来激烈的竞争中生存和发展。

第三节　小企业的法律环境

不是所有的企业家都能够或者想成为律师。然而，他们必须具备一些法律知识，以便弄清楚法律制度如何帮助其保住市场地位和做出英明的决策。

一、小企业法律环境的构成

我国整个法律体系由宪法部门、民商法部门、经济法部门、行政法部门、诉讼法部门、刑法部门六大部门法构成。与企业经营有关的法的部门和部门立法有以下几方面：

（一）民商法部门

民商法是调整平等主体的自然人之间、法人或非法人之间、自然人与法人或非法人相互之间的财产关系和人身关系。民商立法的范围十分广泛，主要分为原则性立法、人格权法、物权法、债权法、知识产权法、商法。目前与企业经营有关的立法有：

(1) 总则类的《中华人民共和国民法通则》。该法是有关民事法律行为和代理的规定，对企业进行经营活动有重要指导价值。

(2) 物权法类的《中华人民共和国担保法》。该法对企业经营中有关担保的规则做出了规定。

(3) 债权法类的《中华人民共和国合同法》。该法对企业签订、履行合同都有明确规定。

(4) 知识产权类的《中华人民共和国商标法》《中华人民共和国专利法》。这两部法律对企业申请注册商标和专利权都有充分的保障。

(5) 商主体类的《中华人民共和国公司法》《中华人民共和国合伙企业法》《中华人民共和国个人独资企业法》《中华人民共和国全民所有制工业企业法》《中华人民共和国乡镇企业法》《中华人民共和国中外合资经营企业法》《中华人民共和国中外合作经营企业法》《中华人民共和国外资企业法》。这些商主体立法可以使企业按照自己的性质，找到自己企业运用的企业法。

(6) 商行为类的《中华人民共和国票据法》《中华人民共和国保险法》《中华人民共和国证券法》《中华人民共和国企业破产法》《中华人民共和国海商法》。这些商行为立法为企业使用票据、发行交易证券、进行保险业务、处理破产事务、进行海上商务活动做出了明确规定。

（二）经济法部门

经济法是调整在国家干预经济过程中产生的经济关系的法律规范的总称。其立法主要是国家对经济的管理立法。经济法的范围十分广泛，其中许多与企业经营密切相关。

(1) 维护国家市场秩序的立法：《中华人民共和国反不正当竞争法》《中华人民共和国消费者权益保护法》《中华人民共和国产品质量法》《中华人民共和国计量法》《中华人民共和国广告法》。这些法律为企业从事市场经营活动，提供了行为准则，对竞争的手段、产品保障、计量保障、保护消费者利益、广告制作发布都有明确要求。

(2) 有关宏观调控的立法：国有资产管理类的有《国有企业财产监督管理条例》《企业国有资产产权登记管理办法》《国有资产产权界定和产权纠纷处理暂行办法》《国有资产评估管理办法》，这些法规对国有资产管理做出了明文规定。银行类的有《中华人民共和国中国人民银行法》《中华人民共和国商业银行法》，对银行业的从业规则做出了规定。税收类的：流转税方面的有《中华人民共和国增值税暂行条例》《中华人民共和国消费税暂行条例》；所得税方面的有《中华人民共和国企业所得税暂行条例》《中华人民共和国外商投资企业和外国企业所得税法》《中华人民共和国个人所得税法》；其他税方面的有《中华人民共和国资源税暂行条例》《中华人民共和国土地增值税暂行条例》《中华人民共和国房产税暂行条例》《中华人民共和国印花税暂行条例》等。各税收法规明确规定了各个税种、税目、税率、纳税人、征税范围、计税依据、纳税义务发生的时间、纳税期限、纳税地点，为企业依法纳税提供了依据。会计、审计、统计类的有《中华人民共和国会计法》《中华人民共和国审计法》《中华人民共和国统计法》。这些法律对企业接受国家财政、审计、统计监督提供了法律依据。

（三）行政法部门

行政法是关于行政权力的授予、行使以及对行政权力进行监督和对其后果予以补救的法律规范的总称。与企业经营有关的行政立法有：

(1) 设定行政权力的立法：主要有《中华人民共和国行政处罚法》。

(2) 规范行政权力如何使用和运用的立法：工商管理类的有《中华人民共和国企业法人登记管理条例》《中华人民共和国公司登记管理条例》；税收类的有《中华人民共和国税收征收管理法》；土地管理类的有《中华人民共和国规划法》《中华人民共和国土地管理法》《中华人民共和国城市房地产管理法》；卫生管理类的有《中华人民共和国食品卫生法》；劳动管理类的有《中华人民共和国劳动法》；资源管理类的有《中华人民共和国森林法》《中华人民共和国草原法》《中华人民共和国水法》《中华人民共和国矿产资源法》《中华人民共和国渔业法》；环境保护类的有《中华人民共和国环境保护法》《中华人民共和国海洋环境保护法》《中华人民共和国水污染防治法》《中华人民共和国大气污染防治法》《中华人民共和国环境噪声污染防治法》。这些行政立法对各个行政主管部门的职责、权限、行政管理范围，可以采取的行政管理手段都做出了明确规定，是企业接受国家管理的重要准则。

(3) 监督行政权力的立法：《中华人民共和国行政诉讼法》《中华人民共和国行政复议法》《中华人民共和国国家赔偿法》。这些法律对企业监督国家机关依法行使行政权力提供了法律依据。行政法主要体现国家对企业的管理和保护，规范行政机关的权力，企业应综合运用行政法律手段，保护企业合法权益。

（四）诉讼法部门

目前，我国的民事、商事、经济纠纷、行政纠纷、刑事犯罪等问题都可以通过人民法院用诉讼的方式予以解决。诉讼法有三部：民事、商事、经济纠纷适用《中华人民共和国民事诉讼法》进行诉讼；行政纠纷适用《中华人民共和国行政诉讼法》进行诉讼；刑事犯罪按《中华人民共和国刑事诉讼法》处理。诉讼是企业解决纠纷的重要手段，具有强制性，企业应学会综合运用，维护自身的合法权益。

（五）刑法部门

刑法是用刑罚手段惩罚犯罪，保护人民，维护社会秩序的法律手段。我国有《中华人民共和国刑法》，该法对单位犯罪及破坏社会主义市场经济秩序罪都做了具体规定。这些条款和罪名都与企业经营有关。企业应深入探讨和掌握这些罪名的罪与非罪界限，在经营中严格把握犯罪界限，这才不会使企业经营出现犯罪问题，保护企业的合法权益。

二、小企业合法经营的有效策略

对小企业而言，众多法律部门的众多立法都与企业经营息息相关，如何综合运用各项立法才能取得最佳的经营效果呢？

（一）将各部门立法进行分解掌握运用

一个企业可以根据自己的业务需要设定不同的管理部门，如行政部门、人事劳资部门、财务部门、技术部门、生产部门、质检部门、供销部门等各种职能机构部门。企业可以指定各个职能部门负责与该部门有直接关系的立法的掌握和运用。例如，行政部门往往负责起草企业的重要规章制度，就应该掌握运用相关法律的基本规定。例如，在我国，公司的行政办公室应掌握《中华人民共和国公司法》，个人合伙企业的行政部门应掌握《中华人民共和国合伙企业法》。这些法律法规是规范一个企业的全方位经营的法律要求的立法，各类企业应指定行政部门具体掌握和运用。例如，起草企业章程、决定内部机构设置、设定机构职责权限、起草企业规章都离不开这些法律的引导。这正是一个企业的行政部门应进行的业务活动。所以，这些企业基本法应由行政部门研究、掌握、运用。

（二）设置专门企业法律顾问部门

法律顾问是企业内部专门从事法律事务的工作人员，其地位与总工程师、总会计师、总经济师相同，是企业主的重要参谋人员。企业在经营中遇到法律问题，各职能部门搞不清楚时，可以由法律顾问进行咨询解答，提出具有法律依据的解决方案。当企业经营发生纠纷时，各职能部门都不易独立解决，可以由法律顾问代理企业进行诉讼解决纠纷。法律顾问不仅懂得企业经营，还懂得各部门实体法和诉讼的程序法，便于企业同司法机关、行政机关配合，解决企业纠纷，维护企业的权益。

(三) 加强企业职工综合法律知识教育，提高职工综合运用法律的能力

"依法治国，建设社会主义法治国家"这一思想的提出，使我国的法制化进程大大加快。国家要实现法制的一个重要方面就是守法。只要全体人民都依法办事，才能实现真正的法治。要让人们守法，首先就应让其知法；要让人们知法，就必须加大法治宣传教育。企业进行职工法律知识培训时，不仅要讲经济法，还应讲一些与经营有关的民商法、行政法、诉讼法、刑法，让职工知道这些法律知识，学会随时将法律知识运用到企业经营中。

(四) 各部门法律文件的收集和运用

目前市场上流通的法律书籍纷繁复杂，有上千种。对企业经营有用的法律书籍主要是各种法律、法规、规章、司法解释汇编。企业应购买一套最新出版的法律、法规、规章、司法解释大全，如果能购买到专为企业经营汇编的法律汇编更好，它可以作为企业法律常备书，遇到法律问题时供人们参考阅读。除购买法规汇编外，企业还应当订购《国务院公报》《中华人民共和国最高人民法院公报》《中华人民共和国全国人民代表大会常务委员会公报》，这些公报会及时公布国家最新出台的法律、法规、规章和司法解释，企业可以及时了解和掌握这些最新文件，以对法律、法规、规章、司法解释大全进行补充。这些文件的运用应按部门分解的范围，将与各部门有关的内容进行复印，供部门使用。若涉及的内容对具体业务人非常重要，就应购买一些单行本，由业务人员随身携带，随时参考。

第四节 小企业依法纳税

税收作为国家强制采取财政收入的一种手段，与每个企业都息息相关，依法纳税是每个企业应尽的义务。企业必须按照税法的规定办理税务登记，设置账簿，根据合法凭证记账、算账，编制财务报表，依法申报纳税，及时缴纳税款，接受税务机关的检查。同时，企业在税法规定的范围内，也享有相应的权利。国家在强调企业纳税义务的同时，也不应忽视纳税企业所享有的权利。

一、小企业的主要税种及征收方式

(一) 小企业的主要税种

小企业的应纳税种主要包括以下几类：
(1) 增值税：根据《中华人民共和国增值税暂行条例》，按行业区分不同税率。
(2) 城市建设维护税：按缴纳的增值税的7%缴纳。
(3) 教育费附加：按缴纳的增值税的3%缴纳。

(4) 地方教育费附加：按缴纳的增值税的 2% 缴纳。

(5) 印花税：购销合同按购销金额的万分之三贴花；账本按 5 元/本缴纳（每年启用时）；年度按"实收资本"与"资本公积"之和的万分之五缴纳（第一年按全额缴纳，以后按年度增加部分缴纳）。

(6) 城镇土地使用税：按实际占用的土地面积缴纳（各地规定不一）。

(7) 房产税：按自有房产原值的 70% × 1.2% 缴纳。

(8) 车船税：按车辆缴纳（各地规定不一，不同车型税额不同）。

(9) 企业所得税：按应纳税所得额（调整以后的利润）缴纳 25%。

(10) 发放工资代扣代缴个人所得税。

（二）小企业税款的征收方式

由于小企业有各自不相同的生产经营特点和参差不齐的财务核算水平，所以税务机关目前对其分别采取如下方式征收税款：

1. 核定征收

核定征收是指税务机关对不能完整、准确提供纳税资料的纳税人采用特定方式确定其应纳税收入或应纳税额，纳税人据以缴纳税款的一种税款征收方式。它适用于以下情况：

(1) 依照法律、行政法规的规定可以不设置账簿的；

(2) 依照法律、行政法规的规定应当设置账簿但没设置的；

(3) 擅自销毁账簿或者拒不提供纳税资料的；

(4) 虽设置账簿，但账目混乱或成本资料、收入凭证、费用凭证残缺不全，难以查账的；

(5) 发生纳税义务，未按照规定的期限办理纳税申报，经税务机关责令限期申报，逾期仍不申报的；

(6) 纳税人申报的计税依据明显偏低，又无正当理由的。

2. 查定征收

查定征收是由税务机关根据纳税人的生产设备、生产能力、从业人员数量等因素，在正常条件下的生产、销售情况，对其生产的应税产品查定产量和销售额，然后依照税法规定的税率征收税款的一种税款征收方式。它主要适用于生产不固定、税源分散、账册不健全，不能准确反映生产经营情况的纳税人。

3. 查验征收

查验征收是由税务机关到纳税人的生产经营场地，对纳税申报人的应税产品进行查验后征税，贴上完税证、查验证或盖查验戳，并据以征税的一种税款征收方式。它主要适用于零星、分散的高税率产品生产单位。

4. 带征征收

带征征收是按企业实际的销售总额和营业收入，依据核定的征收率征收企业所得税和个人所得税。对私营企业所得税实行带征征收，主要是针对一些私营企业的财务人员流动大，企业账册不全，不能正确核算盈亏等问题，以及税务机关征管的力量相对薄弱而推行的一种税收征收管理办法。其作用在于加强与规范私营企业的税收征收管理，统一税收政策，公平税负，在现阶段具有一定的现实意义。

5. 查账征收

查账征收是由纳税人依据账簿记载，先自行计算缴纳，事后经税务机关查账核实，如有不符合税法规定的，可以多退少补的一种常用的税款征收方式。它主要适用于账簿设置、凭证使用、财务管理、会计核算比较健全、规范的企业单位和个体工商大户。

6. 代扣代缴税款

代扣代缴税款是指国家税法规定的，负有代扣代缴义务的单位及个人，代表税务机关向纳税人代扣代缴应纳税款的一种征收方法。具体为：凡属税法规定的，负有代扣代缴、代收代缴税款义务的单位和个人，经税务机关审查批准后发给代扣代缴或代收代缴税款证书，使用税务机关规定的票据，在生产经营的业务活动中，代替税务机关代扣代缴、代收代缴应征的税款，履行代扣代缴义务。税务机关按照一定比例发给扣缴义务人代扣代缴手续费。

7. 代收代缴税款

代收代缴税款是指国家税收法律规定的，有代征税款义务的，或者是税务机关委托某些单位或个人代为征收税款的一种方法。通俗地讲，就是委托人在收款时另外代收对方应纳的税款，代为缴纳税务机关。从事这项工作的单位即代收代缴单位，即扣缴义务人。

二、小企业纳税管理中的常见问题

（一）企业纳税意识淡薄

在目前我国现有的社会环境下，很多小企业纳税意识淡薄或者对纳税管理有误解，认为纳税管理的目的是通过所谓的"筹划"尽可能地少缴或不缴税，甚至授意或唆使财务人员通过非法手段达到其偷税的目的，小企业的管理者只把企业税务负担当成一种硬性成本来考虑，更有关系万能论者相信，只要跟税务局上下"搞好关系"，不找企业麻烦，出了事还帮忙摆平，企业的税务管理就很好了，那些被查补税、罚款的企业都是因为管理者没搞好关系。用错误的观念去指导具体纳税实务，就更加大了税务管理风险。

（二）发票管理中漏洞较多

依法进行发票管理是纳税人进行依法纳税的重要方面。纳税人未按照规定印制、领购、开具、取得、保管发票等行为都属于发票违章行为，有可能被税务机关处罚。在我国涉税犯罪中专门有针对发票开具管理的系列规定。例如，在法条中规定的虚开增值税发票罪、非法印制发票罪等，对于这些严重的涉税犯罪，一般正常经营的企业都不会去涉及，但其中的一些有关业务的行为，纳税人往往把握不准。例如，虚开增值税发票罪，规定了为他人虚开，接受虚开增值税发票，介绍他人虚开均属于此罪。这只是法律条文规定，税务机关在具体执行中，又出台了相关解释，如开票前必须要求对方出示一般纳税人登记证副本，要求货物流向，资金回笼方向，以及增值税的抵扣方向必须一致，否则即视为"虚开"，轻则吊销一般纳税人资格，重则追究法律责任。小企业中对发票的相关管理难度很大，因为用大额现金付款、货物自提等交易方式，使交易方式更加灵活，难以对开票行为进行仔细甄别，往往从促进业务的角度出发开具发票，忽视了发票管理风险。

（三）企业财务管理效率低下

随着现代企业制度的构建，企业财务管理的内涵、外延、功能及其地位发生了深刻的变化，强化企业的财务管理已经成为现代企业在激烈的市场竞争中得以生存和发展、现代企业制度得以保证和实施的重要环节。小企业的财务管理能力较低、会计核算水平较弱、又受到内部控制失控风险以及财务人员的业务素质的影响，造成纳税管理的资料难以完整和真实，也易导致税务管理人员管理方案的失误。

（四）企业税收会计核算不健全

就我国目前情况来看，小企业，特别是乡镇企业和个体私营企业普遍采取手工记账方式，部分小企业甚至不能按照税收管理制度的要求设置相关会计核算账簿；或者虽然设置账簿，但账目不全且混乱。反映在企业内部成本核算缺少必要的手续，导致随意分摊成本，伪造单据，虚构业务，造成产品成本核算不真实，外部取得的原始凭证项目不全，发票造假，缺乏真实性和合理性；滥用会计科目，如为了调节利润，多摊多提"待摊费用""预提费用"；为了隐瞒收入，将"预收账款"长期挂账不予转销；等等。会计核算的种种不良行为掩盖了企业的正常经济活动，从而加大了税收管理的难度。

（五）企业难以准确预期经营活动变化，导致纳税管理失控

纳税管理贯穿于企业生产经营的全过程，任何纳税管理方案都是在一定的时间、法律环境下，以一定的企业生产经营活动为载体制定的。企业纳税管理的过程实际上是依托企业生产经营活动对税收政策有差别地进行选择的过程，具有很强的计划性、前瞻性和系统性，而一旦纳税管理方案实施，就会对依赖企业经营活动产生"锁定效应"。企业要获取某项税收利益，必须使企业的生产经营活动的某一方面符合所选择税收政策要求的特殊性，而这些特殊性往往制约着企业经营的灵活性。小企业本身就由于企业规模、经营者自身素质的影响，难以科学、理性地预期经营活动变化。同时，企业纳税管理还受到外部环境的影响，而外部环境是企业内部管理决策难以改变的。一旦企业预期经营活动发生，如投资对象、地点、企业组织形式、资产负债比例、存货计价方法、收入实现时点、利润分配方式等某一方面发生变化，企业就会失去享受税收优惠和税收利益的必要特征和条件，导致纳税管理结果与企业主观预期存在偏差。实践证明，企业预期经济活动的变化对纳税管理的效益有较大的影响，有时还会直接导致企业纳税管理的失败。

三、小企业纳税管理问题的原因分析

小企业纳税管理中存在问题必然有它的原因，有的是宏观层面上的原因，也有的是企业自身的原因。了解这些原因对于加强小企业的纳税管理具有重要意义。

（一）宏观层面上的原因

1. 税收政策数量多、变化频繁

由于我国税收法律的不明晰性和各级税务机关在执法时未依照法意行使相应职权，现有的税收法律、法规层次较多，部门规章和地方性法规众多，小企业可能要应对国税和地税两套征纳系统，所以小企业的纳税管理人员适用法律时就可能因不了解相关税收法规或是对法律理解有偏差或适用不当，从而导致纳税管理失当。同时，政府在市场经济发展的不同阶段，会在不同时期或地区，进行不同的调整，使税收政策常处于变化之中，这种不确定性将会对管理人员开展纳税管理产生较大的风险。

2. 面对的经营环境复杂多变

小企业在成长过程中所面临的经营风险和不确定性要比同行业的大企业大，进而经营失败的可能性较高，面对的市场竞争也会更加激烈，所以纳税管理的方案在执行中往往遇见可变因素较多，无法提前在纳税管理中预见企业的纳税事宜，而且纳税管理与税收政策及所处经济环境密切相关，政府为抑制或鼓励某产业的发展而利用税收杠杆调整税收政策，企业的税收负担也会随之波动。

3. 缺乏有效的会计监管与指导

国家监管的重点是那些关系国计民生的企业。对于大部分属于非公有制的小企业，目前国家的投入力量、关注程度和监管力度还是远远不够的。税务部门是小企业的会计监管者，但也仅仅限于每个月的纳税申报，以及对涉嫌偷漏税的小企业进行不定期税务稽查，不能够将监管面覆盖整个小企业范围，没有积极通过对小企业财务人员进行教育培训的方式，提高目前小企业纳税管理水平。

（二）企业自身的原因

1. 受到利益驱动

由于税收负担是影响小企业利益的重要因素，因此，小企业都十分重视税款缴纳多少的问题。法律意识较强和税收知识较多的小企业经营管理者选择合法追求税收利益，而法律意识较弱或税收知识较少的小企业往往盲目追求税收利益甚至不惜违法追求税收利益。

2. 企业管理不到位

不少小企业经营者只重视生产管理、营销管理，因为这些显现出的效益比较直接，但不重视纳税管理，一般只是被动性遵从，相信所谓的"人情税""关系税"等，在税务风险到

来之前很少进行合理控制，只重视事后采取补救措施，或只知道被动等待税收减免，不知道积极争取税收优惠政策，因而往往不关心税务筹划或很少开展纳税管理，导致纳税风险高发。

3. 会计信息质量差

会计信息质量是指会计信息满足信息使用者需求的特征总和，企业会计工作最终反映为企业对外和对内提供的会计信息，对小企业纳税管理来说，相关财务数据的可靠性是关键，而许多中小企业的财务会计人员业务素质和协调能力较低，在办理会计核算过程中出现种种失误，造成了会计信息失真。不可靠的财务数据给纳税管理带来的危害不可想象。

四、小企业的税收筹划

（一）税收筹划的含义

税收筹划是指纳税人通过合法的手段以纳税最优化为目的，在纳税决策中所做的决策。在税法规定的范围内，当存在许多纳税方案选择时，纳税人应以税负最低的方式来处理财务、经营、交易事项。税收筹划有广义和狭义之分。狭义的税收筹划是指积极性的税收筹划策略的运用，即一个经济个体在做经济上的决策时，如有两种或两种以上的合法途径可以达到目的，在仅考虑税收影响因素的情况下，选择其中最有利的途径，借以少缴或免缴税收的行为。积极性的税收筹划具有事先策划的性质。广义的税收筹划除了积极性的税收筹划策略的运用外，还包括消极性的税收筹划及税收优惠政策的适用。所谓消极性的税收筹划，是指纳税人尽量减少疏忽或错误，以避免因行为不合税法的规定而遭受处罚或缴纳原本可不必缴纳的税收。

（二）税收筹划与避税、逃税的区别

税收筹划是以纳税最优化、税收负担最轻化为目的，纳税人或其代理人通过经营、财务、交易活动的合理安排，可以使纳税人税收负担最轻或者税后利益最大。因此，税收筹划往往容易与其他两种减轻税收负担的途径——避税和逃税相混淆，因此，要正确理解税收筹划，必须划清它与避税和逃税的界限。

1. 从道德和法律的角度分析

逃税是违法的，也是不道德的；避税虽然不违法，但与政府的税法精神相违背，有悖于道德的要求；税收筹划既与税法不相违背，也符合道德规范，甚至是税收政策予以引导和鼓励的。

2. 从纳税人采用的手段分析

逃税是采用伪造、涂改、销毁账簿、会计凭证，虚列或多列成本费用，隐瞒、少报营业收入等欺诈、隐匿、虚报的手段来实现；避税是利用税法的漏洞，通过钻税法的空子来实现的；而税收筹划是对多种纳税方案进行精心比较后，采用税负最低的方案，使自

已进入纳税基准低的位区,从而达到减轻税负目的,是生产经营最优决策在税收方面的具体表现。

3. 从宏观经济管理角度分析

避税或逃税都直接导致国家财政收入的减少,削弱了国家财力和宏观调控能力。而税收筹划是国家税收政策予以鼓励和引导的,有利于国家的宏观经济政策和增强国家的宏观调控能力,从而有利于促进资源的最优配置。因此,税收筹划就近期来看可能使国家收入减少,但最终会使税源更加充足,财力更加雄厚。

4. 从税务机关应采取的政策和处理方式分析

对于逃税者,税务机关应依据税法规定予以严惩,情节严重构成犯罪的,还会追究刑事责任。对于避税要采取反避税措施,即通过修改完善税法,堵塞漏洞;通过提高征管水平,减少避税者的可乘之机。对于税收筹划,因其符合税收政策导向,税务机关则会予以保护。

(三) 税收筹划与依法纳税

1. 建立依法纳税的观念,建立健全会计核算制度

税收筹划可以在一定程度上减轻企业的税收负担,提高企业的经营业绩,但它只是全面提高企业财务管理水平的一个环节,不能将企业的盈利空间寄希望于税收筹划,因为经营业绩的提高要受市场变化、商品价格、商品质量和经营管理水平等诸多因素的影响,而税收筹划也是建立在企业生产经营的良性循环的基础上的。许多税收筹划方案的实现都是建立在企业预期经济效益能够实现的前提条件下的,才能达到预期目的的。所以,依法设立完整、规范的财务核算体系,建立完整的会计信息披露制度,正确进行会计核算才是企业进行税收筹划的基本前提。

2. 明确风险和收益对等的概念

任何一项筹划方案的实施,纳税人均会在获取部分税收利益的同时为实施该方案付出税收筹划成本。只有在充分考虑筹划方案中的隐含成本的条件下,且当税收筹划成本小于所得的收益时,该项税收筹划方案才是合理的和可以接受的。毕竟财务管理的目的不是最大限度地节税,而是使企业价值最大化。

3. 建立良好的税企关系

在现代市场经济条件下,国家已经开始把实施税收差别政策作为调整产业结构、扩大就业机会、刺激国民经济增长的重要手段。税收政策的制定以及各地税务机关在执行中都存在一定的弹性空间,而且由于各地具体的税收征管方式存在差异性,税务执法机关往往拥有较大的自由裁量权。因此,中小企业需要加强对税务机关工作程序的了解,加强联系和沟通,争取在对税法的理解上与税务机关取得一致,特别是在一些比较模糊没有明确界定的新生事物上的处理应尽可能地得到税务机关的认可。只有企业的税收筹划方案具有可行性,并能得到当地主管税务机关的认可,才能使税收筹划方案得以顺利实施,避免无效筹划劳动。

本章小结

1. 小企业承担社会责任是社会经济发展到一定阶段的必然结果，企业的生存和发展既依赖于社会，又受到社会的约束；既要从社会中谋求自身利益，又必须承担相应的社会责任。小企业所需承担的社会责任包括保障员工权益的责任、保障消费者权益的责任、保障债权人权益的责任、保护自然环境和社会生态平衡的责任、保护社会利益和社会发展的责任。

2. 小企业必须正视自身信用意识、契约意识薄弱的缺点，努力学习现代企业规范，树立诚信意识和法制观念，在现代经济生活中，把诚信作为企业参与市场竞争的基本原则。

3. 企业经营不仅靠经济法律手段，还要靠民商法、行政法、刑法、诉讼法的综合调整。这就要求企业经营者不但要学会遵守和运用经济法，还要学会综合运用其他法律部门规定的各种法律手段来经营企业，真正做到依法经营，维护企业的合法权益。与企业经营有关的法律部门和部门立法有以下几方面：民商法部门、经济法部门、行政法部门、诉讼法部门、刑法部门。企业可以通过下列方法综合运用各种法律，以使企业经营达到最佳经营效果：企业将各部门立法进行分解掌握运用；设置专门企业法律顾问部门；加强企业职工综合法律知识教育，提高职工综合运用法律的能力；各部门法律文件的收集和运用。

4. 企业必须按照税法的规定办理税务登记，设置账簿，根据合法凭证记账、算账，编制财务报表，依法申报纳税，及时缴纳税款，接受税务机关的检查。同时，企业在税法规定的范围内，也享有相应的权利。

5. 税收筹划是指纳税人通过合法的手段以纳税最优化为目的，在纳税决策中所做的决策。在税法规定的范围内，当存在许多纳税方案选择时，纳税人应以税负最低的方式来处理财务、经营、交易事项。税收筹划有广义和狭义之分。

思考与练习

一、名词解释
企业社会责任　　诚信管理　　小企业的法律环境　　税收　　税收筹划

二、不定项选择题
1. 小企业社会责任的内容包括（　　）。
   A. 保障员工权益的责任
   B. 自然环境和社会生态平衡保护责任
   C. 保护社会利益的责任
   D. 保护债权人权益的责任
   E. 保护消费者权益的责任

2. 小企业的主要税种包括（　　）。
   A. 印花税　　　　　　　　　　　B. 企业所得税
   C. 增值税　　　　　　　　　　　D. 教育费及附加
3. 下列选项中，（　　）最有利于税收筹划。
   A. 企业间拆借和社会筹资　　　　B. 向金融机构贷款
   C. 争取财政拨款和补贴　　　　　D. 企业内部入股发行股票

三、思考题

1. 小企业的社会责任包括哪些内容？
2. 小企业加强诚信管理的意义如何？
3. 小企业实施诚信管理的主要模式有哪些？
4. 小企业如何综合运用各种法律，以达到最佳经营效果？
5. 论述税收筹划、逃税与避税的区别。
6. 小企业的主要税种有哪些？

参考文献

[1] 罗宾斯. 管理学. 孙键敏, 黄卫伟, 王凤彬, 等译. 北京: 中国人民大学出版社, 2004.

[2] 波特. 竞争战略. 陈小悦, 译. 北京: 华夏出版社, 1997.

[3] 卢昌崇, 管理学. 2版. 大连: 东北财经大学出版社, 2006.

[4] 林汉川, 邱红. 小企业战略管理. 北京: 对外经济贸易大学出版社, 2006.

[5] 刘君强. 案例解读波特战略. 北京: 中国人民大学出版社, 2005.

[6] 张新国. 企业战略管理. 武汉: 高等教育出版社, 2006.

[7] 冯志强. 创新战略. 北京: 中国市场出版社, 2009.

[8] 王天祥. 中小企业赢在六大战略. 北京; 现代出版社, 2006.

[9] 张百章. 小企业的创立和管理. 北京: 经济科学出版社, 2004.

[10] 黄昱方, 秦明青. 创业团队异质性研究综述. 科技管理研究, 2010 (16): 142–145.

[11] 黄海燕. 浅析创业团队的组建. 商场现代化, 2008 (9): 65–66.

[12] 石磊. 论创业团队构成多元化的选择模式与标准. 外国经济与管理, 2008 (4): 55–59.

[13] 隆内克, 莫尔, 彼迪. 小企业管理: 第十版. 《小企业管理》翻译组, 译. 大连: 东北财经大学出版社, 2000.

[14] 陈晓红, 吴运迪. 创业与中小企业管理. 北京: 清华大学出版社, 2009.

[15] 顾颖, 马晓强. 中小企业创业与管理. 北京: 中国社会科学出版社, 2006.

[16] 张洪伟. 如何选定大学生创业项目. 辽宁教育行政学院学报, 2008 (10): 16–17.

[17] 徐本亮. 选择创业项目的五个"要". 成才与就业, 2008 (4): 60–61.

[18] 杨洋. 如何选择创业项目. 劳动保障世界, 2008 (4): 55.

[19] 尹琳, 马秋琳. 浅谈高职生创业项目的选择. 科技信息 (学术研究), 2008 (18): 142–143.

[20] 李俊杰. 创业资金哪里来. 致富之友, 2002 (9): 21–22.

[21] 白娟, 鹿原. 关于创业融资的研究综述. 经营管理者, 2010 (8): 1.

[22] 张百章. 小企业的创立和管理. 北京: 经济科学出版社, 2004.

[23] 林汉川, 邱红. 中小企业管理教程. 上海: 上海财经大学出版社, 2006.

[24] 杨加陆,范军,方青云,等.中小企业管理.上海:复旦大学出版社,2004.
[25] 杜文晶.创业融资渠道分析及应注意的问题.商业会计,2007(17):37-38.
[26] 耿孝恒.浅谈企业的资金结构.财经界(学术版),2009(6):56.
[27] 卡兹,格林.小企业创业管理.韩良智,刘明珠,译.北京:北京大学出版社,2009.
[28] 王怡文,邵培基.基于企业与顾客双重视角的连锁型服务企业选址影响因素研究.管理学家(学术版),2008(6):55,547-552.
[29] 于俭,江思定.模糊综合评判在企业选址中的应用.杭州电子工业学院学报,2003(1):66-70.
[30] 周伟林.企业选址、集聚经济与城市竞争力.复旦学报(社会科学版),2008(6):94-100.
[31] 薛红志,牛芳.国外创业计划研究前沿探析.外国经济与管理,2009(2):1-7.
[32] 李轲.中小企业市场营销存在的共性问题及对策研究.技术与市场,2011(5):141-142.
[33] 肖斌、夏迎峰,我国中小企业营销现状及对策分析,当代经济,2007(12):77-78.
[34] 章秋琼,论中小企业的法律界定.北京:对外经贸大学,2006.
[35] 李家龙,等.中小企业市场营销,清华大学出版社,2006.
[36] 胡世强,王谊,邓康林.小企业市场营销实务.西南财经大学出版社,2006.
[37] 波弗尔.中小企业管理.沈欣,武亚平,译.4版.北京:北京出版社,2009.
[38] 徐永磊.论中小企业的市场营销策略.现代营销(学范版),2010(6):32-33.
[39] 祝立宏.小企业财务管理.杭州:浙江人民出版社,2005.
[40] 张先治,陈友邦.财务分析.4版.大连:东北财经大学出版社,2007.
[41] 陈学庸,赵阳.财务分析.北京:中国商业出版社,2006.
[42] 王佩.小企业财务管理入门:案例追踪与评析.上海:立信会计出版社,2005.
[43] 张新民,钱爱民.企业财务报表分析.北京:清华大学出版社,2006.
[44] 李敏.小企业财务管理.上海:上海财经大学出版社,2004.
[45] 曲绍宏,郭玲.企业财务分析.天津:南开大学出版社,2006.
[46] 陈玉菁.小企业财务管理实务.上海:立信会计出版社,2005.
[47] 杨淑君,谢振莲.财务管理学.北京:科学出版社,2009.
[48] 许闯,扶涛.如何撰写财务分析报告.中国新技术新产品,2008(18):158.
[49] 王辉武.企业财务管理制度设计的步骤和要点.中国农业会计,2004(6):21-22.
[50] 郝洁.财务风险控制研究.机械管理开发,2010(5):14,142-143.
[51] 费立颖,刘彦芬,马艳蓬.企业风险及财务管理.煤炭技术,2003(3):111-112.
[52] 王志鹄.企业风险及防范.内蒙古科技与经济,2003(9):45-46.
[53] 姜大谦.略论企业风险及其防范.理论与当代,1998(5):18-19.

[54] 王芳. 论企业内部财务管理制度的构建. 时代经贸（学术版），2008（17）：175.

[55] 赵静. 论中小企业财务管理制度的健全. 商场现代化，2008（7）：332.

[56] 伯恩. 小企业创业蓝图. 王茵茵，彭科峰，译. 大连：东北财经大学出版社，1999.

[57] 斯卡泊莱，齐曼拉. 小企业的有效管理：创业实务：第7版. 楼尊，等译. 北京：清华大学出版社，2006.

[58] 李伟. 中小企业发展与金融支持研究. 北京：中国经济出版社，2004.

[59] 李良智，查伟晨，钟运动. 创业管理学. 北京：中国社会科学出版社，2007.

[60] 万兴亚. 中小企业成长原理与方略. 北京：人民出版社，2005.

[61] 王德胜，余大胜. 基于成长视角的中小企业评价研究. 北京：经济科学出版社，2008.

[62] 袁红林. 小企业成长研究. 北京：中国财政经济出版社，2004.

[63] 张玉明，杨毅，刘凤娟. 中小企业风险防范. 济南：山东大学出版社，2004.

[64] 卡茨，格林二世. 中小企业创业管理：第3版. 徐飞，译. 北京：中国人民大学出版社，2012.

[65] 陈晓红，周文辉，吴运迪. 创业与中小企业管理. 2版. 北京：清华大学出版社，2014.

[66] 吕宏程，董仕华. 中小企业管理. 3版. 北京：北京大学出版社，2014.

[67] 林汉川，秦志辉，池仁勇. 中国中小企业发展报告2016. 北京：北京大学出版社，2016.

小企业管理课程组名单

组　　　长　杨孝堂

主　　　编　吴晓巍

参　　　编　王晓莉　陈文婷　刘爱君

主 持 教 师　刘爱君

小企业管理
形成性考核册

经济管理教学部　编

考核册为附赠资源，适用于本课程采用纸质形考的学生。

若采用**网上形考**或有其他疑问请咨询课程教师。

学校名称：＿＿＿＿＿＿＿＿

学生姓名：＿＿＿＿＿＿＿＿

学生学号：＿＿＿＿＿＿＿＿

班　　级：＿＿＿＿＿＿＿＿

形成性考核是学习测量和评价的重要组成部分。在教学过程中，对学生的学习行为和成果进行考核是教与学测评改革的重要举措。

《形成性考核册》是根据课程教学大纲和考核说明的要求，结合学生的学习进度而设计的测评任务与要求的汇集。

为了便于学生使用，现将《形成性考核册》作为主教材的附赠资源提供给学生，采用纸质形考的学生可将各次作业按需撕下，完成后自行装订交给老师。若采用**网上形考**或有其他疑问请咨询课程教师。

小企业管理作业1

姓　　名：_____
学　　号：_____
得　　分：_____
教师签名：_____

当你学习完教材的第1~4章之后，完成以下任务：

一、单项选择题（下列各题选项中只有1个选项是正确的，请将其序号填入括号中。每小题2分，共10分）

1. 下列不可用作小企业界定标准的是（　　）。
   A. 资产总额　　　　　　　　　　B. 从业人员
   C. 生产产品的类型　　　　　　　D. 营业收入

2. 通常，我们将创业动机是由环境被动驱动的创业者称为（　　）。
   A. 被动型创业者　　　　　　　　B. 生存型创业者
   C. 机会型创业者　　　　　　　　D. 主动型创业者

3. 核心能力是指居于核心地位并能产生竞争优势的要素作用力。从长期来看，企业核心能力的基础是（　　）。
   A. 产品质量　　　　　　　　　　B. 服务质量
   C. 产品性能　　　　　　　　　　D. 企业资源

4. 有关创业计划的保密须知或守密协议通常附在（　　）中。
   A. 封面　　　　　　　　　　　　B. 扉页
   C. 附录　　　　　　　　　　　　D. 正文

5. 下列属于权益融资方式的是（　　）。
   A. 商业信用　　　　　　　　　　B. 银行借贷
   C. 资产抵押　　　　　　　　　　D. 企业上市

二、多项选择题（下列各题选项中有2~5个是准确的，请将其序号填入括号中。每小题2分，共10分）

1. 对于个人而言，独立自主地经营小企业的意义和价值主要体现在（　　）
   A. 收入回报　　　　　　　　　　B. 自我满足感
   C. 工作安全感　　　　　　　　　D. 灵活性
   E. 社会地位

2. 著名的创业学者蒂蒙斯认为，创业是一个高度动态的过程，创业过程最重要的驱动因素有（　　）。
   A. 商机　　　　　　　　　　　　B. 资源
   C. 拥有专利　　　　　　　　　　D. 创业团队
   E. 从事的行业
3. 创业者通过对环境的分析来规避创业风险，提高创业成功率。其中创业的宏观环境分析包括（　　）。
   A. 法律与政策环境　　　　　　　B. 经济环境
   C. 社会文化环境　　　　　　　　D. 技术环境
   E. 行业竞争者
4. 创业者在选择项目时可以着重考虑和注意（　　）。
   A. 把握生活方式、环境变化产生的需求
   B. 从"问题"中寻找机会
   C. 满足不同顾客的需求特点
   D. 重视日常生活用品和服务项目的开发
   E. 把握市场上热销商品背后隐藏的机会
5. 下列属于负债融资方式的是（　　）。
   A. 天使投资　　　　　　　　　　B. 风险投资
   C. 银行借款　　　　　　　　　　D. 商业信用
   E. 债券融资

三、判断正误题（正确的打√，错误的打×。每小题1分，共10分）

1. 家族企业都属于小企业。（　　）
2. 从时间上看，一个国家范围内，小企业的划分标准是随着经济发展及社会变化而不断变动的。（　　）
3. 创业者的动机可能是由环境被动驱动的，一些创业者由于受到市场中某个新机会的驱动开展创业，这属于生存型创业者。（　　）
4. 一旦发现创业机会，就应该快速采取行动来把握机会，进行创业。（　　）
5. 对于资金主导型的创业团队来说，有了足够的资金，定能创业成功。（　　）
6. 核心能力是指居于核心地位并能产生竞争优势的要素作用力，也就是企业内部人、财、物的简单加总。（　　）
7. 创业计划对项目的论证比项目可行性报告更加全方位、多视角。（　　）
8. 一般而言，创业计划只是提供给外部使用者，目的是为了获得对方的融资。（　　）
9. 小企业融资的合理性原则是指企业各项长期资金的构成和比例关系，就是通常人们所说的长期债务资本和权益资本的合理比例。（　　）
10. 与权益融资相比，负债融资的预期回报率较高，同时风险也较大。（　　）

四、配伍题（请将名词解释前的英文字母填写在与其相对应的名词后的括号中。每小题 2 分，共 10 分。）

1. 小企业经营的经济价值（　　）
2. 小企业经营的社会价值（　　）
3. SWOT 分析法（　　）
4. 创业资源（　　）
5. 价值链法（　　）

A. 小企业是增加就业的主要渠道，是培育企业家的摇篮，是引发技术创新的动力。

B. 是指在创业活动中替企业创造价值的特定的资产，包括有形与无形的资产。人们可以通过对不同资源的整合和利用，使其发挥最大的效益。

C. 小企业是国民经济的重要组成部分，它促进市场竞争和市场经济的基本力量，它是保持经济增长及稳定的重要来源。

D. 一个企业的价值链和它所从事的单个活动的方式，反映了其历史、战略、推行战略的途径以及这些活动本身的经济效益。

E. 一种企业内部分析方法，即根据企业自身的既定内在条件进行分析，找出企业的优势、劣势及核心竞争力之所在。因此，又称为态势分析法。

五、简析题（请结合题意简要分析问题。每小题 15 分，共 30 分）

1. 小企业是国民经济的重要组成部分，它促进了经济的稳定增长。请你简要分析小企业的存在对社会、对个人都能带来哪些好处？（15 分）

2. 小李创建了一家小企业，好朋友为其投资人民币 50 万元。这种融资方式是权益融资还是负债融资？它有哪些优缺点？（15 分）

六、案例分析（30分）

工匠的理想

一位富有理想的工匠正打算开办一家自己的企业。他喜欢木工并想生产工艺桌、柜架和其他家具。在这之前，他和三个合作者曾为一些大型企业生产了花梨木和核桃木会议桌。这位有志于成为企业家的人表达了他的思想，这看起来更富于理想化而非商业化。他享受职业乐趣的氛围并期待获得成功。他甚至愿意在付给员工固定的薪水之后，分享企业利润。

请结合案例回答下列问题：

1. 对创业者来说会有哪些预期回报？（10分）

2. 根据这个未来企业家的才能，你认为他会成功吗？（10分）

3. 你愿意对他的新企业投资吗？（10分）

小企业管理作业 2

姓　　名：_____
学　　号：_____
得　　分：_____
教师签名：_____

当你学习完教材的第 5~8 章之后，完成以下任务：

一、单项选择题（下列各题选项中只有 1 个选项是正确的，请将其序号填入括号中。每小题 2 分，共 10 分）

1. 以下不属于特许人向受许人提供的支持是（　　）。
   A. 广告宣传　　　　　　　　　　B. 产品商标
   C. 人员培训　　　　　　　　　　D. 经营自主权

2. 下列不属于特许方为受许方提供的资源的是（　　）。
   A. 管理模式　　　　　　　　　　B. 技术设备
   C. 启动资金　　　　　　　　　　D. 商标

3. 小企业缺乏足够的资源在广泛的市场范围内进行经营，但是小企业能够以更高的效率和更好的效果为某一狭小的特定市场服务，在这种条件下，适合于该小企业选择的战略是（　　）。
   A. 低成本战略　　　　　　　　　B. 差异化战略
   C. 分散经营战略　　　　　　　　D. 集中化战略

4. 小企业运营管理的关键目标是（　　）。
   A. 迅速适应市场需求的变化　　　B. 在创业板上市
   C. 降低成本实现产出的价值增值　D. 保证生产运营活动持续进行

5. 当市场上同类产品减少，短期内也无竞争者时，小企业的定价策略可选择（　　）。
   A. 渗透定价　　　　　　　　　　B. 撇脂定价
   C. 跟踪定价　　　　　　　　　　D. 随行就市定价

二、多项选择题（下列各题选项中有 2~5 个是准确的，请将其序号填入括号中。每小题 2 分，共 10 分）

1. 家族企业的优势之一就是创业成本较低，主要表现为（　　）。
   A. 经营管理成本低　　　　　　　B. 原材料成本低
   C. 用人成本低　　　　　　　　　D. 运输成本低
   E. 融资成本低

2. 小企业降低成本，获取低成本优势的主要途径有（　　）。
   A. 简化产品　　　　　　　　　B. 节约原材料
   C. 进行生产创新　　　　　　　D. 实现生产的自动化
   E. 降低管理费用
3. 小企业运营系统设计的主要内容包括（　　）。
   A. 产品和服务设计　　　　　　B. 设施选址和布置
   C. 生产计划和工作设计　　　　D. 质量管理
   E. 供应链管理
4. 下列属于小企业进行工作设计的行为方法是（　　）。
   A. 机械化　　　　　　　　　　B. 工作扩大化
   C. 工作丰富化　　　　　　　　D. 工作轮换
   E. 自动化
5. 小企业适宜采用的定价策略主要有（　　）。
   A. 撇脂定价　　　　　　　　　B. 信用定价
   C. 跟踪定价　　　　　　　　　D. 组合定价
   E. 渗透定价

三、判断正误题（正确的打√，错误的打×。每小题1分，共10分）

1. 个人独资企业，也称个人业主制（单一业主制）企业，是指由一个自然人投资，财产为投资人个人所有，投资人以其个人财产对企业的债务承担有限责任的经济实体。（　　）
2. 《中华人民共和国公司法》规定的公司为有限责任公司和股份有限公司两种。（　　）
3. 从特许经营模式实际运作过程来看，由于特许人对加盟企业没有所有权，控制力度减弱，一旦某个加盟店的企业形象受损，会影响总店的声誉。（　　）
4. 当小企业难以实现有形产品的差异化的时候，可以推出服务差异化的战略。（　　）
5. 集中化战略就是指集中优势资源专门生产一种产品。（　　）
6. 小企业创造与竞争对手产品之间的差异的途径有很多，无论这种差异是否被顾客认为是有价值的，这样差异化的产品都会被顾客接受。（　　）
7. 小企业运营管理的关键目标是降低成本、实现产出的价值增值。（　　）
8. 顾客满意，是指一个人通过对某一产品价值在使用中的可感知效果与他之前的预期价值比较后，所形成的愉悦或失望的感觉状态。（　　）
9. 形式产品是产品的最基本的层次，是满足顾客需要的产品的核心功能。比如，在旅馆，顾客要购买的基本服务是"休息与睡眠"。对于洗衣机，顾客要得到的基本利益是"洗干净衣服"。（　　）
10. 对分销渠道方案的评估，通常可以从适应性、经济性和可控制性三方面进行考察。（　　）

四、配伍题（请将名词解释前的英文字母填写在与其相对应的名词后的括号中。每小题2分，共10分。）

1. 合伙企业（   ）
2. 特许经营（   ）
3. 家族企业（   ）
4. 差异化战略（   ）
5. 集中化战略（   ）

A. 小企业在详细分析外部环境和内部条件的基础上，把经营战略的重点放在一个特定的目标市场上，为特定的区域或特定的购买者提供特殊的产品或服务，以建立企业的竞争优势及市场地位。

B. 特许经营人将自己所拥有的商标、名称、产品、专利和专有技术、经营模式等以合同的形式授予被特许经营人使用。被特许经营人按合同规定，在特许经营人统一的业务模式下从事经营活动，并向特许经营人支付相应的费用。

C. 由两个以上的合伙人订立合伙协议，共同出资、合伙经营、共享收益、共担风险，并对合伙企业债务承担无限连带责任的营利性组织。

D. 小企业对其生产或提供的产品和服务进行差异化以避开直接竞争，创造市场差别优势。也有学者把该竞争战略称为"别具一格"战略。

E. 在企业的发展过程中，由一个家族控制该公司的部分股权，拥有公司的所有权并且参与管理。

五、简析题（请结合题意简要分析问题。每小题15分，共30分）

1. 小张拥有一项专利技术，计划自己创业。你认为他应该选择哪种创业途径？这种途径的利弊是什么？（15分）

2. 将奶粉分为婴儿成长奶粉、中老年人高钙奶粉等，这种产品定位方法是依据什么标准确定的？通常有哪些产品定位方法？(15 分)

六、案例分析（30分）

格兰仕可以称得上是有中国特色的企业之一，这种特色充分体现在两个方面：第一，它成功地战胜了洋品牌，成为中国少数几个拥有行业控制能力的企业之一；第二，它通过将国外生产线搬进来，做"世界制造中心"的OEM（Original Equipment Manufacturer，定牌生产合作，俗称"代工"。）模式。

OEM的同时也做自己的产品，格兰仕获得了生产规模的优势，因此，连续几次大降价，争得了微波炉的霸主地位，同时也加速了微波炉这一产业的价格下降趋势。通过降价，格兰仕成功地为这个行业竖起了一道价格门槛：如果想进入，就必须投巨资去获得规模，但如果投巨资做不过格兰仕的盈利水平，就要承担巨额亏损，即使做过格兰仕的盈利水平，产业的微利和饱和也使对手无利可图。凭此，格兰仕成功地使微波炉变成了鸡肋产业，并成功地使不少竞争对手退出了竞争，使很多想进入的企业望而却步。

问题：

1. 格兰仕采取的是哪种竞争战略？（10分）这种战略有多少种类型？（10分）

2. 小企业采取低成本战略应有哪些适用条件？（10 分）

小企业管理作业 3

姓　　名：_____

学　　号：_____

得　　分：_____

教师签名：_____

当你学习完教材的第 9～12 章之后，完成以下任务：

一、单项选择题（下列各题选项中只有 1 个选项是正确的，请将其序号填入括号中。每小题 2 分，共 10 分）

1. 速动比率是速动资产与流动负债的比值，根据经验数据，这个比率值一般维持在（　　）为宜。
   A. 1　　　　　　　　　　　B. 1.5
   C. 2　　　　　　　　　　　D. 2.5

2. 通过对直接影响工作绩效的关键性行为进行记录和考评的绩效考核方法被称为（　　）。
   A. 排序考评法　　　　　　　B. 评级量表法
   C. 关键事件法　　　　　　　D. 文字叙述评价法

3. （　　）是小企业选聘人才时最常使用的一种工具。
   A. 能力测试　　　　　　　　B. 工作情景模拟
   C. 面试　　　　　　　　　　D. 品行鉴定

4. 小企业在市场中不需要承担的风险有（　　）。
   A. 创业风险　　　　　　　　B. 技术风险
   C. 反垄断风险　　　　　　　D. 财务风险

5. 税务机关对不能完整、准确提供纳税资料的纳税人，采用特定方式确定其应纳税额。这种税款征收方式属于（　　）。
   A. 查定征收　　　　　　　　B. 查验征收
   C. 核定征收　　　　　　　　D. 查账征收

二、多项选择题（下列各题选项中有 2～5 个是正确的，请将其序号填入括号中。每小题 2 分，共 10 分）

1. 小企业常用的财务报表是指（　　）。
   A. 成本报表　　　　　　　　B. 利润表
   C. 现金流量表　　　　　　　D. 资产负债表
   E. 资产减值准备表

2. 我国资产负债表的格式是（　　　）。
   A. 报告式　　　　　　　　　　B. 多步式
   C. 账户式　　　　　　　　　　D. 单步式
   E. 连锁式

3. 小企业人员激励的基本原则包括（　　　）。
   A. 激励要根据员工个人的实际需要来进行
   B. 物质激励与精神激励相结合
   C. 采用高工资、高福利等物质激励手段
   D. 避免平均主义
   E. 从企业的战略出发设计薪酬

4. 小企业需要面对的创业风险包括（　　　）等。
   A. 技术风险　　　　　　　　　B. 市场风险
   C. 财务风险　　　　　　　　　D. 政策风险
   E. 法律风险

5. 小企业社会责任的内容包括（　　　）。
   A. 保障员工权益的责任　　　　B. 自然环境和社会生态保护的责任
   C. 保护社会利益的责任　　　　D. 保护债权人的责任
   E. 保护消费者权益的责任

三、判断正误题（正确的打√，错误的打×。每小题1分，共10分）

1. 对债权人来说，企业的流动比率越高，说明企业偿还流动负债的能力越强，债权人的权益就越有保障。而对企业经营者和所有者来说，流动比率也是越高越好。（　　　）

2. 利息周转倍数，也叫利息保障倍数，是指企业息税前利润与利息费用的比率，用以反映企业利润偿付借款利息的能力。利息周转倍数越大，企业的长期偿债能力越强。（　　　）

3. 评级量表法是依据某一考评维度，如工作质量，工作态度，或者依据员工的总体绩效，将被考评者从最好到最差依次进行排序。（　　　）

4. 小企业的培训学习仅仅是为了提高员工的知识水平和操作技能。（　　　）

5. 企业可将高级管理人员、高级技术人员等对企业贡献度大的员工的薪酬水平定位在市场薪酬水平之上，以保证其具有市场竞争力；而对于一般岗位的员工，企业可将薪酬水平定位在等于或低于市场薪酬水平，以约束企业的薪酬成本。（　　　）

6. 转移风险是对预测可能发生的风险在出现之前或已有出现苗头时，采取其他应急措施来回避，使其减少或消除风险侵害和避免损失。（　　　）

7. 所有的企业家在创办企业的时候都不会想到退出策略，只是迫不得已时才考虑退出问题。（　　　）

8. 小企业风险管理的方法包括风险预测和识别、规避风险、转移风险、分散风险和控制风险。（　　　）

9. 保护社会利益及社会的发展是国有大企业义不容辞的社会责任，相比较而言，小企业没有承担的义务。（　　　）

10. 逃税是违法的，也是不道德的；避税虽然不违法，但与政府的税法精神相违背，有悖于道德的要求；税收筹划既与税法不相违背，也符合道德规范，是税收政策予以引导和鼓励的。（　　）

四、配伍题（请将名词解释前的英文字母填写在与其相对应的名词后的括号中。每小题 2 分，共 10 分。）

1. 现金流量表（　　）
2. 人力资源（　　）
3. 人力资源管理（　　）
4. 小企业劳动关系（　　）
5. 风险管理（　　）

A. 一国或地区已经开发的、具有劳动能力的总人口数，对于企业来说，就是指那些有正常智力、能够从事生产活动的体力或脑力劳动者。

B. 小企业的所有者、经营管理者、企业员工以及工会之间在企业的生产经营活动中所形成的各种责任、权利与义务关系。

C. 以现金为基础编制的财务状况变动表，用来反映企业在年度内资金的来源和运用情况以及各项流动资金的增减变动情况的报表。

D. 企业在人本思想指导下，通过工作分析、人力资源规划、员工招聘选拔、绩效考评、薪酬管理、员工激励、人才培训和开发等一系列手段来提高劳动生产率，最终达到企业发展目标的一种管理行为。

E. 企业面对风险时采用科学有效的方法，以便用最小的成本获得最大安全保障利益的管理活动。

五、简析题（请结合题意简要分析问题。每小题 15 分，共 30 分）

1. 小企业主想要了解企业一定时期的财务状况，如长期和短期偿债能力，资产、负债和所有者权益结构情况等。他可以从哪张财务报表中获取这些信息？（15 分）

2. 有人说"外来的和尚会念经"。如果你是小企业创业者，选聘中层管理人员时，你愿意聘用内部人员还是外部人员？为什么？（15分）

六、案例分析（30分）

年轻人辞职引发的风波

　　不久前，有两位精明能干的年轻财务管理人员向自己所处的同行业居领先地位、注重高素质人才培养的高技术产品制造公司提出辞职，到提供更高薪资的竞争对手公司任职。其实，这家大公司的财务主管早在数月前就曾要求公司给这两位年轻人增加工资，因为他们的工作表现十分出色。但人事部门的主管认为，这两位年轻财务管理人员的薪资水平，按同行业平均水平来说，已经是相当高的了，而且这种加薪要求与公司现行建立在职位、年龄和资历基础上的薪资制度不符合，因此，拒绝给加薪。

　　对辞职事件，公司里议论纷纷，有人说，尽管他们所得报酬高于行业平均水平，但表现出色，应该加薪。也有的人反对给他们加薪。但是否应当由了解下属的部门主管对本部门员工的酬劳行使最后决定权？公司制定了明确的薪资制度，但它是否与公司雇用和保留优秀人才的需要相适应呢？公司是否应当制定出特殊的条例来吸引优秀人才，或是随他们离开算了？……这些议论引起了公司总经理的注意，他责成人事部门牵头与生产、销售、财务等各部门人员组成一个小组，就公司工资制度征求各部门意见，供公司常务会讨论之用。

　　问题：
　　1. 企业怎样留住优秀的人才？（10分）

2. 这样的企业能进行薪酬改革吗？（10分）

3. 对人的激励除了薪酬以外还有什么？（10分）

答 题 纸

小企业管理作业 4

姓　　名：	
学　　号：	
得　　分：	
教师签名：	

当你学习完教材全部内容之后，完成以下任务：

撰写一篇短文。(100 分)

与大企业相比，小企业管理内容与管理方法有显著的不同。学完本课程后，相信同学们对小企业以及小企业管理一定会有自己的理解。请你撰写一篇短文，谈谈你的学习心得。

要求：1 000 字左右。

答 题 纸